普通高等教育经管类专业系列教材

U0369169

网络营销理论与实务

(第二版)

王春梅　主　编

马雪松　李永利　闫红博　副主编

清华大学出版社

北　京

内 容 简 介

本书以理论与实践相结合，以网络营销业务流程为主线，依托经典网络营销理论，结合最新发展趋势，主要内容包括网络营销基础知识，网络营销基础理论，网络市场与网络消费者，网络市场调研，营销型网站的宣传与推广，搜索引擎营销，网络广告，电子邮件营销，社会化媒体营销，以及网络营销的实施与评价。

本书结构严谨，内容丰富，观点新颖，资料前沿，且配合相关理论观点的论述，主要选择最新的网络营销案例。每章设有学习重点、难点及教学建议，并根据每章节的理论与实践要求，加入了实践与思考，还精心选择和设计了各章结尾处的案例研讨和思考题，读者可以边学边练，学以致用。本书对于系统学习、研究网络营销和从事网络营销实践的人员均有参考价值，可作为市场营销、电子商务以及工商管理等相关专业的教材，也可作为网络营销爱好者和企业网络营销人员的参考书。

本书配套的电子课件和习题答案可以到 http://www.tupwk.com.cn/downpage 网站下载，也可以扫描前言中的二维码获取。

本书封面贴有清华大学出版社防伪标签，无标签者不得销售。

版权所有，侵权必究。举报：010-62782989，beiqinquan@tup.tsinghua.edu.cn。

图书在版编目(CIP)数据

网络营销理论与实务 / 王春梅主编. —2 版. —北京：清华大学出版社，2022.1 (2025.6重印)

普通高等教育经管类专业系列教材

ISBN 978-7-302-59690-5

Ⅰ. ①网… Ⅱ. ①王… Ⅲ. ①网络营销—高等学校—教材 Ⅳ. ①F713.365.2

中国版本图书馆 CIP 数据核字(2021)第 263030 号

责任编辑：胡辰浩
封面设计：周晓亮
版式设计：妙思品位
责任校对：成凤进
责任印制：宋 林

出版发行：清华大学出版社

网　　　址：https://www.tup.com.cn，https://www.wqxuetang.com
地　　　址：北京清华大学学研大厦 A 座　　　邮　编：100084
社 总 机：010-83470000　　　邮　购：010-62786544
投稿与读者服务：010-62776969，c-service@tup.tsinghua.edu.cn
质 量 反 馈：010-62772015，zhiliang@tup.tsinghua.edu.cn

印 装 者：三河市铭诚印务有限公司
经　销：全国新华书店
开　本：185mm×260mm　　　印　张：20.75　　　字　数：517 千字
版　次：2018 年 1 月第 1 版　　2022 年 3 月第 2 版　　　印　次：2025 年 6 月第 4 次印刷
定　价：79.00 元

产品编号：088874-01

第二版前言

网络营销是一种以互联网及相关技术为主要营销手段的新型营销方式，随着技术的进步，网络营销的内涵和方法呈现出越来越多样化的特点。随着传统市场的竞争加剧，互联网、社会化媒体正深刻地影响着人们的生活方式，也为企业发展提供着无限空间，而传统的营销思维已经无法适应时代发展的要求。本书在编写过程中强化了对网络营销理论的论述，突出介绍了当前较为广泛应用的方法，加强了对网络营销效果评价方法的介绍。

本书共分为十一章，内容全面、知识新颖、体系完备，每章设有学习重点、难点及教学建议、引导案例、专栏知识、习题和思考与实践，用多种形式满足不同学习群体对本教材的需求。

本书内容特色主要体现在以下几个方面。

1. 理论与实践结合

本书在编写过程中以理论扩充知识，尽量避免使用晦涩的语言和语句表达含混的思想，用简洁明了的语言准确表达网络营销的相关理论及策略，同时配以最新的案例，训练读者的实际操作能力。

2. 体系完整

本书以网络营销理论、实践为主线，以当代课程改革为出发点，在第一版内容的基础上融入了当今网络营销最新发展的相关知识，如内容营销、场景营销等，从而更好地体现网络营销课程的特点。全书按照网络营销基础理论—网络消费者市场研究—营销型网站的建设、宣传和推广—搜索引擎营销—网络广告—电子邮件营销—社会化媒体营销—网络营销实施效果评价的逻辑关系，紧密结合企业网络营销工作的实际，以便读者使用。

3. 案例导入

本书每章都设有导入案例，先以案例切入，再进行理论提升，同时章节内贯穿小案例，由浅入深，循序渐进，在思考题部分结合章节内容设有综合案例，以提高学生的分析能力和实践能力。本书中大多采用本国企业的新近案例，有一些甚至就是发生在我们身边的案例，选取的国外案例尽量为典型的、有代表性的案例，以增强案例的关联性和说服力。

本书适合作为高等院校网络营销课程的教材。本书系统、全面地介绍了网络营销基础理论及网络营销策略，在教材编写过程中收录了网络营销最新的大量案例、图表和数据，增加了教材的新颖性和趣味性，也适合作为各类成人高等教育的教学用书和为从事相关专业的工作人员提供参考。教师可根据教学对象和授课学时不同，灵活选择相关内容进行重点讲授。

　　本书由王春梅任主编，马雪松、李永利、闫红博任副主编。全书共计十一章，由王春梅总体策划。各章编写人员及分工如下：王春梅编写第一章、第二章、第九章和第十章，马雪松编写第三章、第四章和第七章，李永利编写第八章，闫红博编写第五章、第六章和第十一章。全书最后由王春梅定稿。

　　本书在编写过程中参考了很多同类教材、著作和期刊等，限于篇幅，恕不一一列出，特作说明并致谢。

　　由于受时间、资料、编者水平及其他条件限制，书中难免存在一些不足之处，恳请同行专家及读者指正。我们的邮箱：992116@qq.com，电话：010-62796045。

　　本书配套的电子课件和习题答案可以到http://www.tupwk.com.cn/downpage网站下载，也可以扫描下方的二维码下载。

编　者

2021 年 7 月

目　录

第一章

网络营销基础知识

【学习重点】

了解网络营销产生的基础，了解网络营销的特点，掌握网络营销的概念及内涵，理解网络营销对传统营销的冲击，掌握网络营销与传统营销整合的方法和原则。

【学习难点】

对网络营销概念和特点的理解。

【教学建议】

综合采用讲授法、举例法、讨论法、演示法等不同的教学方法及小组合作学习法。使用配套教学课件，通过演示、举例、讨论等方法分析网络营销的含义、方法及特点，最后由教师引导学生进行归纳总结。

【引导案例】

2020 年"双十一"，三只松鼠再次拿下天猫旗舰店、京东超市、天猫超市、京东旗舰店、唯品会旗舰店、淘宝自营店、苏宁易购旗舰店等 9 大渠道休闲食品类目第一。

三只松鼠于 2012 年 2 月在安徽芜湖成立，创始人为章燎源，主要销售坚果、干果、茶叶等产品。当年 6 月，三只松鼠品牌上线天猫商城，并在首次参加的"双十一"活动中取得 766 万元日销售额的成绩。此后数年间，三只松鼠的"双十一"业绩进入"狂飙"模式。2013 年，三只松鼠在"双十一"天猫商城的销售额达到 3562 万元，成为天猫商城"零食/坚果/特产"类目成交额第一名。

三只松鼠为什么能够成长得这么快？我们从侧面看一下，看看三只松鼠货品包裹：卡通包裹(一个带有品牌卡通形象的包裹)、开箱器、快递大哥寄语、坚果包装袋、封口夹、垃圾袋、传递品牌理念的微杂志、卡通钥匙链、"虏获"用户心的小玩具，还有湿巾。这些看似和食品不相关的东西，却正是三只松鼠的成功所在：做互联网食品品牌有两个核心，一是必须让供应链更短，以保证产品的新鲜度；二是要以数据化为基础来提升顾客体验。而互联网能将"服务"发挥到极致，实现一对一服务。如三只松鼠用软件识别几个关键指数以筛选出目标用户：顾客购买的客单价、二次购买频率、购买内容、购买打折商品的比例等。识别出了这些关键指数，顾客每次购买三只松鼠产品所收到的包裹都会不一样。同时三只松鼠全公司的人员都参与到客服流程中来，强调供应链管理对客服的配合与尊重，这些做法都提升了顾客体验。三只松鼠通过坚持"互联网顾客体验"和"只做互联网销售"取得了成功。

引言

在信息技术的推动下，网络营销的发展越来越迅速，越来越多元化。不管个人还是企业，都开始寻求基于互联网的创业形式。对于传统企业而言，互联网可以拓宽原本的商业市场，提供更多的销售机会；对于互联网企业而言，不断出现的新型网络营销形式带来了更大的营销空间，更方便开发新的营销机会；对于个人而言，互联网可以提供多渠道、多模式的创业机会，便于最大化地实现个人价值。

网络营销是促使企业开辟广阔市场、获取效益的发动机，是企业进军电子商务的切入点，是提升企业核心竞争力的一把金钥匙。2015年，我国政府提出"互联网+"行动计划之后，如何开展网络营销成为许多传统企业和新创企业必须要面对的现实问题。

日前，中国互联网络信息中心(CNNIC)发布第47次《中国互联网络发展状况统计报告》，报告中详细分析了中国网民规模情况，如图1-1所示。截至2020年12月，我国网民规模达9.89亿，较2020年3月增长8540万，互联网普及率达70.4%，庞大的网民构成了中国蓬勃发展的消费市场，也为数字经济的发展打下了坚实的用户基础。

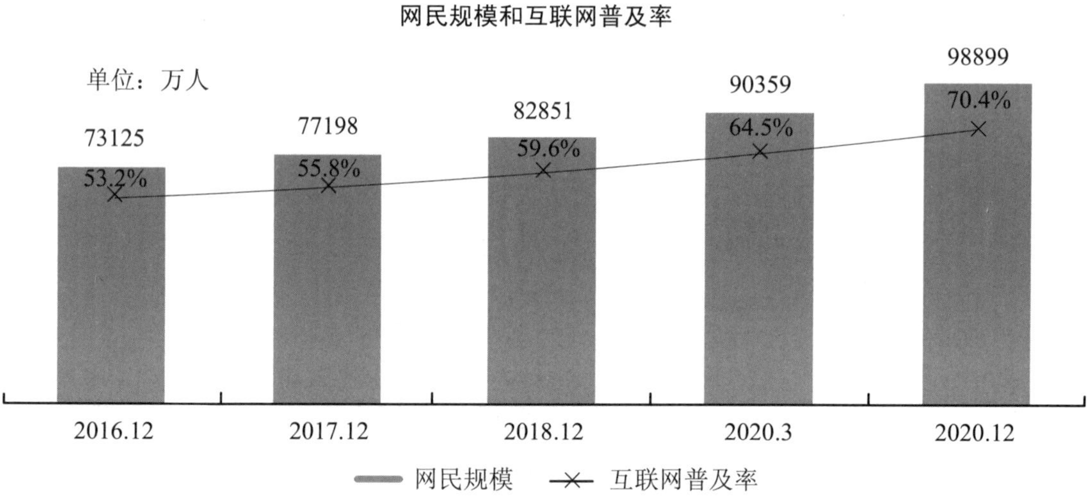

网民规模和互联网普及率

图 1-1 中国网民规模和互联网普及率

(资料来源：中国互联网信息中心. 中国互联网络发展状况统计报告[EB/OL]. [2021-02-3]. http://cnnic.cn/gywm/xwzx/rdxw/20172017_7084/202102/t20210203_71364.htm.)

网络营销随着互联网的发展而出现，建立在网络、通信和数字媒体技术的基础上，在现如今的企业整体营销战略中所占比例非常大，并广泛扩展到各行各业。各种搜索工具、电商平台、社交工具、移动智能设备的快速发展，更为网络营销提供了广阔的发展空间，为未来的营销方式带来了更多的方向和可能。网络营销是一门新兴且实践性很强的学科，只有通过实践进行总结，才会形成具有普遍指导意义的理论。

第一节 网络营销的产生和发展状况

网络营销是一种直复式营销方式，是企业整体营销战略的一个组成部分，是为实现企业整体经营目标所进行的以互联网为基础手段、营造网上经营环境的各种活动。网络营销作为在互联网上进行的营销活动，它的基本营销目的和营销手段与传统营销是一致的，只不过在实际操作中与传统营销方式有着很大的区别。

随着时代的进步，网络营销受到企业的热捧。然而网络营销作为一种特殊的营销方式，并不是所有企业都能成功运用的，因此，企业的首要任务就是了解网络营销的产生和发展。

一、网络营销的产生

1. 网络营销产生的基础

网络营销的产生基于互联网的诞生。在 20 世纪 90 年代初，国际互联网发展迅速，很快在全球范围内掀起互联网应用的热潮。在全球，很多大公司纷纷通过网络提供信息服务和拓展业务范围，并积极改组企业内部结构和发展新的管理营销方法，抢先进入了这种新的营销模式之中。

21 世纪是信息化社会时代，科技、经济的发展迎接着这个时代的到来，随着计算机网络的发展，信息社会的内涵有了进一步改变，可称之为信息网络年代。在信息网络年代，网络不仅仅是一种工具，还成了人们生活、工作中密不可分的伙伴。网络技术的发展和应用改变了信息的分配和接收方式，改变了人们生活、工作、学习、合作和交流的环境，这一系列的改变也使一些商家不得不对网络营销采取积极行动，因此，利用网络进行商务活动的网络营销应运而生。

其实网络营销的发展是伴随信息技术的发展而发展的，目前信息技术迅速发展，特别是通信技术的发展，促使互联网络形成一个辐射面更广、交互性更强的新型媒体，它不再局限于传统的广播、电视等媒体的单向性传播，而是转变为可以与媒体的接收者进行实时交互式沟通和联系的方式。

近年来，我国网民的增长势头非常迅猛，到目前为止，我国的网上市场已经步入良性循环轨道，成为一个新兴的、有魅力的、潜力巨大的市场。

2. 网络营销产生的背景

网络营销的产生与发展主要有以下三个背景，包括技术基础、观念基础和现实基础，主要表现如下。

1）技术基础

网络营销产生的技术基础主要是计算机网络技术的发展。20 世纪初，网络技术得到广泛应用与发展，并对各个行业产生了重要影响。计算机网络是一种集通信技术、信息技术于一体的网络系统，它将不同地区、规模不一的网络互相连接，是目前计算机之间进行信息交换和资源共享的最佳方式。计算机网络技术的快速发展及其带来的现实和潜在效益，促使企业积极利用新技术来变革企业经营理念、经营方式和营销方法，催生了电子商务，为开展网络营销提供了技术支持。

2）观念基础

随着科学技术的发展和人们生活水平的提高，消费者的消费观念不断发生变化，如消费主动性的增强、个性消费的回归、消费者对购物方便性及购物乐趣的追求等，这些变化是人们普遍接受网络营销的重要基础。面对更为纷繁复杂的商品和品牌，消费者心理与以往相比呈现出新的特点和趋势，主要表现在以下几个方面。

(1) 个性化消费正在回归,心理上的认同感成为消费者做出购买产品或服务决策的先决条件,消费者不仅要自主选择产品和服务,而且更希望拥有最符合自己需求的个性化产品。

(2) 现代社会不确定性因素的增加和人类追求心理稳定与平衡的欲望,促使消费者的主动性逐渐增强,消费者主动通过各种可能的途径获取与商品有关的信息并进行比较分析。

(3) 由于新生事物不断涌现,消费者心理转换速度趋向与社会发展同步,消费行为表现为经常更换产品或品牌,消费者忠诚度下降,产品生命周期不断缩短。

(3) 现实基础

当今市场竞争日趋激烈,企业为了取得行业竞争优势,想方设法吸引顾客。一些传统营销手段虽然能在一段时间内吸引顾客,但难以使企业长久盈利。经营者迫切需要营销变革,以尽可能降低商品从生产到销售整个供应链上所占用的成本和费用的比例,缩短运作周期。网络技术在商业领域的应用,在一定程度上克服了买卖双方的时空障碍,弱化了中间环节,降低了成本,缩短了产品运作周期,节约了社会资源。因此,众商家纷纷选择利用网络开展商务活动,以增强企业的竞争力。

3. 网络营销产生的标志

如今,网络营销已无处不在,网络营销的形式也多种多样,几乎可以说,有网络的地方,就有网络营销。

现在,网络上总是会出现各种各样的广告,对目前上网的网民来说,这已是司空见惯的事情。但是在互联网发展的早期,网络上是没有广告的,直到 1994 年,才出现了有史以来第一个互联网广告,如图 1-2 所示。美国著名的《连线》杂志推出 hotwired.com 网站,其主页上开始刊登 AT&T 等 14 个客户(包括 AT&T、IBM、沃尔沃等)的 banner (横幅)广告。据统计,在之后的四个月里,有 44%的网民在看到广告之后点击查阅。

图 1-2　互联网中的第一个广告

中国的第一个网络广告,比美国的同类广告晚了三年,诞生于 1997 年。当时风头正劲的 IT 巨头 IBM、Intel 在 ChinaByte 上发布了网络横幅广告。IBM 为 AS400 的宣传支付了 3000 美元。这是中国历史上第一个网络广告,开创了中国互联网广告业的先河。从此以后,网络广告逐渐渗透到我们的生活中,如今已是铺天盖地。

二、搜索引擎与网络营销

随着互联网信息的日益丰富,搜索引擎也应运而生。直到现在,搜索引擎仍是常用的互联网服务之一。由于搜索引擎成为网上用户常用的信息检索工具,它也就成为网络推广的常用工具,其价值也是巨大的。

1993 年,美国麻省理工学院的学生马修·格雷(Matthew Gray)开发了一个名为"www wanderer"的网络机器手程序。这个程序并不是真正意义上的搜索引擎,当时开发的目的在于协助估计互联网的规模,如互联网计算机数量等。这种机器手爬行程序后来发展成为搜索引擎的核心,至今仍被广泛应用于搜索引擎中。从某种意义上说,"www wanderer"程序的出现标志着搜索引擎的诞生。

从 1993 年开始，各种搜索引擎应运而生，其中一些发展成为全球著名的搜索引擎，至今仍然在搜索引擎领域发挥着重要作用，如我们熟知的雅虎(Yahoo！)(1994 年 2 月)、谷歌(Google)(1998 年 9 月)等，其中对网络营销诞生最有象征意义的搜索引擎为雅虎。雅虎成为当时最大的分类目录网站，成为众多用户上网的第一入口，对被收录的网站发挥了重要的推广作用。早期的网络营销，将网站提交到雅虎分类目录是最重要的工作内容之一。

从搜索引擎发展的相关资料可以看出，1994—1998 年是国外搜索引擎的快速发展时期，出现了许多目前已成为全球知名品牌的搜索引擎，而在 2001 年之后，几乎没有新的搜索引擎出现。

三、中国网络营销的发展

网络营销在中国的发展完全是按照国外的发展模式进行的，我们可以把网络营销在中国的发展分为如下三个阶段。

(一) 传奇阶段(1997 年之前)

相对于互联网发达的国家，我国的网络营销起步较晚。自 1994 年美国人利用互联网技术通过 E-mail 发布广告的形式赚得第一笔钱之后，网络营销风起云涌，一时间充塞各类市场。但这一现象对当时的中国人来说还只是一个传奇。

1994 年 4 月 20 日，中国国际互联网正式开通，网络营销随着互联网的应用而逐渐开始为企业所应用。在 1997 年之前，中国的网络营销处于一个神秘阶段，并没有清晰的网络营销概念和方法，也很少有企业将网络营销作为主要的营销手段。在早期有关网络营销的文章中，经常会描写某个企业在网上发布商品供应信息，然后接到大量订单的故事，并将互联网的作用人为地加以夸大，给人造成只要上网就有滚滚财源的印象。其实，即使那些故事是真实的，也都是在互联网上信息很不丰富的时代发生的传奇罢了，我们无法从那些故事中找出可复制的、一般性的规律。

由于至今仍然无从考证中国企业最早利用互联网开展营销活动的历史资料，我们只能从部分文章中看到一些无法证实的细枝末节，如作为网络营销经典"神话"的"山东农民网上卖大蒜"案例。

【专栏1-1】网络营销经典"神话"："山东农民网上卖大蒜"

1997 年，山东省金乡县金马乡西李村村民李敬峰在西李村建起了一处农副产品批发市场。市场的带动作用是巨大的，不久，该村就发展成立股份制企业 15 家。西李村的农业产业化路子越走越宽，形成了以冷藏、保鲜、面粉加工、橡胶制品等为一体的农副产品商贸走廊。

此时的李敬峰想的是："能不能让我西李村的农副产品打入国际市场，去挣老外的钱，也让祖祖辈辈土生土长的父老乡亲扬眉吐气一把？"李敬峰成了金马镇第一个上网的人。他的办公室从此多了一件现代化通信工具——586 电脑。从此，李敬峰走进了因特网，注册了自己的域名，把西李村的大蒜、菠菜、胡萝卜等产品信息一股脑儿地搬上因特网，发布到世界各地。

1998 年 7 月，青岛外贸通过网址主动与李敬峰取得联系，两次出口大蒜870吨，销售额达270万元。同年12月，一条"鲁西南最大菠菜市场"的信息打入因特网，上网七八天时间，便有辽宁、吉林、河北、河南等全国十多个省市的客商蜂拥而至。

李敬峰抓住互联网的特点，利用网络的优势，采用"线下的产品线上推，线上的客户线下做"的新型营销模式，成就了中国农民的网络营销经典"神话"。李敬峰通过网站把农产品信息发布出去，使各种农产品促销大获成功，这在一定程度上还体现了网上销售的功能作用。李敬峰通过上网发布农产品销售信息，实现了初级的网络营销。

这个时期的网络营销存在一定的问题，包括：公众、企业对网络营销的概念及方法不明确；是否产生效果主要取决于偶然因素；多数企业对互联网几乎一无所知。在早期有关网络营销的文章中，经常会看到某个企业在网上发布商品供应信息，而后接到大量订单的故事，并将网络营销的作用人为地加以夸大。现在看来，即使这些故事真实可信，也只是在互联网上信息很不丰富的时代发生的传奇罢了，距离网络营销的实施还相差甚远。

(二) 中国网络营销的萌芽阶段(1997—2000 年)

到1997年10月底，我国上网人数为62万人，www站点数约1500个，无论上网人数还是网站数量均微不足道。这一时期，网络广告和E-mail营销在中国诞生，电子商务加快步伐，域名注册和搜索引擎涌现等标志着中国网络营销进入萌芽阶段。

【专栏1-2】中国网络营销萌芽阶段的重要事件

1997 年网络营销相关的重要事件 —— 网络广告和 E-mail 营销诞生。

1. 1997 年 2 月，ChinaByte 开通免费新闻邮件，到同年12月，新闻邮件订户数接近3万人。

2. 1997 年 3 月，ChinaByte 出现第一个商业性网络广告。

3. 1997 年 11 月，国内首家专业的网络杂志发行商"索易"开始提供第一份免费网络杂志，1998 年 2 月获得第一个邮件赞助商，标志着我国 E-mail 营销服务的诞生。

2000 年对网络营销产生影响的其他事件 —— 电子商务网站对网络营销的推动。

1. 1995 年 2 月，www.chinapage.com(中国黄页)开通国内最早的企业信息发布平台。

2. 1999 年及以后，出现了电子商务热，风险投资潮，诞生了阿里巴巴(B2B)、8848(B2C)等网站。

3. 1997 年前后，搜索引擎对网络营销做出了很大贡献，如中文雅虎、搜虎、网易、常青藤、搜索客、北极星、若比邻等。

4. 2000 年百度公司成立。

5. 2000 年 4 月，互联网泡沫的破裂刺激网络营销的应用。

随着互联网经济的火热，出现了越来越多的网络营销资源，其中包括可用的免费推广资源以及网络营销管理服务，如免费网络分类广告、网上商店平台、免费网站流量统计等。

网络营销资源的增加不仅表现在免费资源的数量上，同时也表现在网络营销资源可以产生的实际价值方面。例如，1999 年以阿里巴巴为代表的一批 B2B 网站，不仅让企业间电子商务的概念热火朝天，而且也为中小企业开展网络营销提供了广阔的空间。电子商务的另一个重要分支——网上零售(B2C、C2C)的发展，也为网络营销概念的推广发挥了积极的推动作用。同时，进入 1999 年之后，我国的电子商务开始迅速发展，以网上零售为例，其标志是诞生了以"8848"为代表的一批电子商务网站，风险投资大量投向 B2C，虽然这并不表明网上零售业当时的真实情况，但在客观上为网络营销概念的传播发挥了一定作用。现有领先的 B2B 电子商务平台，通过与搜索引擎营销策略的相互整合，为潜在用户获取 B2B 网站中的商业信息提供了更多的机会，从而提高了 B2B 电子商务平台对企业网络营销的商业价值，也使得 B2B 电子商务打破了原有的只有付费会员登录才能获取商业信息的局面。在这方面，阿里巴巴、惠聪等行业领先者已取得了突破性进展。这些更具价值的网络营销信息传递渠道，增加了中小企业网络营销成功的机会。

在这个时期，网络营销也表现出了如下一些特性。

1. 网络营销服务市场、直销服务市场与代理渠道模式并存

网络营销服务市场目前主要的产品和服务包括以域名注册、网站建设、企业邮局等为代表的基础网络营销服务，以及竞价广告、网络实名/通用网址、B2B 电子商务平台等网络推广产品。国内网络营销服务市场直销与代理渠道并存，部分基础网络营销服务已经形成完善的电子商务模式，但传统代理渠道在网络推广产品市场仍是主流。

2. 基础网络营销服务全面实现电子商务化

在网络营销服务领域，值得特别肯定的是提供域名注册、虚拟主机、企业邮局等产品在内的基础网络营销服务商。这些服务商并不完全依赖传统的代理销售渠道，而是走代理商和网上直接销售相结合的道路，并且整个业务流程的电子商务化日益完善，从域名注册、域名解析，到虚拟主机和企业邮局等产品的在线购买、在线支付等环节，都可以方便地实现用户自由购买、自助管理。这些基础网络营销服务商已经率先成为国内最先进的电子商务企业。这不仅代表着我国网络营销服务已经达到一个崭新的高度，也预示着网络营销服务的电子商务化是完全可以实现的，代表了先进的网络营销产品销售模式。基础网络营销服务商成功地全面实现电子商务化，也为网络营销其他领域的服务商做出了表率。这些服务商的成功经验表明，在线直接销售并未影响代理渠道的销售，因为用户的购买方式和需求毕竟是不同的，一些互联网应用水平较高的用户更看重在线购买的便捷性。

3. 新型网络营销概念和方法受到关注

随着 Web2.0 思想逐渐被认识，随之出现了一些网络营销概念，如 BBS 营销、博客营销、RSS 营销等，这些新型网络营销方法正逐步为企业所采用。自从 2000 年"博客"(blog)的概念在国内出现以来，它已经成为互联网上非常热门的词汇之一。国内不仅出现了一批有影响力的中文博客网站，而且利用博客来开展网络营销的实践尝试早已开始，部分博客网站开始提供企业博客服务，为企业网络营销增加了新的模式和新的机会，因而博客在网络营销中的应用也成为令人关注的研究领域。

【专栏1-3】BBS介绍

BBS(Bulletin Board System)，中文译为"公告板系统"，也称为电子公告栏或电子公告板。BBS 最早是用来公布股市价格类信息的，当时 BBS 不具有文件传输的功能，且只能在苹果计算机上运行。早期的 BBS 与街头和校园内一般的公告板性质相同，只不过是通过计算机来传播或获得消息的，直到个人计算机开始普及，有些人才尝试将苹果计算机上的 BBS 转移到个人计算机上，BBS 这才渐渐普及开来。

> 我国大约从1991年开始成立第一个BBS网站。经过长时间的发展，直到1995年，随着计算机的发展，BBS才逐渐被人们认识，随后以惊人的速度发展。国内的BBS网站，按其性质划分，可以分为两种：一种是商业BBS网站，另一种是业余BBS网站。

(三) 中国网络营销的应用阶段(2000年至今)

就在中国互联网公司争相在美国上市的热潮达到空前狂热的状态时，互联网经济的泡沫破了。2000年3月13日，此前一直风光无限的纳斯达克指数一开盘就从5038点跌到4879点，整整跌了4%，虚幻的网络经济泡沫随之破灭。到2001年4月4日，指数已经跌至1619点，全球互联网市场随即陷入低潮。这段时间，大多数网络公司在把风险投资金烧光后停止经营，只有少数企业成功地将危机转化成机遇。

据统计，在2000年美国共有210家互联网公司倒闭，最根本的原因是：筹集到的资金迅速枯竭，后续的资金也没有跟上。一年后，全球至少有500多家互联网公司结束营业。然而，直到今天仍能看到一些在互联网泡沫中留下的幸存者，它们中有雅虎、易趣、亚马逊以及后来的谷歌。大浪淘沙之后，中国同样也留下了一些历经磨难而顽强生存的互联网企业，如新浪、搜狐、网易、腾讯和阿里巴巴等。

随着互联网的普及，依托社交媒体的营销成为网络营销的热点。通过社会化媒体工具，如论坛、微博、博客、SNS社区和视频分享等，企业和消费者之间的沟通更加实时、双向和直接。

2009年开始，互联网的商机遍地皆是，网络营销逐渐遍布各个行业和阶层。同时，网络营销的投入在各企业营销中不断增加，网络营销所涉及的行业和领域更加广泛，营销的产品和服务在创意、质量、效果以及精准度等方面不断提高。尤其是随着移动网络技术的发展，智能手机和4G、5G网络的普及，出现了移动网络营销，营销的方式日趋多样。微博、微信、二维码、手机APP、网络微视频等新媒体、自媒体的广泛应用，以及后来的微商、O2O电商体系对网络营销信息、网络营销方式和网络营销思路带来的强烈冲击，使网络营销更具平台性、开放性、互动性和精准性，为用户提供了更好的消费体验和服务。

用户在购买之前，社会化媒体营销可以起到告知作用。企业通过社会化媒体营销传递自己的企业文化、品牌价值内涵、产品情况等信息，可以使用户产生感知和共鸣。对于潜在的用户而言，可以通过社会化媒体获得对自己有用的信息，从而对企业及其产品产生识别与认同。在用户发生购买行为之后，部分用户会主动进行分享与传播，在朋友群中分享企业与产品的信息，产生二次传播效应。随着社会化媒体的不断发展，用户与企业信息发布和获取的成本都大大降低，为社会化媒体营销提供越来越丰富的可能性。

2014年以前，网络营销以技术创新和流量获取为主，也就是常说的"流量为王"，企业通过流量实现盈利。2014年以后，在移动网络和新媒体的不断冲击下，网络营销的营销思维产生了颠覆性的改变，技术和流量的重要性逐步淡化。企业开展网络营销不再只关注如何发布产品，以及通过什么渠道发布产品，铺天盖地的网络广告不再那么具有轰动性，取代它们的是品牌和"粉丝经济"，企业主要依靠品牌影响力和"粉丝"忠诚度实现盈利。

从网络营销的发展历程中可以看出，如今的网络营销早已不是少数人的谈资，也不是部分淘金者的尝试，而是已延伸到现实生活的各个角落，成为企业在发展过程中必须考虑和选择的营销途径。未来，网络营销将"以人为主"。网络营销的核心是人，网络技术、设备以及网页内容只起到辅助性作用，旨在关注客户价值，以客户价值为中心。企业吸引"粉丝"关注的基础上，进一步建立客户与客户之间、客户与企业之间的价值关系网络，强调客户的价值，以便更好地满足客户的多元化、个性化需求。

第二节　网络营销概述

网络营销是以现代营销理论为基础，借助网络、通信和数字媒体技术等实现营销目标的商业活动。通俗来讲，就是借助互联网来做营销，"网络"只是载体，"营销"才是核心。

一、网络营销的含义

作为一门新兴学科，"网络营销"还没有一个公认的定义，同时，在不同的时期、不同的角度对网络营销都会有不同的认识，不同的研究人员对网络营销研究的方法和内容也有所不同。

(一) 网络营销的概念

从网络营销的内容和表现形式来看，有的人把网络营销作为网上销售产品的途径，有的人强调网络技术和网络基础，还有一些人认为网络推广才是网络营销。这些观点不能说是错误的，只能说是从某些方面反映了网络营销的部分内容，只是没有完整地阐述清楚网络营销的含义。想要正确理解网络营销的概念，我们需要从广义和狭义两个方面进行分析。

1. 广义的网络营销
广义的网络营销指的是贯穿于企业开展网络活动的整个过程，包括信息收集、信息发布等。按照这个定义，网络营销包括新时代的互联网传播媒体、未来的信息高速公路、数字电视网和电子货币支付方式等。网络营销贯穿于企业经营的整个过程，包括市场调查、客户分析、产品开发、生产流程、销售策略、售后服务和反馈改进等环节。

2. 狭义的网络营销
狭义的网络营销指组织或个人基于开放便捷的互联网，对产品、服务所做的一系列经营活动，从而达到满足组织或个人需求的全过程，如在淘宝、京东、当当等网站上销售。

网络营销是一个系统工程，涉及的方面也很广泛，需要结合企业实际情况，对市场进行需求分析，做好网络计划，才能最终实现网络营销对企业宣传推广的作用。

(二) 正确理解网络营销

网络营销是企业整体营销战略的一个组成部分，是建立在互联网基础之上，借助互联网来实现一定营销目标的一种营销手段，它是一种新生的营销方式，因此，必须正确理解网络营销。

1. 网络营销不是网上销售
网络营销是为最终实现产品销售、提升品牌形象而进行的活动，网上销售是网络营销发展到一定阶段产生的结果，但并不是唯一结果，因此，网络营销本身并不等于网上销售。一方面，网络营销的目的并不仅仅是促进网上销售，很多情况下还可以表现为企业品牌价值的提升、与客户之间沟通的加强、对外信息发布渠道的拓展和对顾客服务的改善等；另一方面，网上销售的推广手段也不仅仅靠网络营销，往往还要采取许多传统方式，如传统媒体广告、发布新闻和印发宣传册等。从网络营销的内容来看，网上销售也只是其中的一部分，并且不是必须具备的内容。许多企业网站根本不具备网上销售产品的条件，网站主要是作为企业发布产品信息的一个渠道，通过一定的网站推广手段，实现产品宣传的目的。

2. 网络营销不等于网站推广

网络营销的开展需要科学地制订网络营销目标与计划，因而不能片面地认为网络营销就是网站推广，网站推广只是网络营销的基础性内容而已。单纯的网站推广，其营销效果会大打折扣。企业往往发现，虽然网站访问量提高了，关键词搜索也使用了，却没有带来多少用户和订单，这是因为相关配套的网络营销措施不到位。所以企业在开展网络营销时，要制订包括网站推广在内的系统而周密的网络营销计划，这样才能达到预期效果。

3. 网络营销是手段，不是目的

网络营销具有明确的目的和手段，但网络营销本身不是目的。网络营销是为实现网上销售而进行的一项基本活动。网络营销是营造网上经营环境的过程，也就是综合利用各种网络营销方法、工具、条件并协调它们之间的相互关系，从而更加有效地实现企业营销目的的手段。

4. 网络营销不局限在网上

互联网本身还是一个新生事物，上网人数占总人数的比例还很小。即使对于已经上网的人来说，由于种种因素的限制，尽管有意寻找相关信息，但在互联网上通过一些常规的搜索方法也不一定能找到所需信息。尤其对于许多初级用户来说，他们可能根本不知道如何查询信息。因此，一个完整的网络营销方案，除了在网上做推广之外，还很有必要利用传统营销方法进行网下营销。

5. 网络营销不等于电子商务

电子商务的定义强调的往往是电子化交易的基础或形式，也可以简单地理解为电子商务就是电子交易。所以也可以说网络营销是电子商务的基础，在具备开展电子商务活动的条件之前，企业同样可以开展网络营销。网络营销只是一种手段，无论是传统企业还是互联网企业，它们都需要网络营销，但网络营销本身并不是一个完整的商业交易过程。

6. 网络营销不是孤立存在的

许多企业开展网络营销的随意性很大，往往根据网络公司的建议进行，而企业营销部门几乎不参与。事实上，网络营销应纳入企业整体营销战略规划。网络营销活动不能脱离一般营销环境而独立存在，网络营销应被看作传统营销理论在互联网环境中的应用和发展。对于不同的企业，网络营销所处的地位有所不同。经营网络服务产品为主的网络公司更加注重网络营销策略，而在传统的工商企业中，网络营销通常只处于辅助地位，网络营销与传统市场营销策略之间并不冲突，但网络营销依赖互联网应用环境而具有自身的特点，因而有相对独立的理论和方法体系。在营销实践中，往往是传统营销和网络营销并存。

二、网络营销的特点

网络营销作为一种新型的营销方式，具有其自身的特点。

(一) 网络营销的基本特征

1. 公平性
在网络营销中，所有的企业都站在同一条起跑线上。公平性只是意味着给不同的公司、不同的个人提供平等的竞争机会，并不意味着财富分配上的平等。

2. 虚拟性
由于互联网使得传统的空间概念发生变化，出现了有别于实际地理空间的虚拟空间或虚拟社会。

3. 对称性
在网络营销中，互联性使信息的非对称性大大减少。消费者可以从网上搜索自己想要掌握的任何信息，并能得到有关专家的适时指导。

4. 模糊性
互联网使许多人习以为常的边界变得模糊。其中，最显著的是企业边界的模糊，生产者和消费者的模糊，产品和服务的模糊。

5. 复杂性
由于网络营销的模糊性，经济活动变得扑朔迷离，难以分辨。

6. 垄断性
网络营销的垄断是由创造性破坏形成的垄断，是短期存在的，因为新技术的不断出现，新的垄断者会不断取代旧的垄断者。

7. 多重性
在网络营销中，一项交易往往涉及多重买卖关系。

8. 快捷性
由于互联网的出现，经济活动产生了快速运行的特征，使用者可以迅速搜索到所需的任何信息，对市场做出即时反应。

9. 正反馈性
在网络营销中，由于信息传递的快捷性，人们之间产生了频繁、迅速、剧烈的交互关系，从而形成不断强化的正反馈机制。

10. 全球性
由于互联网超越了国界和地区的限制，整个世界的经济活动都紧紧联系在一起。信息、货币、商品和服务的快速流动，大大促进了世界经济一体化的进程。网络营销的巨大作用，也有全球化的趋势，促进了经济的发展和一体化。

(二) 网络营销的主要特点

随着互联网技术发展的成熟以及互联网成本的不断降低，互联网好比是一种"万能胶"，将企业、团体、组织以及个人跨时空联结在一起，使得他们之间信息的交换变得"唾手可得"。对于网络营销的特点，学术上有两种比较主流的观点，事实上都是大同小异的，其主要特点如下。

1. 时域性

营销的最终目的是占有市场份额，由于互联网能够超越时间约束和空间限制进行信息交换，使得营销脱离时空限制进行交易变成可能，企业有了更多的时间和更大的空间进行营销，可以每周 7 天，每天 24 小时随时随地提供全球性营销服务。

2. 富媒体

互联网被设计成可以传输多种信息的媒体，如文字、声音、图像等，使得为达成交易进行的信息交换能以多种形式存在，可以充分发挥营销人员的创造性和能动性。

3. 交互式

互联网通过展示商品图像、商品信息资料库提供有关查询，以此实现供需互动与双向沟通，还可以进行产品测试与消费者满意调查等活动。互联网为产品联合设计、商品信息发布，以及各项技术服务提供最佳工具。

4. 个性化

互联网上的促销是一对一的、理性的、消费者主导的、非强迫性的、循序渐进式的，而且是一种低成本与人性化的促销，可以避免推销员强势推销的干扰，并通过信息提供交互式交谈，与消费者建立长期良好的关系。

5. 成长性

互联网使用者数量快速增长并遍及全球，使用者多属年轻、中产阶级、高教育水准。这部分群体购买力强，而且具有很强的市场影响力，是一项极具开发潜力的市场渠道。

6. 整合性

互联网上的营销可由商品信息至收款、售后服务一气呵成，也是一种全程的营销渠道。互联网上的营销以统一的传播资讯向消费者传达信息，能避免不同传播中的不一致性产生的消极影响。

7. 超前性

互联网是一种功能强大的营销工具，它同时兼具渠道、促销、电子交易、互动顾客服务，以及市场信息分析与提供的多种功能。它所具备的一对一营销能力，正符合定制营销与直复营销的未来趋势。

8. 高效性

计算机可存储大量的信息供消费者查询，可传送的信息数量与精确度也远远超过其他媒体，并能适应市场需求，及时更新产品或调整价格。因此，网络营销能及时有效地了解并满足顾客需求。

9. 经济性

通过互联网进行信息交换，代替以前的实物交换，一方面，可以减少印刷与邮递成本，无店面销售可以免交租金、节约水电与人工成本；另一方面，可以减少由于迂回多次交换带来的损耗。

10. 技术性

网络营销多采用网上工作者，通过他们对企业及产品进行一系列的宣传、推广工作。这其中的技术含量相对较低，对于企业来说是小成本、大产出的经营活动。

三、网络营销的功能

认识理解网络营销的功能和作用，是网络营销实战的基础和前提。网络营销的功能很多，具体归纳为以下几个方面。

1. 信息搜索功能

在网络营销中利用多种搜索方法，主动、积极地获取有用信息和商机，主动地进行价格比较，主动地了解对手的竞争态势。信息搜索功能已经成为营销主体能动性的一种表现。

2. 信息发布功能

信息发布是网络营销的主要方法之一，也是网络营销的又一种基本功能，无论哪种营销方式，都要将一定的信息传递给目标人群。网上信息发布以后，可以能动地进行跟踪，获得回复后可以进行再交流和再沟通，信息发布的效果是显著的。

3. 商情调查功能

网络营销中的商情调查具有重要的商业价值，对市场和商情的准确把握，是网络营销中一种不可或缺的方法和手段，是现代商战中对市场态势和竞争对手情况的一种电子侦查。在激烈的市场竞争条件下，主动了解商情、研究趋势、分析顾客心理、窥探竞争对手动态是确定竞争战略的基础和前提。通过在线调查或者电子询问调查表等方式，不仅可以省去大量的人力、物力，而且可以在线生成网上市场调研的分析报告、趋势分析图表和综合调查报告。

4. 销售渠道开拓功能

网络具有极强的进击力和穿透力，传统经济时代的经济壁垒、地区封锁、人为屏障、交通阻隔、资金限制、语言障碍、信息封闭等，都阻挡不住网络营销信息的传播和扩散。新技术的诱惑力、新产品的展示力、图文并茂的形式、地毯式发布和爆炸式增长的覆盖力，将整合为一种综合的信息进击能力，快速打通封闭的坚冰，疏通种种渠道，打开进击的路线，实现和完成开拓市场的使命。

5. 品牌价值扩展和延伸功能

互联网不仅给品牌带来了新的生机和活力，而且推动和促进了品牌的扩展和扩散。实践证明，互联网不仅拥有品牌、承认品牌，而且在重塑产品形象、提升品牌核心竞争力、打造品牌资产等方面具有其他媒体不可替代的效用。

6. 客户关系管理功能

客户关系管理源于以客户为中心的管理思想，是一种旨在改善企业与客户之间关系的新型管理模式，是网络营销取得成效的必要条件，是企业重要的战略资源。在网络营销中，通过客户关系管理，将客户资源管理、销售管理、市场管理、服务管理、决策管理集于一体，将原本疏于管理、各自为战的销售、市场、售前服务和售后服务与业务统筹协调起来，可以跟踪订单，帮助企业有序地监控订单的执行过程；可以规范销售行为，了解新老客户的需求，提高客户资源的整体价值；可以避免销售隔阂，帮助企业调整营销策略；可以收集、整理、分析客户反馈信息，全面提升企业的核心竞争能力。客户关系管理系统还具有强大的统计分析功能，可以为我们提供决策建议书，以避免决策失误，为企业带来可观的经济效益。

四、网络营销常见策略

1. 网上折价促销

折价亦称打折、折扣，是目前网上最常用的一种促销方式。网上商品的价格一般比以传统销售方式销售商品的价格低，以此吸引人们购买。由于网上销售商品不能给人全面、直观的印象，也不可试用、触摸，再加上配送成本和付款方式的复杂性等问题，造成网上购物和订货的积极性下降，而幅度比较大的折扣可以促使消费者进行网上购物的尝试并做出购买决定。网上销售的大部分商品都有不同程度的价格折扣。

2. 网上赠品促销

赠品促销在网上的应用不算太多，一般在新产品推出试用、产品更新、对抗竞争品牌、开辟新市场的情况下，利用赠品促销可以达到比较好的促销效果。

赠品促销的优点：提升品牌和网站的知名度；鼓励人们经常访问网站以获得更多的优惠信息；能根据消费者索取赠品的热情程度而分析总结营销效果和产品本身的反应情况等。

3. 网上抽奖促销

抽奖促销是网上较为广泛应用的促销形式之一，是大部分网站乐于采用的促销方式。抽奖促销是以一个人或数人获得超出参加活动成本的奖品为手段进行商品或服务的促销，网上抽奖活动主要附加于调查、产品销售、扩大用户群、庆典、推广某项活动等。消费者或访问者通过填写问卷、注册、购买产品或参加网上活动等方式获得抽奖机会。

4. 积分促销

积分促销在网络上的应用比传统营销方式要简单和易操作。网上积分活动很容易通过编程和数据库等实现，并且结果的可信度很高，操作起来也相对简便。积分促销一般设置价值较高的奖品，消费者通过多次购买或多次参加某项活动来增加积分以获得奖品。积分促销可以增加上网者访问网站和参加某项活动的次数，增加上网者对网站的忠诚度，提高活动的知名度等。

5. 搜索引擎营销

据第 47 次 CNNIC 调查报告显示，如图 1-3 所示，截至 2020 年 12 月，我国搜索引擎用户规模约 7.70 亿，较 2020 年 3 月增长 1962 万，占网民的 77.8%。手机搜索引擎用户规模达 7.68 亿，较 2020 年 3 月增长 2300 万，占手机网民的 77.9%。

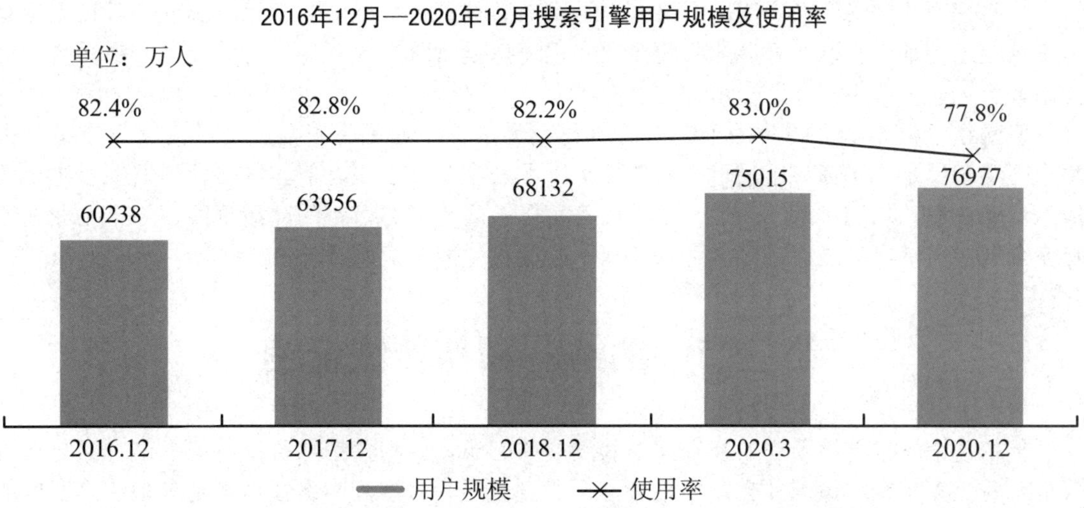

2016年12月—2020年12月搜索引擎用户规模及使用率

单位：万人

图 1-3　2016 年 12 月—2020 年 12 月搜索引擎用户规模及使用率

(资料来源：中国互联网信息中心. 中国互联网络发展状况统计报告[EB/OL]. [2021-02-3].
http://cnnic.cn/gywm/xwzx/rdxw/20172017_7084/202102/t20210203_71364.htm.)

百度是全球最大的中文搜索引擎和中文网站，百度推广已经成为互联网营销必不可少的工具。百度是最大的网民需求入口，7.70 亿网民习惯在有需求时"百度一下"，百度每天响应超过 60 亿次搜索请求，百度推广以文字链接、图片视频等丰富的创意形式呈现企业的推广信息，吸引网民点击，使其进一步了解企业的产品和服务。

随着手机用户的增加，移动搜索信息数量爆发式增长，百度无论在影响力还是市场份额上都占据了有利地位。百度本地直通车以移动搜索推广及应用推荐的方式，将商户的推广信息精准地展现给周边 5 公里～30 公里内有需求的顾客，并以多种创意团单吸引顾客在商户的网上店铺页面完成在线交易，从而帮助本地服务商户轻松"找到顾客""收到钱"，本地直通车已经成为中小商户线上营销的得力助手。

五、网络营销与电子商务的区别和联系

电子商务与网络营销是一对紧密相关又具有明显区别的概念。电子商务与网络营销的关系是：网络营销与电子商务研究的范围不同，关注重点也不同。不过，电子商务与网络营销是密切相关的，网络营销是电子商务的组成部分。

1. 网络营销与电子商务研究的范围不同

电子商务的内涵很广，其核心是电子化交易，电子商务强调的是交易方式和交易过程的各个环节，而网络营销注重的是以互联网为主要手段的营销活动。

网络营销和电子商务的这种关系也表明，发生在电子交易过程中的网上支付和交易之后的商品配送等问题并不是网络营销所能包含的内容，同样，电子商务体系中所涉及的安全、法律等问题也不适合全部包括在网络营销中。

2. 网络营销与电子商务的关注重点不同

网络营销的重点在于交易前的宣传和推广，电子商务的标志之一则是实现了电子化交

易。网络营销的定义已经表明，网络营销是企业整体营销战略的一个组成部分。可见无论是传统企业还是基于互联网开展业务的企业，也无论是否具有电子化交易的发生，都需要网络营销。

但网络营销本身并不是一个完整的商业交易过程，而是为了促成交易而提供支持，因此，网络营销是电子商务中的一个重要环节，尤其在交易发生之前，网络营销发挥着主要的信息传递作用。从这种意义上说，电子商务可以被看作网络营销的高级阶段，一个企业在没有完全开展电子商务之前，同样可以开展不同层次的网络营销活动。

第三节　网络营销与传统营销

传统营销既是网络营销的基础又是其发展的起源，网络营销从传统营销中来，又与传统营销有着巨大差别。纵观社会发展趋势，行业竞争日趋激烈，网络营销将是未来营销发展的重要组成部分，有着巨大的发展潜力。因此，我们必须将其与传统营销进行比较分析，了解网络营销发展的优势和劣势，以及它和传统营销的信息传播方式的不同特点等，然后把两者的营销方式加以整合，进行优势互补，将两者协调起来，选择正确的营销方式。这样才可以扬长避短，更好、更快、更有效率地满足顾客需要，才能为企业带来更大的经济效益，才能真正体现营销的价值。

一、传统营销与网络营销的定义

(一) 传统营销的定义

在商业社会里，商人们总会想方设法地把自己的产品在市场上销售出去，以满足顾客的需求，并且获取利润，这样就产生了市场营销。营销是企业经营的一项重要内容，制定合理的营销策略是企业将自己的劳动成果转化为社会劳动的一种努力，是企业实现其劳动价值和目的的一项十分重要的工作。营销管理专家菲利普·科特勒认为，营销是个人和集体通过创造并同别人交换产品和价值以获得其所需之物的一种社会过程。在交换过程中，卖方主要负责寻找买主，识别买者需要，设计适当的产品，进行产品促销，存储、运输和出售产品等。最重要的传统营销活动是产品开发、市场研究、促销、分销、定价和服务。它既不同于单纯的降低成本，扩大产量的生产过程，又不同于纯粹推销产品的销售过程。而市场营销是致力于通过交换过程满足需要和欲望的人类活动。1984 年他又进一步提出，传统营销是企业的这样一种职能：识别目前未满足的需要与欲望，估计和确定需求量的大小，选择本企业能最好地为之服务的目标市场，并确定产品计划，以便为目标市场服务。

与传统的单纯追求利润最大化的经营目标相区别，营销观念强调满足消费者的需求和利益，甚至在整个社会的需求和利益的基础上实现企业利润的最大化。为了达到这个目的，企业必须不断地改进产品、服务和企业形象，提高产品价值，不断地降低生产与销售成本，节约消费者耗费在购买商品上的时间和精力。因此，营销过程是一个涉及企业人、财、物、产、供、销、科研开发、设计等一切部门所有员工的系统工程。

由此可见，所谓传统营销，就是在变化的市场环境中，企业或其他组织以满足消费者需要为中心进行的一系列营销活动，包括市场调研，选择目标市场，产品开发，产品定价，渠道选择，产品促销，产品存储和运输，产品销售，提供服务等一系列与市场有关的企业经营活动。

(二) 网络营销的定义

如今，网络时代已把我们带进电子商务的世界，这里有商家、消费者，有产品及服务，形成了一个名副其实的虚拟市场。既然有了虚拟的网络市场，自然也就有了网络营销。

网络营销起源于 20 世纪 90 年代末期，欧美的一些企业率先利用全球网络(互联网)为平台展开营销活动。尽管目前对网络营销还难以给出完善、严格的定义，但是我们可以看出，网络营销的突出特点是以互联网作为手段，从而达到营销的目的。广义地说，凡是以互联网为主要手段、为达到一定营销目的进行的营销活动，都可称之为网络营销。网络营销贯穿于企业开展网上经营的整个过程，从信息发布、信息收集到开展以网上交易为主的电子商务阶段，网络营销一直都是一项重要的内容。

从网络营销的定义可以看出网络营销与传统营销的本质是相同的，都是为了了解顾客的需要并满足他们。同时，网络营销也不再是促销这么简单，而是贯穿于整个营销过程：从产品推出前的市场调研，到产品设计制造过程，再到营销传播，然后到售后服务，网络营销贯穿营销的整个过程。网络营销是以互联网为传播手段，通过对市场的循环营销传播，达到满足消费者和商家诉求的过程。简单地讲，网络营销就是指通过互联网，利用电子信息手段进行的营销活动。

二、网络营销与传统营销的差异

网络经济的快速发展及网络信息技术的变革共同推动了网络营销的产生和发展。网络营销是一种借助数字技术为客户创造价值，并实现企业营销目标的新兴市场营销方式。网络营销虽然从传统营销中来，但又与传统营销有着巨大的差别。网络营销不仅对传统营销产生了巨大的冲击，更是引发了一场新时代的营销理念革命。

随着计算机网络技术的迅速发展，网络经济已经成为一种新型的经济形式，而与之相随的网络营销也迅速成为新的市场营销途径。网络营销具有营销空间的无缝隙化、顾客的主导性、市场配置重协作等特点，与传统营销相比，它具有不同的营销理念、营销目标、营销方式和营销渠道。网络营销与传统营销并不是相互替代的关系，而是作为处于同一经济环境下的不同营销方式而长期存在并最终走向融合。

网络营销来源于传统营销，但又与传统营销有着巨大的区别。网络营销是传统营销的创新和发展，与传统营销紧密联系而又相互区别，它的诸多理论来源于传统营销，只不过网络营销借助了新的工具——互联网，这是过去营销手段中不曾使用的。网络营销与传统营销的目标一致，都是要满足需求、获取利润，所不同的是，网络营销更加注重消费者需求。网络营销正在广泛运用，因为它拥有传统营销不可比拟的优势，它的出现颠覆了许多传统领域，这是人类社会的进步。网络营销产生诸多创新，但它的出现并不能取代传统的营销方式。

网络营销是随着新的技术发展而出现的营销模式，它与传统营销模式相比有很大的不同，主要表现在以下几个方面。

1. 营销理念不同

传统市场营销以顾客满意为原则，其根本目标是通过满足顾客的需求实现企业价值，先有顾客的需求而后才有以需求为基础的营销活动，传统营销是滞后的。传统营销面对的是实物市场，实物市场的弊端是要面临库存积压和资金占用的劣势，且为了吸引更多的消费者，企业需要不断扩大商品展示进行广告宣传。网络营销构建于虚拟平台的基础之上，利用网络信息技术实现商品展示，完成商品交易，确保"资金流"流动顺畅，减少库存压力。

2. 营销目标不同

传统营销策略的核心主要围绕产品、价格、销售渠道和促销展开，它强调的是企业利润的最大化；而网络营销更加关注顾客、成本、便利和沟通，强调以顾客为中心，通过满足顾客需求，为顾客提供优质、便利的服务来实现企业价值，通过满足顾客的个性化需求，最终实现企业利润。传统营销的竞争焦点为现实空间中厂商之间的竞争，企业通过资金、技术、人力等资源为消费者提供服务。网络营销通过虚拟空间进入实物市场，透明的信息使得竞争相对自由和公平。

3. 营销方式不同

传统的营销方式以销售者的主动推销为主，必须消耗大量的资源以进行大规模的市场调研，且难以保证调研信息的准确性。同时，传统营销也使得顾客与企业之间的关系变得非常僵化，一些传统的营销方式甚至给顾客带来很多不便，这是不利于企业长期发展的。网络营销更加强调以消费者为中心，能运用互联网工具高效地获得市场信息，较为准确地反映消费者行为特征和市场发展趋势。消费者在需求的驱动之下主动通过网络寻求相关信息，网络营销能运用文字、图片、音频、视频等多种媒体进行广告宣传，具有互动性强、成本低、内容全、传递速度快等特点，从而使企业与顾客的关系变为真正的合作关系，有利于长期发展。

4. 营销媒介不同

传统的营销活动主要依靠营销人员与顾客的直接接触，通过广告的形式对顾客进行轰炸，使顾客被动接受。网络营销主要以网络为基本平台，可以通过计算机、手机、电视机等网络终端为顾客提供服务，从而实现营销的目的。

依托互联网而产生的网络营销，作为一个新的理念和营销方式，与传统市场营销相比，具有跨时空、多媒体、交互式、整合式、高效性、经济性和技术性等特点。

三、网络营销与传统营销的整合

网络营销作为一种新型的营销理念和策略，依托互联网的优越特性，具备传统营销所不具有的优势，并对传统营销产生了巨大的冲击。但是，由于种种原因，网络营销不可能完全取代传统营销。事实上，网络营销与传统营销是一个整合的过程，两者相互补充、相互促进以实现企业的营销目标。

(一) 意识观念的整合

在意识观念上，企业不能把网络营销和传统营销完全独立开来，二者是互补的，也是相融的，都以满足顾客的需求为目标，实质没有改变。

从理论基础来说，网络营销是传统营销在网络时代的延伸，4Ps 仍然可以作为其理论基础，只不过网络营销在一定程度上更加追求 4Cs，而 4Ps 和 4Cs 本来又是不可分的，是递进的关系。只有在意识观念上达到统一，才能在真正意义上实现网络营销与传统营销的整合。

(二) 网络营销中顾客概念的整合

在传统的市场营销学中，顾客是指与产品购买和消费直接有关的个人或组织(如产业购买者、中间商、政府机构等)。在网络营销中，这种顾客仍然是企业最重要的顾客。但是，网络社会的最大特点就是信息"爆炸"。在因特网上，面对全球数以百万个站点，每一个网上消费者只能根据自己的兴趣浏览其中的少数站点，而应用搜索引擎可以大大节省消费者的时间和精力。面对这种趋势，从事网络营销的企业必须改变原有的顾客概念，应该将搜索引擎当作企业的特殊顾客，因为搜索引擎不是网上直接消费者，却是网上信息最直接的受众，它的选择结果直接决定了网上顾客的接受范围。

(三) 网络营销中产品概念的整合

市场营销学中将产品解释为能够满足某种需求的东西，并认为完整的产品由核心产品、形式产品和附加产品构成，即整体的产品概念。

网络营销一方面继承了上述整体产品的概念，另一方面比以前任何时候更加注重和依赖于信息对消费者行为的引导，因而将产品的定义扩大了，即产品是提供到市场上引起注意、需要和消费的东西，网络营销主张以更加细腻、周全的方式为顾客提供更完美的服务。因此，网络营销在扩大产品定义的同时，还进一步细化了整体产品的构成。它用五个层次来描述整体产品的构成：核心产品、一般产品、期望产品、扩大产品和潜在产品。在这里，核心产品与原来的意义相同；扩大产品与原来的附加产品相同，但还包括区别于其他竞争产品的附加利益和服务；一般产品和期望产品由原来的形式产品细化而来。

(四) 网络营销中营销组合概念的整合

在网络营销过程中，营销组合的概念因产品性质不同而不同。对于知识产品而言，企业直接在网上完成其经营销售过程。在这种情况下，市场营销组合发生了很大的变化(与传统媒体的市场营销相比)。

首先，传统营销组合 4P 中的三个——产品、渠道、促销，由于摆脱了对传统物质载体的依赖，已经完全电子化和非物质化。因此，就知识产品而言，网络营销中的产品、渠道和促销本身就是电子化的信息。它们之间的分界线已变得相当模糊，以至于三者不可分，若不与作为渠道和促销的电子化信息发生交互作用，就无法访问或得到产品。

其次，价格不再以生产成本为基础，而是以顾客意识到的产品价值来计算。

再次，顾客对产品的选择和对价值的估计很大程度上受网上促销的影响，因而网上促销的作用倍受重视。

最后，网上顾客普遍具有高知识、高素质、高收入等特点，因此，网上促销的知识、信息含量相比传统促销大大提高。对于有形产品和某些服务，虽然不能以电子化方式传递，但企业在营销时可利用因特网完成信息流和商流。在这种情况下，传统的营销组合没有发生变化，价格则由生产成本和顾客的感受价值共同决定(其中包括对竞争对手的比较)。促销及渠道中的信息流和商流则由可控制的网上信息代替，渠道中的物流则可实现速度、流程和成本最优化。在网络营销中，市场营销组合本质上是无形的，是知识和信息的特定组合，是人力资源和信息技术综合的结果。

四、网络营销的发展趋势

在以顾客为核心的网络时代，网络营销并不是取代传统营销，而是对传统营销进行整合，以期在未来较长的时间内实现相互融合的内在统一。企业通过网络营销与传统营销的整合，实现二者的优势互补，以较低的成本和较高的效率满足顾客需求，达到最佳营销目标。

根据互联网发展的特点以及市场营销环境的变化，网络营销被预测将会有以下发展趋势。

(一) 利用大数据分析进行精准营销

无论是传统企业还是新型企业，对大数据营销的需求都有增无减，大数据营销已成为企业发展中必不可少的战略之一。随着科技的不断驱动，线上与线下的资源整合将成为大数据营销的发展趋势。运用互联网技术，将大数据与各种媒介资源相互融合，能够使企业资源得到更全面的整合利用，实现精准营销，提升营销效果。

【专栏1-4】度假酒店的大数据营销

为了吸引更多游客，澳门威尼斯人度假酒店推出了多重优惠活动，并与个灯(一家大数据营销平台)展开合作。依托独有的冷数据、温数据和热数据技术引擎，个灯提供了精准的用户画像和地理位置服务。

第一步：冷数据——精准人群筛选。根据大数据分析筛选出每天出现在澳门关闸口岸、莲花口岸1千米范围内的人(珠海常住居民除外)。

第二步：热数据——设立地理围栏。通过广告实时、精准地投放在地图上，圈定所要投放的澳门关闸口岸、莲花口岸，设立地理围栏。目标受众一旦进入地理围栏，便即时触发广告推送。

第三步：温数据回溯——摒弃盲目推送，实现精细化运营。根据大数据分析筛选出过去30天内去过澳门中高消费购物商城的高收入人群，精准推送优惠广告。

在合适的地点、合适的时间、合适的场景，把澳门威尼斯人度假酒店的优惠广告，精准推送给目标受众，最终点击率远超预期，获大量客户点赞。

(资料来源：陈德人. 网络营销与策划——理论、案例与实训[M]. 北京：人民邮电出版社，2019.)

(二) 内容营销的重要性更加凸显

以前，企业在做网络营销时为了达到精准营销的目的，往往会将大部分预算花在搜索引擎点击付费和搜索引擎的优化上，但是现在仅靠这些方法已经无法满足企业的宣传需求。在互联网时代，企业必须借助高质量的内容吸引和打动消费者，因此，企业应加大在移动内容方面的投入力度，包括制作在移动设备上易于阅读的短小内容、了解目标消费者对移动设备的使用习惯，并将更多的精力放在制作供消费者通过移动设备轻松消费的视频和可视化内容上。

(三) 移动终端将是网络营销的主要阵地

随着移动终端的流量日益超过 PC 端的流量，移动终端距离消费场景更近，越来越多的企业开始把移动终端策略纳入数字营销的各方面。许多企业意识到实施移动社交媒体战略的必要性，于是开始思考移动终端用户的消费模式及其与社交媒体推送内容进行互动的方式。

(四) 网络广告理念和模式推陈出新

以往的网络广告一般用具有诱导性或者刺激性的字眼吸引用户的眼球，从而诱导用户点击。这种方式虽然可能会带来很高的用户点击率，但是精准性和用户转化率都不高。随着技术的不断进步，网络广告开始朝原生广告、程序化购买广告等新模式发展。社交媒体和工具类 APP 推出了与场景相融合的原生广告。原生广告不同于传统的推销性质广告，它更加关注用户的需求，用一些诱人的内容直击用户内心，使他们产生需求。与传统的购买方式相比，广告主更青睐程序化购买。广告主通过需求方平台能轻松找到目标人群，针对性地投放广告，从而充分利用广告资源。

(五) 社交媒体营销更受重视

随着社交媒体的发展，用户与企业主的信息发布和获取成本都大大降低，这为社交媒体营销提供了更多的可能性。社交媒体因其信任度高、口碑效应、多级传播门槛低等特点成为新媒体中最活跃且最有发展潜力的领域，社交媒体营销也因此成为企业最青睐的营销模式。

本 章 小 结

网络营销是企业整体营销战略的一个组成部分，是建立在互联网基础之上，借助互联网来实现一定营销目标的一种营销手段，它是一种新生的营销方式。

对于网络营销的概念，我们需要从广义和狭义两个方面来进行分析。广义的网络营销指的是贯穿于企业开展网络活动的整个过程，包括信息收集、信息发布等。按照这个定义，网络营销包括新时代的互联网传播媒体、未来的信息高速公路、数字电视网和电子货币支付方式等。网络营销贯穿于企业经营的整个过程，包括市场调查、客户分析、产品开发、生产流程、销售策略、售后服务和反馈改进等环节。

狭义的网络营销指组织或个人基于开放便捷的互联网，对产品、服务所做的一系列经营活动，从而达到满足组织或个人需求的全过程，如在淘宝、京东、当当等网站上进行销售。

网络营销从传统营销中来，又与传统营销有着巨大的差别。我们需要对网络营销与传统营销进行区别和联系，网络营销需要与传统营销进行整合。

练习题

一、选择题

1. 以下关于网络营销定义的理解不正确的是(　　　)。

A. 网络营销不是孤立存在的   B. 网络营销不等于网上销售

C. 网络营销不等于电子商务   D. 网络营销也就是"虚拟营销"

2. 网络营销的核心是( )。

  A. 产品   B. 服务   C. 沟通   D. 价格

3. 目前对网络营销最流行、最贴切的英文解释为( )。

  A. E-Marketing   B. Web Marketing

  C. Online Marketing   D. Internet Marketing

4. 我国网络营销面临的主要问题不包括( )。

  A. 企业网络营销效果不明显   B. 没有任何有关电子商务或网络营销的法规

  C. 网络营销服务水平较低   D. 网络营销环境有待治理和整顿

5. 网络营销的特点包括( )。

  A. 跨时空   B. 交互式   C. 人性化   D. 整合性

6. 网络营销产生的原因有( )。

  A. 现代电子技术和通信技术的应用与发展

  B. 消费者价值观的变化

  C. 商业竞争的日趋激烈

  D. 网络营销能够提高营销效率

7. 对网络营销的优劣势分析,以下正确的是( )。

  A. 网络营销突破了时空的限制,使市场更加广阔和充满诱惑力

  B. 网络营销有利于低成本的扩张

  C. 网络营销能实现面对面的交流,因而诚信度更高

  D. 网络营销仍在一定程度和范围上受到网上支付的影响

二、判断题

1. 网络营销是传统营销的创新,它将逐渐取代传统营销。 ( )
2. 网络营销就是直复营销。 ( )
3. 网络营销就是网上销售。 ( )
4. 网络营销的基本营销目的、思想与传统营销是一致的。 ( )
5. 网络营销与传统营销在本质上是一致的。 ( )

三、简答题

1. 网络营销的基本职能是什么?
2. 网络营销的特点有哪些?

四、案例分析题

2020 年 11 月 11 日,天猫官方数据显示,从 11 月 11 日零时至凌晨 1:30,蒙牛全网的销售额破亿,破亿的时间比 2019 年提前 30 分钟。在蒙牛取得如此佳绩的背后,有以下四点原因值得关注。

1. 乳品行业改观,线上国产液态奶销售额大幅增长

2020 年 1 月,我国乳制品行业各子行业的线上销售额保持增长态势,增速放缓。从液

态奶的销售额来看，2020 年 1 月阿里渠道液态奶线上销售额为 10.53 亿元，同比增长 64.65%，其中白奶、酸奶、低温奶销售额分别为 5.53 亿元、2.37 亿元、0.22 亿元，同比分别增长 81.00%、48.76%、35.74%。同时，市场结构正在改变，国产液态奶不仅网购份额增长，还获得了更高的单位成交均价，其中有以下 3 个助力因素。

(1) 国产液态奶占有小规格装的细分市场优势。国产液态奶依托其传统优势，在小规格装市场占据更大份额，从而也享有更高的每升成交均价；而小规格装也是更适合国人饮食习惯和生活节奏的产品形态。

(2) 国产液态奶率先发力占领了常温酸奶、风味奶、儿童奶等"高附加值"市场。尽管一度经历奶源信任危机，国产液态奶厂商仍能另辟蹊径，借助"高附加值产品"培育中高价位的"口味导向型"消费市场。

(3) 国产奶的核心品牌有更强势的营销资源，足以开拓中高端市场。国产领头品牌的营销更为强势，曝光力度更大。相比之下，进口奶缺乏品牌营销基础，在"进口"大旗招摇之下，海外同质竞品不断涌入中国，海外品牌被迫陷入长尾碎片化市场低价竞争的泥沼。

2. 大数据转化为神助力

1) 大数据在定制产品与精准内容营销上都发挥着推动性作用

(1) 专属定制化产品。大数据已经成为时下最热门的词汇之一，如何助力数字化营销，带来实际转化，这是一个新的命题。在乳业领域，电商平台销量一直保持领先的蒙牛也在积极备战。除了超低价格、多种优惠等传统的营销方式，蒙牛还推出了新"玩法"——充分发挥大数据优势，通过对消费者精准画像，提供定制化、限量版的创新产品。

(2) 精准内容营销(精准定位与投放)。借助大数据平台的精准营销，能够有效提高营销的转化率，对于蒙牛来说，"双十一"是其检验并展示数字化转型成果的最好时机。"双十一"期间，蒙牛的"系列上新"，包括真果粒花果轻乳樱花白桃味、纯甄美粒小蛮腰新品限量版等新品都是充分依托大数据、针对用户喜好与需求新研发推出的，引领了乳品消费新潮流。蒙牛这次的"双十一"营销正体现了精准内容营销中"千人千面"与"快速响应"两个特点。

"千人千面"是针对不同的消费者传递不同的信息，第一次进店的人和反复进店购买的人看到的商品推荐是不同的。蒙牛通过这种精准推送技术将消费者需要的实惠信息更有效地传达到目标用户，从而提高了购买的转化率。

大数据研究的精准投放还体现在互动体验方面。针对线上消费人群普遍比较年轻的特点，蒙牛设置了好玩的互动、直播等方式，提升消费者的体验，并根据大家的反馈和互动效果及时调整策略。

2) 新型引流渠道

(1) 产品布局更懂年轻人，爱 TA 所爱。在诱惑无处不在的互联网世界，年轻人的目光很难集中在一个地方。要想被"左顾右盼"的年轻人所牢记，品牌必须"更懂 TA 们"，打造更具创意、更有个性、更吸睛的产品与内容，才能无往而不利。明星、IP、热点……这些频频出现的火爆元素，帮助蒙牛在"注意力稀缺"的时代保持了足够的年轻活力，在年轻人群中建立起高度品牌认知。

(2) "双十一"期间，蒙牛继续在明星定制装上发力，人气明星的定制产品纷纷上架电商渠道。同时，电商在多渠道进行了产品曝光及"种草"，配套的多媒体开屏资源也让各位代言人的影响力进一步提升。在支持自家代言人这条路上，蒙牛与粉丝们一样，都身体力行在第一线。

3. 保障体系提升客户利益

品牌年轻化战略的实施贯穿至蒙牛数字化升级、人群精细化运营、产品创新、营销整合发力、私域运营等各个层面，使得蒙牛整体的产品布局、人群质量、营销效果等都有了质的提升。卢敏放表示，蒙牛现在正在加速推进全产业链的数字化转型，用数字化重构整个销售体系，带动经销商一起转型升级。蒙牛利用数字化的手段，直接了解消费需求和趋势，让"人找货"转变为"货找人"，大幅减少成本、提升效率，让消费者、经销商客户都能体会到实实在在的实惠和便利，拉近消费者和品牌的距离。

4. 总结与展望

从"草原牛"到"世界牛"，蒙牛从未停止过创新与变革的脚步。未来，蒙牛将持续洞察年轻人群的特征、偏好与消费需求，为更多的消费者带来创新产品与消费体验，引领并推动乳制品行业积极、健康、高质量的发展。在内容营销和数据赋能的大背景下，期待更多电商品牌及传统品牌们的转型和突破。

(资料来源：根据网络资料整理)

请根据以上资料，回答下列问题：

1. 结合网络营销的概念，谈一谈蒙牛在各大电商平台的营销策略。
2. 蒙牛是如何做到网络营销与传统营销的整合的？

五、思考与实践

1. 并非所有企业都需要网络营销，你认为这种说法正确吗？请举例并进行分析。
2. 以自己所知道的某个企业为例，分析该企业采用了哪些方式创建网络营销策略和方法，还有哪些方面是需要加强的。

第二章

网络营销基础理论

【学习重点】

了解互联网的相关知识和网络营销的理论基础，掌握长尾理论、数据库营销理论、关系营销理论和直复营销理论。

【学习难点】

对长尾理论的理解，在网络营销中出现长尾理论的原因分析及如何在网络营销中应用长尾理论。

【教学建议】

依据互联网相关知识，结合互联网的发展趋势，对网络营销的基础理论进行分析。

【引导案例】

2020 年网络营销七大发展趋势如下所示。

1. 视频成为内容营销传播主阵地

2019 年 5G 技术得以实现并应用，2020 年 5G 技术的商用与普及更为广阔与全面，这将为互联网营销领域的营销方式与模式带来一场新的变革。5G 技术让互联网上的内容传播体验感更强，超高清的视频画质使得观看时更具吸引力与冲击感，视频营销与传播不再局限于图文，而是能让受众亲身感受的直观视频。以视频为主的内容营销与传播会成为网络营销领域的主阵地，特别是抖音、快手这类短视频平台，其营销与传播市场会持续高增。

2. 直播+KOL 营销持续热门

直播、KOL 这些名词对于互联网从业者来说并不陌生，特别是在线上培训、电商、游戏等领域，KOL+直播更是主流的营销方式之一。如头部 KOL，其带货数据可达到过亿级别。据相关数据统计显示，国内 KOL 市场每年正以 100%以上的速度高速增长，其营销规模可达 6 千亿元~1 万亿元。

3. VR、AR 等新型营销方式增速提高

采用 5G 技术观看视频直播不会有延迟感，且 5G 技术可以在一定程度上消除使用 VR、AR 技术时产生的眩晕问题，因此，随着 5G 技术的正式商用与广泛普及，直播、VR、AR 等强体验、高观感的内容传播方式将会得到广泛热捧。特别是在电商领域，VR、AR 这种打破空间限制的设备，可以让消费者在购买产品时得到全方位、鲜活立体、如临其境的超强体验感，从而高度刺激用户的购买欲望，促使用户下单。

4. 移动端场景式营销持续升级

互联网流量整体偏移到移动端是一个不争的事实。据 CNNIC 发布的第 47 次《中国互联网络发展状况统计报告》显示，截至 2020 年 12 月，我国网民规模达 9.89 亿，其中手机网民规模达 9.86 亿。从数据中可以窥见移动端的用户市场十分庞大，对于消费者来说，移动端设备的最大优势是可以随时随地打开使用，所以，针对移动端的场景式营销是任何企业都必须要做的。

5. 私域运营更加趋于让品牌 IP 化

私域作为直接接触用户并最终促使用户进行转化的重要场所，其运营的好坏最终影响着产品的销售情况。很多企业已经意识到这一点，对私域的运营也越来越精细化，如完美日记这一品牌，已经很成熟地对私域进行了品牌人设运营，打造出了自己的私域品牌 IP。

6. "关键节点链路营销"将取代"整合营销"

传统企业营销通常将广告与品牌整合为一体，过度强调与关注效果，忽视了过程中每个关键节点对目标消费者的影响，最终导致流失率高、转化率低等问题。网络营销中企业要让消费者在有限的时间内快速认识品牌，认同企业输出的品牌价值，从而直接或间接地完成消费者转化，这是非常不容易的。而链路营销可以在消费者接触到产品或品牌的每个节点进行连接，并在这些关键节点上对消费者进行潜移默化的影响，环环递进最终形成对消费者的强转化。

7. 公域引流"多生态整合营销"势在必行

公域有百度、抖音、头条、淘宝、小红书等多种多样的平台。对于发展越来越百家齐鸣的互联网市场来说，企业要想在各大公域生态里进行引流，实现自己私域里的转化，打通多生态搭建引流矩阵势在必行。而能打通不同生态的工具，目前以及未来 1 至 2 年内，唯有小程序这个工具最有优势。因此，公域里引流的"多生态整合营销"势必大行其道，与此对应的多生态建站小程序也将会成为企业网络营销市场的一种刚需。

(资料来源：根据网络资料整理)

引言

2015 年政府工作报告中提出的"互联网+"行动计划再次把从事互联网技术的各色技术公司推上了风口浪尖。"互联网+"意在通过移动互联网、云计算、大数据、物联网等技术与传统的制造业、工业等行业结合，实现产业的升级进化。

网络营销的出现源于电子商务的普及，而电子商务的普及源于因特网技术的飞速发展和电子商务在商业领域的广泛应用。电子商务的前身可以追溯到 20 世纪 60 年代至 70 年代间建立起的第一套电子销售系统——用于飞机票销售的计算机预约系统。这样的电子商务平台是一套属于某个企业的专用系统，价格昂贵，操作复杂。随后又有银行、保险公司等大型公司加入到建立自己的电子销售系统的行列。从 20 世纪 70 年代开始，由于计算机技术、通信技术、网络技术的飞速发展，电子商务也得以迅速发展和普及，诞生了一些专门为企业间电子商务提供服务的地区或国家性的专用增值网络，电子商务本身的技术也在不断发展，并逐步形成标准。

第一节　认识互联网

一、最早的互联网

最早的互联网构想可以追溯到 1980 年蒂姆·伯纳斯·李构建的 ENQUIRE 系统，一个类似于维基百科的超文本在线编辑数据库及软件项目。之后，在 1990 年 11 月，他完成了第一个基于客户端——服务器构架的万维网，3W(world wide web)。1991 年 8 月 6 日，他在新闻组上贴了一个关于万维网简介的文章，而这一天也被公认为 Web 时代的开端。

二、Web1.0

20 世纪 90 年代，随着计算机的普及和信息技术的发展，互联网迅速商业化，并以其独有的魅力和爆炸式的传播速度成为人们关注的热点。商业利用是互联网前进的发动机，一方面，网点的增加以及众多企业和商家的参与使互联网的规模急剧扩大，信息量也成倍增加；另一方面，互联网商业化刺激了网络服务的发展。

软件开发和互联网策划人员经常会谈论 Web2.0 的话题，虽然说 Web2.0 已问世许久，但 Web2.0 到底是什么呢？其实 Web2.0 代表了一个新的网络阶段，或者说是互联网建设的一种新模式，它本身并没有特别的标准来进行描述，一般我们将促成这个阶段的各种技术和相关产品服务统称为 Web2.0，这一新概念带动了技术和社会的新变革，如 Blog 热潮。要了解这个概念，我们还得从 Web1.0 说起。

Web1.0 是第一代互联网，起始于 20 世纪 90 年代，主导其发展的是以互联网和信息技术为代表的技术创新。1993 年，马克·安德森发布的 Mosaic 浏览器，即 Netscape 浏览器的前身，是 Web1.0 应用的典型代表，也是互联网领域第一个获得普遍使用和欢迎的网页浏览器。以新浪、搜狐、网易为代表的综合性门户网站和以谷歌、百度为代表的通用搜索网站是 Web1.0 的典型体现。

Web1.0 以静态、单向阅读为主，这一时期，互联网开始提供图片下载服务。Web1.0 时代是一个群雄并起、逐鹿网络的时代，也可以理解为 2004 年以前的互联网时代。在这一时期，用户上网主要是浏览信息与搜索信息，流量和广告是这一时期互联网商业模式的核心体现。虽然各个网站采用的手段和方法不同，但第一代互联网有诸多共同的特征，主要表现在以下方面。

(1) Web1.0 基本采用的是技术创新主导模式，信息技术的变革和使用对网站的新生与发展起到了关键性作用。新浪最初以技术平台起家，搜狐以搜索技术起家，腾讯以即时通信技术起家，盛大以网络游戏起家。在这些网站的创始阶段，技术性的痕迹相当之重。

(2) Web1.0 的盈利都基于一个共同点，即巨大的点击流量。无论是早期融资还是后期获利，依托的都是为数众多的用户和点击率，以点击率为基础上市或开展增值服务，受众的基础决定了盈利的水平和速度，充分体现了互联网的眼球经济色彩。

(3) Web1.0 的发展出现了向综合门户合流的现象。早期的新浪与搜狐、网易等，继续坚持门户网站的道路，而腾讯、谷歌等网络新贵，也纷纷走向门户网络，尤其对新闻信息有着极大的、共同的兴趣。这一情况的出现，使得门户网站本身的盈利空间更加广阔，盈利方式更加多元化，占据网站平台，可以更加有效地实现增值意图，并延伸到主营业务之外的各类服务。

(4) Web1.0 在合流的同时，还形成了主营与兼营结合的明晰产业结构。新浪以"新闻+广告"为主，网易拓展游戏，搜狐延伸门户矩阵。各家以主营作为突破口，以兼营作为补充点，形成"拳头+肉掌"的发展方式。

三、Web2.0

Web2.0 是 2003 年之后互联网领域的一个热门话题，许多熬过了网络泡沫经济困境的上市网络企业，都在第四季度实现盈利，随后业界和学术界都对因特网泡沫进行了反思。Web2.0 是互联网的一次革命性升级换代，由原来自上而下的由少数资源控制者集中控制主导的互联网体系，转变为自下而上的、由广大用户的集体智慧和力量主导的互联网体系。实际上，Web2.0 是相对于 Web1.0 而言的新一类互联网应用的统称。它是互联网服务发展的一个新阶段，而不是新一代互联网。

Web2.0 是以博客(Blog)、简易供稿系统(RSS，定制后网站定时向邮箱发送每天更新的信息)、维基百科(Wiki)、标签、社会性网络服务(SNS，如 Facebook 等社交网站)等应用为核心，实现的互联网新一代模式。

在 Web2.0 时代，我们既是网站内容的消费者，也是网站内容的制造者。Web2.0 的应用注重用户参与，强调交互作用。在 Web1.0 时代，用户所能做的只是各处"瞎逛"，如浏览一些门户网站提供的各种信息、图片。但 Web2.0 却让互联网逐渐找回因特网的真正含义：平等、交互。我们不只是互联网的读者，还是互联网的作者。Web1.0 到 Web2.0 的转变，具体地说，从模式上是单纯地由"读"向"写""共同建设"发展。所以互联网下一步是要让所有人都忙起来，用全民力量共同织出贴近生活的网。Web2.0 充分发掘了个人的主动性和积极性，极大地解放了个人的创作能力和潜能，使得互联网的创造力发生了历史性的提升，从而在根本上改变了 Web1.0 时代互联网为少数人所控制和制造的影响。Web2.0 时代将互联网的主导权交还给网民，使个人成为真正意义上的主体，由成千上万的网民所形成的动力，充分推动了 Web2.0 的发展。Web2.0 时代，无论是从理念角度还是技术角度，都在实践着网民个性化和网络社会化。

众多 Web2.0 概念下的应用已经开始融入门户网站。新浪推出了互动式的搜索引擎爱问(iAsk)、VIVI 收藏夹、RSS 及博客服务。这些新的服务都带有明显的 Web2.0 特征。Web2.0 的特点，包括以下几个方面。

(1) 访客能够对网页进行修改。例如，亚马逊网站允许访客发布产品评述，访客可以使用网上表单把信息添加到亚马逊的网页上，以便将来的访客能够阅读。

(2) 可使用网页把你与其他用户联系起来。Facebook 和 MySpace 等社交网络网站之所以大受欢迎，就是因为它们便于用户找到对方、保持联络。

(3) 它提供了快速、高效地共享内容的方法。YouTube 就是一个典型的例子，YouTube 会员制作好视频后，即可上传到网站上，供其他人观看，整个过程不到一个小时。

(4) 它提供了获得信息的新方法。如今，广大网民可以订阅网页的真正简单聚合(RSS)新闻源，只要保持互联网连接，就能收到关于该网页上所有最新信息的通知。

(5) 访问互联网的设备不局限于计算机。现在许多人通过手机或电子游戏机来访问互联网。一些专家预计，不久之后，消费者通过电视机及其他设备来访问互联网也将成为一件很普通的事。

所以通俗地说，Web1.0 就好比是图书馆，你可以把它当作信息来源来使用，但是无法以任何方式来添加或改动信息；Web2.0 则像是一个庞大的朋友和熟人圈子，你不仅可以用它来获得信息，而且更重要的是可以参与到会话中，让会话变成一种更丰富的体验。

四、Web3.0

Web3.0 时代的网络营销正处于孕育状态，尽管对其没有明确的定义，但可以肯定的是 Web3.0 是一个个性化时代，个性化将成为网络营销的新特点，网络营销商要做的不再是漫无目的地乱发网络广告信息，而是只需要通过搜索引擎将自己的营销网络或信息与相应的搜索词进行结合，就能轻松地进行商品推广。与现有的关键词竞价排名不同，时代的个性化搜索结果完全基于用户的自身需求，是按照用户给定的智能化代理程序进行筛选之后得到的结果，因而更容易让人接受。

Web3.0 的最大价值不是提供信息，而是提供基于不同需求的过滤器，每一种过滤器都基于一个市场需求。如果说 Web2.0 解决了个性解放的问题，那么 Web3.0 就是解决信息社会机制的问题，也就是最优化信息聚合的问题。真正的 Web3.0 不仅止于根据用户需求提供综合化服务，创建综合化服务平台，其关键在于还能提供基于用户偏好的个性化聚合服务。在 Web3.0 时代，同一模式化的综合门户将不复存在，如人们看到的新浪新闻首页将是个人感兴趣的新闻，而那些他不感兴趣的新闻将不会显示。例如，在网址导航网站中，会将你喜欢的或者经常使用的网址填进去，这其实就是一种 Web3.0 的理念，但还不是太完善，因为 Web3.0 这种个性化的聚合必须依赖强大的智能化识别系统，以及长期对一个用户互联网行为规律的分析和锁定，它将颠覆传统的综合门户，使得 Web3.0 时代的互联网评价标准不再是流量和点击率，而是到达率和用户价值。因此，Web3.0 时代能够赢得用户青睐的公司，一定是基于用户行为、习惯和信息的聚合而构建的，人性化、友好界面、简单易用一定是其核心元素，基于用户需求的信息聚合才是互联网的趋势和未来。

Web3.0 是否会引发新一轮革命？与 Web2.0 时代使用互联网是为了把人与人联系起来不同，在 Web3.0 时代使用互联网是为了把信息与信息联系起来，并且能够利用这些信息结合你的个人偏好来回答你提出的各种问题。

今天，你使用互联网搜索引擎时，搜索引擎其实并不真正理解你要搜索的东西。它只是简单地查找出和搜索框中的关键字有关的众多网页，而无法了解某网页是不是真与你搜索的东西相关。换句话说，它只能告诉你关键字出现在该网页上。例如，搜索的是"土星"这个词，最后会得到有关土星的网页搜索结果和有关汽车生产商土星公司的其他搜索结果。而 Web3.0 搜索引擎不但能找到出现搜索词中的关键字的网页，还能理解你搜索请求的具体语境。它会返回相关结果，并建议关注与搜索词有关的其他内容。

当然，这并不是 Web3.0 的全部本领。许多互联网专家认为，Web3.0 浏览器可充当私人助理。当你在网上搜索时，浏览器会逐渐了解你对什么感兴趣。你越是能经常使用互联网，浏览器就越了解你，那样即使你提出的问题很笼统，网络也可以给你很满意的答复。

事实上，今天的人们根本不知道将来的技术最终会发展成什么样。以 Web3.0 为例，大多数互联网专家对它的特点比较一致的看法是：Web3.0 会为用户带来更丰富、相关度更高的体验。在有"互联网之父"之称的蒂姆·伯纳斯·李看来，互联网的未来是语义网(Semantic Web)，而许多互联网专家在谈论 Web3.0 时也大量借鉴了他的理论。

五、语义网

蒂姆·伯纳斯·李于 1989 年发明了互联网。他发明的互联网其最主要用途是作为统一的界面实现信息的彼此共享。不过，蒂姆·伯纳斯·李对 Web2.0 到底是否存在表示怀疑，认为它只是毫无意义的专业术语。蒂姆·伯纳斯·李坚持认为，他发明互联网就是为了能够让这一网络架构处理 Web2.0 所能处理的所有任务。蒂姆·伯纳斯·李设想未来的互联网与今天的 Web3.0 概念很相似。它被称为语义网。

简单地说，今天的互联网架构是为方便人们使用而设计的。它让我们容易访问网页，理解网页所呈现的一切，而计算机却不能理解。搜索引擎也许能查找关键字，但它理解不了这些关键字在网页语境下是如何使用的。

有了语义网，计算机将使用软件代理来搜索及理解网页上的信息。这些软件代理将是在互联网上搜索相关信息的程序。它们之所以有这种功能，是因为语义网拥有信息的集合体，这种集合体叫本体(Ontology)。在互联网上，本体其实是一个文件，它定义了一组词语之间的关系。例如，"Cousin(堂兄弟、堂姐妹、表兄弟或表姐妹)"这个词语是指有着同一对祖父母或外祖父母的两个人之间的家族关系。语义网本体有可能这样来定义每个家族的角色：

- 祖父母或外祖父母：主体上两代的直系祖先。
- 父母：主体上一代的直系祖先。
- 兄弟或姐妹：与主体有着同一对父母的人。
- 侄子、外甥或侄女、外甥女：主体的兄弟或姐妹的子女。
- 阿姨、姑姑或叔叔、伯伯：主体的父母的姐妹或兄弟。
- 堂兄弟、堂姐妹或表兄弟、表姐妹：主体的阿姨、姑姑或叔叔、伯伯的子女。

语义网要发挥应有的功效，本体内容就必须详细而全面。按照蒂姆·伯纳斯·李的概念，本体会以元数据(元数据是指网页代码中所含的人类看不见而计算机能读取的信息)的形式而存在。

构建本体需要大量的工作。实际上，这是语义网面临的重大障碍之一。人们是否愿意投入精力为自己的网站构建全面完整的本体？网站变化后，他们会维护本体吗？这些都是语义网构建时需要考虑的问题。批评人士认为，创建及维护语义网这种复杂的任务对大多数人来说工作量太大了。

另一方面，一些人很喜欢给互联网对象和信息做标签或标记。互联网可以对做了标记的对象或信息进行分类。如果博客含有一个标记选项，这样很容易按特定主题对日志内容进行分类。Flickr 等照片共享网站让用户可以对照片做标记。

谷歌甚至把它变成了一款游戏——Google Image Labeler，让两个人在做标签比赛中相互较量，看哪个玩家为一系列图像所做的相关标记数量最多。据一些专家声称，Web3.0 将来能够搜索标记和标签，并将相关度最高的结果返回给用户。也许 Web3.0 会将蒂姆·伯纳斯·李的语义网概念与 Web2.0 的标记文化结合起来。

总体来说，Web3.0、语义网还只是处于理论研究阶段，少有明确的技术出现，但是，这没有阻止人们猜测接下来互联网的未来会走向何方。实际上，在这方面既有保守的预测也有激进的预言，还有听上去更像是科幻电影的大胆猜想。

第二节 长尾理论

随着市场经济的发展，市场营销活动范围日益扩大，市场竞争更加激化，传统营销理论越来越难以适应复杂多变的市场营销环境，传统营销理论的局限性日益突显。但是网络营销仍然属于市场营销理论的范畴，它在强化了传统市场营销理论的同时，也提出了一些不同于传统市场营销的新理论。基于此，我们对传统营销理论进行梳理，结合互联网环境下网络营销的新要求，在传统营销理论的基础上对网络营销进行综合论述。

一、长尾理论的含义

2004年10月，《连线》杂志主编克里斯·安德森(Chris Anderson)在一篇文章中首次提出了"长尾理论"(The Long Tail)，用来描述诸如亚马逊之类网站的商业和经济模式。安德森认为，只要存储和流通的渠道足够大，需求不旺或销售不佳的产品共同占据的市场份额就可以和那些数量不多的热卖品所占的市场份额相匹敌，甚至更大。这就是长尾理论，它是网络时代兴起的一种新理论。

安德森认为最理想的长尾定义应解释长尾理论的三个关键组成部分：①热卖品向利基的转变；②富足经济；③许许多多小市场聚合成一个大市场。

简单地说，长尾理论指由于成本和效率的因素，当商品储存流通展示的场地和渠道足够宽广，商品生产成本急剧下降以至于个人都可以进行生产，并且商品的销售成本急剧降低时，几乎任何以前看似需求极低的产品，只要有人卖，都会有人买，如图2-1所示。需求不旺或销量不佳的产品所共同占据的市场份额可以和那些少数热销产品所占据的市场份额相匹敌，甚至更大，即众多小市场汇聚成可产生与主流相匹敌的市场能量。也就是说，企业的销售量不在于传统需求曲线上那个代表"畅销商品"的头部，而是那条代表"冷门商品"，经常被人遗忘的长尾。举例来说，一家大型书店通常可摆放10万本书，但亚马逊网络书店的图书销售额中，有四分之一来自排名10万以后的书籍。这些"冷门"书籍的销售比例正高速成长，预估未来可占整个书市的一半。这意味着消费者在面对无限的选择时，真正想要的东西和想要取得的渠道都出现了重大的变化，一套崭新的商业模式也跟着崛起。简而言之，长尾所涉及的冷门产品涵盖了几乎更多人的需求，当有了需求后，会有更多的人意识到这种需求，从而使冷门不冷。

长尾理论认为，由于成本和效率的因素，过去人们只能关注重要的人或重要的事，如果用正态分布曲线来描绘这些人或事，人们只能关注曲线的"头部"，而将处于曲线"尾部"、需要更多的精力和成本才能关注到的大多数人或事忽略。现如今长尾理论已经渗透到生活的各个方面，很多人都有意或无意地享受长尾理论带给我们的方便，从亚马逊到苹果的iTunes在线音乐商店，无不反应长尾理论所揭示的巨大市场以及客观的理论。

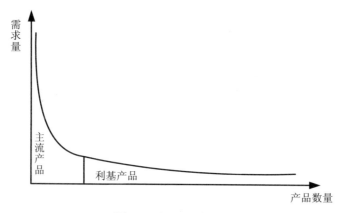

图 2-1　长尾理论模型

(资料来源：姜旭平. 网络营销[M]. 北京：中国人民大学出版社，2012.)

二、长尾理论的现实应用

既然长尾理论如此实用，那企业在现实中应该如何运用长尾理论呢？接下来我们将从长尾理论的九大商业法则探讨长尾理论的实际应用。

(一) 存货集中或者分散

库存积压会大幅增加企业的运营成本，降低企业的利润，因此，降低库存一直是企业着力追求的目标。而现实企业不仅通过降低库存的方法降低成本，对库存的科学管理同样是降低成本的有效方法。在克里斯·安德森看来，长尾理论意味着大量的产品浮出水面，因此，对于如何存放产品将是至关重要的问题。对此克里斯·安德森提出了集中化仓储、分散式仓储、数字化仓储等解决方法。

1. 集中化仓储

集中化仓储能够提升效率，降低成本。集中化仓储不单是简单地将货物集合，而是集中管理，利用现行的技术(如仓库管理信息系统、条形技术等)将货物有效分类、排序、科学管理。此外，还要合理选择仓储的地点，从而保证存取的效率，减少货物的损毁，以此降低企业的成本。集中化仓储比较适用于线下的大型商店，如沃尔玛、家乐福这种大型超市。

2. 分散式仓储

分散式仓储是将仓储的费用间接转嫁给合作伙伴(如供应商、分销商等)，而自己本身完全充当商店的角色。如亚马逊，它只是将商品的信息提供给顾客，存货全部由合作的店铺自己承担。这实际上还不能消除仓储费用，因为合作伙伴会将自己的仓储费用计入成本，从而提高下级企业的购买成本。但分散式仓储还是能够有效降低仓储成本的，毕竟没有存货肯定比有存货要划算。

3. 数字化仓储

如果说分散式仓储能够极大地降低企业仓储成本，那么数字化仓储则是能够彻底消除仓储成本，将产品信息数字化存储，彻彻底底地消除库存。因此，数字化仓储是未来发展的趋势。

(二) 让顾客参与生产

顾客参与生产的好处包括：①降低生产成本，提高效率；②增加精品出现；③帮助我们把长尾向深处延伸；④挖掘顾客现时需求。其实顾客参与的好处还有很多，顾客参与的关键在于如何让顾客愿意参与，这要从心理动机进行分析。可能消费者决定进行参与行为，也是因为参与的行为和相关任务的绩效能带来一种体验，这种体验表现为通过了解产品的本质或在过程中创造的服务而获得的心理效益。因此，企业实行顾客参与时，一定要对顾客的心理动机进行着重研究。

(三) 多渠道传播

在需求个性化的长尾市场中，需求分布往往零零散散，而且当今获取信息的渠道多种多样，大部分人可能会比较倾向网络，有的人倾向书刊，有的人倾向广播电视等。因此，对于旨在挖掘长尾市场的企业而言，它们不能停留在一种热门渠道，而应该从多个渠道挖掘潜在需求，深入长尾的尾部。

(四) 没有一种产品可以适合所有人

纵观全世界，没有一家好的企业是靠一种商品经营的。其实也不难理解，随着商品种类日益增加，商品的竞争越来越激烈。消费者在琳琅满目的商品面前，选择自然是不同的。所以在信息化时代的今天，人们的选择多种多样，需求趋于个性化。因此，即使是超热门产品也无法满足所有人，反之利基产品则拥有一定的市场空间。就好比"二八法则"所诠释的，80%的利润被20%的产品占据，那么还有20%的利润则是企业生产多种产品的理由之一。除此之外，根据经济学以及统计学原理，多种产品组合可以降低企业的经营风险。

(五) 更加灵活的定价策略

克里斯·安德森认为，未来商业发展，定价策略将变得更加灵活，主要概括起来包括：热门产品薄利多销，提高价格；冷门产品降价促销，针对现有客户提高价格。在他看来，定价策略应该考虑产品本身的定位，不能随意更改，如果产品定位是高端的，降低价格能在一定程度上提升销量，但却可能失去原有的高端客户。产品定位较低，如果提高价格，一来原有客户不能承担价格，二来不一定能受到高端人群认可。因此，企业在定价时，一定要考虑自身的产品定位，制定相应的定价策略。

(六) 分享信息

不可否认，当前已经是一个信息爆炸的时代，当信息极为丰富的时候，信息本身的价值便不太高，而且很多人缺乏判断力，不能辨别信息的有效性和真实性。同样，顾客在面对种类众多的长尾市场时，自然是目不暇接。因此，企业需要向顾客提供有效的产品信息，并根据顾客的消费习惯、消费喜好，及时推送相应的产品服务信息。说到底就是企业与顾客之间共享信息，达到双赢的效果。这样企业能够提高效率，在一定程度上减少企业的营销成本，顾客则能够买到较为满意的产品。

(七) 考虑"和"，不要考虑"或"

关于和还是或，克里斯·安德森认为，在打破限制后的世界，长尾市场是无限的，企业应该把所有产品全部推给客户。企业应根据自身的特点来决定。如亚马逊,它确实可以像克里斯·安德森所说的,将全部产品推给消费者,因为亚马逊的产品与产品之间不存在抢一个位置的现象,或者说这个现象不是非常强烈,相反,它可以增加产品的种类,向长尾的最深处延伸,类似的企业还有阿里巴巴。这就是产品之间的"和"。然而像苹果公司这样的企业却不一样,苹果在推出 iPhone 7 的时候,相应地开始停产 iPhone 6,这是因为如果 iPhone 6 不停产的话会严重影响 iPhone 7 的销量。虽然 iPhone 6 还可以占据一大部分的长尾市场,甚至是长尾市场头部,但却不能弥补 iPhone 7 在长尾市场头部所遭受的损失,因此,苹果公司不得不停产 iPhone 6。类似的 ios 系统升级以后也是如此,已升级的手机没办法安装上个版本的系统。这就是产品之间的"或"。正如上面的例子所反映的,企业必须结合自身产品的特点,考虑产品之间"和"与"或"的问题。

(八) 让市场替你做事

经济学中习惯把市场形容成无形的手,它会在一定程度内自动调节市场的供需和商品的价格。市场也会根据优胜劣汰的规则,淘汰劣质产品,保留优秀产品。因此,克里斯·安德森认为企业也可以借助长尾市场的这个力量,根据市场自身淘汰结果来做出相应的反应。其实优秀的企业绝不是简单地根据市场反馈做决定,而是应该与市场的反应同时进行,甚至是在市场反应前先做出相应的准备。因为当市场提供反馈时,说明整个淘汰的过程已经进行完毕,那么企业想早于其他企业,特别是知名国际企业几乎是不可能的。如果本身是大企业,其决定也不一定能够早于其他大企业。企业不能干等市场淘汰结果再做反应,让市场帮你做事是指你需要根据市场的一些信息,自己整合分析评测,然后做出相应的措施,这样才是上策。

(九) 重视免费的力量

现如今免费的现象充斥着我们的生活,如免费的视频、免费的音乐、免费的信息、免费的云盘等。免费的力量确实强大,同样,如果企业能够合理利用免费的力量,就肯定能够吸引顾客。当然免费不是指全部免费,如果都免费,那么企业肯定无法生存。免费是指卖产品的同时提供一些免费的附加产品或者服务;或者产品免费,利用顾客数据、关注度来盈利。淘宝通过免费注册吸引大量的淘宝用户,同时利用庞大的用户数量吸引商家入驻,从而盈利。因此,企业要根据自身特点,选择合理的"免费"方式吸引客户。

【专栏2-1】京东:B2C的十节"甘蔗"

京东最具特色的就是自建物流体系和自营业务,高效率的物流和高品质的保证吸引了大量稳定的用户群体。随着京东商城到京东的改版,京东的主营业务也由 3C 网购专业平台扩展到一体化网络购物平台。

京东强调的是对 B2C 整个环节的把握,刘强东认为"创造价值才能得到回报"是所有商业模式的基础。在长期的竞争下,同市场中的商家将会获得固定利润,为了获得更多的利润,需要做到的就是在电子商务的产业链条上加大投资布局,吞掉更多节数的"甘蔗",零售消费品的价值链具体如图 2-2 所示。

京东对快递和仓储的大量投资和布局,旨在不断延伸价值链条,在获取产品中间环节利润的同时通过一体化和标准化管理,为用户提供更好的体验。此外,京东的涉足领域正在不断扩大深入,除电子商务外,京东最近在互联网金融、云计算等方面不断深入,实现规模经济。

京东可谓很好地把握了长尾理论，在人口红利的背景下，零售商的营销和交易构成电商的主要利润来源。然而，从长期来看，在新用户增量及流量有限增长的情况下，将目光延伸零售业盈利的尾端——仓储、配送等，实则会带来利润的进一步增长。尽管京东至今尚未实现大规模盈利，但是对仓储和物流的重点布局和持续投资将京东的盈利来源在产业链内部进一步拓展，京东将获得原本属于快递公司的利润，其对快递"最后一公里"的布局和把握将会助力京东在消费品零售行业供应链的不断完善。

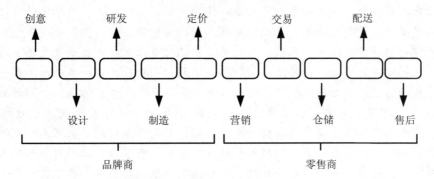

图 2-2　京东零售消费品的价值链

此外，随着人们生活水平的提高和消费观念的转变，消费者对高质量产品和用户体验的要求将会进一步加强。而京东的自营模式及自建物流体系的建设，在这两方面都把握得很好，因此，京东在新用户增量和维持用户忠诚度方面具有一定的优势。

第三节　数据库营销和关系营销

数据库营销是企业通过收集和积累消费者的大量信息，经过处理后预测消费者有多大可能去购买某种产品，以及利用这些信息给产品精确定位，有针对性地制作营销信息，从而说服消费者购买产品的一种营销方式。通过数据库的建立和分析，企业对顾客的了解更加全面，可以给予顾客更加个性化的服务支持和营销设计，使"一对一的顾客关系管理"成为可能。数据库营销作为市场营销的一种形式，正越来越受到企业管理者的青睐，在维系顾客、提高销售额中扮演着重要作用。

数据库营销是为了实现接洽、交易和建立客户关系等目标而建立、维护和利用顾客数据与其他顾客资料的过程。数据库营销(Database Marketing Service，DMS)是在 IT、Internet 与 database 技术的发展上逐渐兴起和成熟起来的一种市场营销推广手段，在企业市场营销行为中具备广阔的发展前景。它不仅是一种营销方法、工具、技术和平台，更重要的是一种企业经营理念，也改变了企业的市场营销模式与服务模式，从本质上改变了企业营销的基本价值观。通过数据库的建立和分析，各个部门都对顾客的资料有详细全面的了解，可以给予顾客更加个性化的服务支持和营销设计，使"一对一的顾客关系管理"成为可能。

数据库营销在西方发达国家的企业里已相当普及。在美国，1994 年 donnelley marketing 公司的调查显示，56%的零售商和制造商有营销数据库，10%的零售商和制造商正在计划建设营销数据库，85%的零售商和制造商认为他们将需要一个强大的营销数据库来支持他们的竞争实力。

【专栏2-2】内联升的数据库营销

清朝末年的老北京流传着一句谚语："头戴马聚源，身披瑞蚨祥，脚踏内联升，腰缠'四大恒'。"意思是戴马聚源的帽子最尊贵，用瑞蚨祥的绸缎做衣服穿在身上最光彩，脚蹬一双内联升鞋店的靴鞋最荣耀，腰中缠着"四大恒"钱庄的银票最富有，有腰缠万贯之意。而这个内联升，就是下面故事中的主角。

内联升的创始人叫赵廷，最早在一家鞋作坊学得一手制鞋手艺，积累了一定的经验。后来，一位姓丁的大将军出资入股，资助赵廷开办了鞋店。由于当时京城的制鞋行业竞争很激烈，于是他决定走专业化路线，专门为皇亲国戚、朝廷文武百官制作朝靴。赵廷早期的经营并不是一帆风顺的，因为这些达官贵人做鞋，经常只是差下人送个鞋样过来，这样就保证不了鞋的舒适度。特别是遇到一些脚型比较特殊的人，可能就容易出问题。在经历过几次交易纠纷后，赵廷打起了数据库营销的主意(当然，那时候还没有这个说法，也没这个名词，但是意思是一样的)，推出了一本后来闻名于世的《履中备载》。这个备载实际上就是内联升的用户档案，里面详细记载了京城内所有达官贵人脚上的"秘密"，比如鞋的尺寸、样式和特殊脚型等。有了这个数据后，为客人做鞋就不怕不合脚了，而且还省去了很多麻烦，比如说某个客人要做鞋，直接来知会一声就行，不需要费劲地去沟通需求了。《履中备载》推出之后，赵廷的生意果然越来越火爆。而火爆的原因，除了顾客对他的鞋越来越满意以外，还有个意外收获。很多人听说内联升掌握了京城达官贵人的足下之秘，都纷纷来订鞋用来送礼。因为在当时，上好的朝靴经常作为一种礼品馈赠亲友或者下级送给上级，而内联升的数据在当时是不可多得的精准信息，大大方便了送礼者。

(资料来源：江礼坤. 网络营销推广实战宝典[M]. 第2版. 北京：电子工业出版社，2016.)

一、数据库营销的特点

数据库营销的特点主要有以下几个方面。

(一) 可测度

数据库营销是唯一一种可测量的广告形式。你能够准确地知道如何获得客户的反应，以及这些反应来自何处，这些信息将被用于继续、扩展或重新制订、调整企业的营销计划。而传统的广告形式(报纸、杂志、网络、电视等)只能面对一个模糊、大致的群体，究竟目标人群占多少无法统计，所以效果和反馈率总是让人失望。

(二) 可测试性

数据库营销就像科学实验，每推进一步，都可以精心地测试，结果还可以进行分析。假设你有一间酒吧，发出一封邮件，宣布所有光临的女士都可以免费获得一杯鸡尾酒。而在另一封邮件中，你宣布除周六、周日外所有顾客都可以获得8折优惠。在进行一段时间的小规模测试后，计算哪一封邮件产生的回报最高，之后就运用获得最佳反应的方案进行更大规模的邮寄。不管企业的大小如何，只要运用适当的形式，都可以进行小规模的测试，以便了解哪种策略最有可能取得成功。

(三) 营销效率

数据库营销可以使企业集中精力于更少的人身上，最终目标集中在最小消费单位即个人身上，实现准确定位。目前美国已有 56% 的企业正在建立数据库，85% 的企业认为他们需要数据库营销来加强竞争力。因为企业运用消费者数据库能够准确找出某种产品的目标消费者，这样可以避免使用昂贵的大众传播媒体，运用更经济的促销方式，从而降低成本，增强企业的竞争力。具有关资料统计，使用数据库技术进行筛选消费者后再邮寄宣传品的反馈率是未使用数据库技术进行筛选而发送邮寄宣传品的反馈率的 10 倍以上。

(四) 客户关系处理

据权威专家分析，维持一个老顾客所需的成本是寻求一个新顾客成本的 0.5 倍，而要使一个失去的老顾客重新成为新顾客所花费的成本则是寻求一个新客户成本的 10 倍。如果比竞争对手更了解顾客的需求和欲望，留住的最佳顾客就更多，就能创造出更大的竞争优势。使用数据库营销经常地与消费者保持沟通和联系，可以维持和增强企业与消费者之间的感情纽带。另外，运用存储的消费记录来推测其未来消费者行为具有相当的精确性，从而使企业能更好地满足消费者的需求，建立起长期稳定的客户关系。

> **【专栏2-3】理发店通过数据库营销抓住顾客**
>
> 理发是一个拥有上千年历史的老行当，现在的理发店众多，竞争激烈。而对于理发店来说，最优质的客户是女性客户，因为爱美是女人的天性，一般女人做一次头发，至少都是上百元。如果哪个理发店能有一群忠实的女性顾客，那生意一定会非常火爆。
>
> 而有这么一家理发店，通过数据库营销，牢牢抓住了 600 个白领回头客。
>
> 首先，这家理发店会为来理发的用户建立一个客户档案，其中包括顾客目前头发的状况、历次烫发染发的时间、用的什么烫发水等，同时还包括顾客的职业、单位等基本信息。最重要的是要留下客户的联系方式，特别是线上联系方式。
>
> 其次，通过微信、QQ 等工具与客户进行线上交流，如聊顾客的美发要求等促进感情。大家都知道，要想长期留住客户，最好的方法是与她成为朋友。但在理发的过程中，与顾客交流的时间和精力有限，而如果通过电话等方式，又不是很现实。所以微信、QQ 等聊天工具就成了最佳选择。与顾客聊成朋友，她自然就会成为你的回头客。
>
> 而且当客户要理发时，还可以提前进行线上沟通，了解客户需求，再结合顾客的数据档案，基本上就能对客户的期望值把握得非常准确了。最重要的是，这样能最大程度节省双方的时间，同时也能避免客人多时"撞车"排队。
>
> (资料来源：江礼坤. 网络营销推广实战宝典[M]. 第 2 版. 北京：电子工业出版社，2016.)

(五) 现代化

传统营销中，运用大众传媒(报纸、杂志、网络、电视等)大规模地宣传新品上市，或实施新的促销方案，容易引起竞争对手的注意，使他们紧跟其后推出对抗方案，势必影响预期效果。而运用数据库营销，可与消费者建立紧密关系，一般不会引起竞争对手的注意，避免公开对抗。如今，很多知名企业都已运用这种现代化的营销手段，将其作为一种秘密武器运用于激烈的市场竞争中，从而在市场上站稳脚跟。

(六) 创新性

目前，传统的营销方式仍占据着相当重要的地位，数据库营销只是对传统营销方式的补充和改变。但从长期看，数据库营销必将随着企业管理水平，尤其是营销管理水平的提升而得到创新使用。随着经济的日益发展和信息技术对传统产业的改造，消费者的个性化需求得到满足成为可能，中国企业将面临更加严峻的形势，如何在这场强敌林立的角力中胜出，需要全方位地提升企业的竞争力——特别是企业的客户信息能力。因此，我们需要吸收西方先进的营销理念和手段，摒弃传统营销模式的弊端。数据库营销是先进的营销理念和现代信息技术的结晶，也是中国企业未来的必然选择。

【专栏2-4】赶集网

赶集网是中国目前最大的分类信息门户网站之一，为用户提供房屋租售、二手物品买卖、车辆买卖、宠物票务、教育培训、同城活动及交友、团购等众多本地生活及商务服务类信息。自2005年成立以来，赶集网就获得了用户的广泛青睐，并获得了快速发展。赶集网总部位于北京，在上海、广州、哈尔滨、深圳设有分公司，并已在全国374个主要城市开通了分站，服务遍布人们日常生活的各个领域。

更加充分地了解顾客的需要——赶集网提供的信息涉及顾客生活的方方面面。

为顾客提供更好的服务——顾客数据库中的资料是个性化营销和顾客关系管理的重要基础。作为专业的信息服务运营商，赶集网可以为合作伙伴提供：准确的目标消费用户群体、直接的产品与服务展示平台、有效的市场营销效果以及客户关系管理等多方面、多层次的服务。针对个人用户，赶集网承诺无广告、无使用费，提供一个非商业化的环境，追求免费实用的因特网宗旨。

顾客主动加入——赶集网主要面向个人用户，是让顾客或消费者通过因特网获取和发布个人商品、服务信息的平台。顾客或消费者可以在此及时、有效地发布个人分类广告，让所有人知道商家或消费者提供或需要什么样的商品、服务和帮助。

市场调查和预测——数据库为市场调查提供了丰富的资料。通过赶集网，用户可以根据顾客的资料分析潜在的目标市场，可以进入首页进行分地区、分类别浏览，也可以按照关键词搜索要找的分类信息，能直接与信息提供者取得联系。

用户可将分类广告发布到赶集网，当其他人检索或者通过分类目录进行浏览时即可看到发布的广告。用户可以留下电话、E-mail、QQ以及联系人等信息，这样，对所发布的信息感兴趣的人就可以在第一时间找到信息发布者。

二、关系营销

传统营销主要使用大众传播，而人际传播是关系营销的必要工具。现代信息技术的革命也为关系营销带来了极大的便利，并为关系营销的高效实施提供了更稳健的平台。传统观点认为，市场营销的内核是一种交换过程，在此过程中，两方或多方互换价值以满足彼此的需求。即营销的过程就是创造和消除交换关系的过程。这种观点可以称之为"以交易为基础的营销观"，其战略焦点是，识别潜在买主，把他们变成客户，然后完成产品或服务的交易。

交易型营销倾向于遵循如下过程：寻找潜在客户、谈判、交货付款、结束交易。这种交易方式往往是一次性的。在交易过程中，双方都尽可能地为己方争取最大限度的利益，压低对方的利益。此种营销方式很容易给交易双方造成大量的遗留问题，如售后服务质量降低。因而，最近几年它越来越多地受到质疑，短期交易的想法日益被长期关系的概念所取代。换言之，企业与客户之间相互作用的重点正在从交易转向关系。这就是西方营销理论与实践中"关系营销"(Relationship Marketing)产生的基础。

对营销人员来说，扩大交易仍然是重要的，但他们必须认识到，在努力争取客户和发展市场份额之外，还需要制定保持客户的战略。也就是说，企业要建立和维护一种同已有客户的互益关系，而且，这种关系还必须延伸到供应商和员工身上。越来越多的企业意识到，寻求与客户建立和维系一种长期的战略伙伴关系是使交易双方企业获得"双赢"的最大保障。因此，在此基础上，关系营销应运而生。

关系营销是把营销活动看成一个企业与消费者、供应商、分销商、竞争者、政府机构及其他公众发生互动作用的过程，其核心是建立和发展与这些公众的良好关系。关系营销的本质特征可以概括为以下几个方面。

(1) 双向沟通。在关系营销中沟通应该是双向而非单向的，只有实行广泛的信息交流和共享，才能使企业赢得各个利益相关者的支持与合作。

(2) 合作。关系一般有两种状态，对立与合作。只有合作才能实现协同，因此，合作是双赢的基础。

(3) 双赢。关系营销旨在通过合作增加关系各方的利益，而不是通过损害其中一方或多方的利益来增加其他各方的利益。

(4) 控制。关系营销要求建立专门的部门，了解顾客、分销商、供应商及营销系统中其他参与者的态度，由此了解关系的动态变化，及时采取应对措施。

关系营销是作为交易营销的对称提出的，提出的原因是单靠交易营销建立的品牌忠诚度不稳，回头客太少，而现实营销中企业的生意不断，有些企业则是一次性交易。究其根源是企业与顾客的关系不同。为了扩大回头客的比例，提出关系营销。

关系营销的作用主要体现在以下几个方面。

(1) 收益高。向现有客户继续销售而得到的收益，比花钱去吸引新客户的收益要高。

(2) 可以保持更多客户。随着客户日趋大型化和数目不断减少，每一个客户显得越来越重要。

(3) 扩大客户范围。企业对现有客户进行交叉销售的机会日益增多，可以维持老客户，开发新客户。

(4) 提高市场效力。企业间形成战略伙伴关系更有利于应对全球性的市场竞争。

(5) 吸引大型设备和复杂产品的购买者。购买大型设备、复杂产品的客户，对他们来说，销售只是开始，后面有大量的工作要做，必须将关系营销做到更好。

关系营销的核心是维护顾客，为顾客提供高度满意的产品和服务，通过加强与顾客的联系，提供有效的顾客服务，保持与顾客的长期关系，并在此基础上开展营销活动，实现企业的营销目标。实施关系营销，并不以损害企业利益为代价。根据研究，争取一个新顾客的营销费用是维护一个老顾客费用的 5 倍，因此加强与顾客的联系并提高顾客的忠诚度，是可以为企业带来长远利益的。关系营销提倡的是企业与顾客的双赢。

三、关系营销中的六大市场

(一) 顾客市场

顾客是企业存在和发展的基础,市场竞争的实质是对顾客的争夺。最新研究表明,企业在争取新顾客的同时,还必须重视留住老顾客,培育和发展顾客忠诚。企业可以通过数据库营销、发展会员关系等多种形式,更好地满足顾客需求,增加顾客信任,密切双方关系。

(二) 供应商市场

任何一个企业都不可能独自解决自己生产所需的所有资源。在现实的资源交换过程中资源的构成是多方面的,至少包含了人、财、物、技术、信息等方面。与供应商的关系决定了企业所能获得的资源数量、质量及获得的速度。生产 1 辆汽车大约需要 8000 到 10000 个零部件,任何一个企业都不可能单独生产全部零部件,必须通过其他供应商进行专业分工、协作生产,企业与供应商结成紧密的合作网络,进行必要的资源交换。另外,公司在市场上的声誉也是部分地来自与供应商所形成的关系,如当 IBM 决定在其个人电脑上使用微软公司的操作系统时,微软公司在软件行业的声誉便急速上升。

(三) 竞争者市场

在竞争者市场上,企业营销活动的主要目的是争取与拥有互补性资源的竞争者协作,实现知识的转移、资源的共享和更有效的利用。例如,在一些技术密集型行业,越来越多的企业与其竞争者进行了研究与开发的合作,这种方式的战略联盟可以分担巨额的产品开发费用和风险。种种迹象表明,现代竞争已发展为"协作竞争",在竞争中实现"双赢"的结果才是最理想的战略选择。

(四) 内部市场

内部营销起源于这样一个观念,即把员工看作企业的内部市场。任何一家企业,要想让外部顾客满意,首先得让内部员工满意。只有对工作满意的员工,才可能以更高的效率和效益为外部顾客提供更加优质的服务,并最终让外部顾客感到满意。内部市场不只是企业营销部门的营销人员和直接为外部顾客提供服务的服务人员,它还包括所有的企业员工。因为在为顾客创造价值的生产过程中,任何一个环节的低效率或低质量都会影响最终的顾客价值。

(五) 分销商市场

在分销商市场上,零售商和批发商的支持对于产品的成功至关重要。例如,IBM 公司曾花费一亿美元为其计算机做广告,结果还是以失败而告终。原因在于作为第三方的供应商和零售商反对该产品,IBM 公司投入了大量的资源去争取顾客,而忽略了与零售商、经销商等对产品销售起关键作用的个人或组织建立积极的关系,而扼杀计算机销量的正是分销商一类的市场基础设施。

(六) 影响者市场

金融机构、新闻媒体、政府、社区，以及诸如消费者权益保护组织、环保组织等各种各样的社会团体，对企业的生存和发展都会产生重要的影响。因此，企业有必要把他们作为一个市场来对待，并制定以公共关系为主要手段的营销策略。

第四节　直复营销

直复营销(direct marketing)是20世纪90年代中期出现的新的营销理论。在直复营销理论引进之初，许多学者将其直译成"直接营销"，实际上这是一种概念上的混淆。直接销售或称直销，也可称为"面对面销售"，是指销售方派出许多销售代表直接和顾客达成交易的方式，主要采用的方法是挨户访问销售和家庭销售会等。而直复营销则是利用一定的传播媒体，进行产品和服务的宣传，并能随时接收受众反应或达成交易的营销方式。其主要特点就是不仅利用大众传媒的广泛性，还强调营销者同顾客之间的互动性，是一种十分有效的促销方式。

一、直复营销的产生和发展

(一) 直复营销的产生

确切地讲，直复营销最初的形态为邮购，始于1872年8月的美国。那时，第一家邮购商店蒙哥马利·华尔德在美国创立，这家店向美国中西部的农场主家庭邮寄商品目录。但那时的目录只有一张纸，目录上所列的商品并不多，主要是服装和农具，而且价格都是1美元。邮购服务的对象就局限于那些分散居住在郊外的农场主们。

从1872年到20世纪20年代，不断有人加入直邮销售这一行业。在美国形成了以蒙哥马利·华尔德和西尔斯·罗马克(1886年创立了西尔斯手表邮购公司)这两家公司为代表的邮购业，当时这些业内公司全部只经营邮购业务。但到了20世纪20年代，为了适应交通业的发展和城市化的进程，蒙哥马利·华尔德和西尔斯·罗马克相继在商业中心开办了零售店铺，并将主要精力转向店铺的零售业务。直复营销业开始走向低潮。

(二) 直复营销的发展

20世纪80年代，直复营销业重整旗鼓，在营销方式和销售额上都得到长足的进步和发展。在美国，整个80年代中直复营销的销售额以每年15%的速度增长，比整个零售业的增长速度快4倍。以1989年为例，美国全国的直复营销销售额为2000亿美元，大约有70%的顾客曾利用800免费电话进行过家中购物。但直复营销中各种形式的发展却不甚平衡，直接邮购营销和目录营销的增长最快，成为直复营销的主要形式。

直复营销业的再次发展，有其明显的时代特征，主要可归纳为以下几点。

1. 商品的同质化现象日益增强，而品牌忠诚度却日趋下降

产品差异之所以会缩小，原因在于工业电脑化和生产标准化使得产品的制造过程能很快

被模仿。这样一来，新产品从诞生到大规模生产的时间势必缩短，从而使得同质产品激烈地争夺零售店的货架。为了能在零售的规模上争得一席之地，价格战爆发，折价券作为一种促销手段被大量应用，使本应维持一段时间高价的新产品很快地成为平价商品。在各厂商用价格来使自己与众不同，以吸引零售店内顾客的同时，消费者对品牌的信心和尊敬也一点点地打折扣，并渐渐变得踪影全无了。在顾客眼中，对大多数商品而言，各种品牌之间是同质的，唯一的区别在于是否有折扣、优惠券或赠品，因此，他们的购买行为就呈现出强烈的价格导向。

另一方面，许多竞争者不仅模仿能力强，能迅速仿制出相同的产品，而且有能力对仿制后的产品进行改进，与发明者和创新者相比，这些公司以更低的成本提供了更好的产品。

所以企业一方面迫切地需要更深入地了解消费者的需求，分辨这些需求之间的差异，进而最大限度地满足顾客；另一方面需要一种新的沟通形式，让自己的企业和产品在顾客眼中有别于竞争者。同时，为了提高顾客的忠诚程度，企业还需要一种切实可行的方法来提高顾客与企业的产品品牌之间联系的密切程度，因此，一对一的直接沟通被列为首选。

2. 大众传播媒体的成本增加，电视广告的作用与以前相比相对减弱

传统的营销沟通方法中，在大众媒体上的广告投放量比较大。但是进入20世纪80年代以后，大众传播媒体的费用逐年上升，广告主一开始仍坚持在大众传播媒体上进行高投入，可是结果却令他们失望——高成本的投入并没有达到预期的效果。在广告界，尚无一种公认的能测定品牌认知与实际消费行为差距的方法，而且广告界对广告效果的测定也仅限于广告的认知度和偏好度等方面。另一方面，产品同质化带来的价格战使利润率下降，这又使得广告主的广告资金投入受到限制。

3. 电视广告的作用从遥控器被发明之后明显下降

人们对长久以来的轰炸式广告早就极为反感，于是借助遥控器，在广告时段频繁地转台，以使自己在这种轰炸中占据主动性。在这种情况下，即使刚好看到广告，关于商品的详细信息又能真正记住多少呢？

4. 人口结构和生活习惯的变化，人们的生活形态逐渐多样化

在发达国家或新兴的工业化国家，妇女的就业比率在不断上升，双职工家庭的比重也随之上升，人们的可支配收入虽然增多，但不再像以前那样有很多的闲暇时间用来逛商店购物。有些国家人口老龄化的现象也比较突出，行动不便的老人对购物方式提出了新的要求。另外，家庭单身化的趋势也越来越明显，并且其比重有增无减，这些独身者的消费行为多数属于"冲动型消费"。以上这些原因使得直复营销，特别是邮购和目录营销受到越来越多的消费者的青睐，也使直复营销达到了刺激消费者立即购买或打电话咨询的目的。

另外，由于生活节奏的加快，人们的压力也越来越大，在某些情况下，人们对闲暇的渴望甚至超过了他们对金钱的渴望。人们希望有更多的闲暇，也更珍惜闲暇，人们不愿意将大量的休息时间花在逛商店做比较性购物上。邮购公司的精美目录恰好满足了他们这种足不出户即能做较为深入的商品比较的要求。

5. 网络技术不断发展

电脑存储能力和数据库技术的发展，使得商品信息的传递和查询更为方便、快速、安全、准确，使得消费者的购物风险更低，也使销售方的相对成本更低。在美国，CD-

ROM(激光数据盘)、交互电视邮购、通过互联网的在线计算机邮购系统、计算机磁盘邮购目录、录像邮购目录等被广泛应用。这些方式不仅使得消费者在信息的接收上更具主动性,不用每天处理一大堆邮购信息或目录,也使双向信息交流实现得更为快捷和完整。因此,网上营销(online marketing)异军突起,开创了一对一营销的新纪元,并被推崇为21世纪的营销。

在今天的零售领域,直复营销已经成为能最佳地建立目标市场的、既直接又经济的方式,并因此被广泛采纳。很多大型零售商采用了双渠道营销,也就是把有店铺零售与无店铺零售结合起来,互为补充、互为推动。从总体上来看,直复营销正在获得全球范围内的认同与发展。

二、直复营销的含义

在对直复营销的众多定义中,最为广大学者和实践者所接受的是美国直复营销协会(DMA)为其下的定义:直复营销是一种互动的营销系统,运用一种或多种广告媒介在任意地点产生可衡量的反应或交易。直复营销中的"直"是指不直接通过中间分销渠道而直接通过某种媒体(如互联网)连接企业和消费者,在网上销售产品时,顾客可以通过网络直接向企业下订单并付款。"复"是指企业与顾客之间的互动,顾客对企业的营销刺激有一个明确的回复(买或不买),企业可统计这种明确回复的结果,并由此对以往的营销努力做出评价。

为了更好地理解直复营销的含义,必须强调以下几点认识。

(一) 直复营销是一个互动的体系

所谓"互动",即互相作用。它是直复营销的一个重要特征,指的是直复营销人员和目标顾客之间以"双向交流"的方式传递信息,而非信息的单向传播。这样就形成了一个环状的信息流转系统。

(二) 直复营销利用多种传播媒体

直复营销人员和目标顾客之间传递信息的方式多种多样。信函、邮件、电话、电视、电子网络等,都可以成为载体,只不过有时是同时实现顺、逆交流过程,有时则是分开实现的。

(三) 直复营销的信息交流不受时空限制

只要一种能有效联系直复营销人员和顾客的方式一旦建立(这种方式可以是一种媒体或多种媒体共同作用的结果),那么无论双方在空间上相距多远,无论购买活动在时点上发生与否,双向的信息交流都能顺利进行。

(四) 直复营销活动的效果是可以测量的

这是直复营销的另一个重要特征。直复营销的信息流转系统不仅能让直复营销者确切地知道产生反应的顾客的比率,知道反应的内容是什么、可以分多少种类,而且还能将这些信息分类存储。直复营销的高效率就来源于此。所有这一切工作是靠数据库完成的。

三、直复营销的基本类别

对直复营销的分类，多数学者是以信息传送的主要媒体为依据的。常见的直复营销包括直接邮购营销、目录营销、电话营销、电视营销、网上营销及其他媒体营销。

(一) 直接邮购营销

直接邮购是传统的直复营销方式，也是直复营销的主要类别之一。它主要是指营销人员直接将邮件广告以指名的方式传送给特定的消费者，这些邮件广告的内容包括报价单、产品宣传、售后服务介绍等，从形式上看，可以是信件、传单等。

直接邮购之所以受欢迎，除了成本低之外，还包括它能使营销人员在广泛地选择顾客的基础上，更有针对性，同时形式也更灵活多样，并且还能及时对回复进行度量。据统计，1993年有45%的美国人曾以直接邮购的方式购物。同年，美国的慈善事业以这种方式筹款达500亿美元。

(二) 目录营销

目录营销也是直复营销的传统方式之一，它是指销售商以指名的方式向有可能下订单的潜在顾客寄送某种产品或多种产品的目录。目录营销是一个很大的行业，美国的目录营销商每年要寄出8500种目录手册，共计120亿份，而每一个美国家庭每年起码要收到50份目录手册。在美国，使用目录营销的公司涉及各个领域，从日用百货公司到保险公司，从收藏品交易所到金融服务公司。经销的产品不仅包括体育用品、服装、书籍、珠宝、礼品、家具等各类消费品，还包括企业购买的办公用品。

跨国的目录营销也已在近年发展起来，例如，日本就有许多消费者出于省钱的目的，通过免费的800电话从美国的目录营销商那里购买商品。由于目录营销和直接邮购在实际操作中有相似和重复之处，因此，这两种方式通常被统称为直邮营销。

(三) 电话营销

电话营销是第三种传统的直复营销方式，并已经成为一种主要的直复营销工具，它通过电话直接向消费者销售。据估计，1991年美国从事电话营销的公司共在电话费上开支了2340亿美元，每户美国家庭每年平均接到19个由电话营销公司打来的电话，平均每个家庭每年打出16个电话订购产品或服务。

电话营销同样在许多领域中被使用，所经销的产品种类也多种多样。电话营销者不仅以这种方式向消费者售货，还以这种方式向经销商销售产品。

(四) 电视营销

电视营销是使用电视直接向消费者销售产品的方式。它主要通过下面三种途径进行。

1. 直接回复广告

采用这种方式的营销者通常买下长达60秒或者120秒的电视广告时段，用来展示和介绍自己的产品。广告片播出时会向观众提供一个免费电话的号码，以供观众订货或进一步咨询。这样的广告片又被称为商品信息广告片。

2. 家庭购物频道

这种频道是专门为销售商品(或服务)而开设的。多数这样的频道提供全天 24 小时的电视购物服务，经销的产品主要有珠宝、灯具、服装、电工用具等，范围颇广。

3. 视频信息系统

采用这种途径的消费者的电视机通过有线电视网或电话线与销售方的计算机数据库连接成一个系统，消费者只需操作一个特制的键盘装置和系统就能进行双向交流。采用这一途径的主要是零售商、银行和旅游代理公司等，但为数不多。

(五) 网上营销

网上营销是指所有以计算机及其网络为渠道而进行的直复营销活动，由于这是一个营销发展的重要领域，因此，其发展规模与速度是与互联网技术的发展相匹配的。

(六) 其他媒体营销

杂志、报纸、广播等都可以用于直接回复销售，消费者可以从这些渠道听到或看到商品信息，然后通过拨打免费电话订购。

另外，有些公司还设计了一种"顾客订货机"，将其放在商店、机场和其他公共场所。这种机器与出售实物商品的自动售货机不同，它仅负责展示商品和订货。例如，美国的一家鞋业公司就在其专卖店中放置了这样的机器，顾客通过按钮选择自己所需的鞋的类型、颜色和尺码，屏幕上就会出现符合顾客要求的该品牌鞋子的照片。如果顾客选中的鞋子在店内已售完，那么顾客可以拨打附于机器上的电话并输入自己的信用卡号码和送货地点。

四、直复营销与传统营销的区别

从 20 世纪初自助式销售萌芽开始，到 20 世纪 30 年代超级市场蓬勃发展，大规模营销(或称大众营销)对企业利润的贡献不断上升，这样的辉煌几乎持续了半个世纪。在整个 20 世纪 80 年代，连锁商业的巨人们控制了整个饱和市场，并热衷于推广他们自己的中间商品牌。从那时起，在多数消费者眼里，各品牌间的差别似乎只有价格。直复营销的再度崛起恰恰就是在这个时候，这是因为它与传统的大众营销之间有着很大的区别，表 2-1 概括地列举了这些区别。

表2-1　传统营销与直复营销的区别

要素	传统营销	直复营销
目标市场	在目标顾客范围内进行普通的营销努力	针对每个潜在顾客进行个别的营销努力
决策信息	以人口、地理等因素细分顾客群，每个顾客的个别信息不详	在细分顾客群的基础上对每位顾客的名字、住址及购买习惯等一切个人信息进行详尽描述
产品	向顾客提供标准化产品	向每一位特定顾客提供"特殊"产品
生产	大规模、标准化	有定制化的能力
分销	通过流通渠道进行大规模分销	通过媒体直接销售，产品必含有"送货上门"等附加利益

(续表)

要素	传统营销	直复营销
广告	利用大众媒体,其目的主要在于树立企业形象,引起顾客注意和建立顾客忠诚度,广告刺激和采取购买行为之间有时间上的间隔	利用针对性强的媒体向个人传递信息,其目的是让受众立即行动——订货或查询
促销	大规模、公开化促销	对受众进行个别刺激,促销手段有一定的隐蔽性
交流方式	单向信息传递,建立一种普遍的客户关系	双向信息交流,建立起个别的客户关系
竞争实质	分享市场,以吸引顾客为竞争重心	分享顾客,以留住顾客为竞争重心
营销控制	一旦产品进入流通渠道,一般情况下营销者便失去了对产品的控制	产品从营销者手中被送到消费者手中的整个过程,营销人员都能对其进行控制

正因为这些区别的存在,有人称直复营销为"重返 19 世纪的营销方式",因为在 19 世纪,商人们都是小铺子的掌柜,他们认识自己的每一位顾客。

五、直复营销的优越性

从根本上说,直复营销的优越性来自直复营销人员能针对每一个顾客的个别情况进行双向信息交流。与传统营销相比,直复营销更强调信息的反馈,并更好地利用了这种双向交流中的反馈信息。下面将具体阐述直复营销的优越性。

(一) 顾客购物不仅省时、省力,而且富有一定的趣味性

顾客通过浏览邮寄目录或网上购物服务条目等信息资料,在轻松愉快的心境下就可以进行购物比较。消费者虽然足不出户,商品的选择范围却不受影响,相反却更广了。通过直复营销这种方式,顾客还可以为他人订货。对生产资料的购买者而言,通过这种方式可以获知市场上所有同类商品与劳务的信息,不必把时间花在约见销售员等事务上。

(二) 营销者能更精确地确定目标顾客

直复营销通过各种方式获得顾客的各项信息,这些信息存储在数据库中,可以有成千上万条,可以涉及几十个甚至几百个方面的内容。在需要用这些信息时,直复营销人员可以在计算机的帮助下找出任意数量的某几方面或十几、几十个方面具有共同特征的顾客组成的群体,并有针对性地向这些顾客群寄发"购物指南"等资料。

(三) 营销者能和每一位顾客建立起长期关系

严格地讲,直复营销中,每一位顾客就是一个细分子市场,"一对一"的服务使直复营销有更浓的感情注入。例如,雀巢食品公司建有一个"新妈妈数据库",在这些新妈妈的孩子成长的最初六个关键阶段中,公司会给这些妈妈寄去针对性很强的个性化礼品和建议信。这些感情投资的效果便是赢得较为稳固的顾客忠诚度。

(四) 直复营销号召顾客立即反应,回复率较高

直复营销可以在适当的时机与最有购买可能的潜在顾客沟通,从而使直邮的资料可以有更高的阅读率和回复率。而传统的广告投放之后,总要间隔一段时间,消费者才会采取购买

行为或进一步咨询，单个广告的刺激效果相对比较弱。

(五) 直复营销战略更具保密性

传统的营销战略通过大众媒体实施，隐蔽性小，易被竞争对手发觉和模仿，而直复的传播方式具有一定的个人化特征，短期内不易被竞争对手模仿，更不容易被深究。而且直复营销的广告和销售是同时进行的，这一特点更可使营销者在其策略实施初期免遭竞争对手的抄袭。

(六) 直复营销效果是可以度量的

直复营销者通过测量每一次信息传递的回复情况(包括比率、内容等)，不仅可以决定哪次活动更具盈利性，而且可以将结果用于媒体与信息的结合效果比较等研究工作中。

第五节　内容营销和场景营销

在自媒体时代，内容为王，这也是很多企业投入大量时间和资源，通过内容营销做品牌传播的原因。如今通过广告媒体来创造的流量变得越来越昂贵，内容已成为互联网竞争中的重中之重，基于内容的营销策略的重要性逐渐凸显。内容营销与传统营销主动寻找用户的不同之处是它要求企业通过创造有价值的内容，吸引特定用户主动关注。内容营销可以不谈销售，但是必须以盈利为目标，提供有价值的内容或者建立互动联系只是手段，引导消费者产生购买行为，并为企业带来利润，才是最终的目的。内容营销的重点是内容是否有吸引力，是否能够吸引用户关注并影响用户的搜索与购买行为。

一、内容营销的含义及特点

美国内容营销协会认为，内容营销是一种战略性的营销方法——以创造和传播有价值的、相关和一贯的内容来吸引和保持目标消费者，并最终影响潜在消费者消费行为的营销方式。内容营销将图片、文字、视频和音频等元素以内容的形式呈现出来，使其成为用户可以消费的信息。例如，京东快报就是最为典型的内容营销方式，京东快报通过文章将需要营销的内容转化为为用户提供的有价值的服务，进而吸引用户点击、阅读，引起用户的购买兴趣并付诸行动。其实质是通过对用户购买行为的分析，将这些内容推送给与之匹配的用户，实现精准营销，它是一种促进流量变现和用户消费升级的新型营销方式，可以简单地将其看作以内容聚集"粉丝"来提高转发率的一种营销方式。同时，这种内容的表达方式使企业与用户之间建立起了强有力的互动，为企业品牌与形象的建立提供了更直接的途径。

内容营销具有以下 4 个特点。

(1) 多样性。企业内容营销的内容具有多样性，包括软文、新闻稿、音频、动画、图片、信息图、电子书在线教学或电视广播、幻灯片、视频游戏等。企业以这些多样化的内容为中心，将有价值的内容、品牌和产品信息借助多种表现形式将其发布在多个平台，最大限度地吸引消费者。内容营销作为一种营销思维，并没有固定的形式和方法，适用于所有的媒介渠道和平台。

(2) 自发性。内容营销的传播具有自发性。与以往推送广告的传播策略不同，内容营销关注创造有价值的内容，并以独特的方式吸引消费者，降低其对产品及品牌的抵触，从而促使消费者主动自发地传播。

(3) 互动性。内容营销是从吸引消费者注意力到使消费者接受并且产生依赖的价值传递过程。在内容营销的价值传递过程中，除了理性的引导，更注重在沟通时引导消费者的情绪，使消费者与企业产生共鸣，激发消费者参与讨论。内容营销首先考虑的是人。如何进入用户的生活圈，如何融入他们的新媒体社交，如何跟他们互动，如何影响他们的决策，是内容营销必须考虑的问题。

(4) 有用性。内容营销的关键是向现有或潜在的消费者传递有价值的内容。这些有价值的内容可能是帮助消费者了解企业或产品信息，也可能是给他们带来心理或情感上的愉悦。总之，内容营销的内容应该是对消费者有用的。

二、内容营销策略

在进行内容创作前，要先明确目标。用户成功的内容营销是以用户需求为导向的，因此，我们需要根据目标用户的需求制订内容营销计划，也就是应该创作怎样的营销内容。把握了用户的需求导向后，就可以创作出优质的、有创意的内容，这样能够加强用户与品牌之间的关系，推动企业与用户进行更深入的互动，为用户提供指导和帮助，并促进用户购买。例如，企业业务是健身、时尚潮流等领域，用户往往需要寻求好的建议和推荐。你可以将品牌定位为一个用户信任的信息源，通过优质内容持续强化他们对企业产品或服务的信任度。总之，企业需要将创作的营销内容视为一款产品，确保内容与目标用户的需求是相匹配、相契合的。除了用户的已有需求，我们还可以引导用户的需求，即当用户可能不清楚自己想要什么时，通过营销内容去激发他们的需求。例如，对于一家生产防辐射产品的企业，孕妇是企业的目标受众，企业首先通过大量的推送内容让孕妇知道电子产品辐射的危害，在这种情况下便产生了防辐射服的潜在市场需求，之后产品的推出就变得顺理成章了。

想要开展内容营销，需要从以下5个切入点入手。

(一) 源头

内容营销要从产品抓起。当产品还在酝酿的时候，企业就应注入内容基因，打造内容性产品，形成自营销。内容性产品有三个特点：赋予目标用户一种强烈的身份标签，让他们有社群归属感；消费者在选择购买这个产品时，就有一种强烈的情绪共鸣；将内容植入产品，产品就成为一种实体化的社交工具，消费者之间可以通过产品产生互动。

(二) 价值

认识到内容营销重要性的公司，将内容营销作为消费者购买流程中的一个环节，在为消费者提供实用价值的同时也可以提升消费者体验，使消费者通过公司的内容营销，感受到产品的独特价值与内涵，甚至强化或重启一种生活方式，从而形成品牌黏性，实现循环购买。

(三) 主题

(1) 引发受众价值观共鸣。企业在开展内容营销时,真实、有个性的普通人成为重点关注对象。普通人不再只是人口统计学数据,他们有着情感丰富的内心世界。许多成功的内容营销案例具有一个共同点,即让普通人影响普通人,从而产生情感共鸣。

(2) 尊重年轻群体的娱乐方式。年轻群体对企业来说具有巨大的利润发展空间。因此,越来越多的企业在进行内容营销时,会主动迎合年轻人的口味,针对年轻群体的喜好制定具体的营销策略。

(四) 平台

内容传播在内容营销工作中尤为重要,企业可以借助多方位的平台和传播渠道,打造生态传播体系,最大限度扩大品牌内容的传播范围。

(五) 表现形式

(1) 与艺术融合,让内容更有质感。许多企业的内容营销在表现形式上往往受限于品牌本身的需求和一贯方式,缺乏艺术性和可观赏性。将内容营销与艺术融合,通过优秀的艺术作品传递品牌内容,不仅可以增强对消费者的吸引力,还有利于提升品牌形象。

(2) 创造可以流行的文案或图案。由于网络时代信息的碎片化和生活的快节奏,大多数人更容易对那些不是太长的段子或有趣的图片留下深刻印象,用段子或图案作为营销内容的表现形式,可以增强内容的趣味性,吸引消费者主动关注并促使其自发地进行传播。此外消费者生成内容也是内容营销中非常有效的模式之一,企业通过创造可流行的文案或图案,可以引导消费者自发地创造内容并传播,形成"病毒式"传播。

三、场景营销的含义

网络营销的发展和演变会不可避免地受到营销环境与消费者环境发展变化的影响。由于网络营销环境呈移动化、碎片化和场景化的变化,而消费者群体呈个性化、社交化和娱乐化的变化,因而出现了与之相适应的场景营销的思想、模式和应用。

场景营销是网络营销得益于移动技术的发展而出现的智能式营销方式,不同于以往的网络营销只关注于媒体单纯地运用场景进行营销,场景营销关注的是不同场景下的消费行为。智能化设备的出现和发展让场景的识别和消费者行为的量化得以实现,大数据、云计算等相关技术进一步优化了网络营销的实施效率和效果。在移动互联网时代,场景营销的价值和意义在于:它促使营销者更善于发现客户、理解客户、维系客户、提升客户体验,让人们的生活变得更便捷与美好。

在场景营销中,场景有三要素,分别是时空、情景和价值。换句话说,就是在什么时间什么空间,有什么情节,产生了什么心理和需求,给用户提供了什么价值。

> 【专栏2-5】高德地图
>
> 高德地图是一款出行产品,其核心场景是出行与决策。如果顺着路程、工具、方式这些线,就会发现很多场景点:去某个地方有多远,怎么走,驾车、公交、打车、步行几种出行方案哪种最优;开车走哪条路线不堵,需要多少时间;如何可以顺路加油或者就餐、休息;向亲友分享自己的准确位置。

出行线路的场景逻辑可归纳为三个：地点、道路、方式。

(1) 地点：可分为出发地、途经地、目的地。其中出发地既可以是自己当前的位置，也可以是其他某个地点。值得一提的是，现在大部分地图类产品都可以设置家和公司的地点，因为这两个地方是最常用的。

(2) 道路：会涉及高速、距离、红绿灯、拥堵情况等因素，这些因素组合起来，就成为距离长短、顺畅与否、红绿灯多少等道路类别。

(3) 方式：有驾车、公交、地铁、骑行、步行、出租、专车、顺风车等。

满足这些场景点，就是从点到线的过程：打开高德地图首页，地图模式有标准地图、卫星地图和公交地图可供选择；出行方式选择有易行、打车、驾车、公交、骑行、步行、飞机、火车、客车、货车；路线有好几条可供选择，并给出了公里数、所需时间及相关费用等。

如果打开探索周边，则会提供美食、酒店、景点、电影、违章查询、停车场、加油站、地铁、公交等诸多选择。总而言之，用户出行需要的场景情况，高德地图都会从线到点进行微观洞察，然后将这些场景应用从点到线在 APP 上还原、复制出来。

(资料来源：根据百度百科高德地图词条整理)

四、场景营销的模式

与以往的营销方式不同，场景营销能实现线下与线上的即时连接，实现消费者与企业的即时互动，即场景营销的本质在于连接与互动，从而使消费者与企业之间进行价值交换。可以依照线上与线下的连接与互动的强弱程度，将场景营销的应用模式分为场景体验主导型、虚拟场景主导型和连接与互动主导型。

(一) 场景体验主导型场景营销

场景体验主导型场景营销是指线下与线上的弱连接与互动营销，刺激源主要来自线下场景，突出线下体验的营销方式。线下活动使消费者能在一个真实可感的线下场景里与品牌进行近距离的互动，有利于消费者对品牌形成强烈的亲切感，培养其对品牌的长久记忆力。线下场景的构造受限于场地，消费者只有走入场景并乐意互动其需求才能得到刺激。这就要求场景构造要有足够的吸引力，能够满足消费者的多感官体验。所以，企业在线下构建场景时，需要技术设备的辅助，利用智能设备来丰富和提升消费者的场景体验。

(二) 虚拟场景主导型场景营销

虚拟场景主导型场景营销是指线下与线上的弱连接与互动营销，刺激源主要来自线上虚拟场景，突出线上连接与互动，带动线下体验的营销模式。它的优势在于云端数据的跨平台使用和大数据相关技术的应用；能够量化的网络行为数据给企业带来很大的参考价值；网络传播的低成本有助于营销信息的精准推送；企业很容易借助分享进行大范围、高效率的社交营销。它的不足在于需要消费者的特定使用才能激活场景，与消费者的生活是碎片化嵌入，并没有高度融合；企业难以获取消费者使用虚拟应用的实际场景信息，只能从时间和大概地理范围方面进行分析，限制了更贴心、更主动的营销实现。

（三）连接与互动主导型场景营销

连接与互动主导型场景营销是指注重线下与线上的紧密连接与互动，企业结合消费者生活中的各种场景进行营销信息推送，从而将营销与消费者的生活高度融合，目的是在场景的利用或制造下实时戳中消费者痛点，提升消费体验。在移动互联网时代下，相对于前两种营销模式，该种营销模式是企业争相运用与发展的主要模式。

企业与消费者的强互动与连接带来了场景的高度融合，它不仅涵盖了以上两种模式的优点，弥补了其不足，还使企业在与消费者的连接与互动中获得了更多的主动权，对场景时空延伸的探究大大增强了营销效果。企业对消费者的多方位了解甚至比消费者自身更懂他们的需求，并且能够及时地满足他们的需求，使得定制化的信息更适合消费者，从而大大提高了响应速度。实现这些人性化营销不仅对技术提出了高要求，还对消费者的隐私安全提出了考验，相对于前两种模式，此营销模式要求获取线上线下更多方面的信息，对企业在消费者信息获取与共享中也提出了更高的安全保护要求。

本 章 小 结

网络营销的发展与互联网的迅速普及分不开，要了解网络营销，就必须了解互联网的性质与发展。

网络营销的理论基础主要是长尾理论、数据库理论、关系营销理论、直复营销理论等。

直复营销理论是20世纪80年代引人注目的一个概念。美国直复营销协会对其所下的定义是：一种互动的营销系统，运用一种或多种广告媒介在任意地点产生可衡量的反应或交易。

关系营销是1990年以来受到重视的营销理论，它主要包括两个基本点：在宏观上，认识到市场营销会对范围很广的一系列领域产生影响，包括顾客市场以及影响者市场；在微观上，认识到企业与顾客的关系不断变化，市场营销的核心应从过去简单的、一次性的交易关系转变到注重保持长期的关系上来。

内容营销是一种战略性的营销方法，即以创造和传播有价值的、相关和一贯的内容来吸引和保持目标消费者，并最终影响潜在消费者的消费行为的营销方式。

场景营销是网络营销得益于移动技术的发展而出现的智能式营销方式，不同于以往的网络营销只关注于媒体单纯地运用场景进行营销，场景营销关注的是不同场景下的消费行为。在场景营销中，场景有三要素，分别是时空、情景和价值。

练习题

一、选择题

1. 因特网起源于(　　)。

　　A. 英国　　　　　　　B. 美国　　　　　　C. 法国　　　　　　D. 中国

2. 2015 年 3 月，在全国两会上，全国人大代表(　　)提交了《关于以"互联网+"为驱动,推进我国经济社会创新发展的建议》的议案,表达了对经济社会创新的建议和看法。

    A. 周鸿祎   B. 马化腾   C. 雷军   D. 王石

3. 网络营销产生的基础来自( )。

    A. 互联网的快速发展   B. 消费者价值观念的变革

    C. 企业竞争的日趋激烈   D. 传统的营销观念

4. 京东的出现对线下终端模式发起了挑战,那些依靠终端站着挣钱的企业遇到了前所未有的危机,这是( )的互联网化。

    A. 营销   B. 渠道   C. 产品   D. 运营

5. 网络直复营销为企业和用户之间实现( )的信息沟通和交流。

    A. 一对一   B. 一对多   C. 多对一   D. 多对多

6. 互联网上的直复营销具体体现在( )。

    A. 直复营销的互动性   B. 直复营销的跨时空特征

    C. 直复营销的一对一服务   D. 直复营销的效果可测定

二、填空题

1. 直复营销的重点是营销者与目标顾客之间的( )信息交流。

2. 最早的互联网构想可以追溯到( )年。

3. Web2.0 是以( )、简易供稿系统、维基百科、标签、( )等应用为核心,实现的互联网新一代模式。

4. 1985 年,( )提出了关系营销的概念,使人们对市场营销理论的研究又迈上了一个新的台阶。

5. 常见的直复营销包括( )、目录营销、( )、电视营销、网上营销及其他媒体营销。

三、简答题

1. 如何理解长尾理论?长尾理论与二八定律的关系是什么?

2. 数据库的特点有哪些?

3. 请说明直复营销与传统营销的区别。

四、案例分析题

苏宁易购收购红孩子

红孩子公司于 2004 年成立,同年 www.redbaby.com.cn 网站正式开通,构建了 B2C 网站、直投 DM 商品目录、呼叫服务中心、社区网站、特别渠道联盟等多个平台,成立了分布在 9 个省市的分公司。2011 年又推出以化妆品、食品为主的女性网购品牌"缤购"。目前,红孩子已成为国内专业性最强的母婴和化妆品垂直电商,年销售额超过 10 亿元,注册会员达 750 多万元。

2012 年 9 月 25 日,苏宁并购了红孩子。苏宁对红孩子的收购传言已久,在 2012 年 9 月 25 日的通报会上,苏宁拟出资 6600 万美元收购红孩子公司,并承接"红孩子"及"缤购"两大品牌和公司的资产、业务,全面升级苏宁易购母婴、化妆品品类的运营。

2013 年 4 月 1 日，红孩子切换至苏宁易购系统，成为苏宁易购的母婴频道，独立官网不复存在。被收购后，红孩子以独立的品牌和团队继续独立运作，而苏宁易购的母婴品类和红孩子品牌下接近的品类进行整合，苏宁易购相关产品都转由红孩子团队运营。苏宁易购为红孩子提供仓储、物流等，而红孩子的物流体系并入苏宁易购本体。

苏宁红孩子负责人陈爽指出，加入苏宁之后，红孩子 2012 年第四季度销售情况回暖，全年达到 15 亿元，2013 年将在此基础上翻番至 30 亿元，预计在三年内突破 50 亿元大关。2013 年 1 月 20 日，苏宁红孩子宣布于上半年开设首家母婴连锁店，打造线上线下同步发展的国内著名母婴零售品牌。2014 年，在苏宁春季部署会上，苏宁调整母婴化妆品事业部，设立独立的红孩子公司，并在 2014 年开设 8 家红孩子实体店。

红孩子的客户以女性消费者为主，与苏宁易购现有的客户群体形成客户资源互补。苏宁的仓储配送网络和市场推广资源可大幅降低红孩子前后台的经营成本，而红孩子的专业团队和供应链优势可以提升苏宁的品类精细化经营能力和产品拓展能力，形成运营优势互补。

苏宁副总裁孙为民表示，目前，红孩子遇到的主要难题是运营成本高、资金实力弱，苏宁恰恰可以在这两方面给予红孩子帮助。红孩子以目录销售起家，成功将线上线下结合，与苏宁线上线下融合发展的理念相同。红孩子在发展过程中同样注重供应链、仓储配送、客户服务等核心能力的培育，对电商零售本质的认识也与苏宁不谋而合。

红孩子被苏宁收购，从侧面反映出资本希望沿袭以往互联网企业的 IPO 经验已经越来越困难。垂直化电商目前的盈利规模和知名度还不足以达到能够规模性盈利的程度，IPO 的困难必然导致行业内收购案例的增多，电商"大鱼吃小鱼"的现象将越来越普遍。

请根据以上资料，回答下列问题：

1. 结合我国电子商务的发展现状，说说苏宁易购收购红孩子的战略意图能否实现，会面临哪些困难？

2. 列举另外一家网络企业合并的案例，并对其进行分析。

五、思考与实践题

1. 假如你是一家服装厂的老板，你将怎样进行网络营销吸引顾客？

2. 请用长尾理论分析阿里巴巴的 B2B 业务(阿里巴巴的 B2B 业务面向的是中小型企业的贸易问题，阿里巴巴正是找到了这一块被其他人忽视的"长尾"，找到其中的价值并挖掘出来，从而实现了企业的大发展)。(具体可以用自己的语言组织分析)

第三章

网络市场与网络消费者

【学习重点】

掌握网络购买者市场的特点、购买行为模式以及影响购买行为的因素；掌握网络购买者的购买决策过程；熟悉网络时代消费者的需求特点；熟悉各种网络购买者的行为特征；熟悉针对不同网络购买者的网络营销策略。

【学习难点】

提高识别网络市场新特征的能力；构建分析网络消费者行为习惯的能力。

【教学建议】

充分理解和识记基本理论与基本概念。

【引导案例】

江小白一年赚3个亿，真的不只是靠文案

突然有一天，一款叫"江小白"的白酒品牌火了。不管是地铁里，还是微博、微信上，又或者打开电视机，到处都是江小白的身影。几乎是一瞬间，江小白成了白酒行业里的"网红"。一反近几年白酒市场的不景气，单瓶售价不到20元的江小白以黑马之势席卷而来，公司年销售额保持着100%的增长，达到了一年3亿元。

营销界的大多数人把江小白的异军突起简单归结于文案的成功，其实江小白的3亿元年销售额可不只是靠文案赚来的。

1. 精准的客户定位

在白酒市场，茅台、五粮液、泸州老窖、郎酒、洋河等名酒似乎已经占据大多数市场份额，在这块被瓜分得差不多的"蛋糕"里，其他品牌似乎只能捡些"残渣"。而江小白的聪明之处在于重新开拓了一块市场，做了一块新"蛋糕"。江小白有这么一段简介：江小白提倡直面青春的情绪，不回避，不惧怕。与其让情绪煎熬压抑，不如任其释放。从这段简介就可以看出江小白将目标人群定位在"有情绪""青春"的年轻群体，江小白按照年轻人的喜好打造了全新的品牌，在产品的外包装和口感等方面都进行了大胆尝试，极力讨好这个年轻的用户群体。

2. 直击痛点、宣泄情绪的文案

江小白的目标人群定位在年轻群体，这个群体有什么特点呢？

江小白的创始人兼董事长陶石泉是这样分配他2016年的工作时间的：把40%的时间用来

做消费者调研。经过调研他发现，这群年轻人正处在毕业与初入社会的过渡期，事业还未发展稳定，友情和爱情都经受着巨大的考验，正是充满了情绪却无处释放的时候，需要借助一个渠道去宣泄情绪。"我把所有人都喝趴下，只为和你说句悄悄话""走一些弯路，也好过原地踏步"这些独到的文案直接击中用户的情感痛点，比其他的白酒显得更懂这群年轻人。

3. 细分市场、品类创新

在江小白问世之前，白酒在人们心中的印象一直是身份和阶层的象征、父辈交际必需品、与年轻人无关、一醉方休……而江小白剑走偏锋，选择了消费群体看似较少的细分市场，一方面规避了已经剧烈的行业竞争压力，另一方面也可以迅速树立自己的品牌形象。在江小白的"表达瓶"上市之后，白酒也可以成为三五好友小聚小饮或一个人自斟自酌的饮品，更加简单纯粹。

4. 线上营销+线下深度分销

在创立之初，江小白就和重庆新浪微博成为战略合作伙伴，通过"大V"的影响力来加速江小白的品牌裂变和沉淀，此举为江小白吸引了一大群粉丝，快速提高了江小白的品牌影响力。江小白的文案形式也由初期推出的"扎心"文案引起消费者产生共鸣，逐渐转变成后期的扫码定制属于自己的语录，还可以分享到微博、朋友圈炫耀，加强互动性，既满足了用户的表达欲望，又为用户打造了私人订制模式，让用户更有参与感，提高了用户体验。

除此之外，江小白还出现在各种影视作品中，从陈坤的《火锅英雄》把江小白作为重庆符号收录，到孙红雷的《好先生》中家人共饮江小白，再到黄磊的《小别离》、邓超的《从你的全世界路过》、朱亚文的《北上广依然相信爱情》，以及各种网络剧的不断植入，让品牌迅速升温，获得了巨大的流量。

99%的人以为以上部分就是江小白的全部成功经验，他们不知道的是江小白的销售主战场依然在线下，江小白采用"线上营销吸引粉丝+线下平台直营深度分销"的模式，利用人海战术，让产品一夜之间出现在消费者面前。江小白曾经一天覆盖320个有效餐饮网点，20天覆盖4300个有效餐饮网点。江小白战役结构如图3-1所示。

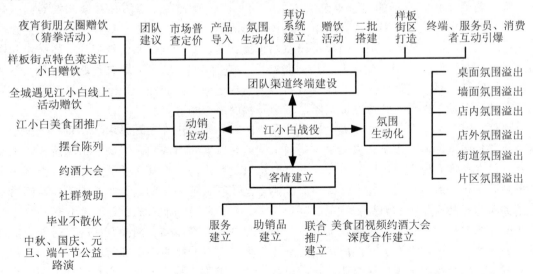

图3-1 江小白战役结构图

江小白的成功不仅是广大营销人所说的靠"扎心"文案赢得用户的心，而是靠"深度消费者洞察+不断升级的文案形式+线上营销+线下深度分销+线上电商渠道"这个系统的经营模式来实现一年 3 亿元的销售额的。

(案例来源：根据搜狐网资料整理)

引言

随着互联网的产生和发展，以及网络营销的出现，消费者越来越受到企业的重视，他们如何购买和使用产品和服务，以及他们的生活方式都会对企业的营销活动产生深远的影响，进而影响到企业的生存。网络客户的购买行为是影响网络营销的重要因素。传统的商务活动中，客户仅仅是商品和劳务的购买者，对整个流通过程的影响往往只有在最后的阶段才能显现出来，而且影响的范围较小，主要是在家庭、朋友中产生影响。而在网络营销中，每一个客户首先是一个活跃在不断变化的虚拟网络环境之中的冲浪者，他一方面扮演着个人购买者的角色，另一方面则扮演着社会客户的角色，起着引导社会消费的作用。所以，网络客户的消费行为是个人消费与社会消费交织在一起的复杂行为。消费者市场及其购买行为永远是营销者关注的一个热点问题，对于网络营销者也是如此。网络用户是网络营销的主要个体消费者，也是推动网络营销发展的主要动力，他们的现状决定了今后网络营销的发展趋势和道路。我们要搞好网络市场营销工作，就必须对网络消费者的群体特征进行分析以便采取相应的对策。本章将深入探讨网络客户的购买行为，为企业的网络营销决策提供科学依据。

第一节　网络市场

一、网络市场的概念

市场是商品经济的产物，它具有交换、分配和服务三大功能。哪里有社会分工和商品生产，哪里就有市场。市场的概念不是一成不变的，而是随着商品经济和社会的发展而变化的。不同的历史时期、不同的场合，市场具有不同的概念和含义。随着现代科学技术的发展及其在市场活动中的广泛应用，现代市场发生了很大变化，尤其是借助现代计算机技术和网络技术实现了国际互联网的建成与应用，使得广大消费者(用户)可以通过互联网进行交易谈判、合同签订，最终实现商品交易，从而网络市场应运而生。企业开展网络营销活动的空间是电子虚拟市场，也称为网络虚拟市场，下面简称网络市场。

现代营销学之父、美国西北大学教授菲利普·科特勒指出，市场是由一切有特定欲望和需求，并且愿意和能够以交换来满足这些需求的潜在顾客所组成的。因此，市场规模的大小由具有需求且拥有他人所需要的资源，并且愿意以这些资源交换其所需的人数而定。网络市场也必须具有一般市场的三要素，即商品、愿意购买商品的人和购买力。综上所述，网络市场是指那些对某产品或服务具有特定欲望和需求，并且愿意和能够通过互联网来购买这些产品或服务的客户的总和。它包括两部分：一部分是现在已经能够上网并有相应支付能力的网民；另一部分是现在没有上网，但在一定条件下可以上网购物的潜在网民。

网络市场交易的主体包括企业、政府组织、团体机构、网络中介机构和网民等。网络市场作为企业营销的对象，它的规模、结构、行为习惯等因素都会对企业的营销战略产生深远影响。企业要在实施营销策略之前应深入了解目标市场的特征。

二、网络市场的发展阶段

(一) 第一阶段，生产者内部网络市场阶段

20 世纪 60 年代末，西欧和北美的一些大企业用电子方式进行数据、表格等信息的交换，两个贸易伙伴之间依靠计算机直接通信传递具有特定内容的商业文件，即电子数据交换。后来一些工业集团开发用于采购、运输和财务应用的标准，但这些标准仅限于工业界内的贸易。例如，生产企业的 EDI 系统，收到订单后会自动进行处理，检查订单是否符合要求，向订货方发出确认报文，通知企业内部管理系统安排生产，向零配件供应商订购零配件，向交通运输部门预定货达集装箱，到海关、商检部门办理出口手续，通知银行结算并开 EDI 发票，从而使整个订货、生产、销售过程贯穿起来，形成生产者内部网络市场的雏形。20 世纪 70 年代以来，美国认可标准委员会陆续制定了许多有关 EDI 的美国国家标准。20 世纪 80 年代，计算机辅助设计、辅助工程技术和辅助制造系统的广泛应用，使工程师、设计师和技术员得以通过公司内部通信网传送设计图纸、技术说明和文件。当时，由于因特网还没有普及，大多数企业，甚至使用 EDI 的企业也没有意识到该网络的威力，仍然主要依赖传真和电话与其他企业进行联络和沟通。由于 EDI 在传送过程中不需要再输入，因而出错率几乎为零，大大节约了时间和经费。到1996 年，美国企业通过 EDI 方式进行的交易额达到 5000 亿美元。

我国于 1996 年成立国际贸易 EDI 中心，隶属于原对外经济贸易部，是直属事业单位。2000 年该中心发展成为中国国际电子商务中心(CIECC)。借助于中国电信公用网，中国国际电子商务中心实现了与联合国全球贸易网等国际商务网络的联结，到目前为止，该中心拥有 100 多个城市节点，基本形成了覆盖全国主要大中小城市的网络环境，与相关部委的国家级专网平台相连接，并与 207 个驻外机构实现了信息互送，是我国商务领域权威的互动式数字化信息服务平台。

(二) 第二阶段，"在线浏览、离线交易"阶段

企业用互联网为国内或全球的消费者提供商品和服务，其发展的前提是家庭个人计算机的普及，提高"假象购物商品区"的商业空间魅力，同时利用信用卡连线来清算，以加速"假象购物"的进展。目前，应用互联网络的邮购，其最大特征是消费者的主动性，选择主动权掌握在买方手里，它从根本上改变了传统的推销方法，即演变为消费者的"个人营销"导向。"在线浏览、离线交易"阶段是我国和全球这一阶段主要的网络交易方式。

随着家庭个人计算机的普及，企业用因特网对国内或全球的消费者提供商品和服务，形成国内和全球的生产者网络市场和消费者网络市场。利用信用卡清算，应用互联网邮购，其最大特征是消费者具有主动性，选择主动权掌握在买方手里。它从根本上改变了传统的推销方法，其基本特征是用户通过互联网络浏览网上商品，将感兴趣的商品放入网络上的"购物篮"，确定购买的物品之后，根据"购物篮"所载内容自动生成订单，网络企业会通过电话与顾客确认此份订单及顾客的身份、送货地址等资料，并在规定的时间内送货到顾客指定的地点，顾客收货时付款交易。

（三）第三阶段，"在线浏览、在线交易"阶段

在这个阶段，网络不再仅仅被用来进行信息发布，而是实现在线交易。这一阶段到来的前提条件是产品和服务的流通过程、交易过程、支付过程实现数字化、信息化，其中最关键的是支付过程的电子化即电子货币、电子银行、电子支付系统的标准化及其可靠性和安全性。

该阶段的基本特征是"在线浏览、在线交易"，是网络市场发展的最高阶段。伴随着服务流程电子化、电子支付系统的完善和安全可靠性的提升，买卖双方可以在网上实现从信息获取到谈判，从达成协议到完成售后等全部交易过程，即"全国服务"。我们日常所说的电子商务和网络市场就是指处于这一阶段的交易平台和手段。在这一阶段，我国的电子商务发展可以说是日新月异。1998 年我国成立了国务院电子商务工程领导小组，正式推动展开了我国的互联网电子商务事业。当时提出了四种业务模式：企业间网上交易、企业间供应链管理、企业财务管理以及个体持卡用户网上检索和导购。这一阶段也常常被认为是我国国内电子商务发展的萌芽阶段，许多"第一次"开始涌现。1997 年夏天，"连邦三剑客"之一的王峻涛建立了国内第一个电子商务网页，建立了网上软件销售试验站点"软件港"。1998 年 8 月，哈佛大学 MBA 邵亦波、谭海音创立了易趣网；1999 年 11 月，当当网上书店成立，B2B 模式的阿里巴巴在杭州开张；2000 年 5 月，卓越网作为综合电子商务网站正式对外发布，搜狐也在综合性门户的基础上第一次加入电子商务服务。

20 多年来，网络市场扩张的速度惊人。世界贸易组织的统计数据显示，全球电子商务交易额在 1996 年仅为 6 亿美元，但短短三年之后，便激增至 1999 年年底的 665 亿美元。时至今日，全球电子商务的交易额依然保持较高的增长速度，尤其是在中国市场上，电子商务发展速度之快、对传统商务模式冲击力度之大可谓前所未有。

据数据统计显示：2019 年中国电子商务整体交易规模约为 36.8 万亿元，增长 13.1%。随着电子商务行业的逐步完善，电子商务在促消费、保增长、调结构、促转型等方面展现出前所未有的发展潜力，也为大众创业、万众创新提供了广阔的发展空间，成为我国应对经济下行趋势、驱动经济与社会发展创新发展的重要动力。

此外，我国网络用户的人数早已跃居全球第一。根据中国互联网络信息中心(CNNIC)在京发布的第 47 次《中国互联网络发展状况统计报告》显示，截至 2020 年 12 月，我国网民规模达 9.89 亿，较 2020 年 3 月增长 8540 万，互联网普及率达 70.4%。

三、网络市场的特征和分类

（一）网络市场的特征

1. 无店铺经营方式使网络市场具有更大的灵活性

相对依靠优越的地理位置和别具一格的装潢来吸引顾客的传统经营方式而言，网络营销则不需要店面和装潢，不需要服务人员和货品陈列，在网络上便能完成从商品信息发布到交易完成，甚至售后服务的过程，企业省去了大量的固定成本。建站、网络使用和维护的费用远小于传统经营中的店铺租赁、装潢、水电支付和服务人员招聘等费用，企业的运营成本大大降低。节假日的网络营销更是只需在网页上进行宣传，其传播范围和速度绝不亚于传统市

场的发传单、贴海报等方式。

网络市场最显著的特点是虚拟性，存在于网络之上的卖方企业和店铺不需要店面，网页信息展示和物品更新快，价格浮动可以快速反应、调整，消费者意见可以更直接地被企业和商家了解、答复等。但值得注意的是，随着网络经济从无到有、从有到大，现今纯粹无店铺的经营方式似乎遭遇了一些挑战，越来越难以满足消费者快速变化的期望心理和购买需求。

2. 成本低廉的竞争策略

网络市场上的虚拟商店，其成本主要涉及自设 Web 站成本、软硬件费用、网络使用费及以后的维护费用。它通常比普通商店的日常运营成本低得多，这是因为普通商店需要昂贵的店面租金、装潢费用、水电费、营业税及人事管理费用等。

【专栏3-1】思科公司节约成本的秘密

思科(cisco)在其网站中建立了一套专用的电子商务订货系统，销售商与客户能够通过此系统直接向思科公司订货。此套订货系统的优点是它不仅能够提高订货的准确率，避免多次往返修改订单的麻烦，而且最重要的是缩短了出货时间，降低了销售成本。据统计，电子商务的成功应用使思科每年在内部管理上能够节省数亿美元的费用。EDI 的广泛使用及其标准化使企业与企业之间的交易走向无纸贸易。在无纸贸易的推动下，企业可将购物过程的成本缩减80%以上。在美国，一个中等规模的企业一年要发出或接受10万张以上的订单，大企业则在40万张左右。因此，对企业，尤其是大企业而言，采用无纸交易就意味着节省少则数百万美元，多则上千万美元的成本。

---

3. 无国界、无区域界限的经营范围

互联网创造了一个即时全球社区，它消除了与其他国家客户做生意的时间和地域障碍。面对提供无限商机的互联网，我国的企业可以选择加入，开展全球性营销活动。

【专栏3-2】服装城的海外贸易

浙江省海宁市皮革服装城加入互联网络后，很快就尝到了甜头，从此通向了世界的信息高速公路。该服装城把男女皮大衣、皮夹克等17种商品的样式和价格信息输入互联网，不到两个小时，就收到十多家海外客商发来的电子邮件和传真，客商们表明了订货意向。服装城仅通过半年的网上交易，就吸引了美国、意大利、日本、丹麦等30多个国家和地区的5600多个客户。

---

4. 精简化的营销环节

顾客不必等待企业的帮助，可以自行查询所需要的产品信息。客户所需信息可及时更新，企业和买家可快速交换信息，网上营销比传统市场传递信息更加快速。如今，顾客的需求不断增加，对欲购商品资料需要更多的了解，对产品本身有更多的发言权和售后服务要求。于是精明的营销人员借助联机通信所固有的互动功能，鼓励顾客参与产品更新换代，让他们自主选择颜色、装运方式，并自行下订单。在定制、销售产品的过程中，满足顾客的特殊要求，让他们参与得越多，售出产品的机会就越大。总之，网络市场具有传统的实体化市场所不具有的特点，这些特点正是网络市场的优势。

5. 无库存的经营方式

网络市场的虚拟商店，可以在接到顾客订单后，再向制造的厂家订货，而无须将商品陈列出来供顾客选择，只需在网页上打出货物菜单即可。特别是随着社会的发展，在网络市场上消费需求向个性化的趋势发展，那么就更无须进行商品存储。这样一来，店家不会因为存货而增加成本，其售价一定比一般商店低，有利于增加网络商家的市场竞争力。

6. 全天候经营

网上商店可以365天、24小时不间断经营，极大地满足了消费者购物时间的多样性需求，而且延长了店铺经营时间，可以为企业带来更多的收入。

【专栏3-3】欧洲杯带来的网购热潮

2016年法国欧洲杯期间，当许多家庭中的男性成员在熬夜观看足球比赛时，他们的伴侣便开始网购。欧洲杯开赛以来，每天到晚上10点左右，店铺里的"旺旺"就开始不停地跳，来咨询的消费者明显比平时多很多。一位经营女装的淘宝店主告诉记者，以往她12点肯定把"旺旺"挂在离开状态歇业休息了，而现在一拨拨集中在10点以后出现的消费者，让她推迟了"打烊"时间，且常常延迟到凌晨3点以后。来自淘宝网的数据显示，欧洲杯期间访问的女性用户数占比与前一周相比增加了10%，从52%提高到62%，媒体惊呼欧洲杯激活了深夜淘宝。

---

7. 全球性市场

互联网使得"地球村"从梦想逐步变成现实，开展全球性营销活动变得可行，越来越容易实现。在公司或商店的网页上张贴产品信息并标注成多国语言，在不同国家的流行网站内做广告、悬挂链接入口，外国的客户便可以轻松点击成为企业的潜在顾客。我国的网民可以轻松地访问亚马逊、eBay等国际电子商务交易平台，在海外的华侨华人也可以从淘宝、京东上买到地道的中国各地特产，甚至风味小吃。

(二) 网络市场的分类

网络市场可以按照不同的标准进行分类，具体如下。

1. 网络市场按交易方式和范围划分

(1) 初级阶段，属于企业为了内部管理而建立的网络市场，是工商业界内部为缩短业务流程时间、降低交易成本所采用的电子数据交换系统。

(2) 中级阶段，属于具有一定规模的国内外网络市场，这一阶段企业把产品信息发布在网上，推动实体化商品的销售。

(3) 高级阶段，属于电子化、信息化的网络市场，表现为"在线浏览、在线交易"。

2. 网络市场按交易主体划分

(1) 企业对消费者型，企业对消费者的网络营销基本等同于商业电子化的零售业务。

(2) 企业对企业型，企业使用互联网向供应商订货、签约、接收发票和付款，以及处理商贸中的其他问题，如索赔、商品运输跟踪等。

(3) 国际交易型，不同国家企业对企业或者企业对消费者的电子商务。

3. 网络市场按经营业务划分

(1) 先网上交易、后送货上门的有形商品销售。

(2) 企业间的购销、人事管理、存货管理，以及处理与客户的关系等。

(3) 银行、股票、保险等金融业务(当下互联网金融领域非常热)。

(4) 交通、通信、卫生、教育等业务，如很多机构的网上课程。

(5) 通过数字通信在网上销售数字化的商品和服务，顾客直接得到视听方面的音乐、电影、游戏等产品的业务。

4. 网络市场按购买的目标划分

(1) 消费者市场。消费者购买是为了满足个人及家庭的消费需要。

(2) 组织市场。组织市场是由各种机构构成的对产品和劳务需求的总和。组织市场购买商品是为了维持经营活动，对产品进行再加工或转售，或者向其他组织或社会提供服务。根据购买目的的不同，组织市场又可以分为产业市场、中间商市场和非营利组织市场。

① 产业市场又称生产者市场，是指一切购买产品和服务并将之用于生产其他产品和劳务，以供销售、出租或供应给他人的组织。

② 中间商市场是指通过购买商品和劳务以转售或出租给他人获取利润的组织。它由各种批发商和零售商组成，其中，批发商购买商品和劳务并不是为了卖给最终消费者，而是为了转卖给零售商和其他商人以及产业用户，而零售商的业务则是把商品和劳务直接卖给消费者。

③ 非营利组织市场包括政府、社会团体等，其中，政府市场是指为执行政府的主要职能购买或租用商品的各级政府、所属机构和事业团体。各国政府通过税收集中了相当大的一部分国民收入，用于社会分配，形成了一个很大的政府市场。

与消费者市场相比，组织市场上参与购买决策的人员多，尤其是一些重要项目的购买。而且，这些参与者多是在该方面受过专门训练的专家，并担负着自己所在部门的责任，受组织制定的各种政策、制度的限制和指导，因此，更多的是一种理性购买。

四、网络市场的发展趋势

网络市场的巨大交易规模和发展潜力吸引了各行各业的企业和无数个体经营者投入网络卖家的大军中，很多企业都将大量的精力花费在如何有效地进行网络营销上。虚拟经济为企业和普通消费者带来了利益，更快的交易、更低的成本、更高的价值、更好的体验，这些益处推动了网络市场的不断繁荣。

(一) 物流建设迎来大发展时期

订单的快速增长拉动物流领域建设的投入，这个趋势日渐明显。举例来说，亚马逊为了满足订单快速增长的匹配要求，始终坚持物流和仓储领域的投资，不间断开展物流中心的扩建，2011 年，亚马逊仓储物流的费用已经达到 45 亿美元。本土的 B2C 企业也积极学习亚马逊自建仓储的模式，京东、阿里巴巴都在投资全国范围的仓储物流设施建设，京东更是被当作自建物流模式的典范。

(二) 移动电子商务市场崛起

如今，我们的社会进入了"多屏经济"时代，移动终端越来越多，它们的快速普及推动了相关电子商务市场的崛起。从移动终端的特点来看，移动电商碎片化的特点能够使它和传统的电商形成很好的补充关系，人们能够通过 GPS 连接线上和线下使一些业务增长，同时导购类的应用和移动支付也快速发展。

如今人们对电子商务的影响和发展前景已经达成共识，21 世纪将是一个网络化的时代，是一个"全民电商"的时代。不过，在网络经济蓬勃发展的时候，企业也需要保持警惕，美国网络经济泡沫破裂的历史才过去不远，不深刻理解电子商务的实质和特征，盲目跟风投资，可能会带来损失。

第二节　网络消费者分析

相比于传统市场的消费者，网络市场的消费者拥有更多权力，在购物过程中更主动，也更成熟。分析网络消费者购买行为的特点并揭示其规律，是网络营销工作中非常重要的内容。随着网络市场的急剧膨胀，其复杂性也在不断加剧，企业要想很好地把握网络市场，就必须正确分析消费者的购买行为及其特点，明确影响消费者购买行为的主要因素。

一、网络消费者概述和类型

(一) 网络消费者的角色

网络消费者的购买行为是电子交易中的一个重要环节，因为企业的最终利益正是源自消费者的购买行为。与传统商务活动中的消费者角色不同，网络环境下的消费者承担了更多的角色，他们不仅为自己的购买决策收集信息，同时他们也发布信息(如购后评价)，从而可能会影响其他消费者的行为。这意味着网络消费者的购买动机可能来源于不同的出发点，如自己需要、朋友推荐、社会评价等。动机理论对这些现象做出了深刻的解答。

【专栏3-4】阿迪达斯球赛使用电视广告

2017 年 3 月 15 日，阿迪达斯 CEO 卡斯珀·罗斯特在接受 CNBC 采访时宣布，公司将放弃使用电视广告进行宣传。原因是年轻消费者主要通过移动设备与商家进行互动，数字化业务对企业来说至关重要，所以企业准备放弃电视广告。

阿迪达斯从设计和营销上紧紧抓住了年轻人，他们发现年轻人不是不看广告，而是不太打开电视。阿迪达斯用"年轻偶像+饥饿营销"的组合打造爆款，一轮一轮地轰炸着我们的视听，电视广告在这其中确实没帮上什么忙。

尽管如此，在线广告还有很多问题需要解决，如大多数网络视频广告是无效的，有 81%的用户会对视频静音，62%的用户对强制播放的广告感到恼火，93%的人考虑使用广告拦截应用。广告主在衡量投放策略的时候，往往会孤立地看每个媒体渠道的回报率，忽略了各媒体渠道的互动作用，他们很难看清或意识到网络媒体广告的效果是如何被电视平台所影响的。广告主将电视广告资源转而投入网络广告只能在短期内造成销量增长，在长期回报率上反而会降低。因此广告主不应当孤立地看广告投放渠道，而应在选择广告投放策略时，更多地参考长期回报率。

（资料来源：戴鑫. 新媒体营销——网络营销新视角[M]. 北京：机械工业出版社，2017.）

商家要借助于网络强大的信息存储优势和广阔的传播优势，扩大网络营销的份额，就必须要了解市场的需要和欲望，对消费者的行为进行分析。网络消费者分析是企业进行市场营销的出发点，其最终目的是开发适销对路的商品来满足消费者的需求。一个策划完美的营销方案必须建立在对市场进行细致而周密的调研基础上，因为市场调研能够促使公司及时地调整营销策略，引导营销人员制订出合理的产品推广和促销方案。在数字化科技迅速发展的今天，互联网为市场调研提供了更加强有力的工具。

（二）网络消费者的类型

按照网络消费者的消费特征，可以将网络消费者分为以下几种类型。

1. 简单型顾客

这类顾客需要的是方便直接的网上购物。他们每月只花 7 小时上网，但进行的网上交易却占了一半。零售商们必须为这一类型的人提供真正的便利，让顾客觉得在该网站上购买商品会节约更多的时间。要满足这类人的需求，首先要保证订货、付款系统的安全和方便，最好设有购买建议的界面。另外，提供一个易于搜索的产品数据库也是保持顾客忠诚度的一个重要手段。

2. 冲浪型顾客

这类顾客占常用网民的 8%，而在网上花费的时间却占了 32%，其访问的网页量是其他网民的 4 倍。冲浪型顾客对常更新、具有创新设计特征的网站很感兴趣。

3. 接入型顾客

这类顾客是刚接触网络的新手，占 36% 的比例，他们很少购物，但喜欢在网上聊天和发送免费问候卡。那些有着著名传统品牌的公司应对这群人保持足够的重视，因为网络新手们更愿意相信生活中所熟悉的品牌。另外，这些消费者的上网经验不是很丰富，一般会对网页中的简介、常见问题的解答、名词解释、站点结构之类的链接更加感兴趣。

4. 议价型顾客

这类顾客有一种趋向购买便宜商品的本能，占常用网民的 80%。eBay 网站一半以上的顾客属于这一类型，他们喜欢讨价还价，并有强烈的愿望在交易中获胜。在自己的网站上打出"大减价""清仓处理""限时抢购"之类的字眼，能够很容易吸引到议价型的消费者。

5. 定期型和运动型顾客

这类顾客通常被网站的内容吸引。定期型网民常常访问新闻和商务网站，而运动型的网民喜欢运动和娱乐网站。目前，网络商面临的挑战是如何吸引更多的网民，并努力将网站访问者变为消费者。对于这种类型的消费者，网站必须确保自己的站点包含消费者所需要的和感兴趣的信息，否则他们会很快跳过这个网站进而转入下一个网站。

二、网络消费者的特征

互联网经济的兴起给人们的消费需求带来了巨大冲击。经过近年来电子商务的快速发展，网络消费者逐渐表现出了如下一些特征。

(一) 消费需求的超前性和可诱导性

追求时尚和新颖是许多网络消费者的特征，也是许多青年消费者的主要购买动机。产品及服务的款式、格调和流行趋势往往成为消费者选择的主要依据。网络营销企业必须借助于丰富、及时的网络信息资源，追踪和引导消费流行趋势，适时开发网络消费者所喜欢的时尚产品和服务，以满足网络消费者的需求。

(二) 社会化网购为网络消费新模式

网购网站赖以生存的基础是流量，社会化导购网站也应运而生。随着电子商务的发展，越来越多的卖家涌入网购平台，而买家的增长却未跟上卖家的增长，网购平台不得不通过社会化网站为其导流。社会化因素对网购的促进作用使得社会化网购成为推动网购市场增长的新动力。数据显示，32.5%的消费者会在浏览社会化网站商品信息后产生购买行为，在用户使用的社会化导购网站中，微博的使用人群所占比例最大，为37.5%。2013年人均半年度社会化网购花费为1364元，占半年度人均网购总花费的42.1%，社会化因素诱发消费动机，社会化购买已经发展为消费者网络购物的一种消费模式。

【专栏3-5】移动支付频率稳步增长

2021年2月1日，中国银联发布《2020移动支付安全大调查报告》，这是中国银联携手商业银行及支付机构连续第14年跟踪调查中国消费者移动支付安全行为。此次调查通过了解金融消费者支付安全现状、评估消费者移动支付风险识别与处置能力，与公众共同探索2020年移动支付领域的新趋势、新变化及新风险，为金融消费者提供多维度安全指引的同时，还为推动产业机构持续改进支付产品体验、提升支付安全措施与普及金融安全教育提供数据决策依据。

调查报告显示，2020年移动支付呈现三大新特点：一是各大城市、中小城市步入数字支付时代，移动支付加快与公众数字生活对接，受益人数占比较2019年提升了5个百分点，六成受访的金融消费者使用移动支付的频次及金额较去年均有提升；二是疫情防控加速线上便民支付场景建设，生鲜电商、网络直播、医疗支付等更多消费场景方便百姓日常生活；三是移动支付付款账户首选使用网贷资金的群体值得关注，人数占比上升明显，主要表现在"三低"群体，即低龄、低收入、低线城市。

移动支付频率稳步增长，"无接触支付"优势广受认可。

数据显示，98%的受访者将移动支付视为其最常用的支付方式，较去年提升了5个百分点。其中，二维码支付用户占比达85%，相较2019年增加了6个百分点。每日三付是2020年移动支付的平均水平，支付频次超过3次的比例较19年大幅提升11%，超过5次的比例占总人群的四分之一。95后是高频支付的主力军，特别是95后的男性，平均达到了每日四付的支付频次。公众对移动支付的安全性日趋肯定，调查结果显示，98%的受访者认为移动支付是安全的。在2020年新冠疫情的影响下，向无接触支付时代迈进的脚步突然加快，而移动支付凭借"无接触、更卫生"的优势成为民众选择支付方式的一大驱动力。

线上支付场景加速渗透，便民生态持续完善。

疫情激发新业态、新模式，更多线下支付的场景向网络直播、医疗支付等消费场景迁移、延伸。数据显示，30%的受访者会经常使用网络直播购物，女性比男性高出7个百分点，且年纪越轻越喜爱这种模式，接近四成的学生受访者表示会经常使用网络直播购物。新兴的线上支付平台与线下小摊贩、菜场、水果店等小型实体商店有机融合，在疫情期间受到居民青睐，成为居民日常生活中不可或缺的一部分。

(资料来源：根据中国银联官网资料整理)

(三) 消费者的消费个性回归

以前由于工业化和标准化生产方式的发展，消费者的个性被淹没在最低成本、单一化的产品洪流之中。随着近年来消费品市场变得越来越丰富，消费者进行产品选择的范围变得全球化、多样化，消费者开始制定自己的消费准则，整个市场营销又回到了个性化的基础之上。没有任何两个消费者的消费心理是相同的，每一个消费者都是一个细小的消费市场。因此，个性化消费成为消费的主流。

(四) 消费者需求的差异性

不仅仅是消费者的个性消费使网络消费需求呈现出差异性，不同的网络消费者因其所处的时代环境不同，也会产生不同的需求，不同的网络消费者，即便在同一需求层次上，他们的需求也会有所不同。因为网络消费者来自世界各地，有不同的国别、民族、信仰和生活习惯，因而会产生明显的需求差异性。所以，从事网络营销的厂商，要想取得成功，就必须在整个生产过程中，从产品的构思、设计、制造，到产品的包装、运输、销售，都认真思考这些差异性，并针对不同消费者的特点采取相应的措施和方法。例如，麦当劳、肯德基利用消费者需求的差异，有效地进行市场分析，满足不同消费者的需求，最终获得了大量的效益。

(五) 消费的主动性增强

在社会化分工日益细化和专业化的趋势下，消费者对消费的风险感随着选择的增多而上升。在一些大件耐用品以及高技术含量产品的购买上，消费者往往会主动通过各种可能的渠道获取与商品有关的信息并进行分析和比较。或许这种分析、比较不是很充分和合理，但消费者能从中得到心理平衡，减轻风险感或减少购买后产生的后悔感，增加对产品的信任程度和心理上的满足感。消费主动性的增强来源于现代社会不确定性的增加和人类需求心理稳定与平衡的欲望。

(六) 消费者直接参与生产和流通的全过程

传统的商业流通渠道由生产者、商业机构和消费者组成，其中，商业机构起着重要的作用，生产者不能直接了解市场，消费者也不能直接向生产者表达自己的消费需求。而在网络环境下，消费者能直接参与到生产和流通中来，与生产者直接进行沟通，减少了市场的不确定性。

(七) 追求消费过程的方便和享受

在网上购物，除了能够完成实际的购物需求以外，消费者在购买商品的同时，还能得到许多信息，并得到在各种传统商店没有的乐趣。今天，人们对现实消费过程出现了两种追求趋势：一部分工作压力较大、紧张程度高的消费者以方便性购买为目标，他们追求的是时间和劳动成本的尽量节省；而另一部分消费者，由于劳动生产率的提高，自由支配时间增多，他们希望通过消费来寻找生活的乐趣。一些自由职业者或家庭主妇希望通过购物消遣时间，寻找生活乐趣，保持与社会的联系，减少心理孤独感。因此，他们愿意多花时间和精力去购物。购物能给他们带来乐趣，能满足这些人的心理需求。今后，这两种相反的消费心理将会在较长的时间内并存。

如今的网络消费过程，越来越简单化和人性化。从购物网站的页面设计，到可供选择的商品类别，从商品信息的性能介绍，到商品价格的多方比较，从在线支付的方便快捷，到送货上门的贴心服务，无一不显示出购物网站营销人员的精心策划。消费者在这样一种轻松愉悦的购物环境中，得到的不仅仅是物质上的满足，更是精神上的享受。

(八) 消费者选择商品的理性化

在网络环境条件下，消费者面对的是网络系统，是计算机屏幕，可以避免嘈杂的环境和各种影响与诱惑。商品选择的范围也不限地域和其他条件的约束，消费者可以理性地规范自己的消费行为。理性的消费行为主要表现在以下几个方面。

1. 大范围地选择比较

对个体消费者来说，购买者往往会货比三家、精心挑选。因信息来源和地理环境所限，不得已而为之的"屈尊"购物现象将不复存在。网络营销系统巨大的信息处理能力，为消费者挑选商品提供了前所未有的选择空间，消费者会利用在网上得到的信息对商品进行反复比较，以决定是否购买。对单位采购进货人员来说，其进货渠道和视野也不再局限于少数几个定时定点的订货会议或几个固定的供货厂家，而是可以大范围地选择质量好、价格合理、信用条件佳的厂家和产品。

2. 理智的价格选择

对个体消费者来说，不会再被那些先是高位出价，然后再没完没了地讨价还价的价格游戏弄得晕头转向，他们会利用手头的计算机快速算出商品的实际价格，然后再做横向的综合比较，以决定是否购买。对单位采购进货人员来说，他们会利用预先设计好的计算程序，迅速地比较进货价格、运输费用、优惠折扣、时间效率等综合指标，最终选择最有利的供货渠道和途径。也就是说，在网络环境条件下，人们必然会更充分地利用各种定量化的分析模型，更理智地进行购买决策。

3. 主动地表达对产品及服务的欲望

在网络环境下，消费者不会在被动的方式下接受厂家或商家提供的商品或服务，而是根据自己的需要主动上网寻找适合的产品。如果找不到，消费者则会通过网络系统向厂家或商家主动表达自己对某种产品的欲望和要求，其结果是使消费者从实际上参与和影响到企业的生产和经营过程。

(九) 价格仍是影响消费心理的重要因素

价格一直是影响消费者心理的重要因素，一点点的价格波动都会给消费者的行为造成不同的影响。从消费者角度来说，价格不是决定消费者购买的唯一因素，却是消费者购买商品时肯定要考虑的因素。网上购物之所以具有生命力，重要原因之一是网上销售的商品价格普遍低廉。尽管经营者都倾向于以各种差别化来减弱消费者对价格的敏感度，避免恶性竞争，但价格始终对消费者的心理产生重要影响。因为消费者可以通过网络联合起来向厂商讨价还价，产品的定价逐步由企业定价转变为消费者引导定价。

(十) 网络消费仍然具有层次性

在传统的商业模式下，人们的消费层次一般从低层次需要开始，逐渐向高层次需要延伸、发展，即先满足个人的基本生存需要，再追求精神上的需要。但在网络消费中，由于网络消费者一般是年轻的知识族，而网络消费本身是一种高级消费，因此，在消费开始时一般是为了满足精神需求。到了网络消费的成熟阶段，等消费者完全掌握网络消费的规律和操作，并且对网上购物有了一定的信任感之后，才会逐渐由购买精神消费品转向购买普通消费品。

三、网络消费者的动机

(一) 网络消费者购买动机概述

所谓动机，是指推动人们进行活动的心理倾向或内在动力，即激励人们行动的原因。人只要处于清醒状态，就要从事各种活动。无论这些活动对主体具有多大的意义和影响，对主体需要的满足具有怎样的吸引力，也无论这些活动是长久的还是短暂的，它们都是由一定的动机引起的。网络消费者的购买动机是指在网络购买活动中，能使网络消费者产生购买行为的某些内在的驱动力。

动机是一种内在的心理状态，不容易被直接观察到或被直接测量出来，但可根据人们长期的行为表现或自我陈述加以了解和归纳。对于企业促销部门来说，了解消费者的动机，能有依据地说明和预测消费者的行为，以便采取相应的促销手段。对于网络促销来说，动机研究更为重要。因为网络促销是一种不见面的销售，网络消费者复杂的、多层次的、交织的和多变的购买行为不能被直接观察到，只能够通过文字或语言的交流加以想象和体会。

网络消费者的购买动机基本上可以分为两类：需求动机和心理动机。前者是指人们由于各种需求，包括低级需求和高级需求而引起的购买动机；后者则是由于人们的认识、感情、意志等心理过程而引起的购买动机。

【专栏3-6】互联网到底如何+餐饮？

"互联网+"使传统的餐饮机构陷入进退两难的境地。互联网的流量思维大大瓜分了线下传统门店的客流，传统门店叫苦连天，它们玩不转互联网，只能靠吃老本、老客户过日子。传统门店寄希望于各类互联网餐饮平台，频繁地加入各种互联网在线平台，搞团购、搞优惠、搞外卖、搞自媒体，但最终还是面临着层层利润瓜分后的微利困局，进退两难成为当前餐饮机构的痛中之痛。

互联网滋生了新生代消费群体,促使任何一家想立足、想长存的企业都必须与时俱进。80后、90后是成长在互联网时代的第一代人,他们已经成长为社会的主流消费群,不能赢得他们的青睐就没有未来,这也直接决定了想求发展的企业无法放弃互联网。

很多人已经养成了餐前上平台查询的习惯,平台的成熟、餐饮机构对互联网工具的熟稔操作,这些都是餐饮机构逐渐利好的前奏。餐饮机构的话语权正在逐渐回归,平台合作方式也在发生改变,互联网环境正在变好。餐厅要做好还是要回归本身,产品的发展要考虑到新生代的消费群体,要知悉主流消费群体的转移,对餐厅的消费者洞察要进一步提升。

那么新生代群体都具备哪些特征?对餐饮机构有着怎样的启示?

1. 个性化。互联网信息发达,年轻群体接受信息广泛多元,每个人都能在虚拟世界中找到各自的意识存在,这也是非主流文化兴起于互联网时代的原因。意识直接决定行为,落到现实生活中就很容易形成圈子,以及不同的行为类别。

2. 体验好。网民们能接收到各类信息,严密的阶层消费已经崩塌,消费进入大众时代、平民时代。消费者的视野得到了前所未有的释放,要求现有的消费体验同步提高,对餐厅的服务、体验、感受等诸多服务、消费体验自然攀升。

3. 有互动。传统的餐厅只是为了满足人们简单的吃,但是各种餐厅兴起之后,主流的餐饮形式就几种,如何在竞争中夺人眼球,最好下功夫的地方就是人和场馆。人可以提供更好的服务,而场馆则能更快地突出眼球。新生代群体的社交属性、休闲娱乐、崇尚自由快乐的消费理念直接倒逼商家的互动配套。

4. 够劲爆。消费者已经看腻了静态的东西,对互动、更深层次的东西表现出更强的兴趣,除了基本的互动之外,还对各种服务体现出了更加劲爆的要求。用户在同一平台接收信息,信息又间接反馈群体总况,信息在得到释放汇总的同时,用户其实也面临着吸收的问题。能和顾客发生亲密接触的信息,除了用户本身长期关注的信息外,就只剩下劲爆的"病毒信息",它们无处不在,快速抢占关注焦点。

(资料来源:石章强.互联网+餐饮,特色细分市场如何掘金[EB/OL].http://www.jiemian.com/article/1011011.html.)

(二)网络消费者的需求动机

1. 兴趣

在现实社会中,许多人都有自己的兴趣。有的人热爱音乐,有的人热衷体育,有的人则喜欢收藏。从心理学的角度分析,兴趣有很大的动机成分。社会上的许多人是为了兴趣的需求而进行某些活动的,如果同时有几种可供选择的目标满足人们的需求,人们总是根据自己的兴趣而决定被选择的对象。

分析畅游在虚拟社会的网民,我们可以发现,每个网民之所以热衷网络漫游,是因为对网络活动抱有极大的兴趣。这种兴趣的产生,主要出自两种内在驱动力:一是探索的内在驱动力。网络世界给人们展示了一个前所未有的广阔世界,从每日的新闻报道、各种各样的科学文化知识,到千奇百怪的娱乐活动,可以说几乎囊括了人类几十万年以来所有知识的精华,人们出于好奇心理探究秘密,驱动自己沿着网络提供的线索不断地向下查询,希望能够找出符合自己预想的结果,有时甚至到了不能自拔的境地;二是成功的内在驱动力。当人们在网络上找到自己需要的资料、软件、游戏，或者打入某个重要机关的信息库时，自然会产生一种成功的满足感。随着这种成功的个人满足感不断加强，对网络的接受程度也在不断增强。新知识的吸引力和创造性思维的愉快感，使网民无须外力推动，不必嘉奖刺激，完全出于内在的追求而久久停留在网络上。

2. 聚集

在现代社会中，由于工作强度的提高和工作范围的扩大，人们通常没有整块的时间在一起聚集，特别是退休之后，远离了同事和专业，家里孩子又都有工作，没有相互交流的机会，人们衰老的速度大大加快。

虚拟社会为具有相似经历的人们提供聚集机会，这种聚集不受时间和空间的限制，并形成富有意义的个人关系。例如，在网络上开辟癌症论坛，为癌症病人及其家属提供支持，参加者谈论他们如何对待这种疾病，并交换关于治疗方法、治疗效果以及有关研究动向的信息。在过去，他们能够从图书馆得到这方面的资料，但现在，这种信息的来源是建立在能够使人们聚集在一起分享个人经历的基础上。类似的虚拟社会还有很多，如经理沙龙、妇女天地等。

通过网络聚集起来的群体是一个极为民主性的群体，在这样一个群体中，所有成员都是平等的。每个成员都有独立发表自己意见的机会，这种氛围使得现实社会中经常处于紧张状态的人们在虚拟社会中得到解脱。

3. 交流

聚集起来的网民会自然地产生一种交流需求。随着这种信息交流频率的增加，交流的范围也在不断扩大，从而产生示范效应，带动对某些种类的产品和服务有相同兴趣的成员聚集在一起，形成商品信息交易的网络，即网络商品交易市场。这是一个虚拟社会，而且是高一级的虚拟社会。在这个虚拟社会中，参加者大多是有目的的，所谈论的问题集中于商品质量的好坏、价格的高低、库存量的多少、新产品的种类等。他们交流的是买卖的信息和经验，以便最大限度地占领市场，降低生产成本，提高劳动生产率。对于这方面信息的需求，人们永远是无止境的。这就是电子商务出现之后迅速发展的根本原因。

从事电子商务活动的网络营销人员要想成功地在因特网上营销，他所构思的网络营销计划除了需要考虑传统市场中顾客的各种需求外，还必须要照顾到网民对兴趣、聚集和交流的新需求。所设计的网站要从调动顾客的兴趣入手，利用和谐的气氛和丰富的信息资源聚集顾客群体，通过完善的检索手段和通信设计充分交流信息，最后达到扩大销售的目的。

(三) 网络消费者的心理动机

上述几种动机学说都是从人们"需求"的角度出发的，与这类学说不同的心理动机说则主要从消费者"心理过程"的角度出发，由此探讨人们的网络购买动机。网络消费者购买行为的心理动机主要体现在如下三个方面。

1. 理智动机

理智动机理论认为，消费者购买动机建立在人们对在线商场推销的商品的客观认识基础之上。众多的网络购物者中大多是中青年，具有较高的分析判断能力。他们的购买动机是在反复比较各个在线商场的商品之后才产生的，对所要购买商品的特点、性能和使用方法，早已经心中有数。理智购买动机具有客观性、周密性和控制性的特点。在理智购买动机驱使下的网络消费购买动机，首先注意的是商品的先进性、科学性和质量优劣，其次才注意商品的经济性。这种购买动机的形成，基本上受控于理智，而较少受到外界气氛的影响。

2. 感情动机

感情动机是由人的情绪和感情所引起的购买动机。这种购买动机可以分为如下两种形态。

(1) 低级形态的感情购买动机。它是由于喜欢、满意、快乐、好奇而引起的，这种购买动机一般具有冲动性、不稳定性的特点。例如，在网络上突然发现一本好书、一个好的游戏软件、一件新的技术产品，很容易产生冲动性的感情购买动机。

(2) 高级形态的感情购买动机。它是由于人们的道德感、美感、群体感所引起的，具有较强的稳定性和深刻性。而且，在线商场提供的异地买卖送货业务，大大促进了这类购买动机的形成。例如，为网上所交的朋友通过在线商场购买馈赠礼品，为异地父母通过网络商场购买老人用品等，都属于这种情况。

3. 惠顾动机

这是基于理智经验和感情之上的，对特定的网站、图标广告、商品产生特殊的信任与偏好而重复地、习惯性地前往访问并购买的一种动机。惠顾动机的形成，经历了人的意志过程。它的产生或许是由于搜索引擎的便利、图标广告的醒目、站点内容的吸引，或许是由于某一驰名商标具有相当的地位和权威性，又或许是因为产品质量在网络消费者心目中树立可靠的信誉。这样，网络消费者在为自己确立购买目标时，心目中首先确立了购买目标，并在各项购买活动中克服和排除其他同类产品的吸引和干扰，按照事先确定的计划进行购买。具有优惠动机的网络消费者，往往是某一站点的忠实浏览者。他们不仅自己经常光顾这一站点，而且也具有较大的宣传和影响功能，甚至在企业的服务一时出现某种过失时，也能予以谅解。

以音乐盒为例，音乐盒作为礼品，购买者大概分送人与自用两类。我们需要思考不同的细分产品是否需要针对细分市场进行分别推广，如图 3-2 所示。我们先来看看音乐盒的终端用户分析。根据音乐盒购买者动机分析图，我们可以考虑搜集相关资料，同时分析消费者的心理。

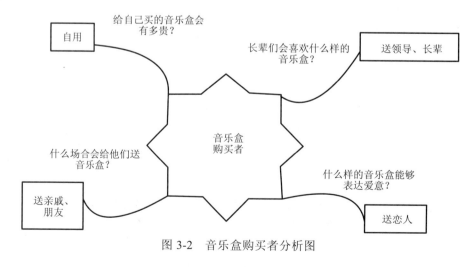

图 3-2　音乐盒购买者分析图

四、网络消费者网购过程中的优势和劣势分析

(一) 消费者网络购买的优势

1. 信息优势

网络的发展实现了商务信息获取的多(信息更全面和具体)、快(信息更加实时和有效)、好(信息更好得到、更可靠)、省(节省费用、人力、物力和时间)。互联网备受青睐的原因在于它架起了一座通向外界的桥梁，互联网环境是开放的、无国界的，消费者可以与世界各个地方的人们交换信息，及时获得最新资讯。计算机的存储技术使网络成为全球最大的信息资源库，信息可长期存储、发布，更为方便的检索技术、传输过程使消费者可以轻而易举地获得想要的信息。

2. 分析优势

社会分工日益细化和专业化，对于一些耐用的大件产品以及高技术含量产品，消费者缺乏足够的专业知识对产品进行鉴别与评估。尽管消费者得到了各种指标、数据、说明书等，但对于这些信息内涵缺乏必要的了解。比较、定量化分析模型、谈判软件以及智能代理的出现使消费者自己可以参考这些分析模型，理性地判断产品价格的合理性，对产品的整体效果进行评定。

3. 抗干扰优势

一些顾客不喜欢面对面地从销售员那里购买东西，他们会因为售货员过分热情而感到有压力；也有一些人出于隐私考虑不愿到商店购买易于引起敏感性话题的产品。在网络购物环境下，消费者可以通过网页了解产品，反复比较后进行选择，通过填写表格表达自己对产品品种、质量、价格和数量的选择，上错了网址可以按键重来，输错了命令可以取消。这种随意性使互联网成为一个自由轻松的网络购物空间，消费者不会受到周围环境(店面位置、客流量等)的干扰，也不会为售货员的态度所左右。在这里，一切都显得比较向我、舒适与从容。

4. 时间优势

在线购物的另一个优势是不受时间的限制。网络使企业可以每年 365 天，每天 24 小时全天候地进行各种营销活动，发布信息、进行交易、提供服务。消费者可以随时购物，不会遇到交通堵塞，不需要排队守候，不会在销售高峰时浪费时间，不会再有双休日、节假日产品维修与投诉无门的麻烦。消费者可以随时上网购物，从容地寻找合适的产品，实现随时随地购物。这也使商家无须在本该员工休息的时间安排加班，商业企业的管理和发展获得了更为有利的空间。

(二) 消费者网络购买的劣势

1. 缺乏观察实物的感受

顾客在传统选购的状态下，是通过看、闻、摸等多种感觉对产品进行判断与选择的。而网络购物只提供了看和听的可能，这势必对消费者的刺激大大减弱。对于相当一部分人而

言，身临其境的购物是一种社会实践、一种享受。网上购物失去了上街闲逛的乐趣，热烈的现场气氛感大大减少，购物过程的乐趣必将大打折扣。

此外，传统店面销售营造出的友好、和谐的购物环境，塑造的良好的销售人员形象，对消费者购买心理产生的影响、刺激作用也因为网络购物的虚拟性而不复存在。因此，人际沟通与切身感受的缺乏是网上购物的软肋。

2. 适用范围有限

虽然理论上任何产品都可以进行网上交易，但在实际操作过程中，仍有许多产品不适合网络销售。这涉及产品的属性与特点，如布匹的质感如何用文字给予恰当的描述，饮料的口感又如何准确表达，何况布料的手感、饮料的口感也因人而异。目前在线销售最成熟的实物产品要数计算机硬件、音像制品(书籍、唱片)、家用电器以及软件销售。因为这些产品的物理性质决定了其在配送过程中不易耗损和破坏，有些产品还可以在网上免费试用。另外，长期以来，人们已经习惯了这类产品的邮寄购买和配送过程。

上网作为一种消费行为，用户必须为此支付一定的费用。消费者选定产品之后，除了产品的实际价格以外，还要给付产品邮寄、传递的费用，这中间还不包括购物的精神成本。尽管互联网给人们带来了休闲、轻松的体验，但人们仍需承受一定的精神压力和代价，如人们必须耗费精力去判断网上信息的真实性、网络交易是否安全等。

总之，虽然网上的产品种类繁多，但是在将产品价格、配送等因素考虑进去以后，目前还有不少产品无法真正适合消费者网络购买。

第三节　网络消费者的购买决策过程

一、决策行为的类别

根据网络消费者购买决策过程，以及当前网络消费行为的发展情况，现阶段网络消费者主要面临如下三类重要的决策行为。

(一) 网络渠道选择行为

渠道选择是指消费者在购买决策过程中如何评价各种可用的渠道，如信息渠道、购买渠道(包括传统的和网络的)，并从中做出选择。

举例来说，消费者为满足自身信息需求，需要从各种信息渠道(如参考群体、报纸、电视、宣传册、网络等)中选择一种或多种以收集和获取信息。网络渠道选择行为重点关注的是消费者如何评价、选择使用网络渠道，也可以进一步细化到研究某个具体网站，依据的理论主要为技术接受模型。需要指出的是，网络渠道选择行为研究中一般不特别区分网络到底是作为信息渠道还是购买渠道，而是把信息搜寻作为购买决策的一个组成部分，即网络渠道选择行为包括信息渠道选择和购买渠道选择。

(二) 网络消费者信息搜寻行为

网络消费者信息搜寻行为是指消费者为完成某一购买任务而付诸的从网络市场中获取信

息的行动。市场营销的本质是组织企业与消费者之间的信息传播和交换，如果没有信息交换，交易也就成了无本之源。在线购物的持续成功将取决于消费者在其购买决策中利用网络的程度，尤其是利用网络获取产品信息的程度，因为消费者的网络信息搜索行为能够提高其满意度并增强其在线购买的意向。

获取信息是消费者使用网络的首要目的。网络的快速发展，一方面为消费者提供了低成本、快捷、丰富的信息来源，另一方面也产生了如下许多问题。

(1) 信息质量下降。信息量快速增长且未加以管理控制，使得信息提供商疲于维护资料，造成网络上的信息过时、不完整甚至不正确。

(2) 信息过载。信息的快速扩散造成网络上充斥着海量且可能重复的信息，使用者需要花费许多额外的精力去分析、判断和过滤所找到的资料。

(3) 网络迷航。因特网通过超链接的方式连接到不同的文件和页面，这种非线性的浏览方式常使使用者迷失在庞大的网络空间中，导致他们不但失去方向，也不知道目前的位置。

基于这些因素，消费者信息搜寻行为已经成为网络消费者行为研究的重要课题之一。

(三) 网络消费者购买行为

在线购买行为指的是通过网络购买产品或服务的过程。网络已经成为产品信息的重要来源，但还是存在一些因素阻碍着消费者从信息搜寻发展成为网上购买，而网络消费者的购买行为可能是在线销售商最为关心的问题。尽管网络销售增长率非常高，但是也有证据表明很多有购买意向的消费者在搜索访问零售商的网站后，最终选择放弃购买。研究网络消费者购买行为，发现影响网络消费者购买行为的因素及其作用机制，对于改进网站技术和营销策略具有重要意义。

二、决策过程的影响因素

网络消费者在购买时会受到企业营销策略的影响，如网络页面、网上产品价格、购买是否便捷等因素。

(一) 网页界面的设计

传统实体商店可以通过门面装潢来展示自己与众不同的形象，从而吸引客户的光顾。对于网络零售商店来说，网页界面是网络零售商店与网络客户相互交换信息和执行各种交互活动的媒介，因此，网页界面设计的好坏会对网络客户的第一印象产生重要作用。很难想象一个界面设计混乱、不协调的网站会吸引网络客户的注意，并进入浏览、购物。

通常，网页界面设计的优良与否会使网络客户产生如下几种行为：第一，立刻离开。当客户访问某个网络零售商店时，若网页界面设计与客户的审美观严重相左，或者网页设计过分复杂导致出现严重的传输延迟现象时，客户会毫不犹豫地离开；第二，浏览。网站的界面设计引起了客户一定的兴趣，但客户仅仅在网络商店中浏览而没有发生购买行为，或者客户浏览了后继的其他网站后又回到该网络商店购买商品的行为；第三，浏览并购买。客户在浏览网络商店的过程中，网站的界面设计刺激客户产生了某种需求并引起相应的购买行为。

(二) 商品的陈列

传统型商店可以通过不同的商品陈列方式达到展示商品和吸引客户购买的目的，但是在虚拟的网络空间中没有店堂货架的概念，取而代之的是网页、商品分类目录和店内商品搜索引擎，所列出的也不再是商品的实体，而是有关该商品的说明介绍和图片等，这必然会影响网络客户的行为。

在网络零售商店中，商店实体和商品的说明介绍以及其他相关资料是分离的，客户无法像在传统的商店中购物那样，通过与商品实体的直接接触了解商品的质量和适用性。网络零售商店对单个商品的介绍只能依赖于文字说明和图片信息，这些资料是否详细将会极大地影响网络客户的购买决策，一个文字说明太少而且图片模糊不清的商品是很难激发起客户的购买欲望的。

(三) 商品的特性

互联网上的市场有别于传统市场，由于互联网客户群体的独特性，并不是所有的产品都适合通过互联网开展网上销售和网上营销活动的。根据网上客户的特征及其网上购买行为模式的特点，网上销售商品应具备如下特性。

首先，考虑商品的新颖性，即必须是时尚类商品。追求时尚与新颖是许多网上客户进行网上购物的主要原因，这类客户注重商品的款式、格调和社会流行趋势，追求新潮、时髦和风格独特，力争站在时尚潮流的浪尖，而对商品的价格高低不予计较。

其次，注重商品的个性化。其表现为企业根据网络客户的个性化需求，为网络客户对商品的功能、外观、结构进行重新设计和组配，剔除冗余功能与结构，添加新的个性化功能，并根据个性化要求优化外观结构，以满足客户高度个性化的需求。

最后，加大网络客户的商品购买参与程度。体验式消费的客户参与程度较高，往往要求客户必须亲临现场感受商品和服务。这种体验或消费受到时间、空间、规模、价格等诸多因素的制约。但在网络时代，许多企业开发了模拟体验软件，客户在互联网上可通过模拟软件的引导，体验身临其境的消费感受，如网络游戏等。

(四) 商品的价格

价格不是决定销售的唯一原因，但是一个极其重要的影响因素，例如，单价为 100 元的牙刷，市场销售肯定很不容易。对于同种商品，客户的购买总是倾向价格更低者。而互联网营销没有传统店面昂贵的租金成本，没有传统营销中沉重的商品库存压力，低营销成本和可预期的低结算成本使网络商品在价格上比传统销售更具价格优势。这种价格优势不仅体现在网上销售的标准化大件必需品、网络客户熟知的各种必需品上(如图书、音像等)，还体现在绕过物流问题的商品上(如酒店的客房，飞机的舱位，电影院、剧院、音乐厅的票位，讲座、培训、高档餐饮的座位，金融、保险产品以及媒介版面等)。

(五) 购物的便利与快捷

购物便利性是客户选择购物渠道的首要考虑因素之一。由于互联网上的商品贩卖与服务突破了时间和空间地域的限制，网上购物已比传统购物更加方便。但另一方面，不同网上商店是否容易被搜索到、搜索的速度以及其网站页面、导航设计、商品的选择范围与详细目录、信息服务速度等都会影响到网络客户对购买渠道的购买选择。

(六) 安全性与服务

传统的购买一般是一手交钱一手交货，即"钱花出去了，商品在自己手里"。网上购物一般需要先付款后送货，改变了传统交易的模式，这种购买的安全性、可靠性总让客户担心与不安。网上客户担心商品质量与宣传不符或差异过大，担心售后服务得不到保障，担心电商的信用与信誉，担心交易划账时信用卡的安全与个人信息的外泄，担心电商的订单处理速度、质量、送货费用和各项顾客服务等问题。

电商必须在网络购物的各个环节加强安全和控制措施，增强客户的购物信心，从安全性和顾客服务的加强与优化着手，培育客户对网站的信心。同时，随着网络安全技术的不断发展和提高，网上购物将越来越安全、越来越有保障，网上购物服务将越来越优质。

三、决策过程

(一) 产生动机

网络购买过程的起点是诱发需求。消费者的需求是在内外因素的刺激下产生的，当消费者认为现有的物品不能满足需求时，便开始对市场中待售的某种商品或某种服务产生兴趣，从而可能产生购买欲望。所以，动机是消费者做出消费决定所不可缺少的基本前提。对于网络营销来说，诱发需求的动因只能局限于视觉和听觉，不能像传统的人对人营销一样，让消费者可以亲身体验。在电子商务中，企业往往通过网页文字的表述、图片的设计和声音的配置来诱发消费者的购买冲动。这要求从事网络营销的企业或中间商注意了解与自身产品有关的实际需求和潜在需求，了解这些需求在不同时间的不同程度，了解这些需求是由哪些刺激因素诱发的，进而巧妙地设计促销手段去吸引更多的消费者浏览网页，诱导他们的需求欲望。不过，当前的消费者变得十分精明，特别是在网上购物产生过不愉快的经历之后，他们不再轻易相信网页呈现的信息(如服饰的质地、颜色)，而是到线下实体店去感受，因此当前零售业面临的一个重大挑战便是消费者精于"线下看、线上买"。如果企业能够很好地掌握消费者的这种心理和行为变化，能有效地结合线上、线下广告和促销手段去刺激消费者需求，相信会有很好的效果。

在传统社会中，消费者对生活必需品的需求主要来自实际工作和生活，主要强调消费者自身的感受，例如，上下班太远，我需要一辆轿车；家里太热，我需要一台空调。对于提高生活质量的附加产品的需求则主要来自广告、信息传媒、人际关系的相互影响和攀比心理等环境影响。

网络环境下，上述情况会发生一些改变。有些工作压力较大、高度紧张的消费者会以购物的方便性为目标，追求时间、精力的节省，选择网上购物，他们对购物的乐趣也十分在意，即购物方便性的需求与购物乐趣的追求共存。这种消费者对新鲜事物有着孜孜不倦的追求，对未知领域拥有永不疲倦的好奇心。在网购的初始阶段，他们大多以体验者的身份，以好奇求新的心态进行购物。

在网络环境下，消费者的需求动机会产生三个方面的变化：一是由于互联网的跨地区特性，消费者互相影响的范围扩大，不再局限于当地，虽然同事之间、邻里之间、朋友之间的相互影响还是主要的，但这以外的影响大大增强了；二是由于互联网的互动性，消费者能主动地表达对产品及服务的欲望，不会再在被动的方式下接受厂商提供的产品或服务，这也意味着消费者之间、厂商和消费者之间相互影响的深度加强了，一种需求被接受和传播的速度比以往更快；三是由于互联网的便利和低成本特性，任何个人都可能是一种新需求的最初倡导者。

事实上，这些变化意味着全球范围内的需求个性化和趋同化是并行不悖的两个方面。

(二) 收集信息

当需求被唤起后，每一个消费者都希望自己的需求能得到满足。所以，收集信息、了解行情成为消费者购买的第二个环节。

一位被唤起需求的消费者可能会去积极地寻求更多信息。一般来说，消费者收集信息的渠道可分为内部渠道和外部渠道。其中，内部渠道是指消费者个人所存储、保留的市场信息，包括购买商品的实际经验、对市场的观察以及个人购买活动的记忆等。外部渠道则是指消费者可以从外界收集信息的通道，包括个人渠道、商业渠道和公共渠道等。消费者首先在自己的记忆中搜寻可能与所需商品相关的知识经验，如果没有足够的信息用于决策，他便需要去外部环境寻找与此相关的信息。

当然，不是所有的购买决策活动都要求同样程度的信息和信息搜寻。根据消费者的信息需求范围和努力程度不同，信息可分为以下三种模式。

1. 广泛问题的解决模式

广泛问题的解决模式指消费者尚未建立评判特定商品或特定品牌的标准，也不存在对特定商路或品牌的购买倾向，而是广泛地收集某种商品的信息。处于这个层次的消费者，可能是因为好奇、消遣或其他原因而关注自己感兴趣的商品。这个过程收集的信息会为以后的购买决策提供经验。

2. 有限问题的解决模式

处于有限问题解决模式的消费者，已建立了对特定商品的评判标准，但尚未建立对特定品牌的倾向，这时，消费者会有针对性地收集信息。这个层次的信息收集，才能真正而直接地影响消费者的购买决策。

3. 常规问题的解决模式

在常规问题的解决模式中，消费者对将来购买的商品或品牌已有足够的经验和特定的购买倾向，这种模式下消费者的购买决策需要的信息较少。

(三) 比较选择

消费者需求的满足是有条件的，这个条件就是实际支付能力。没有实际支付能力的购买只能停留在欲望阶段，不可能导致实际的购买。为了使消费者的需求与自己的购买能力相匹配，比较选择是购买过程中必不可少的环节。消费者对各条渠道汇集而来的资料进行比较、分析、研究，了解各种商品的特点和性能，从中选择最为满意的一种。一般说来，消费者的综合评价主要考虑产品的功能、可靠性、性能、样式、价格和售后服务等。

网络购物中消费者直接接触实物的机会很少，消费者对网上商品的比较更多地依赖于厂商对商品的描述，包括文字的描述和图片的描述。如果网络营销商对自己的产品描述不充分，就无法吸引众多顾客；如果对产品的描述过分夸张，甚至带有虚假成分，则可能永久地失去顾客。所以，企业既要做好"诱惑"工作，帮助消费者下定最后的决心，又要把握好"度"，以防过犹不及。

(四) 购买决策

网络消费者在完成了对商品的信息收集和比较选择之后，便进入到购买决策阶段。与传统的购买方式相比，网络购买者的购买决策有许多特点，其中"虚拟性购物"应该受到企业的特别重视。"虚拟性购物"是指由于消费者购物过程太过简化，从而导致人们购物后产生不安情绪反应的购买行为。在日常生活中，常常听到消费者抱怨网购了很多东西，花了很多钱，却没有得到购物的满足感。这正是由于虚拟交易而引发的消费者心理反应。现今一些优秀的电子商务公司在消费者购物后推送订单确认信息、发货信息、快递交付信息等，通过这些行为增加消费者对购物经历的现实感，增加交易的真实性，对消除消费者购买后的不安情绪起到了较好的安慰效果。

与传统的购买方式相比，网络购买者的购买决策主要有以下三个方面的特点：网络购买者理智动机所占比重较大，而感情动机的比重较小；网络购物受外界的影响小；网络购买决策与传统购买决策相比速度更快。

网络消费者在决策购买某种商品时，一般要具备以下三个条件：第一，对厂商有信任感；第二，对支付有安全感；第三，对产品有好感。所以，网络营销要重点抓好以上工作，促使消费者购买行为的实现。

(五) 购后评价

消费者购买商品后，往往会根据产品的实际使用体验来对自己的购买选择进行检查和反省，以判断这种购买决策的准确性。购后评价往往能够决定消费者以后的购买动向，满意的顾客是电商最好的广告。

但是，网络环境下的消费者购买决策行为，与传统环境下的消费者购买决策行为还是存在一些区别的。

(1) 在网络环境下，消费者不再需要逐一评价所有产品，以做出购买决策，一些在线购买决策辅助程序可以根据消费者的偏好，搜索消费者可能喜爱的产品。因此，在线购买的具体的决策过程可能是一个三元关系：决策者——决策支持系统——决策问题，而传统的决策过程是一个二元关系，即决策者——决策问题。

(2) 消费者需要与计算机/网络进行交互沟通，才能形成决策。这将涉及消费者网络和计算机系统使用操作的经验和能力。

(3) 由于网络环境是虚拟的，因此，在网络环境下消费者对企业、产品(服务)的感知、信任将会发生变化，网络隐私和欺诈问题，使得网络消费者对网上购物越来越谨慎和敏感。

第四节　影响网络消费者购买的主要因素

一、交易因素

(一) 商品的价格

按照销售学的观点，影响消费者消费心理及消费行为的主要因素是价格，即使在如今完备的营销体系和发达的营销技术面前，价格的作用仍是不可忽视的。只要价格降幅超过消费者的心理界限，消费者因此心动而改变既定的消费原则也是在所难免的。对一般商品来说，价格与需求量常常表现为反比关系，同样的商品，价格越低，销售量越大。

目前，在网上营销的商品多是计算机软硬件、书籍杂志、娱乐产品等，这些商品的价格一般都不太高，加上网上直接销售减少了许多中间环节，使得网上销售的商品价格低于传统流通渠道的商品价格，因此对消费者产生了越来越大的吸引力。例如，当当网图书100%正版2折起，有时会低至1折，最高一般也不超过7折，更有满200送100，满100送50等优惠活动。

此外，消费者对互联网有一个免费的价格心理预期，那就是即使网上商品是要付费的，它的价格也应该比传统渠道的低。究其原因，一方面是因为互联网的起步和发展都依托了免费策略，互联网的免费策略深入人心，而且免费策略也得到了成功的商业运作。另一方面，互联网作为新兴市场可以减少传统营销中的中间费用和一些额外的信息费用，可以大大削减产品的成本和销售费用，这也是互联网商业应用的巨大增长潜力所在。

(二) 购物时间

这里所说的购物时间包含两方面的内容：购物时间的限制和购物时间的节约。传统的商店，即使是小店，每天最多也只能营业10～14个小时，许多商店还有公休日。商店停业的日子里，顾客买不到需要的东西，商店也失去了购物的顾客。网上购物的情况就不一样了，网络虚拟商店一天24小时营业，随时准备接待顾客，没有任何时间限制，顾客早上5点或晚上12点购物都没有问题。电子商务为人们上班前和下班后购物提供了极大的方便。

现代社会大大加快了人们的生活节奏，时间对于每一个人来说都变得十分宝贵，人们用于外出购物的时间越来越少。拥挤的交通、日益扩大的商店门面，增加了购物所消耗的时间和精力；商品的多样化使得消费者眼花缭乱；而层出不穷的假冒伪劣商品又使消费者应接不暇。人们已没有时间像过去一样逛商场、反复挑选商品，他们迫切需要新的、快速且方便的购物方式和服务。网络购物适应了人们的这种愿望。人们可以坐在家中与厂商沟通，及时获得上门服务或收到邮寄的商品。不仅计算机制造商和信息服务商看准了这个方向，加大了电子商务研究的力度和步伐，普通产品的销售商也认为建设网上商店是一项高利润的投资，纷纷采取各种方式跻身这一新兴行业，提供高信誉的全方位服务。在人们对网络商店和网上购物的安全性、可靠性有了充分认识之后，将会越来越多地选择新型的网上购物形式。

(三) 购买的商品

就目前的网上商品情况来看，比较时尚、流行的商品以及价格上占绝对优势的商品容易在网上发售，而一些价格昂贵的耐用消费品就比较难以实现在线发售。从购买方式上看，目前在网上销售的一些商品尤其能体现方便、快捷的特色，下面来分析一下当今网上销售的部分商品的特点。

(1) 软件。销售者可以借助网站来发布试用版本的软件，让消费者试用，然后在一定期限内提供服务，如果消费者满意就会购买。

(2) 书籍杂志。商家可以在网上提供试阅读版本，让消费者先了解该书籍或杂志的基本内容，然后再定购。这种把自主权交给消费者的做法很受欢迎，与传统的强迫式购物方法相比更具亲和力。

(3) 鲜花或礼品。网络是跨时间、跨地域性的媒体，顾客可以在网上订购任何地方的鲜花或礼品，并由商家负责送货上门。

纵观这些商品，它们都具有某些网络化的特点，都能借用网络变得更易传播和出售。消费者在经过比较后觉得，网上购物的方便程度超过他亲自去商店的花费时，他当然愿意到网上购买。

(四) 安全可靠性

影响网络消费者购买行为的另一个必须考虑的因素是网上购物的安全性和可靠性，主要是网上支付的安全问题。由于互联网是为大众服务的开放性网络，网上交易面临着各种危险。目前，网上消费主要有货到付款和网上支付两种方式，其中网上支付方式是最方便和快捷的。但是，消费者的银行账号或信用卡卡号在网络上传输时，可能存在被他人截取或盗用的情况，从而造成消费者或商家的心理负担。当选择先付款后送货时，过去购物时一手交钱一手交货的现场购买方式发生了变化，网上购物的时空分离，使消费者有失去控制的离心感。

为了保证网上支付的安全和降低网上购物的不安感，必须在网上购物的各个环节加强安全措施和控制措施，保护消费者购物过程的信息传输安全和个人隐私安全，如采用防火墙技术、加密技术及身份验证措施等，以树立消费者对网站的信心。我国的一些购物网站如今已有很好的网上安全支付方式，如淘宝网的支付宝等。

(五) 商品的选择范围

在互联网这个全球化的市场中，商品挑选的余地大大扩展。消费者可以从如下两个方面进行商品挑选，这是传统的购物方式难以做到的。

(1) 网络为消费者提供了多种检索途径，消费者可以通过网络方便、快速地搜寻全国乃至全世界相关的商品信息，挑选满意的厂商和产品，获得最佳的商品性能和价格。

(2) 消费者也可通过新闻组、电子公告牌等，告诉千万个厂商自己所需求的产品，吸引众多的厂商与自己联系，从中筛选符合自己要求的商品或服务，轻而易举地实现货比多家，且成本很低。有这样大的选择余地，精明的消费者自然倾向于网上购物。

(六) 商品的新颖性

由于网上市场不同于传统市场，网上消费者有着区别于传统市场的消费需求特征，因此，并不是所有的商品都适合在网上销售和开展网上营销活动的。根据网上消费者的特征，网上销售的商品一般要考虑商品的新颖性，即商品是新商品或者时尚类商品，这类商品比较容易吸引人们的注意。

追求商品的时尚和新颖是许多消费者，特别是青年消费者重要的购买动机。这类消费者一般经济条件比较好，他们特别重视商品的款式、格调和流行趋势，不太在意商品使用价值和价格的高低，他们是时髦服装、新潮家具和新式高档消费品的主要消费者。网上商店由于载体的特点，总是跟踪最新的消费潮流，适时地为消费者提供最直接的购买渠道，再辅以最新产品的全方位网上广告，因此，它对这类消费者所产生的吸引力越来越大。同时，网上商店常常营造一种购物的环境，以刺激消费者产生购买的欲望，它通常用不断弹出的广告窗口、美观的产品图片等手段来强化消费者的购买欲望。

> **【专栏3-7】静安大悦城打造"网红爆款"**
>
> 　　面对市场竞争的白热化，上海静安大悦城是如何做到常换常新，刺激年轻消费者的好奇心，并保持新鲜感的呢？静安大悦城自有一套逻辑。一直以来，静安大悦城将客群经营能力作为核心竞争力，不断研究目标消费群体，寻找其消费点，进而引入与之相契合的品牌。例如，面对年轻潮流客群，静安大悦城善于挖掘自带IP属性、具有粉丝忠诚忠实度的品牌，北座1楼的JUICE STAND是某演艺作者的潮牌服饰店，新晋开业的NPC LAB是两位知名艺人旗下的新零售潮流店，两家店铺均有老板助阵，潮人网红不断，粉丝效应凸显。
>
> 　　2017年，静安大悦城引进风靡日本的"拉面竞技馆"，吸引了大批热爱日剧、日影的年轻人，很快成为网络爆款。国漫IP主题咖啡店美影咖啡一经开业，黑猫警长、葫芦娃等童年回忆瞬间引爆"80后""90后"的怀旧情怀，而一点盅等拥有动漫IP形象授权的餐饮品牌则持续发力。
>
> 　　上海静安大悦城始终从客群研究出发，触及消费者痛点，以经营作品的态度致力于街区打造和营销增值，以不断创新的姿态引领IP展潮流，以大数据为基础构建超级会员体系，打造智慧商城。由此，静安大悦城诞生了众多行业爆款，成功吸引了消费者的注意力。
>
> 　　(资料来源：赵轶.营销策划与推广[M].北京：人民邮电出版社，2020.)

二、个人因素

(一) 性别

男性消费者和女性消费者对网络产品的需求，以及网络消费行为习惯都存在着差异，营销人员应该把握两者的不同特点，将其作为设计网络营销策略的考虑因素。在中国网络发展的初始阶段，网络用户多为男性，但随着网络的飞速发展，我国网络用户的特性体现出女性用户激增的变化。如图3-3所示，截至2020年12月，中国网民男女比例为51∶49，网民性别结构趋向均衡，且与人口性别比例基本一致。

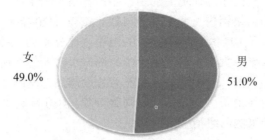

图 3-3　中国网民性别结构图

(资料来源：中国互联网信息中心.中国互联网络发展状况统计报告[EB/OL].[2021-02-3].
http://cnnic.cn/gywm/xwzx/rdxw/20172017_7084/202102/t20210203_71364.htm.)

(二) 年龄

不同年龄的消费者，他们的关注点不同。首先，关注的网站类型不同；其次，对网站内容的关注点不同。例如，同样一个企业网站，成年人比较关注这个网站给予的产品附加值，而青少年关注的可能是网站中提供的活动。

如图 3-4 所示，截至 2020 年 12 月，20～29 岁、30～39 岁、40～49 岁网民占比分别为17.8%、20.5% 和 18.8%，高于其他年龄段群体；50 岁及以上网民群体占比由 2020 年 3 月的16.9% 提升至 26.3%，互联网进一步向中老年群体渗透。职业不同的消费者感兴趣的网站不同，信息来源也会有所不同。专业性越强的网站，聚集对应的职业人群的能力就越强，那么网络营销就要有针对性地在适当的网站投放网络广告。

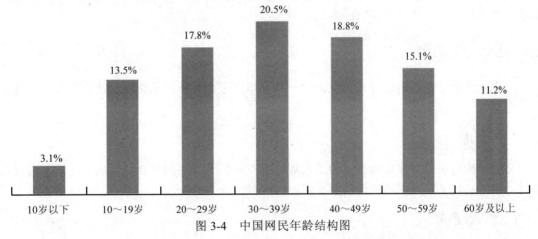

图 3-4　中国网民年龄结构图

(资料来源：中国互联网信息中心.中国互联网络发展状况统计报告[EB/OL].[2021-02-3].
http://cnnic.cn/gywm/xwzx/rdxw/20172017_7084/202102/t20210203_71364.htm.)

(三) 分析网民整体学历因素

在 1999—2000 年，由于计算机价格昂贵，网络并没有普及，大部分人还不会使用网络，使用者大多数是学历水平比较高的科技人员和大学生。随着科技的迅速发展，电脑如今已经成为平常的家用电器，平均每个家庭至少有一台，大有全民使用电脑的趋势，网购的廉价特性，以及这种购物方式的乐趣让更多的中学生，甚至小学生参与其中，这导致了网民整体学历水平下降，而全国网络销售总额上升的现象。截至 2020 年 12 月，我国网民依然以中等学历群体为主，初中、高中/中专/技校学历的网民占比分别为 40.3%、20.6%。与 2019 年底相比，小学及以下、大专、大学本科及以上学历的网民占比均有所提升。但网民学历水平与网络消费总额是呈正相关的，一般来讲，受教育程度越高，网络消费能力越强，网络消费的层次越高。低学历的网络消费一般是聊天、网络游戏，用于学习、决策的较少。而如果整体网民水平能提高，其带来的网络消费效应将更大。

1. 教育与经济收入

如上所述，由于普遍来说教育程度与经济收入有较强的正相关，因此，这两个因素可以在一起考虑。网络消费者的受教育程度越高，在了解和掌握互联网知识方面的困难就越低，也就越容易接受网络购物的观念和方式。越是受过良好的教育，网络购物的频率也就越高。

2. 生活方式

不同的消费者，他们消费理念不同，在生活用品、书籍、娱乐等消费中的支出比例也不相同，上网习惯(如上网的时间、地点、频率以及浏览偏好等)的差异也相当明显。此外，网络消费者的购买行为还受到动机、知觉、学习、信念和态度等主要心理因素的影响。

3. 个性

个性是指一个人的心理特征。不同个性的消费者，其消费习惯和偏好不同。例如，外向的人会比较关注运动、旅游、交友等网络资讯；而内向的人会较倾向于文学、艺术类的网络资讯。追随型或依赖性强的消费者会较容易受到企业在网络上的营销因素影响，易于接受广告，也较容易对品牌产生忠诚；相反，独立和理性的消费者会更积极收集各种资讯，不轻易相信广告，对企业的营销因素敏感度低。

三、社会文化因素

社会文化因素是指消费者社会生活的一些环境因素，具体包括文化、社会阶层、参考群体和家庭。

(一) 文化

文化是指特定社会成员所具有的价值观、态度和社会惯例的集合。消费者通过学习逐渐理解文化，文化又反过来影响消费者在消费决策时的行为。

(二) 社会阶层

社会阶层指拥有相似社会信仰和经济能力的人的集合，这些人在信念、态度、价值观上相似，并因而在思维方式和行为方式上存在很多共同之处。因此，在购买过程中，阶层内的信息交流将对消费者的购买行为产生显著影响。

(三) 参考群体

尽管社会阶层对消费者的购买行为产生影响，但由于构成特定阶层的人数通常极其庞大，导致同一阶层的人很难直接联系彼此。在生活中与我们能够直接联系、关系密切的圈子，我们称之为参考群体，参考群体的成员由于经常碰面、交往密切，对彼此的影响更大。

(四) 家庭

家庭的定义是共同生活和居住的有血缘关系的群体。由于生活习惯、消费观念趋同，家庭成员不仅以家庭为单位进行消费时的互相影响，在关于个人消费品的选择上也会互相影响，因此家庭在消费者行为研究方面具有重要的意义。

四、企业因素

(一) 支付

企业提供的网上支付手段是否多样、方便、安全，会在很大程度上影响网络消费者的消费行为。

(二) 配送

完善的物流配送系统是实物商品网络营销的一个关键点，也是网络消费者十分看重的地方。良好的物流配送系统提供安全、快速的配送服务，能提高网络消费者的满意度。

(三) 营销策略

企业出色的网络营销策略会对网络消费者的行为会产生积极影响。在网络平台上，企业的营销策略可以更加多样化，对消费者产生更加深刻的影响。

(四) 网站设计

网站设计对消费者的影响主要通过内容设置、界面友好和方便快速等方面体现，一个有效率的网站界面设计应当能够促使网络消费者产生某种需求并引起相应的购买行为。网站的优势在于完全可以利用现有的信息技术达到这一目的。

(五) 客户服务

网络营销的客户服务不仅仅包含了传统营销的客户服务的内容，还更加注重企业为用户提供的资讯与信息交流。交流方式可以有很多种，如微信、FAQ、E-mail 信息交流等网络沟通方式。

本 章 小 结

网络市场的诞生对传统市场形成了巨大冲击，消费者可以足不出户、随时随地浏览琳琅满目的商品并做出自己的购买决策。网络市场有着与传统市场截然不同的特征与优势，它在给商家带来无限商机的同时，也对现代企业的营销人员提出了更高的要求。在全新的网络环境下，营销人员要掌握网络消费者的购买动机并制定相应营销策略，在掌握消费者购买决策过程及其影响因素的基础上进一步研究网络消费者的行为。市场可以分为消费者市场和组织市场。购买者在做出购买决策时，通常会受到文化因素、社会因素、个人因素、心理因素等多方面因素的影响。营销人员不仅要了解购买者行为的主要因素，还要对购买者的购买过程进行认真分析。

练习题

一、选择题

1. 下列对网络营销的基本思想表达合理的是(　　　)。
   A. 直接或间接促进销售，获得订单　　　B. 通过互联网向用户传递有价值的营销信息
   C. 是传统品牌在网上的延伸　　　D. 通过网络推广获得网站访问量

2. 4Cs 营销策略是指顾客欲望与需求、满足欲望与需求所需要的成本、加强沟通和(　　　)。
   A. 强化购买　　　B. 快速购买　　　C. 方便购买　　　D. 临时购买

3. 4Ps 组合是指(　　　)。
   A. 产品、推广、价格、销售　　　B. 产品、价格、渠道、促销
   C. 产品、公关、价格、渠道　　　D. 产品、价格、促销、广告

4. (　　　)是满足不同顾客个性化需求的营销方式。
   A. 差异化营销　　　B. 无差异化营销
   C. 部分差异化营销　　　D. 定制化营销

5. 网络营销产生的技术基础是(　　　)。
   A. 付款手段　　　B. 互联网　　　C. 计算机　　　D. 营销策略

6. 网络营销的特点有(　　　)。
   A. 成本低　　　B. 效率高　　　C. 效果好　　　D. 收益好

7. 在网络信息时代，组成网络营销市场的三个主要因素已经改变，具体表现在(　　　)。
   A. 消费主体的变化　　　B. 消费者购买环境的改变
   C. 消费者购买欲望的改变　　　D. 消费者购买力的改变

8. 网络营销和传统营销的相同点有(　　　)。
   A. 两者都是一种营销活动
   B. 两者都需要企业的既定目标
   C. 两者都把满足消费者需求作为一切活动的出发点
   D. 两者对消费者需求的满足，不仅停留在现实需求上，而且还包括潜在需求

9. 以下属于网上市场的特点的是(　　　)。
   A. 全天候　　　B. 虚拟性　　　C. 全球性
   D. 实体性　　　E. 互动性

二、判断题

1. 网络营销是以网络用户为中心，以市场需求和认知为导向的。　　　(　　　)
2. SNS 营销、论坛营销、博客营销、微博营销、现代营销均属于网络营销。　　　(　　　)

3. 网络营销活动可以脱离一般营销环境而独立存在。　　　　　　　　　　（　　）

4. 网络营销是一种单纯的网络技术。　　　　　　　　　　　　　　　　　（　　）

5. 网络营销方法之间是孤立的，开展网络营销时可以将各种网络营销方法进行分离应用。　　　　　　　　　　　　　　　　　　　　　　　　　　　　　　　　　　（　　）

6. 具有惠顾动机的网络消费者，往往是某一站点的忠实浏览者。　　　　　（　　）

7. 从广义上讲，网络用户是指连接在互联网上的法人用户和个人用户。　（　　）

8. 网络营销的价值，在于可以使从消费者到生产者的价值交换更便利、更充分、更有效率。　　　　　　　　　　　　　　　　　　　　　　　　　　　　　　　　　　（　　）

9. 网络营销产生的技术基础是互联网的崛起。互联网络起源于美国。　　（　　）

三、填空题

1. 网络营销可以在八个方面发挥作用：＿＿＿＿＿＿＿、网址推广、信息发布、销售促进、＿＿＿＿＿＿、顾客服务、＿＿＿＿＿＿、网上调研。这八种作用也就是网络营销的八大职能，网络营销策略的制定和各种网络营销手段的实施也以发挥这些职能为目的。

2. 网上商店能每天 24 小时，每周 7 天随时随地提供全球性营销服务，这是由于网络营销具有＿＿＿＿＿＿的特点。

3. 网络消费者的购买动机基本上可分为＿＿＿＿＿＿和＿＿＿＿＿＿两大类。

四、名词解释

1. 网络营销
2. 市场细分

五、简答题

1. 网络营销的优势是什么？
2. 网络营销的支持条件是什么？

六、案例分析题

童装品牌"纳桔NATUNA"的快速崛起

法语专业毕业后，张艳加入了外交部援建项目组。当她带着公文包奔波在坦桑尼亚、安哥拉、刚果的烈日下时，于楠正从清华建筑系毕业，背着画板，在阿根廷、朝鲜、蒙古边旅行边工作，寻找创作灵感。

两个拥有完全不同人生轨迹的人，最终因淘宝走到一起。2014 年 10 月，回国后的张艳和于楠在上海酝酿成立了童装品牌"纳桔 NATUNA"（以下简称"纳桔"）。

"纳桔"定位在中高端消费市场，夏季商品单价集中于 80～200 元，有意思的是，客单价却高达 500～700 元。据张艳介绍，日均客流中，老客户占比八九成，每月购买两次的消费者占到 44%。短短两三年间，"纳桔"快速发展，今年其销售额预计突破千万元。"纳桔"如何维系老客户忠诚度？它快速崛起的秘密是什么？

"熊孩子经济"，先搞定妈妈。

张艳曾任多家跨国公司的市场部高管，于楠曾就职于路易威登，她们是典型的一二线城市中的高知白领。因此，当她俩决定做童装品牌时，很自然地圈定了这部分妈妈人群。

这部分妈妈们大多是"80后""90后"的年轻群体，有足够的经济消费能力，且对品牌、品质有较高要求，而国内大多数品牌偏于大众化、定位中低端，因此，她们常常通过代购国外的高端童装品牌来满足其需求。妈妈们普遍面临的痛点是，小孩身体长得快，童装穿着时间短，代购的时间成本和价格较高。

从妈妈们的消费习惯出发，张艳认为，消费升级其实就是消费分化，品牌定位和人群更加细分和精准。"纳桔"要提供的就是如何让妈妈们买到品质稳定、性价比高的独立设计童装品牌。

从2017年开始，"纳桔"每周按照同一风格、同一品类上新，每次至少5款，以便妈妈们做出最理智的选择。为了减少库存风险，张艳紧跟消费者数据对现货进行限量上新，基础款定量400～500件，设计款则约为200件，部分款式甚至采用预售模式。

"纳桔"的第一批粉丝，来自一次失败的产品经历。因为经验不足，"纳桔"生产的第一批产品存在细节瑕疵，因此两人决定通过微博免费派送。没想到的是，收到衣服的妈妈们并不觉得有何缺陷，反倒对张艳两人的高品质要求印象深刻。

从最初的100个粉丝开始，"纳桔"不断向粉丝讲述品牌故事，输送价值观，并通过建群沉淀了一批精准用户。

"纳桔"不似一般童装品牌从童趣、童真、可爱着手，而是融入了"留住传统手工艺""公平贸易""留白教育""自然从容"等许多契合当下高知妈妈们的价值观和世界观。

良好的粉丝基础让"纳桔"在产品设计上几乎不追求潮流趋势。"纳桔"的粉丝们有自主意识和独立人格，清晰地知道自己想要什么。要搞定这些妈妈们，"纳桔"直接从粉丝社群运营中获取灵感，并直接为产品服务。张艳同时介绍道，虽然目前粉丝人数不多，但异常活跃，可以直接在群里询问款式和材质是否满意，并立马得到直接反馈。

设计师品牌也可以是高性价比。

虽然定位为设计师品牌，但"纳桔"的产品结构及款式显得颇为平实。从材质上看，"纳桔"产品共分为有机棉、丝棉、羊毛、羊绒四个品类；从产品结构上看，"纳桔"坚持基础线和设计线"两条腿走路"。其中，普通简洁的夏季T恤、短裤等基本款占到七成以上；设计款则更注重仪式感，如每年新年推出的红丝绒系列、庆"六一"纱裙系列和夏天的纯手工编织衣物等。

虽然基础款的设计师发挥空间有限，容易被复制，无法形成清晰的品牌定位和品牌形象，而且毛利通常不高。但有意思的是，这样的产品结构反倒促成了"纳桔"的高客单价。易搭配、替换性高是高客单价的主要原因。

张艳说："设计师语言有时候太自我，并不是从消费者的真正需求出发。'纳桔'没有品牌包袱，不会拘泥于国内环境的审美，也不介意挖掘最基础的需求。"通过内容生产，服装产品正在成为"纳桔"品牌与消费者建立沟通的有效媒介。每年年初，张艳都会制定全年的产品策划，并辅以系列主题。张艳介绍，一般情况下，主题先行，文案在后，最后完成视觉创作和照片拍摄，这些步骤很难标准化，但都始终聚焦于服务内容本身。虽然团队目前只有5人，但坚持从源头做起，将设计、打版、初样、面料及大货生产全链路牢牢抓在自己手中。相比那些各个环节都交给工厂的商家，"纳桔"的整个生产周期要多2～3个月，而且试错成本高。

对于初创品牌来说，张艳清楚供应链搭建的重要性。最开始，"纳桔"的供应链资源来自此前于楠在服装领域的积累，之后，张艳有针对性地跑展会接触大量面料及生产供应商，甚至远赴青海、新疆等地探索新的工艺。为了追求材质，保持高性价比，"纳桔"目前的策略是牺牲部分利润空间，先做品牌。

(资料来源：根据天下网商资料整理)

请根据以上资料，回答下列问题：

试从网络消费者需求的角度分析童装品牌"纳桔 NATUNA"的成功。

七、思考与实践

1. 上网搜索中国互联网络信息中心发布的最近一期《中国互联网络发展状况统计报告》，列举中国网民的主要结构特征。

2. 结合网络中知名的品牌进行网络调研，对它们的营销方式进行分析评估，并用表格的形式进行对比。

第四章

网络市场调研

【学习重点】

熟悉网络市场调研的概念、构成以及企业信息来源；掌握网络市场营销调研的概念，描述网络市场营销调研的类型、作用、程序。

【学习难点】

能够运用常用的网络市场调研方法进行实地调研；掌握问卷设计的流程与方法；掌握网络问卷发布的网络途径与方法；掌握基本的市场研究方法，学会判断网络市场调研的科学性与合理性；熟悉市场预测的概念；熟悉常用的市场预测方法。

【教学建议】

理解和识记网络市场调研的基本原理和理论、案例分析、实际操作，能根据企业调研目标设计网上调查问卷；运用主要的间接调查方法收集商务信息。

【引导案例】

天猫(淘宝商城)九洲鹿旗舰店的精准定位

淘宝网店中的著名家居店铺九洲鹿是意迈电子商务公司旗下品牌。意迈公司在电子商务领域有过许多探索，其企业目标、部门架构和运营管理，与网络零售有天然的契合之处。因此，在进入网络市场之后，九洲鹿很快将协同优势转化为营造品牌的力量。

首先，九洲鹿调研了淘宝网上十几个品牌的床上用品销售资料，包括款式、价格、销量等信息，决心抢占淘宝网床上用品销售冠军的位置。于是，九洲鹿以每天 2000 元的价格买下淘宝网上 80 多个与床上用品相关的关键词，其中与蚊帐相关的关键词达 20 多个，让需要购买蚊帐的消费者能够在第一时间找到九洲鹿。

其次，九洲鹿在市场调研领域力求完善与细致。在与客户一对一对话的过程中，九洲鹿慢慢积累了全面的消费者喜好和需求的一手资料，最终将之变成一套系统的数据库。对于个人卖家，九洲鹿更加了解不同类型客户在购买床上用品时会关注哪些因素(不同年龄、不同层次、不同性别的客户关注的焦点有所区别)，从而尽量满足每一个客户的购买需求，让客户真正感到物超所值。

通过依靠键盘和鼠标建立起更加全面和高效的数据库这一举措，九洲鹿成为淘宝网上销量居前的床上用品经销商。目前，九洲鹿网店每月的销售额都非常可观，顾客回头率高达70%。意迈公司的经理表示，九洲鹿是网络上最大的蚊帐销售商，销售数量超过公司在上海的所有门店销量总和。旺季时，九洲鹿每天可以销售 800 顶蚊帐。同时，它也是淘宝网上凉席销售量最大的店。

(资料来源：刘蓓林. 网络营销理论与实务[M]. 北京：中国经济出版社，2014.)

引言

市场调查是企业了解市场、开拓市场的有效方法，是企业进行市场预测和经营决策的基础，受到企业普遍重视。随着信息传播媒体的不断变化，市场调研工具也在不断发生变化，传统的调研媒体有报纸、杂志、邮件、电话、电视等。20 世纪初，随着互联网的出现，一种更加崭新的调研方式——网络市场调研应运而生，它为现代企业未来的市场竞争提供了一种强有力的武器。

利用互联网进行市场调查是一种非常有效的方式，我们常常看到许多网站上都设置了在线调查表，用以收集用户的反馈信息。网络市场调研的目的是收集网上的购物者和潜在顾客的信息，充分利用网络的优势，加强与消费者的沟通，理解并建立友谊，改善营销以便更好地服务于顾客，而要达到这一目的的前提是让更多的顾客访问企业的站点。这样市场营销调研人员可以有针对性地制作网上调研表，顾客可以发回反馈并参加交互调查和竞赛，从而掌握更多更翔实的市场信息。

网络市场调研是不同于传统调研方法的一种全新的调研方法，与传统调研方法相比，网络市场调研具有不同的特点，其具有及时性、共享性、准确性、交互性、经济性、可控制性和无时空限制的特点。网络调研作为了解市场的手段，能为企业建立起自己的调研数据库，以企业视角来分析市场变化，更及时地提供市场信息，因而网络调研是现代企业必须了解的信息化手段。

第一节　网络市场调研概述

一、网络市场调研的含义和特点

(一) 网络市场调研的含义

市场调研是营销链中的重要环节，没有市场调研，就把握不了市场。传统市场调研是指以科学的方法，系统地、有目的地收集、整理、分析和研究有关市场营销方面的信息，特别是有关消费者的需求、购买动机和购买行为等方面的信息，提出解决问题的建议，供营销管理人员了解营销环境，发现问题、把握机会，以此作为市场预测和营销决策的依据。

互联网作为 21 世纪新的信息传播媒介，它的高效、快速、开放是无与伦比的。它改变了世界经济结构的调整与重组，形成了数字化、网络化、智能化与集成化的经济走向，深远地影响了国际贸易的环境，正迅速地改变着传统的市场营销方式乃至整个经济面貌。互联网将成为 21 世纪信息传播媒体的主流。为适应信息传播媒体的转变，一种崭新的调研方式——网络市场调研应运而生。

网络市场调研又称联机市场调研，是指以网络技术为基础，针对特定营销环境，有系统、有计划、有组织地收集、整理、分析与产品和劳务等相关的市场数据信息，客观地测定、评价及发现各种事实，获得市场经营资料。它的目的是摸清企业的目标市场和营销环境，为经营者细分市场、识别消费者需求和确定营销目标提供相对准确的决策依据，提高企业网络营销的效用和效率。

网络市场调研与传统市场调研在调研的目的、分析研究的内容等方面没有根本区别，都是以科学的方法，系统地、有目的地收集、整理、分析和研究所有与市场有关的信息，重点把握有关消费者需求、购买动机和购买行为等方面的信息，从而把握市场现状和发展态势，有针对性地制定营销策略，取得良好的营销效益。两者最大的区别在于采用的调研方式不同，传统的市场调研一般包括两种方式：一种是直接收集一手资料，如问卷调研、专家访谈和电话调研等；另一种是间接收集二手资料，如报纸、杂志、电台、调研报告等。同样，网络市场调研也有两种方式：一种是利用网络直接进行问卷调研等收集一手资料，即网络直接调研；另一种是利用网络的媒体功能，从网络中收集二手资料，即网络间接调研。网络市场调研是一种全新的询问式市场调研方法，它综合利用了互联网的各种特点和优势，收集现有顾客和潜在顾客的有关信息，为网络营销的实施提供决策依据。

除了网上市场调研，还可以利用互联网进行一些其他网上调研的应用。网上调研的适用范围很广，既适合个案调研也适合统计调研。对于政府机构和社会团体来说，可以开展非营利性的调研研究项目。政府机构和社会团体开展的网上调研工作，可以包括统计调研、市场调研、民意调研和研究项目调研等。

【专栏4-1】汉诺威公司的故事

汉诺威直销公司每年要编制12本商品直销目录，还创建了几个相关的网站。每年有400万名消费者按照这些商品目录和网站信息购买该公司的商品，这就是汉诺威直销公司的客户群。公司的网上经营始于1996年，如今10%的销售额来自网站。

汉诺威公司的首席运营官理查德·霍夫曼称，所有的电话订购客户中有99%的人会下订单。相反，平均只有2%的网站访问者在访问在线目录零售点时实际购买商品。导致这种低转化率(即实际购买者占网站访问者的比例)的一个原因是放弃购物车，即网站访问者开始在线购买，但是在付款之前中止了交易流程。因为对这种评测并不满意，所以霍夫曼开始针对网站访问者进行调查。他一方面组织网络专题访谈小组，另一方面雇佣BizRate公司对网站访问者开展退出原因调查。调查的目的就是弄清楚使用目录购物的消费者与网络渠道购物的消费者的差别究竟在哪里，为何网络渠道会流失大量的销售机会。

对于从事专业调研的调研组织来说，可以开展营利性网上调研业务。营利性调研组织的网上调研服务，由面向全体用户免费开放的公众调研信息浏览服务、面向收费会员客户的调研信息数据库查询服务和面向特需客户的收费委托调研业务服务三个应用服务层次构成。

互联网作为一种特殊的媒体和信息沟通渠道，非常适合进行各种网上调研活动。从某种意义上说，互联网上的海量信息、搜索引擎的免费使用已经对传统市场调研和营销策略产生了很大的影响。它大大丰富了市场调研的资料来源，扩展了传统的市场调研方法，特别是在互联网在线调查、定性调查和二手资料调查方面具有无可比拟的优势。网上市场调研作为需求量最大的调研业务，可以充分发挥互联网的便捷、经济特性，更好、更快地为企业的市场调研提供全面支持，网上调研已成为21世纪应用领域最广泛的主流调研方法之一。

(二) 网络市场调研的特点

1. 网络调研信息的及时性和共享性

网络的传输速度非常快，网络信息能够快速地传送到连接上网的任何网络用户，而且网上投票信息经过统计分析软件初步处理后，可以看到阶段性结果。而传统的市场调研得出结论需经过很长的一段时间，如人口抽样调查统计分析需 3 个月，有些调查甚至需要更长时间。中国互联网络信息中心(CNNIC)在对我国互联网络发展状况进行调查时，从设计问卷到实施网上调查和发布统计结果，总共花了 1 个月的时间，这就保证了企业调研信息的及时性。同时，网上调研是开放的，任何网民都可以参加投票和查看结果，这又保证了网络调研的共享性。

企业网络站点的访问者一般对企业产品有一定的兴趣，会在对企业市场调研的内容做了认真的思考之后进行回复，而不像传统的调研方式，是为了抽号中奖而被动地回答。所以网络市场调研的结果是比较客观和真实的，能够反映消费者的真实要求和市场发展的趋势。

【专栏4-2】全球第一次客户满意度网络调查

进行全球第一次客户满意度网络调查的 AMD 公司成立于 1969 年，它是一个全球性计算机和通信集成电路的生产商，主要生产处理器和网络通信产品，年收入达 20 亿美元。1997 年，AMD 公司进行了全球第一次客户满意度网络调查。AMD 公司每年都会对其全球 200 个大客户进行客户满意度调查。1997 年之前，这一调查都是通过面访、电话调查、传真和邮寄问卷等方式进行的。为了探索一种更方便客户反馈的方法来开展其1997 年的调查，AMD 委托一家网络调研公司利用网络调研来进行调查。因为 AMD 的客户都从事电子设备的生产，几乎所有的客户都上网，并且 AMD 已拥有多数大客户的 E-mail 地址(对于没有 E-mail 地址的客户则可以通过电话和传真获取其地址)。AMD 决定通过 E-mail 邀请客户到网上填写问卷。该调查共有 95 个问题，在不到 30 天的时间内，完成了 200 个样本的调查。在给受访者的邀请里，客户可以选择在线填写、传真问卷或邮寄问卷，结果 93% 的受访者选择了在线调查，只有那些上网不方便的客户选择了其他方式参与调查。

(资料来源：程虹. 网络营销[M]. 北京：北京大学出版社，2013.)

---

2. 网络调研的便捷性

网上调研可以节省传统调查中所消耗的大量人力、物力。在网络上进行调研，只需要一台连接到因特网的计算机即可。调查者在企业网站上发出电子调查问卷，用户自愿填写，然后通过统计分析软件对访问者反馈回来的信息进行整理和分析。网上调查在信息采集过程中不需要做线下的调查，它不受地域和天气的限制，调查过程中最烦琐、关键的信息采集和录入工作将分布到众多网上用户的计算机上完成。网上调查可以不间断地接收调查回单，信息检验、信息处理和分析工作均由计算机自动完成。

3. 交互性和充分性

网络的最大优势是交互性。这种交互性也充分体现在网络市场调研中，传统营销调研只能提供固定的调查问卷，不能充分表达被调研者的意见，也无法修改和添加问题。而网络市场调研大大增强了被调研者的参与性，被调研者也可以对公司产品及其相关方面提出更多的意见或建议，调研者可以根据被调研者的建议及时修改问卷，并且通过设立电子公告牌、在线讨论、发送电子邮件等方式，更多地了解消费者的信息。这种交互性不仅表现在消费者对现有产品发表的意见和建议上，更表现在消费者对尚处于概念阶段的产品的参与上，这种参与将能够使公司更好地了解市场需求、洞察市场的潜在需求。这种双向互动的信息沟通方式提高了消费者参与的积极性，更重要的是能使企业的营销决策有的放矢，从根本上提高了消费者的满意度。

同时，网络调研又具有留置问卷或邮寄问卷的优点，使被访问者有充分的时间进行思考，可以自由地在网上发表自己的看法，而传统的市场调研是不可能做到这些的。例如，面谈法中的路上拦截调查，它的调查时间一般不能超过 10 分钟，若时间太短，调查不全面；若时间过长，则可能引起被调查者的不满。因此，传统的市场调研对访问调查员的要求非常高。把上述优点集合于一身，体现了网络调研交互性和充分性的特点。

4. 调研结果可靠、客观真实

企业站点的访问者一般对企业或其产品有一定的兴趣，这种基于顾客和潜在顾客的市场调研结果是相对客观和真实的，能在很大程度上反映消费者的态度和市场发展的趋向，调研结果的可靠性较高。

首先，被调查者是在完全自愿的条件下参与调查的，调查的针对性和自愿性强；而传统市场调查中面谈法之一的拦截询问法，实质上是带有一定强制性的。

其次，调查问卷的填写是自愿的，填写者一般对调查内容有一定的兴趣，回答问题相对认真；而传统市场调查的被调查者可能出于各种目的参与调查，填写调查问卷多是为了应付。

最后，网上市场调研可以避免传统市场调研中人为因素所导致的调查结论的偏差，被访问者是在完全独立思考的环境中接受调查的，能最大限度地保证调研结果的客观性。

【专栏4-3】肯德基宅急送——通过在线客户满意度调查发现服务和流程中存在的问题

百胜餐饮集团旗下的品牌肯德基(KFC)，一直致力于通过网络订餐扩大其在快餐行业的市场份额。在拓展网络订餐业务的过程中，肯德基遇到了客户流失率高、市场推广资源浪费的问题。

肯德基宅基送的订餐一般分为 5 个环节：登陆/注册、填写送餐地址、浏览菜单点餐、确认订单、提交订单付款，任何一个环节出现问题都有可能导致流失率上升。

肯德基宅基送首先对自身的流量统计进行分析，发现客户的流失主要集中在填写送餐地址和浏览菜单点餐这两个环节上。

肯德基宅急送基于这两个问题突出的环节展开了在线用户调查，了解他们对订餐流程的具体评价，并最终找到了问题的具体成因。

客户填写地址时，发现自己所处地址不在送餐范围内是导致客户流失的最主要原因，其次是地址查询/输入不方便以及送餐时间太长。

客户浏览菜单点单环节中，因为检索方式不便，不容易找到自己想要的餐点导致流失是最主要的原因。

针对从调查中发现的问题，肯德基宅急送制定了相应的改善措施，具体如下：

1. 增加餐点的检索维度，如人气、价格、订购量等，方便用户从不同维度检索；

2. 调整优惠活动的显示位置和种类，使之更符合用户的习惯和期望；

3. 优化送餐流程，确保每一餐都在 30 分钟内送到。

> 经过这次的改善和优化，肯德基宅急送在填写送餐地址和浏览菜单点餐环节的用户满意度得到了显著提升，用户流失率也得到了有效控制。
>
> (资料来源：根据网络资料整理)

5. 网络调研无时间和地域的限制性

传统的市场调研往往会受到区域和时间的限制，而网络市场调研可以 24 小时全天候进行，同时也不会受到区域的限制。例如，某家电企业想了解其产品在全国的需求状况，如果利用传统的调研方式，则需要在全国各个区域选择代理商，再把各地的信息进行汇总，这将花费大量的时间和精力。如果用网络市场调研的方法，只需要在一些著名的全国性广告站点上发布广告，把链接指向本企业的调研表就可以了。

6. 调研信息的可检验性和可控制性

利用网上调研收集信息，可以有效地对采集信息的质量实施系统的检验和控制。首先，网上市场调查问卷可以附加全面规范的指标解释，有利于消除被访者因对指标理解不清或调查员解释口径不一而造成的调查偏差。其次，问卷的复核检验由计算机依据设定的检验条件和控制措施自动实施，可以有效地保证对调查问卷进行 100% 的复核检验，保证检验与控制的客观公正性。最后，对被调查者的身份验证技术可以有效地防止信息采集过程中的舞弊行为。

二、网络市场调研与传统市场调研比较的变化

随着因特网的迅速普及，网络市场调研已呈现出相对于传统市场调研的独特优势与价值，越来越受到人们的青睐。它比传统方法更快、成本更低，而且有利于拓展传统的调查研究方法，发展调查研究的新方法。与传统市场调研相比，网络市场调研在以下几个方面表现出明显的不同。

(一) 调查员、被调查者的角色发生变化

在传统市场调查中，不管采用什么方法，最后总是要通过调查员对被调查者进行访问实施。传统调查所注重的是对调查员本身的训练和培养，如基本素质、沟通技巧、专业训练等。而网络调查所要求的是电子问卷，即网站、网页的设计，只要网站的内容能使上网者感兴趣，上网者就能主动参与网络市场调查。

(二) 调查样本以及选择方式的变化

传统的市场调查可以有多种随机选择样本的方法，这样能够保证市场调查具有一定的精确度，其总体一般是明确的，具体可根据不同的调查项目选择采取简单随机抽样法、等距抽样法、分层抽样法、整群抽样法和多阶段抽样法等。网络市场调查面临的是隐藏在显示器后面的各种上网者，他们构成了网络市场调查的总体，由于没有了传统意义上的被调查者，上述的抽样方法需要做出相应的调整和改变。虽然选择样本的方式不同于传统的市场调查，整体代表性也会有一定的差距，但是网络市场调查最终会演变成对实实在在潜在消费者的调查，对于特定产品而言，网络市场调查的样本仍然可以具有较高的代表性。这样，网络市场调查就有与传统市场调查同样的意义和作用。

(三) 调查方法的改变

传统市场调查的具体实施方法有许多分类，从调查的手段来看有询问法、观察法和实验法，其中询问法还可以分为个别访谈法、深层访谈法、电话调查、邮寄调查等。网络市场调查以网络为主要调查媒介，调查手段与方法受到一定限制，目前主要采用询问法，而观察法和实验法应用较少。

(四) 调查区域的变化

传统市场调查由于需要大量的人力、财力和时间，调查的范围一般局限在一个城市或一个地区。而在网络市场调查中，调查者只需在网络上发出自己的电子调查问卷即可，网络技术有助于这种无区域调查的实施。

(五) 调查问卷的形式更为复杂、形象

传统市场调查中使用的纸质问卷一般比较简单，但在网络上可以设计更复杂和多样化的多媒体调查问卷，以满足网络时代对市场调查的更高需求。通过表4-1，可以看出两者的不同。

表4-1　网络市场调研与传统市场调研的比较

比较项目	网络市场调研	传统市场调研
调研费用	低，主要包括设计费和数据处理费，每份问卷所要支付的费用几乎为零	高，主要包括问卷设计、问卷印刷、问卷发放、问卷回收、聘请和培训访问员、录入调查结果、由专业公司对问卷进行统计分析等多方面的费用
调研范围	广，全国乃至全世界，样本数量庞大	有限，受成本限制，调查地区和样本的数量均有限
运作速度	快，只需搭建平台，数据库可以自动生成，几天就可以得出结论	慢，需要2～6个月
调研的时效性	24小时	不同的被访问者可进行访问的时间不同
被访问者的便利性	非常便利，被访问者可以自由决定时间、地点回答问卷	不太方便，一般要跨越空间障碍，到达访问地点
调研结果的可信性	相对真实可信	一般有督导对问卷进行审核，措施严格，可信性高

三、网络市场调研的优势及劣势分析

在互联网飞速发展的今天，网络走进了我们普通人的生活，网络市场调研也越来越频繁。网络市场调研有利有弊，是一把双刃剑。

(一) 网络市场调研的优势

1. 成本低廉

传统的市场调研是通过调研表的发放、回收及后期的统计计算进行的。这种方式需耗费大量的人力、物力、财力。利用互联网进行调研，上述调研过程及所需的人力、物力、财力可大大节约。被调研者距离越远，其节约效果越明显。

2. 方便快捷

网络市场调研消除了传统调研方式中的诸多不利因素，独特的网络优势可以使调研者非常方便地将各站点广泛联系起来展开联合调研，采集数据不必受地域限制，还可以24小时全天候进行调研，使更大范围内的人群可以在方便的时段接受调研。网络市场调研的运作时间段，大部分是实时进行的，而且对调研信息的检索和处理基本由计算机软件自动完成，从而大大节省了数据录入、整理和输入的时间。

3. 运用多媒体技术

综合利用多媒体技术，让多种信息表现形式共同服务于调研是网络市场调研方式的独特之处。调研者通过电子载体，向调研对象传送文字、图像，以及声音、动画、视频等非文字信息，加入多媒体元素的网络市场调研更具亲和力，从而使被调研者更愿意主动参与。

4. 对敏感性问题进行调研

人们一般会对敏感性问题(如个人收入来源或某些社会现象的看法)表示反感，从而拒绝回答或提供虚假信息。在网络环境下，可以利用网络的匿名性和保护隐私的特点进行调查，它在某种程度上消除了被调研者可能存在的顾虑，有助于得到调研对象的真实答案。

5. 进行跟踪调研

随着网络统计调研的深入、网上固定样本的出现，调研人员能够通过跟踪被访者的态度、行为进行纵向调研。复杂的跟踪软件能够做到根据上一次的回答情况进行本次问卷的筛选，而且还能填补落选项目。

6. 抽样框丰富

网上的被访者局限于网民，但这种局限在一定条件下也可以转化为优势，因为每一类站点都有自己的特殊访问群，如果能够对这种访问人群结构进行研究，则每个站点的访问人群都可以成为一个专业化的抽样框。

7. 减少调研人员的主观倾向和对被访问者的暗示及影响

在传统市场调研中，调研人员在对被访者进行访问时，很容易夹杂自己的主观倾向，并在提问及阅读选项时向被访者进行暗示，使得调研结果存在偏差。但是在网络市场调研中，这一类主观因素被排除，调研结果能更好地反映被访者的态度和意愿。

(二) 网络市场调研的劣势

当然，网络市场调研除了有其本身的优点之外，实施网络市场调研也存在一些问题。

1. 易于产生偏差

对网络调查来说，最严重的问题就是易于产生偏差，这是因为很难在互联网上对样本进行验证而造成的。一般情况下，能够在网上找到的合适人选通常不是很多，因此，大部分调查只是从愿意回答的网民中，或者从给出个人联系方式的网民中进行抽样，从而很容易产生偏差。如果为了提高应答率(尤其是在自己公司的网站上进行的问卷调查)而对应答者给予刺激，那么结果很有可能存在偏差。

2. 代表性不强

网络市场调研的对象只限于网民。网民也只占社会群体的一部分，因此总体样本的代表性不强。而且网民内部在性别、学历、收入、所在地理位置、职业等因素上分布不均衡，从而会影响网络市场调研的科学性。因此，公司利用互联网作为数据收集工具时必须考虑到这一点。

3. 网络用户具有匿名性

互联网是个虚拟的世界，大部分人在网上所展现的是完全不同的个性，许多人都不愿意甚至不敢在网上透露自己的资料，因为他们害怕个人资料会被许多不负责任的公司用来当作垃圾邮件在网上发送。除非是调查前预先选定的应答者小组，否则要想非常清楚地了解一个网民的详细信息是非常困难的，而这恰恰影响到了数据的有效性。

4. 多文化因素

互联网是全球性的，由不同地域、不同文化和不同语言所引起的差异会影响应答者，所以调查者在设计调查内容时应该给予认真的考虑，通过追踪应答者的互联网使用模式和地理位置，为应答者定制调查内容。例如，在问卷调查中，针对不同国家的被调查者设计不同语言的调查问卷，便于被调查者参与调查。

5. 缺乏细致的观察

用互联网进行网络调查不能对应答者进行深入细致的观察，而通过有经验的调查员或专题小组就可以做到这一点。

6. 应答者重复作答

与其他形式的市场调查一样，进行网络调查也同样不能保证应答者所提供的信息都是真实的。由于许多网络调查并不限制人们的答复次数，因此在网上存在着大量的重复作答现象，而这严重地影响了网络调查的可信度和有效度。为此，公司应通过建立IP互联网协议，通过建立唯一的统一资源定位符(URL)系统和用户密码等方式来防止重复作答。

7. 调研内容受限

仅通过网络市场调研是无法完成某些试用类调研的，如食品类、化妆品类调研，调研员必须亲自指导被访者试用商品，调研才能进行。

8. 缺乏有效的激励及监控机制

填写问卷，尤其是过于复杂的问卷会占用被调研者一定的时间，如果不加以有效的激励措施，网民的积极性难以发挥，这势必影响其回答问题的真实性、完善性和问卷的回收率。但是如果激励措施实施不当的话，又会招致许多被访者在激励措施的诱使下重复填写问卷。

9. 缺乏相应的法律及管理规定，存在合法性和安全性问题

网络市场调研是否合法主要是针对调研的内容和方式而言的。一些网络市场调研活动没有相关部门的认证，使得被访者在提供信息时有所顾虑。而企业自身投资进行的调研活动，有可能因为黑客入侵、病毒泛滥、数据被毁、保密信息的泄露等给从事调研的企业带来巨大损失。

四、网络市场调研的内容

(一) 市场环境调研

市场环境调研包括政治法律环境调研、经济环境调研、科技环境调研和社会环境调研等。

(1) 政治法律环境调研主要是对政府的方针、政策和各种法令、条例，以及外国有关法规与政局变化、政府人事变动、战争、罢工、暴乱等可能影响本企业的诸因素的调研。

(2) 经济环境调研主要是对国内生产总值增长、国民收入分配的地区和社会格局、储蓄与投资变化、私人消费构成、政府消费结构等宏观经济指标进行调研。

(3) 科技环境调研主要是对国际国内新技术、新工艺、新材料的发展速度、变化趋势、应用和推广等情况进行调研。

(4) 社会环境调研主要是了解一个社会的文化、风气、时尚、爱好、习俗、宗教等。

(二) 市场需求调研

市场需求调研是指对某一种产品或某一经营性服务项目进行市场需求信息的收集、分析和数据整理，以此作为产品开发和项目的决策依据，也用来指导企业的生产、销售。市场需求调研的目的在于掌握市场需求量、市场规模、市场占有率等，根据调研数据的综合分析，做出对市场前景的预测等。具体内容包括以下几个方面。

(1) 市场对某种产品的需求量和该产品在市场上的销售量。

(2) 市场的潜在需求量有多大，即某种产品在市场上可能有的最大需求量有多大。

(3) 不同市场对某产品的需求情况以及各个市场的饱和点及需求能力。

(4) 本企业在市场上的总体占有率以及在不同细分市场的占有率。

(5) 分析市场进入策略及进入时间，从而掌握最有利的市场机会。

(6) 分析市场变化动态及未来的市场发展趋势，从而有效地制定企业的长期规划。

(三) 消费者和消费行为调研

消费者和消费行为调研主要是为了解购买本企业产品或服务的个人或团队的情况，如民族、年龄、性别、文化、职业、地区等，调研各阶层顾客的购买欲望、购买动机、个人爱好、购买习惯、购买时间、购买地点、购买数量、品牌偏好等情况，以及顾客对本企业产品和其他企业提供的同类产品的欢迎程度。具体包括如下方面。

(1) 消费者的家庭、地区、经济、文化、教育等发展情况对用户需求产生的影响。网络营销给我们提供了虚拟市场，在线消费者在网络中也具有了在现实生活中的任何买卖行为。

(2) 不同地区和不同民族的用户，他们的生活习惯和方式有所不同。众所周知，不同地域的人们生活习惯和生活方式是有所区别的，企业在进行网络市场调研时，务必了解当地人们的生活风俗和习惯。

(3) 具体分析谁是购买商品的决定者、使用者、参与者及他们之间的相互关系。例如，一个家庭在购买汽车的过程中，父亲可能是购买的决定者，而夫妻二人甚至孩子都有可能成为汽车的使用者，在购买的同时，汽车销售人员的意见也可能成为这个家庭在购车时的重要参考。

(4) 消费者的购买方式和态度。了解消费者喜欢在何时、何地购买，以及他们的购买方式，例如，有的人喜欢刷卡购物，有的人喜欢现金支付等。掌握用户对某种产品的使用次数、每次购买的单位数量及对该产品的态度，也是网络市场调研的重要内容。

(四) 营销组合调研

营销组合即企业的营销手段，包括产品、价格、促销和渠道等。对营销组合的调研是指对企业的产品、价格、促销和渠道信息进行收集、分析和数据统计，从而更好地制定营销策略。

1. 对产品的调研

对产品的调研指调查企业现有产品处在产品生命周期的哪个阶段，以及应采取的产品策略；调查产品的包装和设计，产品的品牌形象，产品的市场定位是否合理，产品应采用的原材料、产品的制造技巧以及产品的保养和售后服务等。

2. 对价格的调研

在营销组合中，价格是唯一的收入因素，其他均表现为成本因素。价格对产品的销售量和企业利润都有着重要的影响。对价格调研的内容主要包括影响价格的因素分析、目前的价格策略是否合理、产品的价格是否能被消费者接受、竞争对手的价格策略、价格弹性系数等。

3. 对分销渠道的调研

分销渠道好比运送产品的血液，对营销活动的成败有重要影响。对分销渠道调研的内容主要有：现有渠道是否合理，如何进一步扩大渠道，如何减少中间环节，如何提高经济效益等。

4. 对促销手段的调研

促销是营销者向消费者传递有关本企业及产品的各种信息，说服或吸引消费者购买其产品，以达到扩大销售量目的的行为。对促销的调研主要包括：广告的接受率和推销效果；企业的促销对象；目前的促销策略是否合理；应采用哪几种组合促销手段来推广企业的产品和服务；如何利用网上销售渠道和电子商务平台等。

(五) 市场供给调研

市场供给调研主要包括：产品或服务供给总量、供给变化趋势、市场占有率；消费者对本企业产品或服务的质量、性能、价格、交货期、服务、包装的意识、评价和要求；本企业产品或服务的市场寿命，消费者对本企业产品或服务更新的态度，现有产品或服务能继续多长时间，有无新产品或服务来代替；生产资源、技术水平、生产布局与结构；该产品或服务在当地生产和输入的发展趋势；协作伙伴竞争对手的状况，即他们的产品或服务的质量、数量、成本、价格、交货期、技术水平、潜在能力等。

(六) 市场行情调研

市场行情调研包括：整个行业市场、地区市场、企业市场的销售状况和销售能力；商品供给的充足程度、市场空隙、库存状况；市场竞争程度、竞争对手的策略、手段和实力；有关企业同类产品的生产、经营、成本、价格、利润的比较；有关地区、企业产品的差别和供求关系及发展趋势；整个市场价格水平的现状和趋势，最适于顾客接受的价格性能与定价策略；新产品定价及价格变动幅度等。

五、网络市场调研的类型

虽然网络市场调研与传统市场调研在调研介质方面存在较大的差异，但二者的调研目的和内容是一致的。根据调研内容的不同，网络市场调研可大致分为三个类型：一是对消费者的调研，包括其对商品的满意度及消费爱好、倾向等项目的调研；二是对企业的产品及其竞争对手的调研；三是对市场客观环境的调研，包括相关政策、法律、法规等内容。

(一) 对顾客的网上市场调研

随着市场营销模式的转变，人们正逐渐走出传统"价值链"系统的思想误区，市场正在以供应者为中心的卖方市场向以消费者为中心的买方市场过渡。特别是在电子商务提倡个性化服务的环境下，针对顾客所进行的市场调研已受到越来越多企业的重视，成为企业网上市场调研的重头戏。此类调研主要采用在线问卷、E-mail 问卷和网上观察等方法。

(二) 对产品及竞争对手的网上市场调研

1. 对产品的网上市场调研

对产品的市场调研一直以来都为企业所重视，产品的质量关系到用户的购买和满意度，并对企业的知名度和信誉产生直接影响。传统的市场调研大多局限于对同类型产品信息的搜集，以及对顾客使用后的满意度的调研。随着现代营销观念的转变，顾客也可参与到企业的产品设计、生产过程中来，而不仅仅是被动地接受。因此，对产品的网上市场调查应充分突出"顾客参与"这一宗旨。例如，在网上进行问卷调研时，对新产品进行宣传和新产品概念测试，分析产品的优缺点与市场份额，让用户参与产品在线设计，对产品的外观、性能等提出个性化要求。诸如有的汽车制造公司将汽车的最新款式通过网络展示，并调研用户对性能、颜色等方面的需求，从而决定开发、生产以及销售的策略。

对生产出来的产品的试用情况调研，多采用实验法，即在产品决策正式实施前，先生产一小批产品投放到市场上进行销售试验，测验实施某产品决策的效果。鉴于网络产品(如软件、游戏等)的日益丰富，生产该类产品的企业可考虑将其产品投放到网上，进行网上测试，打破实验对象仅限于实物消费品的格局，进行网上实验法的新尝试。例如，一些软件公司在自己的站点上发布所开发软件的测试版，供用户下载使用，而后通过 E-mail 等方式收集使用后的信息，从而进一步改进性能，为市场对象提供强有力的依据。传统的实验法需耗费大量的时间、人力和物力，与之相比，网上实验法具有高效率、低成本的优势。

2. 对竞争对手的网上市场调研

在市场竞争中，竞争对手的信息对企业而言具有极高的价值，这是市场调研中不可或缺的内容。由于与竞争对手之间的特殊关系，企业对竞争对手的网上调研往往采用一些间接的渠道和方式。例如，浏览竞争对手的站点，收集相关资料，加以分析研究；参与相关的BBS 和网上新闻组的讨论，从第三方获取有关竞争对手的间接信息。此外，互联网上有大量的商业数据库，企业可以通过浏览这些数据库来查找相关的行业信息。

(三) 对市场客观环境的网上市场调研

在市场调研中,企业还需收集市场客观环境方面的信息,主要涉及国家在法律、经济及行政管理方面制定的相关方针政策和法律法规,其中要特别注重导向性政策信息的搜集、研究和利用,另外,还包括地方政府及有关管理部门颁布的一些市场管理条例。对此类信息的调研,可利用搜索引擎搜索政府及商贸类组织等机构的站点,而后进行登录查询,既方便又快捷,这是传统调研方法无法相比的。

企业决策是企业生产经营活动的指导性政策,须由企业高层领导人与相关专家开会进行研究、讨论、商议而共同制定。在网络环境下,越来越多的企业采用视频会议的方式进行企业决策研究。这种方式既可打破传统会议中存在的时间、空间限制,又可以保证主题的专一和研究讨论的深入性,不失为电子商务模式下进行企业决策调研的一种有效途径。

六、网络市场调研的策略

(一) 识别网站访问者并获取访问者信息

传统市场调研中,调查者对被调查对象的分布情况往往有一定的预期和控制,如样本的区域、职业、民族、年龄分布等。网络市场调研则不同,它没有空间和地域的限制,一切都是不确定的,调研人员无法准确预期谁是网站的访问者,也无法确定调研对象的具体情况,即使是那些在网上购买企业产品的消费者,要想确定其身份、职业、性别、年龄等信息也是很难的。因此,网络市场调研的关键之一是如何识别访问者,并获取访问者的信息。

电子邮件和来客登记簿是因特网上企业与顾客交流的重要工具。电子邮件可以附有html 表单,访问者可在表单界面点击相关主题并填写附有收件人电子邮件地址的有关信息,然后发回给企业。来客登记簿是让访问者填写并发回给企业的表单。通过电子邮件和来客登记簿,不仅所有顾客均可以读到并了解企业的情况,而且市场营销调研人员也可获得相关的市场信息。例如,在确定访问者的邮编后,就可以知道访问者所在的国家、地区、省市等地域分布范围;对访问者的回复信息进行分类统计,就可以进一步对市场进行细分等。

(二) 充分发挥网络调研的技术优势

1. 调整调查问卷内容组合以吸引访问者,检测问卷完成情况

与传统的市场调查问卷相比,网络调研的最大优势是可以方便地随时调整、修改调查问卷上的内容,可以实现不同调研内容的组合,如产品的性能、款式、价格,以及网络订购的程序、如何付款、如何配送产品等。营销调研人员应通过各种因素组合的测试,分析判断何种因素组合对访问者是最重要、最关键的,进而调整调查问卷的内容,使调查问卷对访问者更具吸引力,并可通过软件自动检测访问者是否完成调查问卷。

2. 跟踪监控消费者的在线行为

企业站点的访问者能利用互联网上的一些软件程序来跟踪在线服务。因此,企业的营销调研人员则可以通过监控在线服务来观察访问者主要浏览了哪类企业、哪类产品的主页,挑选和购买了何种产品,以及他们在每个产品主页上耗费的时间长短等。通过研究这些数据,分析得出顾客的地域分布、产品偏好、购买时间、购买习惯以及行业内产品竞争状况等信

息，为决策提供一定的依据。

(三) 奖励访问者以激发其参与调研的积极性

如果厂商能够提供一些奖品、免费商品或给访问者一定的购买折扣优惠，就会很容易从访问者那里得到更多想要知道的信息，包括姓名、联系方式和电子邮件地址等。这种策略被证明是有效可行的，因为它不仅能吸引更多的访问者来访问站点，而且还能减少因访问者担心个人隐私被侵犯而发出不准确信息的行为，从而使厂商得到更真实的信息，提高调研的工作效率。调查内容可包括顾客对厂商的了解途径、购物体验、产品认可程度、支付和配送选择、促销的接受程度、售后服务、其他意见和建议等。

(四) 在网络上建立情感的纽带

企业站点上不仅要展示产品的图片、文字等，而且要有针对性地提供公众感兴趣的内容，如时装、音乐、电影、家庭乃至幽默等有关话题。企业站点以大量有价值的、与企业产品相辅相成的信息和免费软件吸引访问者，促使访问者乐于告诉企业有关个人的真实情况。这样调研人员可以较方便地进入被访者的个人主页，逐步在网上建立友谊和加深感情，达到网上市场调研的目的。

(五) 公布保护个人信息声明

在电子商务活动中，为了研究用户的上网、购买习惯或者提供个性化的服务，往往需要用户注册，并要求其填写姓名、电话、电子邮件等联系信息，甚至还会要求用户提供个人兴趣、性别、职业、收入、爱好等详细内容。但是无论哪个国家，消费者对个人信息都有不同程度的自我保护意识，所以调研人员要想获得这些信息，一定要让用户了解调研目的，并确信个人信息不会被公开或者用于其他任何场合。如果以市场调查为名义收集用户个人信息，展开所谓的数据库营销或者个性化营销，不仅会严重损害企业在消费者心目中的形象和信誉，失去消费者的信任，同时也将损害合法的市场调查。

(六) 与访问量大的网站合作以增加参与者数量

为了吸引更多的人访问企业站点，可以采取与其他网站合作的方式，以吸引更多的访问者。除了现在流行的友情链接这一最简单的合作方式外，还有一些其他方式，如栏目内容合作，创造一些很多网站都需要的有价值的内容，主动与可能会感兴趣的网站联系。当有些站点访问量很高时，也不要产生畏惧心理，事实上这些站点也在不断地吸收一些好的内容来补充自己的站点，如果能从你的站点拿到好素材，他们不会介意链接你的网址。

(七) 与传统市场调研相结合

网上市场调研具有一定的优越性，但也应看到，网上调查并不是万能的，调查结果有时会出现较大的误差，网上调查也不可能满足所有市场调研的要求，应根据调研的目的和要求，采取网上调研与网下调研相结合的调查方式。例如，企业市场调研人员可以在各种传播媒体，如报纸、电视或有关杂志上刊登相关的调查问卷，并公告企业的电子邮箱和网址，让消费者通过电子邮件回答所要调研的问题，以收集市场信息。

第二节 网络市场调研的步骤和方法

一、网络市场调研的步骤

遵循网络调研程序，使组织能够按照既定目标完成信息收集整理工作，能够有效地推进组织的发展。调研程序的初期准备阶段十分必要，然而大多数企业为了尽快获得调研信息，直接跳到了制订问卷计划阶段。这种做法导致的直接危害是当数据收集阶段完成，发现还需要其他数据才能进行下一步研究时，势必会使得整个调研过程重新开始，又或者在原先设定的分析上进行修正，从而无法达到调研的最初目标和预期结果。

为了避免犯此类错误，无论时间如何有限和紧迫，在开始任何调查之前，花费足够的时间去回答一些关键性的问题是至关重要的。

- 调研的目标是什么？
- 要实现调查目标需要收集哪些衡量指标？
- 调研的对象是什么样的群体？
- 调研的预算是多少？
- 通过调研打算获得哪些信息？
- 调研的过程需要多久？
- 调研结果将会给营销活动带来哪些影响？

这些问题的思考与回答将直接影响是否进行下一步研究。因此，网络市场调研与传统市场调研一样，同样应遵循一定的程序与步骤，以保证调研过程的质量与调研结果的有效性。一般来说，网络市场调研包括以下几个程序和步骤。

(一) 确定调研目标和制订调研提纲

虽然网络市场调研的每一步都是很重要的，但调研问题的界定和调研目标的确定是最重要的一步。在进行网络市场调研前，首先要明确调查的问题，希望通过调查得到什么样的结果。一般企业进行网上调研的目的不外乎以下几个方面：为开发新产品而有针对性地对市场前景进行了解或对用户群体进行访问；了解市场竞争者(包括潜在竞争者)的相关情况；通过顾客的声音来发现市场机会，或改善目前的经营效果，降低经营风险；在公司的日常运作中规避经营风险，提升企业形象等。

只有清楚地定义了网络市场调研的问题，确立了调研目标，才能正确地制订调研提纲。调研提纲可以将网上调研的思路具体化、条理化，将企业(调查者)与客户(被调查者)两者结合在一起。调研提纲内容包括资料来源、调查方法、调查手段、抽样方案和联系方法等。

(二) 选择调查方法和手段

网上市场调查的方法可分为网上直接调查法和网上间接调查法两种，企业可根据自身情况进行选择。

1. 网上直接调查法

网上直接调查主要是采用问卷调查法，将调查问卷放到网站等待被调查对象自行访问和接受调查。因此，设计一份好的网上调查问卷吸引访问者参与调查是实现网上直接调查的关键。由于互联网交互机制的特点，问卷调查可以采用分层设计。这种方式适用于过滤性调查活动，因为有些特定问题只限于一部分调查者，所以可以借助层次的过滤性来寻找适合的回答者，以保证问卷的回收率。问卷可以直接发布在网站上或发送到被调查者的邮箱中。

2. 网上间接调查法

网上间接调查主要是通过网络信息查询进行调研，这种方法比较快，也比较准确，但选择合适的搜索引擎是关键。在互联网上可选择的搜索引擎很多，不同的搜索引擎有各自的特点和相对优势，选择哪一个搜索引擎应根据企业市场调研的对象和内容而定。企业进行市场调查可以利用搜索引擎进入有关的主题搜索，并将所获得的信息复制保存在硬盘上供今后使用，也可以通过搜索引擎界面上出现的菜单式结构逐级往下浏览，了解公司的详细情况和各种产品的详细介绍。

(三) 确定调研对象

确定调研对象是保证调研信息来源准确的重要环节。一般来说，网络调研对象主要包括企业产品的消费者、企业的竞争者，以及上网公众、企业所在行业的管理者和行业研究机构。

1. 企业产品的消费者

消费者在网上购物必然要访问企业站点，利用企业首页所提供的分类、目录或搜索引擎工具，浏览商品的说明、功能、价格、付款方式、送货与退货条件、售后服务等方面的信息。企业市场营销调查人员可以通过互联网跟踪消费者，了解他们对产品的意见和建议。

人口统计分析是市场调研的一个重要内容，市场调研人员通过对访问企业站点的人数进行统计，进而分析顾客的分布范围和潜在消费市场的区域，以此制定相应的网络营销战略和决策。目标对象识别法是目前互联网上出现的一项人口统计技术，这种技术能在被应用的站点上跟踪调查访问者，从而有助于网络调研人员及时准确地把握访问者的人口统计情况。

2. 企业的竞争者

行业内现有企业之间的竞争、新加入者的竞争、来自替代产品的竞争形成了主要的行业竞争力，它们之间相互影响、相互制约，对企业的营销策略有很大的影响。通过对行业竞争力的分析可以了解本企业在行业中所处的地位、所具有的竞争优势与不足，以便制定企业战胜各种竞争力量的对策。因此，市场调研人员应随时掌握有关的信息和资料，而互联网为调研工作提供了极为方便的工具。调研人员可以进入竞争者在互联网上的站点从该站点查询其面向公众的所有信息，如竞争企业的历史、企业结构、产品系列、年度评价报告、营销措施等。调研人员通过对竞争者动态信息的分析，准确地把握行业竞争趋势，做到知己知彼，使企业能及时调整营销策略。

3. 上网公众、企业所在行业的管理者和行业研究机构

上网公众、企业所在行业的管理者和行业研究机构能站在第三方的立场上，提供一些极有价值的信息和比较客观的评估分析报告。

(四) 设计调研方案

一旦明确需要调研的问题,营销人员接下来要做的工作就是设计调研方案,或者说制订调研计划。这需要确定资料来源、调查方法、调查手段、抽样方案及接触方法等。

1. 资料来源

营销人员要确定是收集一手资料还是二手资料。在互联网上可以直接向被访者发放问卷,或在网上跟踪网上顾客,或召开网上小组座谈会,以及利用 BBS 等收集一手资料,也可以利用搜索引擎方便地搜集到各种二手资料。

2. 调查方法

网络营销的调查方法主要包括网上观察法、网上问卷调研法、网上实验法、专题讨论法等。网上观察法是调研人员通过电子邮件向互联网上的个人主页、新闻组和邮件列表发出相关查询,在网上观察相关调研对象的方法。网上问卷调研法可以使用 E-mail 发送、网站刊登等多种形式。网上实验法是选择多个可比的主题作为不同的实验方案,通过控制外部变量,检查所观察到的差异是否具有统计上的属性的方法。专题讨论法是专门邀请一部分人员,在一个有经验的主持人的引导下,花几个小时讨论一种产品、一项服务、一个组织或其他市场营销话题的一种调研方法。专题讨论法要求主持人具有客观性,了解所讨论的话题,并了解群体激励和消费者行为。

3. 调查手段

调查手段也就是调查工具。网络营销调研可以运用在线问卷和软件系统两种手段。在线问卷具有很多优点,如制作简单、分发迅速、回收方便。软件系统有两种,一种是采用交互式计算机辅助电话访谈系统,另一种是网络调研软件系统。

4. 抽样方案

营销人员要确定向什么人进行调查,即确定抽样单位、样本规模和抽样程序。抽样单位是确定抽样的总体目标;样本规模的大小涉及调查结果的可靠性,样本量必须足够大,必须包括目标总体范围内所发现的各种类型的样本;抽样程序可以选择概率抽样与非概率抽样方法,通常概率抽样可以计算出抽样误差的置信度,可以得到有代表性的样本,但概率抽样的成本较高,有时也可用非概率抽样的方法代替。

5. 接触方法

接触方法即以何种方式接触被调查者。企业如果有自己的网站并拥有固定的访问者,可以利用自己的网站开展网上调研;如果自己的网站还没有建好或没有自己独立的网站,可以利用其他网站进行调研,特别是借助访问率很高的 ISP 或与调研课题相配合的专业性信息站点。除以上两种方式之外,企业如果积累了有效的客户地址,也可以直接向被调查者发送调查问卷。

(五) 收集并输入数据

如何收集数据对于任何调查项目来说都是非常重要的挑战。它既是顾客的意见被收集、归类的过程,也是企业的假设得到证实或被推翻的过程。收集数据的方法有很多,传统方式上,调查人员是通过面谈、电话访谈或者信访来实现的。而网络调研是利用搜索引擎及访问相关网站等来获取资料，大多数信息可以直接下载或复制。其具体的方法包括电子邮件和网络调查问卷等。每一种方法都有其长处和短处，各自或多或少适合于某些具体的调查用途。例如，假设某网站希望确定哪种礼品包装的样式设计最受欢迎，它需要选择一种数据收集方法来呈现多种多样的礼品包装设计。仅仅通过电子邮件调查是无法满足这一研究目标的，比较好的方法是进行在线访谈，因为在网上可以将设计的各种样式展示给调查对象看。

与传统的输入数据的方式相比，网上问卷调研可通过提交功能，将被调查者的信息直接传递到数据库。在此过程中，调研人员会利用监测程序来判断被调查者填写的资料是否完整，如有遗漏会拒绝提交并重新返回给被调查者补填完整，整个过程效率高、方便快捷。

(六) 整理分析数据

整理分析数据是对调查、观察、实验等研究活动中所搜集到的资料进行检验、编码、录入和统计分析的过程。在网络市场调研的原始数据分析中，由于数据可以由调查对象直接在电子终端上录入，编码、录入过程可以由电子计算机自动完成，因而节省了成本和时间，提高了数据整理分析的效率。在进行数据分析时，分析软件是必不可少的，常用的数据分析软件有 Excel、SPSS、Amos、SAS 等。数据分析的常用方法有回归分析、因子分析、聚类分析、判别分析、时间序列分析等。

(七) 撰写调研报告

撰写调研报告是整个调研活动中的最后也是最重要的阶段。调研报告将市场调研的分析结果进行汇总并呈报给营销部门。通过各种调查方式获得的市场信息，必须经过科学的加工整理，并在此基础上形成规范的市场调研报告。报告最好是图文并茂，数据文字相结合的形式，能直观反映出市场的动态。调研报告的撰写过程，绝不能是数据和资料的简单堆砌，要认真分析所掌握的资料，对所调研的问题做出结论，提出建设性的意见，供企业营销活动决策参考。

调研报告的主要内容包括封面、内容摘要与关键词、目录。调研报告正文一般包括调研背景、调研内容、相关说明、调研结果、调研方法、数据分析、主要结论与建议、参考资料与附件等。

1. 撰写网络调研报告要注意的问题

(1) 调研报告中的图表应该有标题，对计量单位应清楚地加以说明。如果采用已公布的资料，应该注明资料来源。

(2) 正确运用图表，对于过长的表格，可在调研报告中给出简表，详细的数据列在附录中。

(3) 调研报告的印刷式样和装订应符合规范。

(4) 调研报告应该用清楚的、符合语法结构的语言表达。

2. 调研报告的格式

调研报告的形式有描述性报告、解释性报告和建议性报告或描述与对象相结合的综合性报告。调研报告的表述没有特别的固定格式，一般由标题、目录、内容摘要、调研报告正文、结论与建议、附件等几部分组成。

(1) 标题。标题一般设置在报告的扉页上。有的调研报告还采用正、副标题的形式，一般正标题表达调查的主题，副标题则具体表明调查的单位和问题。报告的扉页上除标题外，还可有报告日期、委托方、调查方等信息。

(2) 目录。如果调研报告的内容较多，为了方便读者阅读，应当使用目录或索引形式列出报告所分的主要章节和附录，并注明标题、有关章节号码及页码。一般来讲，目录的篇幅不宜超过一页。

(3) 内容摘要。内容摘要部分主要是概括介绍调研的主要情况与结论。

(4) 调研报告正文。正文是调研报告的主体部分，包括调研目的、调研对象和调查内容、调查研究的方法(如样本的抽取，资料的收集、整理、分析技术等)、可供市场活动的决策者进行独立思考的全部调研结果和必要的市场信息，以及对这些情况和内容的分析评论。

(5) 结论与建议。结论与建议包括对正文部分所提出的主要内容的总结，提出如何利用已证明为有效的措施和解决某一具体问题可供选择的方案与建议。

(6) 附件。附件包括参考资料及附录。附录是调查报告正文包含不了或没有提及，但与正文有关且必须附加说明的部分，包括数据汇总表及原始资料背景材料和必要的工作技术报告。

二、网络调研的方法

网络市场调查的方法是基于网络，针对特定营销环境而进行的调查设计、资料收集和初步分析，并为完成交易目的所采取的途径、步骤和手段。网络市场调查的方法目前呈多元化趋势，不同的方法具有不同的特点和适用条件。一般分为两类：一类是直接收集资料的方法，即由调研人员直接在网上搜索第一手资料的方法；第二类是间接收集资料的方法，即在网络上收集他人编辑与整理的资料的方法。企业在进行网络市场调查时，应根据调查的目的和内容选择合适的调查方法。

(一) 网络直接市场调研

网络直接市场调研是指企业利用互联网以问卷调研等方式直接收集一手资料。网络直接市场调研按不同的标准可划分为不同的类型。

1. 直接调研法的分类

根据调研方法的不同，网络直接市场调研可分为在线问卷调研法、网络观察法和专题讨论法。调研过程中具体应采用哪一种方法，要根据实际调研的目的和需要而定。需注意的是，调研应遵循网络规范和礼仪。根据所采用的技术标准的不同，网络直接市场调研可以分为站点法、电子邮件法、随机 IP 法和视频会议法等。

(1) 在线问卷调研法。在线问卷调研法是将问卷在网上发布，被调研对象通过网络完成问卷调研。在线问卷调研一般有两种途径：一种是将问卷放置在企业站点上，等待访问者访问时填写问卷。这种方式的好处是填写者一般是自愿的，缺点是无法核对问卷填写者的真实情况。另一种是通过 E-mail 方式将问卷发送给被调研者，被调研者完成后将结果通过 E-mail 返回。这种方式的好处是可以有选择性地控制被调研者，缺点是容易遭到被访问者的反感，有侵犯个人隐私之嫌。因此，采用后一种方式时，首先应争取被访问者的同意，或者估计被访问者不会反感，并向被访问者提供一定的补偿，如有奖回答或赠送小礼品，以降低被访问者的敌意。

目前已有众多企业或网站从事该项服务，它们可以为个人或企业提供便捷的在线市场调查服务。开展在线问卷法还可以直接用网络系统进行统计分析，这样不仅节省了人力，也为调研工作带来了更多的便利条件，尤其是对于一些没有具体的统计分析知识的人员，在线问卷方法可以提供更多便利，也会为工作的开展带来更多的成果。目前较为知名和常用的服务网站有问卷星、调查派、问卷网、腾讯问卷等。

人们使用得最多的网上问卷调查平台——问卷星，其网址是 www.sogump.com。问卷星是一个专业的在线问卷调查、测评、投票平台，专注于为用户提供功能强大、人性化的在线问卷设计、数据采集、自定义报表、调查结果分析系列服务。与传统调查方式和其他调查网站或调查系统相比，问卷星具有快捷、易用、低成本的明显优势，已经被大量企业和个人广泛使用。典型应用包括：针对企业的客户满意度调查、市场调查、员工满意度调查、企业内训、需求登记、人才测评调查等；针对高校的学术调研、社会调查、在线报名、在线投票、信息采集等；针对个人的讨论投票、公益调查、博客调查、趣味测试等。

(2) 网络观察法。观察法是指在被观察对象不知情的前提下进行的市场调研的方法。基于网络环境的观察法主要是观察者通过浏览各大门户网站、在线论坛等途径，观察在线用户发表的文章或参与的评论等方式获得信息的方法。观察法最大的优点在于其直观性和客观性，被观察对象没有意识到他们正在接受观察调研，结论往往是真实可信的。

(3) 专题讨论法。专题讨论法通常通过新闻组、电子公告牌或邮件列表讨论组进行，专题讨论的步骤如下：

第一步，确定要调研的目标市场；

第二步，识别目标市场中要加以调研的讨论组；

第三步，确定可以讨论或准备讨论的具体话题；

第四步，登录相应的讨论组，通过过滤系统发现有用的信息，或创建新的话题，让大家讨论，从而获得有用的信息。

具体地说，目标市场的确定可根据新闻组、讨论组或邮件列表讨论组的分层话题选择，也可向讨论组的参与者查询其他相关名录，还应注意查阅讨论组上的 FAQ(常见问题解答)，以便确定能否根据名录来进行市场调研。

2. 直接调研采用的技术标准

(1) 站点法又称主动浏览访问法，即将调研问卷放置在访问率较高的互联网站点的页面上，由对该问题感兴趣的访问者完成并提交。该方法属于被动调研法，是网上调研的基本方法。

(2) E-mail 调研，即将问卷直接发送到被访问者的私人电子邮箱中，吸引被访者的注意和兴趣，主动参与调研。这需要调研者收集目标群体的电子邮箱地址作为抽样样本，类似于传统调研中的邮寄问卷调研。电子邮件调研覆盖面大，是网络调研中最快、最简单的方法。电子邮件调研的不足之处主要有两个方面：一是问卷以平面文本格式为主，无法实现跳答、随机化、错答检查等较为复杂的问卷设计；二是调研的质量在很大程度上取决于抽样框的完备性和回收率。

(3) 随机 IP 法也称网络电话法，即以 IP 地址为抽样框，采用 IP 自动拨叫技术，邀请用户参与调研。例如，可将 IP 地址排序，每隔 100 个进行一次抽样，被抽中的用户会自动弹出一个小窗口，询问其是否愿意接受调研，回答"是"，则弹出调研问卷；回答"否"，则呼叫下一个 IP 地址。随机 IP 法属于主动调研法，其理论基础是随机抽样。

(4) 视讯会议法,又称为网络会议法。它是通过网络会议或网络实时交谈进行访问的调研方法,此调研无须借助大量的调研员来访问被调研者。这种方式在调研速度方面占绝对优势,访谈结束之后,调研员已经记录好结果,大大地缩短了调研周期。调研的过程中,提问者和回答者均在各自独立的环境中进行,此时网民的回答往往是坦诚的,调研所反馈的信息质量大大提高。减少无效的或虚假的信息介入,这对调研专题的深入研究有着积极的作用。这种调研方式较适合于重点调研或典型调研。

(5) 数据抓取。网络营销中的数据抓取一般可以采用两种方法:一是利用现有爬虫软件,如八爪鱼数据采集器;二是利用编程语言自编爬虫程序,如编写 Python 爬虫程序。

八爪鱼数据采集器的简易采集模式内置了上百种主流网站的数据源,如京东、天猫、大众点评等。同时也提供自动生成爬虫的自定义模式,可用于精准批量识别各种网页元素,支持不同网页结构的复杂网站采集,从而满足多种采集应用场景。另外,还可进行云采集,实现 24 小时不间断运行,保障了数据的时效性。

Python 是一种动态的、面向对象的脚本语言,也是一种非常适合开发网络爬虫的编程语言。相比于其他的静态编程语言,Python 抓取网页文档的接口更简洁;相比于其他的动态脚本语言,Python 的 urllib2 包提供了较为完整的访问网页文档的 API(应用程序接口)。此外,Python 中还有优秀的第三方包,可以高效实现网页抓取,并可以用极短的代码完成网页的标签过滤功能。

(二) 网络间接市场调研

网络间接市场调研主要利用互联网收集与企业营销相关的市场、竞争者、消费者以及宏观环境等信息。信息的来源有很多,如政府出版物、公共图书馆、大学图书馆、贸易协会、市场调研公司、广告代理公司和媒体、专业团体等。其中许多单位和机构都已在互联网上建立自己的网站,各种各样的信息都可通过访问其网站获得。众多综合型、专业型 ICP(互联网内容提供商),以及成千上万个搜索引擎网站,使得互联网上的信息收集非常方便。

企业用得最多的还是网络间接调研方法,因为它的信息广泛,能满足企业管理决策的需要,而网络直接调研一般只适合于针对特定问题进行专项调研。网络间接市场调研渠道,主要通过以下几种方法。

1. 利用搜索引擎收集资料

搜索引擎是网络搜索工具的统称,它根据一定的策略,运用特定的计算机程序,搜集互联网上的信息,在对信息进行组织和处理后,可以获取含有相关信息的大量网站,将其显示给用户,为用户提供检索服务。它提供了一种快速、准确地获取有价值信息的解决方案,成为因特网上使用得最普遍的网络信息检索工具。

企业只要建立了自己的网站,并在搜索引擎进行注册登记,就可以找出该企业的网址,然后通过直接访问目标网站查询相关信息。利用网上搜索可以收集到市场调研所需的大部分资料,如大型调研咨询公司的公开性调研报告,大型企业、商业组织、学术团体、著名报刊等发布的调研资料,政府机构发布的调研统计信息等。在网络调研之前要选择方便适用的搜索引擎,不同的搜索引擎有不同的搜索方式和内容。搜索过程的特征影响着搜索结果的质量,企业应该根据市场调研对象和内容的不同进行选择。

目前，几乎所有的搜索引擎都有两种检索功能，即主题分类检索和关键词检索。

(1) 主题分类检索。主题分类检索即通过各搜索引擎的主题分类目录查找信息。主题分类目录是这样建成的：搜索引擎把搜集到的信息资源按照一定的主题分门别类建立目录，先建一级目录，一级目录下面包含二级目录，二级目录下面包含三级目录……如此下去，建立一层层具有概念包含关系的目录，用户可以按照分类目录找到所需要的信息。

(2) 关键词检索。关键词检索是指将要搜索的内容输入，使要搜索的关键词与网站名和网站的介绍进行比较，显示出比较相等的网站。例如，要查找网络调研类的网站，可以在搜索引擎的主页，通过搜索输入栏输入汉字"网络调研"并确认，系统将自动找出满足要求的网站。如果找不到满足要求的网站，可以按照网页方式查找，系统将自动找出满足要求的网页。

2. 利用网络数据库收集资料

(1) 网络数据库类型。目前，网络数据库的类型主要有如下三种。

① 客户数据库。客户数据库是网络营销过程中最重要的数据库之一。它主要存储的内容除了传统营销所需建立的客户档案外，还包括客户的 E-mail 地址(或网址)，客户再次购买产品或询问有关产品信息的情况，客户对产品的需求、建议和意见等信息。

② 产品(或商品)数据库。产品数据库的内容，除通常产品数据库的内容外，还包括相关产品、配套产品、相关的企业网址信息。

③ 从网络上下载的相关产品供需信息数据库。即将其他一些大型商务网站中与本企业产品或经营相关的供需信息保存到数据库中，以便企业相关人员分析参考。

(2) 充分利用企业数据库。建立企业自己的数据库，无疑要投入最大的人力和资金。但一个能及时提供信息、富有参考使用价值并使用户开阔眼界、娱乐身心、打破地域和交通局限的数据库无疑会吸引更多的访问者，企业也会得到准确、客观、及时的市场信息。在设计企业主页的时候，应该提供到达数据的链接路径，以方便访问者查询。从目前来看，企业数据库主要有三种类型。

① 基于浏览器的数据库。基于浏览器的数据库是企业最常用的数据库，它包括简单的文本文件字段和复杂的附有图表和格式化文本的主页。浏览器一般会下载整个数据库文件来搜索目标对象。为了网络用户使用方便，这种数据库文件应该有合理的大小。如果数据库超过 10 万字节，就应该将其按照逻辑顺序分成几个组成部分，并在每个部分的开始处附上内容提要，以便访问者选择自己感兴趣的内容。

② 基于服务器的数据库。如果数据库需要包含的信息量非常巨大，或者需要及时地更换信息，那么最好选择使用基于服务器的数据库。这种数据库使用 html 表单，不仅能够显示日常的主页信息，而且其中的文本框还能允许使用者输入新信息，控制盒和按钮能让使用者做出选择。例如，如果企业在使用一个与产品系列的零售价格记录有关的数据库，可以用控制盒来引导访问者查看每个产品目录，输入待查看的日期范围。当访问者进入企业的数据库主页点击申请服务区时，网络服务器就会接收到访问者发出的请求信息。服务器就会搜索访问者申请数据的区域，进而将搜索结果格式化传送至访问者所在的计算机上。为了安装、储存和保留这种数据库，需要和网络服务的有关提供者取得联系，达成协议。

③ 链接型数据库。这种数据库一般使用 html 编辑器来建立，和其他文本文件一样，数据库文件能被写入链接。通过往数据库中写入链接，提供 html 文本格式和运用逻辑方式组

织数据库资料及信息，建立高质量的数据库。这种数据库需要企业营销人员投入更多的时间和精力，但对访问者而言是极其方便的，访问者能够高效地利用数据库资料信息。

(3) 利用相关网站。企业营销环境中的各种影响因素所在的网站就是与企业相关的网站，如果知道某一专题的信息主要集中在哪些网站，可直接访问这些网站，获得所需的资料。如艾瑞网，如图4-1所示。

图4-1　艾瑞网首页

这类网站集中了各种与企业经营相关的信息，包括提供政策信息的政府网站、提供行业动态的行业性网站、与企业经营决策密切相关的竞争对手的企业网站、与企业密切协作的上下游合作伙伴网站、与企业有贸易往来的客户网站、聚集网络目标顾客需求信息的论坛网站等，可以为企业提供需要的、有效的调研信息。

如果想要了解企业的竞争对手，只要访问其网站，就可以查询其面向公众的所有信息，如年度报告、季度评估、公司决策层个人简历、产品信息、公司简讯以及公开招聘职位等。通过分析这些信息，营销人员可以准确地把握本企业的优势和劣势，并及时调整营销策略。

【专栏4-4】网上相关的专业性网站

如果知道某一专题的信息主要集中在哪些网站，便可获得所需资料。企业可根据自己行业的特点，直接访问互联网上相关的专业性网站，以获得有用的信息。以下是几个相关的网站。

1. 环球资源。环球资源(www.globalsources.com)的前身叫"亚洲资源"，2000年4月在美国纳斯达克上市，1971年在中国香港以创办专业贸易杂志起步，1995年创立亚洲资源网站，至2000年8月10日，拥有超过89842位供应商和83300种产品的详细资料，整个贸易社团的买家有20.3万个，其中包括100家世界顶级买家。

"环球资源"是B2B服务提供商，为买卖双方提供增值服务，它提供的服务和产品是基于买家需求设立的。其强大的搜索引擎分为三大类，即产品搜索、供应商搜索和全球搜索。

2. 阿里巴巴。阿里巴巴是中国互联网商业先驱，它是于1999年3月创立的全球著名B2B系列网站，包括国际站(www.alibaba.com)、中国站(China.alibaba.com)、全球华商站(Chinese.alibaba.com)和韩国站(kr.alibaba.com)，连接着全球186个国家和地区的45万个商业用户，为中小企业提供海量的商业机会、公司资讯和产品信息，建立起了国际营销网站。

阿里巴巴网站提供的商业市场信息检索服务分为三个方面，即商业机会、公司库和样品库。注册会员还可选择订阅"商情特快"获得各类免费信息。

3. 专业调查网站。如博大调查引擎，中国商务在线的"市场调查与分析"(www.businessonline.com.cn/eleet/tuwen.asp)等。

(资料来源：李玉清，方成民. 网络营销[M]. 大连：东北财经大学出版社，2015.)

（4）利用网络社区收集资料。网络社区是指以博客/个人空间、论坛/BBS 等形式存在的网上交流空间。兴趣相同的网民集中在网络社区的同一主题内，共同交流相关话题。网络社区不仅是网民获取信息的渠道之一，也是网民寄托情感的途径，网络社区用户黏性很强。

网络社区的形式多种多样，搜索引擎网站开通的贴吧和空间，电子商务网站开通的论坛，即时通信网站背靠巨大的用户规模开通的个人空间，还有以各种不同人群定位的专业论坛、博客/个人空间等，都是网络社区发展的形式。不同形式网络社区的兴起，满足了网民不同的需求，也为开展网络间接调研提供了方便。

（5）利用 E-mail 收集资料。通过 E-mail 收集资料价格低廉，使用方便快捷。利用 E-mail 收集资料有两种方式：第一种是收集企业外部主体发送给企业的邮件，如顾客、供应商和代理商等主体；第二种是企业在一些相关的知名网站注册邮件地址，订阅大量的相关邮件信息。但在注册时，为了避免受到垃圾邮件的侵扰，企业要注意设置垃圾邮件过滤系统。

三、网络调研的常用工具

(一) 电子邮件(E-mail)

E-mail 是网民最青睐的交流方式，也是企业与客户之间的信息沟通桥梁，而且 E-mail 沟通的成本很低。在用户许可的情况下，企业可以通过 E-mail 向用户发送产品相关信息，邮寄调研问卷，获得用户的反馈意见。

(二) 搜索引擎

搜索引擎是指根据一定的策略，运用特定的计算机程序收集因特网上的信息，在对信息进行组织和处理后，为用户提供检索服务的系统。从使用者的角度看，搜索引擎提供一个包含搜索框的页面，在搜索框输入词语，通过浏览器提交给搜索引擎后，搜索引擎会返回与用户输入的内容相关的信息列表。常用的搜索引擎包括百度、谷歌、雅虎、搜狗、快搜等。

(三) 在线问卷

在线问卷是目前最常用的一种网络市场调研工具。企业可以通过 E-mail 将问卷邮寄给被调研者，也可以在自己的网站或合作网站上发布问卷，还可以委托专业调研公司进行在线问卷调研。

(四) 在线跟踪

在线跟踪是基于软件对因特网用户进行的"全景"式调研。较为著名的有法国 NetValue 公司对网民网上行为的调研，NetValue 调研的主要特点是通过"计算机辅助电话调研"获得因特网用户的基本人口资料，然后从抽出的样本中招募自愿受试者，让用户下载软件到自己的计算机中，以记录用户所有的网上行为，包括用户访问的网站、收发的电子邮件等。

(五) 网络社区

网络社区已经成为因特网生态环境的核心力量。消费者正在越来越多地转向网络社区收集产品购买信息，寻求购买建议，并通过 BBS、博客、在线评论等方式表达出对企业产品或服务的使用体验与要求。另外，网络社区中用户活跃性强、参与度高，容易按兴趣爱好分类聚合，从而形成一个个具有相同兴趣的群体，也就是一个个自然形成的细分市场。网络社区采用适当的技术+人工数据监测系统，对客户信息采取全面监测，第一时间听取网民的真实声音，识别出目标兴趣群体，可以为企业的产品研发与市场推广提供极具参考价值的决策依据。

四、网络调研抽样技术

因特网调研抽样仍然有很大挑战，但大部分问题能够通过概率抽样方法和非概率抽样方法解释。关键是理解网上抽样方法是如何工作的，并用抽样方法的基本概念来正确解释这种抽样过程，下面介绍四种网上抽样方法。

(一) 随机网上拦截抽样

随机网上拦截抽样依赖于对网站访问者的随机选择。这种随机选择的依据是一天中的时刻或从访问者人流中随机选择。如果调研的总体定义为网站的访问者，那么这种以时间为抽样框架的调研采取的是简单随机抽样。如果抽样程序是随机开始的，并整合了等间距抽样系统，那么就是系统抽样。如果抽样程序将网站的访问者总体分层处理，那么就是分层简单随机抽样，但前提是正确使用随机抽样步骤。

(二) 邀请网上抽样

邀请网上抽样是指邀请潜在访问者填写置于特定网站上的问卷，如零售连锁店用它们的收据通知顾客去网上填写问卷。网络调研人员必须与希望接受调研的潜在应答者建立关系。如果零售连锁店使用系统抽样这类随机抽样方法，将产生概率抽样的结果。同样，如果电子邮件目录能够真正代表总体，抽样过程也是随机的，那么就是概率抽样。然而，如果在选择过程中忽略了某些总体成员或某些总体成员具有更大的代表性，就变成了非概率抽样。

(三) 网络固定样本组抽样

网络固定样本组抽样是指消费者或其他受访者被营销调研公司根据特定的网络调研目标抽取代表性样本。越来越多的样本组调研公司开始提供这种方便快捷的服务。典型情况下，样本组调研公司拥有数千名个体，这些个体代表着一个广大区域的情况。营销调研人员可以规定诸如地理区域、收入、教育、家庭背景等抽样标准。样本组调研公司随后使用他们的样本数据库，用电子邮件通知那些符合调研人员要求的个体。虽然网络固定样本组属于非概率抽样，但在调研行业中得到广泛使用，其最大优势是回复率极高，并且最终的抽样结果能够准确地代表目标总体。

(四) 其他网上抽样方法

样本设计者可能随时创造出其他可行的、简便的抽样方法。为了识别出这些潜在的抽样方法，我们只需要分析潜在的受访者是如何被选定的。例如，一些受访者可能被要求推荐他们的朋友参加调研(推荐抽样)，或者在顾客进行网络购物之后向他们发放问卷(普查)。不管采用哪种方法，只要利用前面介绍的基本抽样方法的知识去认真分析，就能分辨出使用的是概率抽样还是非概率抽样。

第三节　网络市场调研问卷的设计

一、网络市场调研问卷的类型

问卷的类型可以从不同的角度进行划分。如按问题答案划分，可分为结构式、开放式、半结构式三种；如按调研方式划分，可分为访问问卷和自填问卷；如按问卷用途划分，可分为甄别问卷、调研问卷和回访问卷。

(一) 按问题答案划分

按问题答案划分，问卷可分为结构式、开放式、半结构式三种基本类型。

(1) 结构式，通常也称为封闭式或闭口式。这种问卷的答案是研究者在问卷上早已确定的，由答卷者认真选择一个答案画上圈或打上钩就可以了。

(2) 开放式，也称之为开口式。这种问卷不设置固定答案，让回卷者自由发挥。

(3) 半结构式，这种问卷介于结构式和开放式两者之间，问题的答案既有固定的、标准的，也有让回卷者自由发挥的，吸取了两者的长处。这类问卷在实际调研中的运用比较广泛的。

(二) 按调研方式划分

按调研方式划分，问卷可分为访问问卷和自填问卷。

(1) 访问问卷是访问员通过采访被访问者，由访问员填写的问卷。自填问卷是由被访者自己填写的问卷。

(2) 自填式问卷由于发送的方式不同而又分为：发送问卷，是由调研员直接将问卷送到被访问者手中，并由调研员直接回收的调研形式；邮寄问卷，是由调研单位直接邮寄给被访者，被访者自己填写后，再邮寄回调研单位的调研形式。

这几种调研形式的特点是：访问问卷的回收率最高，填答的结果也最可靠，但是成本高，费时长，这种问卷的回收率一般要求在80%以上；邮寄问卷的回收率低，调研过程不能进行控制，可信性与有效性都较低，而且由于邮寄问卷回收率低，会导致样本出现偏差，影响样本对总体的推断，一般来讲，邮寄问卷的回收率在50%就可以了；发送式自填问卷的优缺点介于上述两者之间，回收率要求在67%以上。

(三) 按问卷用途划分

按问卷用途划分，一般包括三种类型，即甄别问卷、调研问卷和回访问卷(复核问卷)。

(1) 甄别问卷。甄别问卷是为了保证调研的被访者确实是调研产品的目标消费者而设计的一组问题。它一般包括对个体自然状态变量的排除、对产品适用性的排除、对产品使用频率的排除、对产品评价有特殊影响状态的排除和对调研拒绝的排除五个方面。对个体自然状态的排除主要是为了甄别被访者的自然状态是否符合产品的目标市场。主要的自然状态变量包括年龄、性别、文化程度、收入等。

(2) 调研问卷。调研问卷是问卷调研最基本的方面，也是研究的主体形式。任何调查，可以没有甄别问卷，也可以没有复核问卷，但是必须有调研问卷，它是分析的基础。

(3) 回访问卷。回访问卷又称复核问卷，是指为了检查调研员是否按照访问要求进行调研而设计的一种监督形式问卷。它由卷首语、甄别问卷的所有问题和调研问卷中的一些关键性问题所组成。

二、网络市场调研问卷的结构和内容

问卷表的一般结构有标题、说明、主体、编码号、致谢语和实施记录等六项。

(一) 标题

每份问卷都有一个研究主题。研究者应首先确定一个题目，反映这个研究主题，使人一目了然，增强被调查者的兴趣和责任感。如"中国互联网络发展状况及趋势调研"这个标题，把调研对象和调研的中心内容和盘托出，十分鲜明。

(二) 说明

问卷前面应有一个说明。这个说明可以是一封告调研对象的信，也可以是指导语，说明此次调研的目的和意义，填答问卷的要求和注意事项，同时署上调研单位名称和年月。说明的长短由内容决定，但尽量简短扼要，务必删除废话和不实之词(如虚张声势、夸大其词一类的话)。

(三) 主体

主体是研究主题的具体化，是问卷的核心部分。问题和答案是问卷的主体。从形式上看，问题可分为开放式和封闭式两种。从内容上看，问题可分为事实性问题、意见性问题、断定性问题、假设性问题和敏感性问题等。

(1) 事实性问题。事实性问题要求调研对象回答有关的事实情况，如姓名、性别、出生年月、文化程度、职业、工龄、民族、宗教信仰、家庭成员、经济收入、闲暇时间安排和行为举止等。

(2) 意见性问题。在问卷中，往往会询问调研对象一些有关意见或态度的问题。例如，您是否喜欢××电视频道的节目。意见性问题调研实际上是态度调研问卷。

(3) 断定性问题。断定性问题指假定某个调研对象在某个问题上确有其行为或态度，继续就其另一些行为或态度做进一步的了解。这种问题由两个或两个以上的问题相互衔接构成，又叫转折性问题。

(4) 假设性问题。假设性问题指假定某种情况已经发生，了解调研对象将采取什么行为或什么态度。

(5) 敏感性问题。所谓敏感性问题，是指涉及个人社会地位、政治声誉，不为一般社会道德和法纪所允许的行为以及私生活等方面的问题。被调查人总是企图回避这类问题，很难得到真实的答复。欲要了解这些情况，调研者需要变换提问方式或采取其他调研方法。

(四) 编码号

编码号并不是所有问卷都需要的项目。规模较大又需要运用电子计算机统计分析的调查，要求所有的资料数量化，与此相适应的问卷就要增加一项编码号内容。也就是在问卷主体内容的右边留下统一空白，按顺序编上 1，2，3……的号码(中间用一条竖线分开)，用以填写答案的代码。整个问卷有多少种答案，就要有多少个编码号。如果一个问题有一个答案，就占用一个编码号；如果一个问题有 3 种答案，则需要占用 3 个编码号。答案的代码由研究者核对后填写在编码号右边的横线上。

(五) 致谢语

为了表示对调研对象真诚合作的谢意，研究者应当在问卷的末端写上"感谢您的真诚合作！"或"谢谢您的大力协助！"等。如果在说明中已经有了表示感谢的话，问卷末尾就不必再写。

(六) 实施记录

实施记录的作用是记录调研的完成情况和需要复查、校订的问题，其格式和要求比较灵活，调研访问员和校对者均需在上面签写姓名和日期。

以上问卷的基本项目，是要求比较完整的问卷所应有的结构内容。但通常使用的如征询意见及一般调研问卷，其形式可以简单一些，有一个标题、主题内容和致谢语及调研研究单位即可。

三、网络市场调研问卷设计的注意事项

下面我们从问卷设计的原则、问卷开始的说明、问卷措辞的语言、问卷的题型设计等几个方面来总结一下问卷设计的一些技巧，或者说问卷设计应注意的一些问题。

(一) 问卷设计的原则

在讲到问卷设计的原则时，我们强调设计内容必须与研究目的相结合，可考虑按不同的变量层次来设计问题，问题要清晰，语言要易懂，要讲究问卷的形式，注意问题之间的转接，同时要注意问题的排列顺序。以上所列举的是一些基本的原则和要求。在保罗·海格等著的《市场调研》一书中提出了指导问卷设计的原则，可供参考。

(1) 思考调研的目标。一开始，调研人员就应该坐下来考虑调研计划(说明要得到什么以及要采用的方法)，并列出研究的目标。这将保证调研工作覆盖所有必要之点，并且将产生的一系列粗糙问题，最终转化为更清楚的研究目标。

(2) 思考怎样完成访问。完成访问的方法与问卷的设计有关系，例如，在填写问卷时，开放的问题通常收到很少的答复。

(3) 思考问卷的信息和说明。每份问卷都需要具有信息填写项目，如被访问者的姓名、住址、访问日期和访问人姓名等。此外，每份问卷的开头还需附加一段说明，以便介绍一下此次访问的目的。

(4) 思考设计。问卷应有效运用空白部位，使其清晰易读。问卷和回答的选择应按标准格式放置设计，字体应足够大，便于阅读，应在适当位置留出足够的空白，以便填写未指定的注释。

(5) 考虑被访者。问题应以与被访者友好交流的方式设计。调研人员常常决定他们想从调研中得到的东西，可能会出现设计的问题太长，或者提出一些不可能回答的问题等情况。每个设计问卷的人都应设身处地地考虑被访者，设计出便于被访者回答的问卷。

(6) 思考问题的次序。问卷中的问题应循序渐进，并且能够轻易地从一个问题转到另一个问题，应按逻辑顺序编组成各个主题。

(7) 思考问题的类型。通过合并不同类型的问题可以获得访问中的组织结构，调研人员可以选择开放问题以及不同尺度的封闭问题。

(8) 思考问题的同时要思考可能的答案。提出一个问题的全部目的在于获得答案，所以对答案预做思考很重要，可能的答案影响问题的形成。

(9) 思考怎样处理数据资料。调研者应该使用一套有适当方法加以分析的编码系统。

(10) 思考对访问员的指导。问卷通常由访问员实施，所以需要明白地指导访问员在每一步做什么。这些指导性文字应与正文相区别，用大写字母或者粗体印刷来强调。

(二) 问卷的说明

问卷开头主要包括引言和注释，引言和注释是对问卷情况的说明。引言应包括调研的目的、意义、主要内容、调研的组织单位、调研结果的使用者、保密措施等。其目的在于引起被调研者对填答问卷的重视和兴趣，争取他们对调研给予支持和合作。引言一般非常简短，自填式问卷的开头可以长一些，但一般不宜超过两百字。

引言中应说明研究者的身份，身份说明可以放在引言的开头或落款处，要写清单位的地址、邮政编码、电话号码等，这样才能体现调查的正规性，消除被调研者的顾虑。

(三) 问卷的文字措辞

无论哪种问卷，问题的文字与措辞都十分重要。文字与措辞要求简洁、易懂、不会引起误解，在情绪、理解几个方面都有要求。

(1) 多用日常用语，语法要规范，对专门术语必须加以解释。

(2) 要避免一句话中使用两个以上的同类概念或双重否定语。

(3) 要防止诱导性、暗示性的问题，以免影响受访者的思考。

(4) 问及敏感性的问题时要讲究技巧。

(5) 行文要浅显易读，要考虑到受访者的知识水准及文化程度，不要超过受访者的领悟能力。

四、网络市场调研所面临的挑战

利用互联网进行市场调研的优势是明显的，但要全面普及还有一定的难度，在网络调研中尚存在一些棘手的问题。

(一) 调研对象的限制

由于我国人口多、分布广，各地区在经贸发展、文化素质等方面存在着巨大差异，这使得互联网不大可能覆盖所有地区及每一个人。我国网上的消费者，大部分来自大中城市，多为受教育程度较高的年轻人或者高收入和高消费人群。由此看出，网络调研一般不能涵盖本公司所有的客户群体，很多消费者被排除在样本之外，这会导致样本的系统性偏差。

(二) 被视为垃圾邮件删除

公司通常使用电子邮件与客户联系，但公司是否应该向客户发送未经请求的商务电子邮件，请其填写一份调研问卷？大部分公司在开展邮件调研时往往事前未获得被调研者的许可，这样的邮件往往被视作垃圾邮件而予以删除，从而降低了调研的回应率。折中的办法是大部分电子商务公司向其现有客户发送邮件，但这样又会忽略来自潜在客户的信息。

(三) 隐私保护不到位

网络调研与顾客的隐私权密切相关，采集了大量顾客信息的公司必须以保护个人隐私权为前提来使用这些信息。但目前由于立法及行业自律规范上的不完善，以及公司为追求更大收益而转售顾客信息，使得很多公司在采集数据时对顾客所做的保护隐私权的承诺不能履行到位。

(四) 无法保证调研所获信息的真实性和准确性

由于互联网是虚拟的，网上充斥的大量信息的真实性和准确性程度其实是难以判断的。在网上进行调研，样本选择的代表性难以控制，也无法检验其真实性，许多时候往往无法知道网络背后的人的真实特征，甚至可能出现一个人多次填写同一问卷的情况，这样会导致调研结果的可信度降低。

(五) 网络调研技术有待完善、专业人员匮乏

目前，网络调研仍处于发展阶段，现有的网络调研专用技术的欠缺将导致调研流程不畅。尽管网络调研的专门研究单位和专用软件发展迅猛，但仍有不尽如人意的地方。此外，能熟练地运用网络技术、调研实践经验强的专业网络人员还相当缺乏，这给网络调研技术的实际运用带来很大难度。

(六) 企业和消费者缺乏网络调研认识

我国国内企业对市场调研，特别是对网络调研技术还相当陌生，与西方发达国家相比，国内在观念水平、技术运用方面存在着很大差距。消费者作为重要的调研对象，他们对市场调研和网络技术的不理解、不信任将直接影响网络调研的实际运用效果。

随着网络事业的迅猛发展和网民范围的扩大，网络市场调研将是一种社会发展的主流方式，其价值因其能够及时有效地提供最新市场数据，支持营销人员迅速采取行动，营销投资回报达到最大化而日益受到营销人员的重视。

五、针对网络市场调研局限性的对策

(一) 加快互联网普及程度

由于高质量的样本库会以几十种以上的分类方式对固定样本进行分类,针对样本要求复杂的跨国项目、高端产品项目以及 B2B 项目,网络调研方式可以在极短时间内筛选出符合条件的样本群并迅速完成项目执行。与传统方式相比,网络方式可以大大缩短项目执行周期,从而使调研项目的时间成本大幅降低。在这个意义上,网络调研是一种通过提高工作效率、缩短项目执行周期以实现项目整体成本(包括经济及时间成本)下降的工具。此外,由网络调研的普及而产生的规模效应将使各种固定成本随之下降,它的即时性也从根本上解决了跨国调研执行中的协调问题。所以,我国应大力普及互联网,催生网络调研的经济效应。

(二) 剔除垃圾信息,尽量避免信息过载

企业可以开发更多的 MIS 软件,把数据处理成更准确的、对决策者更有用的信息;还可以开发更强大的智能检索工具,以及能够"学习"用户喜恶的智能软件,促使越来越多的用户使用这些软件。

(三) 改善互联网的速度

NGI(面向所有人)和 Internet2(面向大学和研究者)计划把互联网的速度提高 100~200 倍,各种媒体(如电视)和很多公司(如微软公司)也将对低费用的上网技术大力推广,上网也将越来越普及,而且更加快捷方便。

(四) 积极打造互联网诚信度

调研者需要向受访者更明确地保证匿名原则,并更详细解释收集数据的目的。在线安全交易技术的改进也将有助于解决这个问题。由于所有的调研都将遵循隐私权的原则,网上调研将更加开放和可信。

本 章 小 结

网络市场调研是指企业利用互联网络作为沟通和了解信息的工具,对消费者、竞争者以及整体市场环境等与营销有关的数据系统进行调查分析研究。

网络市场调研内容主要有三个方面:对市场需求的调研、对消费者行为的调研、对营销组合的调研。

一般以调研目的来划分的调研类型为:探索性调研、描述性调研、因果性调研和预测性调研四种。网络市场调研方法根据收集数据性质不同分为:网络营销直接调研法和网络营销间接调研法两种。网络市场调研的策略主要包括如何识别企业站点的访问者,以及如何有效地在企业站点上进行市场调研。

练习题

一、选择题

1. 每种网络营销方法的信息传递方式有其各自的特点，下列属于用户主动获取信息的是(　　)。

　　A. 微博营销　　　　　　　　　　B. 网站广告营销

　　C. E-mail营销　　　　　　　　　D. 搜索引擎营销

2. 网站访问统计分析是网站运营管理的日常工作，下列属于网站访问统计指标的是(　　)。

　　A. 网站访问量指标　　　　　　　B. 用户来源网站

　　C. 网站的访问速度　　　　　　　D. 用户电脑分辨率及浏览器类型

3. 网上市场调研的特点有(　　)。

　　A. 调查问卷设计简单　　　　　　B. 调研成本低

　　C. 调查数据处理方便　　　　　　D. 可获得大量调查数据

4. 假设现在想知道网站是否对用户有吸引力，内容是否能给予用户所需的信息，应需要的分析数据包括(　　)。

　　A. 流量来路分析　　　　　　　　B. 用户回头率分析

　　C. 网站PV值分析　　　　　　　　D. 访客地区分布分析

5. 网络营销首先要(　　)。

　　A. 进行市场调研　　　　　　　　B. 制订营销计划

　　C. 做好宣传　　　　　　　　　　D. 建立营销系统

6. 网络做的是口碑，良好的顾客关系是网络营销取得成功的必要条件，可见顾客服务质量的好坏对网络营销效果的影响深远。以下属于在线服务工具的有(　　)。

　　A. QQ　　　　　　　　　　　　　B. 电子邮件

　　C. 聊天室　　　　　　　　　　　D. BBS

7. 邮件数据统计为邮件活动策划提供数据支持，使邮件营销更加专业科学。需要统计的数据包括(　　)。

　　A. 邮件到达率　　　B. 邮件阅读率　　　C. 链接点击率　　　D. 转化率

8. 在线问卷的设计原则有(　　)。

　　A. 目的性原则　　　　　　　　　B. 可接受性原则

　　C. 简明性原则　　　　　　　　　D. 匹配性原则

二、判断题

1. 网络营销就是网络市场调研。　　　　　　　　　　　　　　　　　　(　　)

2. 市场调研是营销链中的重要环节，没有市场调研，也能把握市场。　　(　　)

3. 网上直接信息是通过在线问卷调查法、网上实验法、网上观察法和网上直接调查法等得到的原始信息经过分析处理得到的。　　　　　　　　　　　　　　(　　)

4. 网络营销对网络商务信息收集的要求是及时、准确、适度、经济。 (　　)

三、简答题

1. 简述传统营销方式中的消费需求有哪些基本属性？
2. 为了满足消费需求，企业应了解和认识消费需求的哪些基本问题？
3. 简述网上市场调研的步骤。

四、案例分析题

2014年"双十一"购物狂欢节消费者用户行为调研

iiMedia Research 数据显示，2014 年，47.3%有网购经历的中国网民经常网购，仅有 1.0%的中国网民从未网购过。iiMedia Research 分析认为，网购消费者黏性较强，市场潜力巨大且稳定度高，"双十一"购物节深受消费者的喜爱与期待。

2014 年的"双十一"购物节，一个新的世界纪录再次被阿里创造。在"双十一"期间，阿里的天猫商城总成交额达到 571 亿元，其中移动交易额为 243 亿元，共有 217 个国家和地区的消费者参与，产生了 2.78 亿个物流订单(见图 4-2)。以上各项数据均创造了"双十一"购物狂欢节的新高。

随着"双十一"的影响力越来越大，消费者对其的了解程度也在不断提高。调查显示，有高达 87.5%的消费者听说过"双十一"购物节，而没有听过的仅占 12.5%(见图 4-3)。

图 4-2　2014 年"双十一"天猫商城交易情况

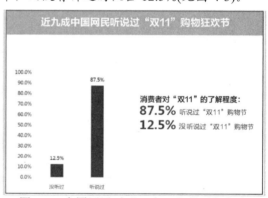

图 4-3　中国网民对"双十一"的了解程度

调研结果显示，47.3%的网民经常网购，51.7%的网民偶尔网购，仅有 1.0%的网民表示从未网购过(见图 4-4)，这充分说明网购消费者的黏性较强，市场潜力巨大且稳定度高。

对 2014 年"双十一"购物节的消费者潜在市场调查显示(见图 4-5)，16.4%的网民表示非常期待今年的"双十一"购物节，30.5%的网民表示比较期待，38.2%的网民表示对"双十一"购物节的期待程度一般，仅有 5.5%和 9.4%的网民分别表示不怎么期待和反感。调研结果表明，"双十一"购物节的市场潜力巨大，也深受消费者的喜爱与期待。

消费者对于购买服装鞋帽类、数码家电类、百货日用类的商品有较大程度的偏好(见图 4-6)。这也成为"双十一"购物节主要销售金额的来源。

调查显示，86.8%的消费者表示是从网络商城首页推荐获取和搜索"双十一"的购物信息的(见图 4-7)，这说明网络商城的首页推荐是推广"双十一"购物节，提高消费者认知的最重要平台。另外，浏览器边框/底端推荐栏、商家主动推送信息(包括短信、邮件)、手机应用 APP 主动推送内容、也是三个主要渠道，分别占有 35.2%、30.8%和 28.6%的比重。

图 4-4 中国网民的购物情况

图 4-5 "双十一"网购消费者市场潜力调查

图 4-6 "双十一"网购消费者的购买偏好占比

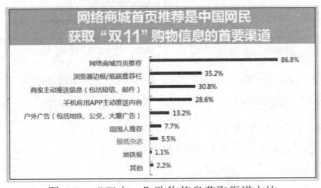

图 4-7 "双十一"购物信息获取渠道占比

调查数据显示，"便宜且眼下所需"是消费者参加"双十一"的最主要原因，占比 64.8%。"一次性解决未来三个月内或更长时间的购物需求""折扣力度大，不买就亏了""逛网络商城时看见有合适的就买"这三个原因成为消费者参加"双十一"的次要动力，都占有三成以上的比例，分别为 36.3%、35.2%和 30.8%(见图 4-8)。

调查研究显示，近五成消费者表示不参加"双十一"购物节活动，其原因为"'双十一'购物节商品价格提高，虚假宣传"，33.3%的网民表示"没有什么特别想购买的商品"，而"工作忙，没有时间参与""'双十一'购买的东西不实用"则分别占比 30.2%和 28.2%（见图 4-9）。

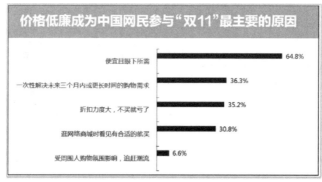

图 4-8 "双十一"购物的驱动力占比

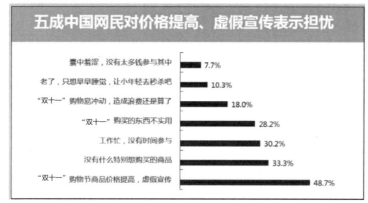

图 4-9 不参与"双十一"购物节活动的原因占比

(资料来源：佚名. iiMedia Research：2014 年"双十一"购物狂欢节消费者用户行为调研[EB/OL]. [2014-11-13]. http://www.199it.com/archives/291594.html.)

请根据以上资料，回答下列问题：

1. 结合本案例，请谈谈网络调研应该注意的问题。

2. 请根据本调研数据，写一份详尽的调研报告。

五、思考与实践

1. 网络调研相比于传统调研有哪些特点和优势？为什么要将网络调研与传统调研结合使用？

2. 网络市场调研的主要内容有哪些？

3. 什么是网络直接调研？什么是网络间接调研？

第五章

营销型企业网站的建设

【学习重点】

熟悉企业网站设计应遵循的原则；了解企业网站的种类与形式；理解企业网站的基本功能；掌握网站建设的基本流程；策划企业网站推广运营；体会企业网站维护。

【学习难点】

描述创建一个新网站或重建网站需要经历的不同阶段；描述组成一个有效网站内容设计的组成要素。

【教学建议】

结合案例教学，引导学生查阅相关课外资料进行分析，并结合一些著名网站的设计实践，对站点设计进行点评。

【引导案例】

华为公司的网站——构建万物互联的智能世界

华为创立于 1987 年，是全球领先的 ICT(信息与通信)基础设施和智能终端提供商。华为希望通过在技术、应用和技能三个方面的努力，持续扩大数字包容的成果，最终让数字技术惠及每个人、每个家庭、每个组织。华为坚信，不应让任何一个人在数字世界中掉队，并为此倡议 TECH4ALL——希望通过技术、应用和技能，赋能每个人、每个家庭、每个组织，实现数字包容愿景，共同构建万物互联的智能世界。目前，华为的产品和解决方案已经应用于 140 多个国家，服务全球 1/3 的人口。

华为公司的网站如图 5-1 所示，网站主要内容包括：

- 24种语言版本可供选择；
- 个人及家庭产品：分为华为的消费者业务网站和华为商城，包括手机、笔记本、平板、智慧屏、VR、穿戴、音频、路由器等；
- 商用产品及方案：包括产品介绍、服务、行业解决方案和热点话题等；
- 服务支持：包括个人及家庭产品支持、华为云服务支持、企业业务支持、运营商网络支持等；
- 合作伙伴与开发者：包括合作伙伴、培训与认证、云与计算开发者、终端开发者等；
- 关于华为：包括公司介绍、新闻与活动、发现等。

图 5-1　华为公司的网站

引言

　　网站建设是从事网络营销活动的第一步，要想网页获得更多的关注，从众多的营销网页中脱颖而出，营销人员需从多方面对其进行精心设计。对企业网站进行建设和维护并不等于有效地开展了网络营销，尤其在企业网站基本要素存在缺陷的情况下，做些表面工作，并不能为企业带来实际价值，这样的"网络营销"也就没有实际意义。从企业网络营销效果需要的角度来建设企业网站，是网络营销导向的企业网站建设和一般的企业网站建设之间的根本区别。

第一节　企业网站的特征和要素

　　企业的网站建设与企业网络营销的效果有直接关系，一个好的网站可以促进产品销售、提高服务质量、增进客户关系、提升企业形象。

一、企业网站面对用户的具体表现

　　虽然现在制作网站并不是困难的事情，因为遍地都是网络公司，甚至随便花几百元就可以制作一个网站，但是事实上，真正高品质的网站建设并不容易。高品质的企业网站一定要恰如其分地展示企业形象，对企业进行合理包装；更重要的是要实现网络营销，在满足公司进行企业宣传的同时，满足用户体验的要求；既要考虑到社会化营销，又要考虑到后期的有机扩展。

(一) 企业品牌的价值取向

　　品牌是顾客价值核心特征的符号，因此，一个品牌要想产生强大的市场动力，就需要满足两个基本条件：一是鲜明并且生动地呈现出一种顾客价值的核心特征；二是这种顾客价值核心特征能与人们的利益期望形成强烈共鸣。

　　网站的形象代表着企业的网上品牌形象，人们在网上了解一个企业的主要方式是访问该公司的网站，网站建设的专业化与否直接影响企业网络品牌形象的好坏，同时也对网站的其他功能产生直接影响。尤其对于以网上经营为主要方式的企业而言，网站的形象是访问者对企业的第一印象，这种印象对于建立品牌形象、产生用户信任具有至关重要的作用，因此，具备条件的企业应力求在自己的网站建设上体现出本品牌的形象。但实际上很多网站对此缺乏充分的认识，网站形象并没有充分体现出企业的品牌价值，仅有一些新兴企业利用这一原理做到了"小企业大品牌"，并且获得了与传统大型企业平等竞争的机会。

(二) 产品与服务的价值取向

事物的功能是指产品(或服务)的功用、效用、作用、用途或能力等,用户所要求的功能是必要功能。顾客访问网站的主要目的是对公司的产品和服务进行深入了解,企业网站的主要价值在于灵活地向用户展示产品说明的文字、图片甚至多媒体信息,一个功能简单的网站至少应相当于一本可以随时更新的产品宣传资料。通常这种宣传资料是用户选择主动获取的,用户对信息内容有较高的关注程度,因此它们往往可以获得比一般印刷宣传资料更好的宣传效果,这也是一些小型企业只满足于建立一个功能简单的网站的主要原因。在投资不大的情况下,企业网站同样有可能获得理想的回报。

在企业品牌运营中,行业特点决定品牌打造需要更多的营销费用,品牌打造离不开各种各样的广告宣传、营业推广、公共关系策划等营销管理活动。因此,必须注意对每一个营销工具的费用与功能逐一进行价值分析,力图发挥每一种营销手段的最大价值,尽量降低成本,以获得更高的经济效益。

(三) 企业文化的价值取向

企业文化包含两个层次:一个层次是作为工具性的企业文化,如果把企业文化只是看作提高经济效益的一个手段,那么这种企业文化就有典型的工具色彩;另一个层次是作为价值取向的企业文化,人人都有做人的准则,如果这些准则在企业内部形成了共识,并支配着企业的行为,那么这些准则就构成了价值取向的企业文化。

严格说来,价值取向的企业文化不是学来的,也难以模仿,而是长期修养的结果,这种企业文化是企业员工内心世界的外化,而不是一件把企业包装起来的文化外衣。正如贺平先生所说:"文化不过是人类世代累积沉淀的习惯和价值观,在生活中渗透,在潜移默化中形成,这就是文化。"由此看来,企业文化并不是在企业内孤立成长起来的,企业文化的源头在社会,并且一直附着在社会母体之上,企业文化只是把社会文化以企业为载体表现出来。因此,如果没有整个社会文明程度的提高,企业文化的进步就会受到牵制。

【专栏5-1】京东集团的综合性电子商务网站

成立于 1998 年的京东公司原本是北京的一家电子产品代理商。在 2004 年,京东开辟了电子商务领域的创业"实验田",开通了京东多媒体网,开启了网上交易的电子商城进军之路。此后,京东全力开拓全国的网上 3C 零售市场,日订单在短短 4 年内从 500 个上涨到 3000 个。在 2007 年,京东更名为京东商城,并在随后几年内完善了商城的团购频道、物流渠道、配送服务,并且建立了金融集团,通过注资及技术支持等方式将企业版图拓展到餐饮、百货、影视等领域。现在的京东网站已经是一个综合性网站,除了具备一般信息发布型网站的基本功能之外,还建立了完善的网上零售体系,如京东商城、二手交易平台、金融服务平台,可以快速满足客户的个性化需求。

(资料来源:何晓兵,何杨平. 网络营销——基础、策略与工具[M]. 北京:人民邮电出版社,2020.)

二、检验企业网站价值的具体体现

网站价值的体现主要表现在用户体验上,用户体验好能带来更好的口碑,接着会带来更多的用户、更多的流量，带出更多的盈利方法。但什么样的体验才算良好的用户体验呢？

Web2.0 网站的内容主要来自用户，生产者是用户，消费者也是用户。一个好的内容体验会使网站进入一个良性循环，用户在体验到高质量的内容后，接下来他自己创造的内容也很有可能是高质量的内容。相反，一个内容体验差的网站，只会形成一个恶性循环，如某些网站上的评论就像在对骂。

好的内容体验首先是原创内容，原创内容才会给用户一种新的感受，而不是内容的重复堆砌，内容的抄袭。其次，好的内容体验应能引起用户的共鸣。最后，好的内容体验应能使受众有创作新内容的冲动，这样才能保证网站内容的不断更新。

三、企业网站的本质和特点

从企业营销策略来看，企业网站是一个开展网络营销的综合性工具。只不过这个工具具有一定的特殊性，与搜索引擎和电子邮件等网络营销工具相比，企业网站具有下列特点。

(一) 企业网站具有自主性和灵活性

企业网站完全是根据企业本身的需要建立的，并非由其他网络服务商经营，在功能上有较大的自主性和灵活性，因此，每个企业网站的内容和功能会有较大的差别。企业网站效果的好坏，主动权掌握在企业自己手里，对企业网站有正确的认识，才能适应企业营销策略的需要。因此，企业网站应适应企业的经营需要。

(二) 企业网站是主动性与被动性的矛盾统一体

企业通过自己的网站可以主动发布信息，这是企业网站主动性的一面，但是发布在网站上的信息不会自动传递给用户，只能"被动地"等待用户自己来获取信息，这又表现出企业网站具有被动性的一面。同时，具有主动性与被动性也是企业网站与搜索引擎和电子邮件等网络营销工具在信息传递方式上的主要差异。从网络营销信息的传递方式来看，搜索引擎完全是被动的，只能被动地等待用户检索，只有用户检索使用的关键词和企业网站相关，并且在检索结果中的信息可以被用户看到并被点击的情况下，这一次网络营销信息的传递才得以实现。电子邮件传递信息则基本上是主动的，发送什么信息、什么时间发送，都是营销人员可以自己决定的。

(三) 企业网站的功能需要通过其他网络营销手段才能体现出来

企业网站的网络营销价值是通过网站的各种功能以及各种网络营销手段体现出来的，网站的信息和功能是基础，网络营销方法的应用是条件。如果建设一个网站而不去合理应用，企业网站这个网络营销工具将不会发挥应有的作用，无论功能多么完善的网站，如果没有用户来浏览和应用，企业网站便成为摆设，这也就是为什么网站推广作为网络营销首要职能的原因。在实际应用中，一些企业由于缺乏专业人员进行维护管理，呈现给浏览者的网站内容往往数年如一日，甚至用户的咨询邮件也不给予回复，这样的企业网站没有发挥其应有的作用，也就不足为怪了。

(四) 企业网站的功能具有相对稳定性

企业网站功能的相对稳定性具有两方面的含义：一方面，一旦网站的结构和功能被设计完成并正式开始运作，在一定时期内将基本稳定，只有在运行一个阶段后进行功能升级的情况下，才能拥有新的功能，网站功能的相对稳定性无论对于网站的运营维护，还是对于一些常规网络营销方法的应用都很有必要，一个不断变化中的企业网站是不利于网络营销的；另一方面，功能的相对稳定性也意味着，如果企业网站存在某些功能方面的缺陷，在下次升级之前的一段时间内，将影响网络营销效果的发挥，因此在企业网站策划过程中应充分考虑到网站功能的这一特点，尽量做到在一定阶段内功能适用并具有一定的前瞻性。

(五) 企业网站是其他网络营销手段和方法的基础

企业网站是一个综合性的网络营销工具，这决定了企业网站在网络营销中的作用不是孤立的，它不仅与其他营销方法具有直接关系，也构成了开展网络营销的基础。

四、企业网站与电子商务网站的区别

企业网站是企业网络营销的工具，而电子商务网站是一个经营场所，两者既有相同的地方，也存在明显的区别。表 5-1 从建站目的、收益模式、网站主要内容、网站功能等多个方面做了简单比较。

表5-1　企业网站与电子商务网站的比较

内容	企业网站	电子商务网站
建站目的	作为一种营销工具，为企业经营服务	新企业形式，网站服务和内容几乎代表企业的全部
技术要求	技术要求较低，小型企业网站甚至不需要专门的技术人员	对网站运行的技术要求较高，网站无法访问意味着企业关门
投入预算	根据企业网站功能的不同，在几千元到几十万元之间	与网站规模相关，通常比一般企业网站投入更多资金
收益模式	企业网站本身并不是利润中心，对企业经营是一种辅助作用，网站的价值体现在企业经营的多个方面，而不仅仅是销售额的增加	电子商务网站有多种收入模式，如网络广告、技术服务、中介服务、信息服务、网上销售等
网站主要内容	主要为公司介绍、企业动态、产品信息、顾客服务、购买意向等，高级应用还包括B2B、B2C在线销售、在线采购的功能	没有统一模式，与各网站的经营领域有关，内容通常比较丰富，服务也比较完善
网站功能	以信息发布为主，通常比较简单，电子商务型企业网站才有订单管理、用户管理等高级管理功能	要求比较高，要提供完善的在线服务、在线订单等功能
运营维护	根据企业的需要，发布重要新闻、新产品等情况下需要更新，通常更新量比较小	要不断提供新内容、新产品，不经常更新的网站很难聚集人气
网站推广方法	搜索引擎、企业宣传资料、E-mail营销、网络广告、在线黄页、信息发布等	经常通过新闻、公关等渠道获得推广效果，同时也采用常用的媒体广告、网络广告、网站合作营销等手段

通过上述简单对比可以看出，一般的企业网站相对比较简单，其目的也比较明确。企业网站的目的性决定一个企业网站并不需要包罗万象，也不一定要像电子商务网站那样一开始就必须拥有各种完备的功能，企业网站的功能、服务、内容等因素应该与企业的经营策略相一致。因为企业网站是为企业经营服务的，如果脱离了这个宗旨，就无法为企业的经营活动发挥作用。

企业网站有明确的网络营销目的，被认为是最重要的网络营销工具之一，企业网站建设及运营维护是网络营销的核心工作，对其他网络营销策略的实施具有举足轻重的作用。

五、企业网站的四项基本要素

一个完整的企业网站，无论多么复杂或多么简单，都可以划分为四个组成部分：结构、内容、功能、服务。如果说功能架构和栏目结构是网站的骨架，那么网站内容就是网站的血肉，网站的功能要通过内容和服务才能发挥其应有的价值。这四个部分组成了企业网站的一般要素。

(一) 网站结构

网站结构是为了向用户表达企业信息所采用的栏目设置、网站导航、网址(URL)层次结构、网页布局等，如图5-2上汽大众汽车有限公司的网站结构。

图 5-2　上汽大众汽车有限公司的网站结构

为了清楚地通过网站表达企业的主要信息和服务，可根据企业经营业务的性质、类型或表现形式等，将网站划分为几个部分，每个部分成为一个栏目，每个一级栏目则可以根据需要继续划分为二级、三级、四级栏目。一般来说，一个中小型企业网站的一级栏目不应超过8个，而栏目层次在三级以内比较合适。过多的栏目数量或者栏目层次会为浏览者带来麻烦，这与网站设计的原则相违背。

(二) 网站内容

网站内容是用户通过企业网站可以看到的所有信息，也是企业希望通过网站向用户传递的所有信息。网站内容包括所有可以在网上被用户通过视觉或听觉感知的信息，如文字、图片、视频、音频等，一般来说，文字信息是企业网站的主要表现形式。

(三) 网站功能

网站功能是为了实现发布各种信息、提供服务等必需操作的技术支持系统，它直接关系到可以采用的网络营销方法以及网络营销的效果。企业网站的常见功能包括：信息发布、在线帮助、产品管理、站内检索、会员管理、广告管理、订单管理、在线调查、邮件列表、流量统计、论坛管理、网页静态化、模板管理等。

(四) 网站服务

网站服务即网站可以提供给用户的价值，如问题解答、优惠信息、资料下载等，网站服务是通过网站功能和内容实现的。

由于企业网站包含四个基本要素，因此对企业网站专业性评价的基础基于对网站四个要素的评价。

第二节　企业网站的类型和功能

企业网站是网络营销的基础，也是开展网络营销最主要的工具之一。企业上网不一定从建立网站开始，但网站无疑是上网的重要标志，也是企业开展市场营销和电子商务的基础，没有这个基础，网络营销无从谈起。我们看过很多商务网站，也接触过各式各样的企业，究竟什么样的网站是成功的网站，什么样的网站是不成功的网站，这是我们先要了解的内容。

门户是获取网络信息和服务的入口。实际上，它是网络中间媒介的另一种名称，但它着重强调的是对门户站点或其他站点的信息获取。门户网站对网络商家非常重要，因为顾客不浏览商业网站或品牌网站时，就会在门户网站花费大把时间。情境分析中包括了评估哪些网站是针对不同人口统计或心理用途来寻找目标顾客的。门户网站也和竞争者基准相关，一些来自竞争对手的赞助协议或品牌合作的安排同样可以被考察。

商家如果想扩大自身的影响力或扩展其网上公司的业务，就需要通过赞助、在线网络广告或搜索业务来宣传自己，门户网站也可以实现沟通的目标。专业的门户网站通过广告、赞助以及公关为目标顾客服务，而一般的门户网站通常有一个部分或渠道用来诠释特定产品的影响力。

有调查表明，许多知名企业的网站设计水平与企业的品牌形象很不相称，功能也很不完善，甚至根本无法满足网络营销的基本需要，这种情况在一些中小企业网站中表现得更为突出。那么，怎样才能建立一个真正有用的网站呢？首先从分清网站类型开始。

一、企业网站的类型

具有各种各样的内容、形式和功能的网站层出不穷，网站的数量飞速增加。一般来讲，按照网站的内容，企业网站主要包括门户型网站和专业型网站两种，典型代表有信息型网站、广告型网站、信息订阅型网站和在线销售型网站。

(一) 信息型网站

信息发布型属于初级形态的企业网站，不需要太复杂的技术，而是将网站作为一种信息载体，主要功能定位于企业信息发布，包括公司新闻、产品信息、采购信息等用户、销售商和供应商所关心的内容，多用于产品和品牌推广以及与用户的沟通，网站本身并不具备完善的网上订单跟踪处理功能。信息型网站主要面向客户、业界人士或者普通浏览者，以介绍企业的基本资料、帮助树立企业形象为主，也可以适当提供行业内的新闻或者知识信息，这种类型的网站通常也被形象地比喻为企业的"Web Catalog"，如图5-3所示的上海电气集团股份有限公司网站。

这种类型的网站由于建设和维护比较简单，资金方面投资较少，初步满足了企业开展网络营销的基本需求。因此，以此类网站开展网络营销的企业，大致以中小型企业为主流。一些大型的企业网站在初步实施时也使用这种形式，当他们具备开展电子商务的条件后，才逐步将在线销售、客户关系管理、供应链等加入电子商务中。总体来说，无论是大型企业还是中小型企业，它们都离不开电子商务，这种信息广泛使用，才导致信息发布网站成为各种网站的基本形态。

图5-3 上海电气集团股份有限公司的网站

(二) 广告型网站

广告型网站主要面向客户或者企业产品(服务)的消费群体，以宣传企业的核心品牌形象或者主要产品(服务)为主。这种类型的网站无论从目的上还是实际表现手法上，相对于普通网站而言更像一个平面广告或者电视广告，用"多媒体广告"来称呼这种类型的网站更为贴切，如图 5-4 所示的蒙牛乳业公司网站。

图 5-4　蒙牛乳业的公司网站

(三) 信息订阅型网站

在接受了订阅模式的消费者当中，订阅机制也仅仅迎合了某些特定会员用户的特定需要。这些站点提供的往往是一些专业内容和定期消息，用户可以通过这类网站在网上获取许多资料。例如，在网上享用一些免费的电子报刊，只要用户订阅，这些报刊就会通过电子邮件免费发送给用户；还可以欣赏到很多音乐、电影，阅读到许多娱乐新闻、时事新闻，得到免费的软件、书籍、图片等，如图 5-5 所示的搜狐网站。

图 5-5　搜狐网站

(四) 在线销售型网站

这种模式主要依靠互联网来完成商业活动的各个环节。在发布企业基本信息的基础上，增加网上接受订单和支付的功能，网站就具备了网上销售的条件。网上直销型企业网站的价值在于企业基于网站直接面向用户提供产品销售或服务，改变了传统的分销渠道，减少了中间流通环节，从而降低总成本，增强竞争力。这样的网站正处于电子商务化的一个中间阶段，由于行业特色和企业投入的深度和广度不同，其电子商务化的程度可能处于从比较初级的服务支持、产品列表到比较高级的网上支付的其中某一阶段，通常这种类型的网站被形象地称为"网上××企业"，如网上银行、网上酒店等(见图5-6所示的康佳公司网站)。

图 5-6 康佳公司的网站

二、企业网站的功能

企业网站既是企业在互联网上的代表，也是企业进行网络营销的工具。根据艾瑞市场咨询数据显示(见图5-7)，75.9%的公司网站用途为宣传产品、提升形象；74.7%的公司网站用途为信息发布，其次还有49.2%的公司网站用途是为客户服务。由此可见，只有充分理解企业网站的网络营销功能，才能把握企业网站与网络营销关系的本质，从而建造适合网络营销需要的企业网站，为有效开展网络营销奠定基础。建设一个企业网站，不是为了赶时髦，也不是为了标榜自己的实力，重要的是让网站真正发挥作用，让网站成为有效的网络营销工具和网上销售渠道。网站的网络营销功能主要表现在八个方面：品牌形象、信息发布、产品/服务展示、顾客服务、客户交流、在线销售、提高管理和工作效率、竞争需要。即使最简单的企业网站也至少具有其中的一项功能。

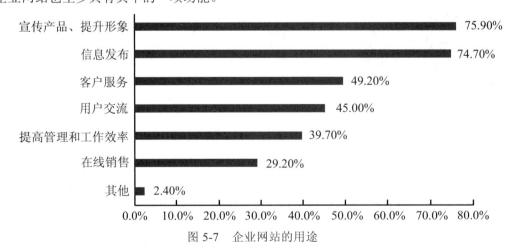

图 5-7 企业网站的用途

(一) 品牌形象

如今，国际互联网已成为高科技和未来生活的代名词。一个公司要想显示其实力，提升公司形象，没有什么比在员工名片、企业信笺、广告及各种公众能看得到的东西上，印上自己公司独有的网络地址和专用的集团电子邮件地址更有说服力。网站的形象代表着企业的网上品牌形象，人们在网上了解一个企业的主要方式，就是访问该公司的网站，网站建设的专业化与否直接影响企业网络品牌形象的好坏，同时也对网站的其他功能产生直接影响。

(二) 信息发布

如果一个公司必须立即发表一篇文章、发布公司公告、发表新产品宣传信息、进行突发性事件的回应处理等，在以前这些都可能因时间太紧、媒体或印刷厂不能配合而被耽搁。而今，上述信息和附带的图片都可以在它希望的任何时间发布。这是一个超前的概念，是抢在对手之前的竞争手段。网站是一个信息载体，在法律许可的范围内可以发布一切有利于企业形象、顾客服务，以及促进销售的企业新闻、产品信息、招标信息、合作信息、人员招聘信息等。因此，拥有一个网站就相当于拥有一个强有力的宣传工具。

(三) 产品/服务展示

让顾客获得所需的信息是为顾客服务的重要方法之一，如果企业仔细研究就会发现许多利用网络技术为顾客服务的方法。企业可以让它的员工开发其顾客感兴趣的产品和服务，并放在网上，让电脑自动记录顾客的查询和订单，无须让员工天天守候在电话机前记录电话内容。公司还可以让顾客在数据库中查询公司的所有产品规格及特点，同样，公司既不费力也无须花费太多就可在互联网上从事上述活动。顾客访问网站的主要目的是对公司的产品和服务进行深入的了解，企业网站的主要价值在于灵活地向用户展示产品说明及图片，甚至多媒体信息，即使一个功能简单的网站，至少也应相当于一本可以随时更新的产品宣传资料。

(四) 顾客服务

网站可以为顾客提供各种在线服务和帮助信息，如常见问题解答(FAQ)、电子邮件咨询、在线表单、即时信息等。一个设计水平较高的常见问题解答，应该可以回答80%以上顾客关心的问题，这样不仅为顾客提供了方便，也提高了顾客服务效率，节省了服务成本。

(五) 客户交流

通过网络社区、有奖竞赛等方式吸引客户参与，不仅可以起到产品宣传的作用，同时也有助于增进客户交流。客户忠诚度的提高将直接增加销售，尤其是对于产品功能复杂或者变化较快的产品，如数码产品、时装、化妆品等。客户为了获得更多的产品信息，对企业网络营销活动的参与兴趣较高，可充分利用这种特点来建立和维持良好的客户关系。

(六) 在线销售

许多人认为能够销售产品是使用互联网的主要原因，因为它可以到达推销员和销售渠道无法到达的地方，并且极大地方便了消费者。如果有人想成为你的客户，他们就会想知道贵公司是做什么的，你能为他们提供什么样的服务。但是在大多数情况下，这些潜在客户并不总能找到企业的推销员。现在，企业可以利用互联网轻松廉价地展开销售攻势，潜在客户也可以轻松便捷地了解贵公司的资料，与销售部门联络。

(七) 提高管理和工作效率

(1) 网上调查。市场调研是营销工作不可或缺的内容，企业网站为网上调查提供了方便而又廉价的途径。企业可以通过网站上的在线调查表、电子邮件、论坛、实时信息等方式征求客户意见等，获得有价值的用户反馈信息。无论是产品调查、消费者行为调查，还是品牌形象等方面的调查，企业网站都可以在获得第一手市场资料方面发挥积极作用。

(2) 资源合作。资源合作是独具特色的网络营销手段，为了获得更好的网上推广效果，需要与供应商、经销商、客户网站，以及其他内容、功能互补或者相关的企业建立资源合作关系，实现从资源共享到利益共享的目的。如果没有企业网站，便失去了很多积累网站营销资源的机会，没有资源，合作就无从谈起。常见的资源合作形式包括交换链接、交换广告、内容合作、客户资源合作等。

(3) 回答用户经常关心的问题。企业的电话接待员经常要一遍又一遍地回答客户提出的同样问题，企业甚至要为回答这些售前和售后问题而专门增设人手。将这些问题的答案放到企业网站上既能使客户们弄清楚问题，又节省了大量时间和人力资源。

(4) 同销售人员随时保持联系。公司正在出差的员工可能需要产品资料和促成一笔生意的最新信息。如何在第一时间交到外地销售人员的手上呢？利用网络技术，公司的销售人员就可以在外地通过网络即时从企业主机上获取所需资料，既节省了长途通信费用，又能实时地取得联系。

(5) 尽快更新信息。有时许多信息还没有发布就成了旧信息，需要更新，而印好的资料也变成一堆废纸。电子版改变了这一切，不用纸张、油墨，无须排版，无须预订版面，不论面积大小可以随时修改内容，任何传统印刷方式都不可能有这种灵活性。

(八) 竞争需要

互联网的用户在迅猛增长，网站和电子信箱系统已经成为企业运营不可或缺的重要组成部分。人们用电子信箱已经比用电话多了，90%以上的企业和其他组织都设法在网络上设有自己的网站，供数以百万计的人们浏览。企业要为众多的民众、客户服务，就必须建立自己的网站和电子信箱系统，以便在信息的高速公路上宣传自己并高效地工作。没有网站和电子信箱的企业将失去越来越多的机会，最终被淘汰。

第三节　营销型企业网站的规划与建设

21世纪是一个科学技术飞速发展的时代，网络成为人们生活中不可缺少的一部分。日常生活中，人们除了通过电视、报刊等媒介获取最新资讯外，另外一个更直接的途径就是网络。据第47次《中国互联网络发展状况统计报告》显示，截至2020年12月，我国网民规模约为9.89亿，互联网已经渗透到人们的日常生活中，如何在互联网中占据一席之地？如何利用互联网推动企业发展？如何让您的企业在互联网上获得更多订单？企业网站要下功夫提高转化率，引导浏览者成为客户。这个引导浏览者掏钱购买的过程是要经过细心设计的，不能让浏览者随心所欲，更不能让用户自己探索，自己克服困难。

一、企业网站建设的原则

(一) 目的性

任何一个网站都必须具有明确的目的和目标群体。网站是面对客户、供应商、消费者，还是三者，其主要目的是介绍企业还是宣传某种产品。如果目的不是唯一的，还应该清楚地列出不同目的的轻重关系。建站包括类型的选择、内容功能的筹备、页面设计等各个方面，这些方面都受到目的性的直接影响，因此目的性是一切原则的基础。

建站的目的应该是考虑成熟的，主要包括以下三个方面：①目的应该是明确的，而不是笼统地说要做一个平台、要做电子商务，应该清楚主要希望谁来浏览，具体有哪些内容，提供怎样的服务，达到什么效果；②当前的资源环境下能够实现，不能脱离自身的人力、物力、互联网基础，以及整个外部环境等因素盲目制定目标，对外部环境的考虑通常容易被忽略；③如果目标比较庞大，应该充分考虑各部分的轻重关系和实现的难易程度，想要一步登天的做法通常会导致投入过大且缺少头绪，不如分清主次，循序渐进。

企业要在充分考虑了目的和目标群体的特点以后，再来选择建站类型，并相应地安排适当的信息内容和功能服务。显然，如果目标群体的互联网基础薄弱，建立电子商务型的网站就是个失误。企业网站在信息内容和功能服务的安排上，还应该避免大而全的模式。

(二) 专业性

企业网站的信息内容应该充分展现企业的专业特性，主要包括以下三个方面：①介绍企业自身，最主要的目的是向外界介绍企业的业务范围、性质和实力，从而创造更多的商机，例如，完整无误地表达企业的业务范围(产品、服务)及主次关系；详细地介绍企业的地址、性质、联系方式；提供企业的年度报表以帮助浏览者了解企业的经营状况、方针和实力。②如果提供行业内的信息服务，则这些信息服务应具备全面性、专业性、时效性、独创性，以及所提供的信息是容易检索的。③如果企业的客户、潜在客户使用不同语系，应该提供相应的语言版本，至少应该提供通用的英语版本。

(三) 实用性

企业网站的功能服务应该是切合实际需求的，主要体现在：①网站提供的功能服务应该是契合浏览者实际需求且符合企业特点的，例如，网上银行提供免费电子邮件和个人主页空间，既不符合浏览者对网上银行的需求，也不是银行的优势，提供这样的功能服务不但会削弱浏览者对网站的整体印象，还浪费了企业的资源，有弊无利。②网站提供的功能服务必须保证质量，即每个服务必须有清晰的流程，每个步骤需要什么条件、产生什么结果、由谁来操作、如何实现都应该是清晰无误的，用户操作完每一个步骤(无论正确与否)后应该被提示当前处于什么状态。

(四) 易操作性

企业网站页面设计的核心是让用户更容易操作，主要包括：①网站的板块划分要合理，条理要清晰。②页面整体设计风格要一致，即整体页面布局和用图、用色风格要前后一致。③每个页面调出的时间应该在可以接受的范围之内，当必须耗用较长的时间时应该有明确提示，并最好有进度显示。④命名应该是简洁、清晰、易懂且不易相互混淆的，对于目标群体而言，尽量不要使用较为生僻的词语，如果一定要使用，则应给出容易理解的解释。⑤应该具有明确的导航条和网站地图提供快速导航操作，错误或者无效的链接是页面设计的大忌之一，主要的信息应该放在突出的位置上，常用的功能则应该放到容易操作的位置上。⑥针对目标群体的需要应充分考虑浏览器兼容性、字体兼容性和插件流行程度等，对专业的术语、复杂的操作等有直接的、容易理解的帮助，简单有效的个性化有助于增强页面的易操作性，在风格允许的情况下，可以适当增强交互操作的趣味性和吸引力。

(五) 艺术性

网页创作本身已是一种独特的艺术形式。网页达到吸引眼球的目的，再结合页面设计的相关原理，形成了一种独特的艺术。这使得企业网站的设计应该遵循基本的图形设计原则，符合基本美学原理和排版原理，对于主题和次要对象的处理要符合排版原理。全站的设计作为一个整体，应该具有整体的一致性，整体设计应很好地体现企业形象。

(六) 价值性

网站必须被访问和使用才有价值。再好的网站，如果没有人访问和使用也是毫无价值可言。网站本身应该是企业形象的一部分，应该出现在企业常用的名片、目录、信封和各种广告里。企业登录搜索引擎是一种行之有效的推广方法，在常用大型搜索引擎登录，设计更准确和全面的关键词，可以增加被检索到的机会。

二、企业网站建设的基本流程

在过去，新建网站的公司通常会犯一个错误，即在刚开始制作网页时缺乏充足的前期计划。网站设计必须处于网页制作之前，为了确保成功建立后期不需要返工的高质量网站，前期计划是必需的。设计程序(见图 5-8)包括分析网站拥有者和用户的需要，决定建设网站的最佳途径。如果没有结构性的计划和认真的网站设计，昂贵的返工费是不可避免的，因为网站很可能无法满足终端顾客的需求或商业的需要。

通过图 5-8 可以发现，由于网站目录设计在提供高满意度的顾客体验方面是重要的，而且会带来顾客的重复访问，本部分将为大家详细地描述网站设计，网站的推广将在后面的内容介绍。图 5-8 所总结的网站开发过程是理想化的，如果从高效的角度出发，许多活动都应当是并行的。内容计划和开发阶段在网站中相互交叠，图形开发对原型制作也是很有必要的。因此，当进行网站分析和设计时，一些开发任务也不得不同时进行。作为计划过程的一部分，需要预定的主要开发任务如下。

(1) 开发前的任务。对于一个新网站而言，开发前的任务包括注册域名或做出拥有网站的决策，还包括准备简单的设备，如果想外购网站，还需要与竞争机构竞标并关注它们的出价。

(2) 分析和设计。网站详细的分析和设计，包括明确商业目标、识别访问者和典型顾客角色、用户浏览及其需求的市场调研，定义不同类型内容额信息架构和对支持品牌的不同功能的可视设计进行建模。

(3) 内容开发与测试。该阶段包括编写网页、制图、数据库整合、可行性和绩效测试。

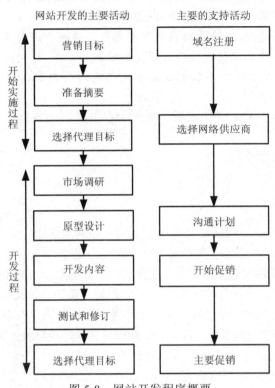

图 5-8　网站开发程序概要

(4) 完成或运行网站。这是一个相当短的阶段。

(5) 运行前的推广和沟通。搜索引擎的注册和优化对于新网站是很重要的。虽然搜索引擎能够容易地索引新网站，但是一些搜索引擎对新网站设置了处罚(有时被称为"google 的沙箱效应")。因此，新网站必须进行有效测试，直到网站建立，利用公关公司进行宣传是运行前推广网站的一种方式。

(6) 正在进行的推广。进度表也应该考虑进网站运行后的推广，包括通过折扣模式进行网站推广或预计到的进一步竞争。现在许多公司都考虑把搜索引擎优化和点击付费营销作为一个持续的过程，并且常常雇佣第三方来协助完成。

【专栏5-2】网站对多产品分页设计方法的问题

经常看到这样的网站：假定某个企业有 100 种产品，在产品目录页面，每个页面安排了 1～10 种产品，然后用户要逐级单击"下一页"按钮来查看其他产品，这不仅非常麻烦，而且也影响搜索引擎收录。稍微好一点的网站设计，可能是列出每个网页的链接，用户可以通过第一个产品目录页面直接进入到第 N 个网页。

从链接关系上说，这样的网站结构并没有什么错误，理论上讲搜索引擎一般也可以按照这种层次链接关系检索各个相关网页(实际上可能因为网页链接层次过深而被搜索引擎忽略)。如果站在用户角度看，这样的网站结构设计题就大了：一般的用户，除非特别需要从这 100 多个产品(10 多个网页)中逐个了解每一种产品信息，否则很难有耐心逐个网页查看。

这种现象不仅出现在传统企业网站上，许多网上零售型电子商务网站因为内容复杂，栏目结构也存在类似的问题，而且可能更加严重。

1. 本案例中存在的问题在许多网站中都是比较普遍的，这会影响网站搜索引擎的友好性，在进行网站栏目结构优化设计时必须高度重视。

2. 合理的网站栏目结构，不仅要能正确表达网站的内容，还要展现内容间的层次关系。

（资料来源：冯健英. 网络营销基础与实践[M]. 北京：清华大学出版社，2016.）

三、企业网站的组成部分

（一）域名

域名就是我们通常所说的网址，是连接企业和互联网的纽带，它像商号、商标一样具有重要的识别作用，是访问者通达企业网站的"钥匙"，是企业在网络上存在的标志，担负着标志站点和导向企业站点的双重作用。客户在自己的计算机上输入某个域名，计算机的应用程序便会自动通过域名服务器将域名转换成相应的 IP 地址，而和与该域名相对应的网上计算机主机相连，获取各种资源。域名对于企业开展电子商务和网络营销具有重要作用，一个好的域名会大大增加企业在互联网上的知名度。因此，企业如何选取好的域名就显得十分重要。

域名本身并不能为企业带来任何好处，企业只有将域名进行有效宣传，域名才具有商业价值。"广州电信"被"公信"抢注为 chinatelecom，尽管这是"广州电信"公认的翻译，但广州电信根本没有耗资把其要回来的考虑，因为抢注方不宣传 chinatelecom，那么chinatelecom 就毫无商业价值。相反，广州电信注册了 gznet 的域名，并做了大量宣传使之在网络用户中家喻户晓，人们希望在网上了解"广州电信"时只会敲 http://www.gznet.com/，而不是chinatelecom。

（二）空间

空间指为网站内容存放提供的电脑硬盘空间。一般是 24 小时在互联网开通的专用服务器上的硬盘存储空间，它必须要满足网站内容的存放要求。空间就像我们的家庭住宅一样，首先必须要有一个房子，访问者才能通过地址来访问。有了域名的指引，有了空间，访问者才能进入网站。

（三）网站内容

网站内容是关键，即通常所说的网页。网页就是把我们要发布给别人看的东西展现出来。网站内容由无限多的网页组成。网页大体上可分为动态网页和静态网页。动态网页是指访问者可以通过网页向其他人提交信息的网页，静态网站是指单方面向访问者提供信息的网页。

（四）网站推广

很多网站做得很漂亮，企业产品也很好，可就是没人访问。网站同产品一样也需要宣传。据统计，仅中文网站就有几千万个，如何让用户在这么多网站中找到企业的网站呢？最直接、有效的方法就是登录搜索引擎。

四、企业网站建设过程中的注意事项

随着互联网技术的发展，很多企业会给公司建设一个营销类型的网站，为什么企业要建设营销类型的网站？原因很简单，即营销网站整合了网站营销的理念和网站运营的方法，在后期的运营中起到很多作用。那么问题来了，建设一个营销类型的网站要注意哪些问题呢？

(一) 网站的布局和产品的展示

营销类型的企业网站如果整体布局好了，不仅对搜索引擎有用，还可以提升用户体验。营销型的网站导航一定要包含关键词，这样用户在访问网站时才不会迷路。企业建设营销网站的目的是销售产品，所以网站对产品的展示不可忽略。企业网站可以做一些产品图片放在网站上面，让用户看上去一目了然。

(二) 网站要合理更新内容

一般来说，企业网站建设会有企业新闻这个栏目的，企业要合理是利用这个栏目，更新企业的内容，从而提高网站的信任度。网站正文的内容最好是图文并茂的形式，因为在内容里添加图片能一眼看上去就能知道内容主要描述的是什么。

(三) 用户体验是企业网站建设的核心

无论哪种网站都是给用户看的，但是一些营销类型的企业网站在建设时并没有重视用户体验的建设，导致网站流量很少，没有多少用户来浏览。在建设企业网站时，也要注重网站的美观性，网站的美观以及实用是提升用户体验的关键。

(四) 细分市场，专门针对目标用户进行网站的建设

建设一个企业营销型的网站，一定要细分市场，专门针对目标用户进行网站的建设。由于建站技术的发展与进步，很多企业网站的建设都是大同小异的，无论布局还优化，都有类似的地方，而进行差异化的营销网站建设才可以提高企业的竞争力。

(五) 与一些权威性强的网站交换友情链接，或者发布高质量的文章

用户想要了解一家企业，一般都是通过互联网去详细了解这家企业的资质实力。这个时候企业要做的事情，就是提高网站的信任度。企业可以在一些权威的网站发布一些文章，提高网站的排名，或者与高质量的网站交换友情链接，增加网站的流量，提高网站的权重。

五、企业网站的评价

从实际应用的角度出发，通过对大量网站的研究和分析，可归纳出一个成功的企业网站必须具备以下几个要素。

(一) 页面访问速度快

页面访问速度快，即输入网址后能在最短的时间内显示网页内容，如果20～30秒还不能打开一个网页，一般人会没有耐心。页面访问速度的快慢是网站能否留住访问者的关键因

素之一。

(二) 网页设计有创意、美观，无错误链接，并且时常更新网页内容

网页设计一般根据客户的不同形象、类别与要求进行，设计时一定要富有创意和特色。网页减少错误链接需要网站管理员具有高度的责任心，在将每个链接放到网上之前，应该对其有效性进行验证。由于 Web 站点经常发生变化，Web 站点管理员在将链接放到 Web 站点上之后，还必须定期对其进行检查，以确定它们目前是否有效。

(三) 网站使用方便

网站吸引用户访问的基本目的是扩大网站的知名度和吸引力，将潜在顾客转化为实际顾客，将现有顾客发展为忠诚顾客等。虽然网站设计没有统一的标准，但是为用户提供方便是一个成功网站必备的条件，应当包括快速导航系统、必要的帮助信息、常用问题解答、尽量简单的用户注册程序等。

(四) 保持系统正常运行

系统正常运行包含网站服务器的正常工作和网站内容与功能的正常运行。系统正常运行是保证用户能够正常访问和获得用户信任的基础条件，而实际上不少网站并不能做到这一点。有些网站并没有考虑服务器的承受能力，在其发出大量有关新功能、新服务的新闻之后，许多用户根本无法正常浏览该网站。还有一种情形是，在网站功能还没有建设完成之前，就迫不及待地公开发布，用户看到的只能是"网页内容建设中"的告示。这不仅伤害了用户使用的积极性，更重要的是严重损害了网站的形象，而且可能永远失去了遭受这种经历的潜在顾客。例如，在一个购物网站，当你辛辛苦苦地找到了自己需要的商品，并一一放入购物车，到最后提交订单的时候，得到的是"服务器正忙，请您稍后再来"或者"发生内部错误"之类的反馈信息，你能对这样的网站产生信心吗？你能成为该网站的忠诚顾客吗？

(五) 联系信息方便多样

虽然互联网时代为人们提供了更为便利的沟通手段，如电子邮件、留言板、即时通讯等，但是对于许多新顾客来说，仅在网站上留下这些联系方式还不够，有时顾客更倾向于电话和传真等通信方式，公司地址和公司各分支机构的地址等信息，也能为用户带来更大的方便。如果网站同时可以提供 800 免费服务电话和其他联系方式，相信不仅可以体现公司的实力，而且更能充分体现出良好的顾客服务。

(六) 保护个人信息

为了提供个性化服务或者收集潜在用户信息，许多网站要求用户首先注册为会员。网站收集用户资料有何目的？如何利用用户的个人信息？是否将用户资料出售给其他机构？是否利用个人信息向用户发送大量广告邮件？用户是否对此拥有选择的权利？用户填写的个人信息是否安全？用户能否获得必要的回报？这些都是用户十分关心的问题。如果网站对此没有明确的说明和承诺，这样的网站显然缺乏必要的商业道德，或者至少可以被认为对用户不够尊重，有资料表明，96%的网络用户认为网站公布个人信息保护政策十分重要，大约有77%的互联网用户甚至为避免在一些网站登记个人信息而离开。人们不热衷于登记不仅因为登记

过程占用时间和精力，而且因为这关系到个人信息安全。

(七)　符合网络伦理

网络伦理是互联网上一种特有的商业道德，即尊重用户的个人信息，不向用户发送商业信息，只有经过用户的许可才可以通过电子邮件等手段向用户发送相关信息。符合网络伦理只是最基本的商业道德，理应为所有企业所遵从，然而实际上，大量发送广告邮件的网站不在少数，有些甚至还是有一定知名度的网站。一个优秀的网站绝不会向用户发送未经许可的商业邮件。

以上讨论的仅是一些通用的基本因素，除此之外，对于不同类型的网站，还应该有其特定的评价标准。例如，购物网站的按时交货和退货政策、新闻网站的及时性和新闻来源的可靠性、搜索引擎网站搜索结果的数量和匹配、免费邮件网站的功能和空间容量等，需要根据不同情况加以综合分析评价。

本 章 小 结

网站是进行网络营销的基础，是网络营销理论实施的平台。企业网站可以让访问者了解企业及其产品与服务，帮助企业发布信息、提供产品和服务，促成交易的达成。所以企业进行网络营销时，要熟悉企业网站设计应遵循的原则，了解企业网站的种类与形式，理解企业网站的基本功能，掌握网站建设的基本流程，策划企业网站推广运营，体会企业网站维护。从而使得企业网站能够达到企业网络营销的目标，在网络市场上占有一席之地。

1. 随着消费者和企业对网络使用的不断增长，网络营销渠道不断完善，它在企业与在线顾客之间建立了一个创新与互动的沟通和交易渠道。企业需要明确他们的在线消费者是谁，他们进入网络的方式和地点以及想要得到的收益。

2. 网站如果不能向消费者传递价值，是很难成功的。企业需要明确他们的客户，并对如何通过网络更好地满足客户有一个很好的理解。随着时间的推移，越来越多的企业开始更多地关注网络营销的重要性。

3. 网站的功能是不尽相同的。一些网站提供整套的互动服务，而另一些则仅仅提供信息。

4. 网站开发在其设计阶段的具体要求有：

- 应用了网站地图、蓝图或线框图的网站信息架构和结构；
- 由导航条和菜单选项控制的点击流；
- 按照国别的本土化；
- 在线表格和电子邮件信息的服务质量。

练习题

一、选择题

1. 下面哪一个关于网站命名的表述是错误的(　　)。

A. 域名是企业在网络上的地址体现　　　B. 域名相当于在网上的一种企业商标

C. 企业可以同时申请多个域名　　　D. 网络上可能存在两个相同的域名

2. 域名实质上是一种(　　)。

　A. 企业名称　　　　B. 企业标识　　　C. "网上商标"　　　D. 虚拟地址

3. 测试所制作的网页时，不需要考虑的因素是(　　)。

　A. 保证页面内容的正确性　　　　　　　　　B. 格式的正确性

　C. 链接的有效性，以及页面下载速度的合理性　　　　D. 网页发布工具

4. 购买搭建一个网站需要的空间，需要注意的是(　　)。

　A. 安全性　　　　　　　　　　B. 选择合适的数据库

　C. 试用　　　　　　　　　　　D. 别被低价、劣质空间所蒙蔽

5. 网站在互联网上的地址被称为(　　)。

　A. IP地址　　　　　B. 客户账号　　　C. 网络　　　　D. 域名

6. 营销型企业网站建设的基本原则(　　)。

　A. 完整性原则　　　B. 友好性原则　　　C. 系统性原则　　　D. 适应性原则

7. 营销型企业网站优化设计中的一些基本要素(　　)。

　A. 网站信息有效　　　　　　　B. 网站简单易用，尤其要注意网站导航方便

　C. 网站链接有效　　　　　　　D. 为每个网页设计一个合适的标题

二、判断题

1. 域名仅仅是 IP 地址的字符表示，是企业在网上市场进行商业活动的标识。　(　　)

2. 企业购买通用的商店管理软件系统来搭建企业的网上商店平台，可以根据企业自己的特性搭建能满足自己个性化需求的网上商店。　(　　)

3. 域名具有商标特性，与商标一样具有域名效应，因而具有潜在的价值。　(　　)

4. 顾客的利益期望是品牌发展路线的决定因素。　(　　)

5. 域名在互联网上可以说是企业形象的化身，是在虚拟市场环境中商业活动的标识，是提高企业站点的知名度、提高企业的被识别和选择的概率。　(　　)

6. 网站价值的体现主要表现在用户体验上，用户体验好，能带来更好的口碑，接着会带来更多的用户、更多的流量，带出更多的盈利方法。　(　　)

7. 信息订阅型网站主要面向客户或者企业产品(服务)的消费群体，以宣传企业的核心品牌形象或者主要产品(服务)为主。　(　　)

8. 一般来说，静态网站以 html 为后缀，动态网站一般以 asp 和 php 为后缀，它们都是采用 ASP 和 PHP 等建站语言编写而成的。　(　　)

三、填空题

1. 企业网站具有自主性和_____，是主动性与_____的矛盾统一体，企业网站的功能需要通过其他网络营销手段才能体现出来，企业网站的功能具有相对稳定性等特点。

2. 一般来讲，按照网站的内容，企业网站主要包括：_____、_____、_____和_____四种类型。

3. 一个完整的企业网站，无论多么复杂或多么简单，都可以划分为_____、_____、_____和_____四个组成部分。

4. 域名注册要注意的基本原则包括：_____、_____、_____。

5. 影响营销型企业网站排名规则的影响因素公司因素主要包括_____、_____、_____和_____等

四、名词解释

1. 信息型网站

2. 信息订阅型网站

3. 广告型网站

4. 在线销售型网站

5. 域名

五、简答题

1. 网站是如何进行分类的？

2. 选择三个不同的站点并分析各自的组成有哪些？

3. 结合一些著名网点的设计实践，对站点设计进行点评。

六、论述题

1. 你是否认为店铺销售的所有产品都可以通过网络进行销售。

2. 选择与顾客以不同方式互动的三个网站，对这些网站进行比较，并解释这些网站可能为顾客带来的潜在收益。

七、案例分析

有所为，有所不为——强生公司网络营销策略分析

如今，强生已发展成为拥有180多个公司、近10万雇员的世界大家庭，生产婴儿护理用品、医疗用品、家庭保健产品、皮肤护理用品、隐形眼镜和妇女卫生用品等系列产品。著名的"邦迪"牌创可贴更是人人居家外出的必备品。

显然，策划这类企业网站比策划通用汽车、德尔和高露洁之类企业网站要难得多。因为设计单一产品企业网站时，当以"纵横捭阖"为旨；而建立多种产品企业网站时，则以聚敛收缩为要。这有点类似于书法要诀中"小字贵开阔，大字贵密集"之辩证关系。面对旗下众多的企业、产品和品牌，强生网站如果不厌其烦地一味穷举，就可能做成"医疗保健品大全"之类。当然，"大全"本身并无不好，问题是互联网生来就是"万类霜天竞自由"的辽阔天地，人们稀罕的不是遍地"山花烂漫"，而是在寻觅哪边"风景独好"？今日网上谁主一方沉浮，谁就为一方豪杰，可谓英雄割据正当时。

所以，强生以"有所为，有所不为"为建站原则，以企业"受欢迎的文化"为设计宗旨，明确主线，找准切入点后便"咬住青山不放松"，将主题做深做透，从而取得极大成功。

1. 站点主题及创意

管理学者素来对强生公司的"受欢迎的文化"推崇备至。该企业文化的内涵体现在公司信条中。这是自其成立之初就奉行的一种将商业活动与社会责任相结合的经营理念：第一，

公司需对使用其产品和服务的用户负责；第二，对公司员工负责。明确这些边界条件后，强生选择婴儿护理品为其网站的形象产品，选择"您的宝宝"为站点主题，将整个站点打造成年轻网民的一部"宝宝成长日记"，所有的营销流程自然沿着这本日记悄然展开。将一家拥有百年历史，位居《财富》500强企业的站点建成"您的宝宝"网站，变成一部"个人化的、记录孩子出生与成长历程的电子手册"这一创意是否太滑边、太离谱了？但请慢下结论，任何人只要客观地顺其网站走上一遭，就会发现这的确是个"受欢迎"和充满"育儿文化"气息的地方。

在这里，强生就像位呵前护后、絮絮叨叨的老保姆，不时提醒着年轻父母们关注宝宝的睡眠、他的饮食、他的哭闹、他的体温、如何为他洗澡……年轻父母们会突然发现，在这奔波劳顿、纷乱繁杂世道中，身边倒确实需要一个这类角色的不断指点，尽管随着孩子的日日成长，这老保姆会时时递来"强生沐浴露""强生安全棉""强生尿片""强生围嘴"，以及其他几十种强生产品。

虽然"不尽强生滚滚来"，但这份育儿宝典会告诉年轻父母这些用品正是孩子现在所必需的。而且这时的网站又成了科学与权威的代言人，每种产品都是研究成果的结晶，还有各项最新研究报告为证，年轻父母只需按这吩咐去做准没错！所以人们不会觉得它比街头推销员烦。一个站点做到这样，能说它不成功吗？

2. 内容与功能

进入强生网站，左上角著名的公司名标下是显眼的"您的宝宝"站名。每页可见的是各种肤色婴儿们的盈盈笑脸和其乐融融的年轻父母，这种亲情是化解人们对商业站点敌意的利器。首页上"如您的宝宝××时，应怎样处理？""如何使您的宝宝××？"两项下拉菜单告诉来访者，这是帮人们育儿答疑解难的地方。

整个网站页面色调清新淡雅，明亮简洁，设有"宝宝的书""宝宝与您及小儿科研究院""强生婴儿用品""咨询与帮助中心""母亲交流圈""本站导航""意见反馈"等栏目。

"宝宝的书"由电子版的"婴儿成长日记"和育儿文献交织组成。前者是强生在网上开设的日记式育儿宝典，用户登录后，站点会生成一套记录册，用户可得到强生"为您的宝宝专门提供的个性化信息服务"。具体为：

- 育儿日记(网上电子版)；
- 记事及提醒服务(重要数据与预约项目)；
- 可打印的格式化婴儿保健记录；
- 成长热线(提供与年龄相关的成长信息)；
- 研究文献(输入婴儿的周数、月数，站点会提供相应的育儿文章，也可按主题查询)。

事实上，育儿宝典的服务是从孕期开始的，其中有孕期保健、孕期胎儿发育、娱乐与情绪控制、旅行与工作、产前准备、婴儿出生、母婴保健……然后是初生婴儿的周数、月数。使用者按此时序记录婴儿发育进展时，站点会不断提供各类参考文章，涉及婴儿的知觉、视觉、触觉、听力系统，对光线的反应、如何晒太阳、疾病症状等。各项操作指导，可谓细致周全，如教人如何为婴儿量体温，居然分解出6个步骤进行。至于如何为孩子洗澡，更是先论证一番海绵浴和盆浴不同的道理，然后再要求调节室内温湿度，再分解出浴前准备6个步骤和浴后处理6个步骤等。一个网站认真到这份地步，令你不得不叹服其"对服务负责"信条的威力，相信其进入《财富》500 强绝非偶然。

网站还为年轻父母提供了心理指导，这对于某些婴儿的父母来说具有特别重要的意义。如"我的宝宝学得有多快？"栏目就开导人们，不要将自己的孩子与别人的孩子做比较，告诉年轻父母，将一个婴儿与其兄弟姐妹或其他婴儿比较是很困难的，只能将他的现在和他的过去做比较；你们的爱对婴儿来说是至关重要的，因此，无条件地接受他、爱他，就会培养出一个幸福、自信的孩子。

促进人们的交流是互联网的主导功能，强生参与运作了一个"全美国母亲中心协会"的虚拟社区。该中心协会是分布于各州的妇女自由组织，目的是使参加者不再感到孤立无助，能展示其为人之母的价值，切磋夫妇在育儿方面的经验，共同营造出一个适合孩子生长的友善环境。如今，强生助其上网并归入自己站中，除保留原来的交流作用外，还从相关科研动态与信息方面来帮助她们解决问题。

强生网站提供服务时，客户输入的数据也进入其网站服务器。这是一笔巨大的资产，将对企业经营起着不可估量的作用，这也是对其认真服务的回报。当然，网站对任何登录的客户数据均有保密承诺，但这些信息对该公司却是公开的。它需要登录者提供自己与婴儿的基本信息，并说明其与婴儿间的关系(母亲、父亲、祖父、祖母……)。对于愿意提供"婴儿皮肤类型""是否患尿布疹""如何喂养(母乳、牛乳、混合、固体食品)"者，可获得皮肤保健、治疗尿布疹和喂养方面的专项信息服务。当然，对于顾客主动从"反馈"栏发来的求助与问询，网站的在线服务会给予相应解答。同样，凡参加"母亲中心"论坛的妇女在被正式接纳前，也需按"极感兴趣""有兴趣""不太感兴趣""不感兴趣"的选项，对各种讨论题做出回答，如"母亲工作""残疾儿童""抚养婴儿""取名字""孩子出生前后家庭关系变化""孕期保健""婴儿用品""我的宝宝做得如何""趣闻轶事"等。

上述这些客户登记及回答信息到了公司营销专家、心理学家、市场分析家等手中，自然不久就会形成一份份产品促销专案，至少对企业与顾客保持联系起相当重要的作用。由于这些方案具有极强的家庭服务需求针对性，其促销成功率应当不低。

3. 网站点评

面对庞大的企业群和无数产品，强生网站若按一般设计，可能就会陷入"前屏页面查询+后台数据库"的检索型网站之流俗格局。从网络营销角度上看，这类企业站点已呈"鸡肋"之颓势。这就如同各种典籍类工具历来都有，但任何时候都不会形成阅读热潮和建立起忠实的顾客群体，且对强生来说，那样做还无助于将其底蕴深厚的企业文化传统发挥出来。如今，企业站点在设计上做了大胆的取舍，毅然放弃了所有品牌百花齐放的方案(当然，强生为旗下每家公司注册了独立域名，并能从站点"Websites"目录中方便地查到)，只以婴儿护理用品为营销主轴线。选择"您的宝宝"为站点主题，精心构思出"宝宝的书"为其与客户交流及开展个性服务的场所。力求从护理层、知识层、操作层、交流层、情感层、产品层上全面关心顾客痛痒，深入挖掘每户家庭的需求，实时跟踪服务。

于是，借助于互联网络，强生开辟了丰富多彩的婴儿服务项目；借助于婴儿服务项目，强生建立了与网民家庭的长期联系；借助于这种联系，强生巩固了与这一代消费者间的关系，同时又培养出新一代的消费者。

强生这个名字，必然成为最先占据新生幼儿脑海的第一品牌，该品牌可能将从其记事起，伴随其度过一生。网络营销做到这一境界，已是天下无敌。

(资料来源：张辉. 强生公司网络营销策略分析[E8/OL]. [2011-06-17]. http://abc.wm23.com/

hui27fly/97761.html)

请根据以上资料，回答下列问题：

1. 强生主要是经营什么产品的公司？该网站属于哪种类型的网站？

2. 强生的网站建设原则和企业文化分别是什么？并做简单说明。

3. 运用所学知识简述强生公司网络营销成功的原因。

八、思考与实践

1. 有人预测网络可以取代店铺销售，10 年之内零售业务的主流将是网上交易。你认为网上交易能够满足广大消费者需要的程度如何呢？

2. 进入海信集团网站(http://www.hisense.com)，分析海信网站页面由哪些部分组成。

3. 列举几个网站定位成功的例子，并说明理由。

第六章

营销型网站的宣传与推广

【学习重点】

了解网站推广的定义及其各阶段的特点和任务；熟练应用搜索引擎、信息发布、电子邮件、病毒性营销等常用网站推广方法；了解网络品牌的内涵及其管理方法；了解网络营销信息的特征与作用；掌握网络信息发布与传递的相关内容；能够根据网络营销任务制定网站推广计划。

【学习难点】

本章首先从网络营销网站推广的基本理论入手，通过介绍网络营销网站推广的内涵、目标、推广策略，引申出网络品牌的建立与推广，同时介绍网络营销的信息发布与传递的相关内容。通过对本章的学习，读者可对网络营销网站推广的基本内容以及引申出来的相关知识有一个初步认知，明确网络营销网站推广对企业的重要意义。

【教学建议】

课程教学建议结合案例教学，引导学生查阅课外相关资料进行分析，并对相关网站进行分析，能够根据网络营销任务制定网站推广计划。

【引导案例】

欧莱雅网络推广营销策略

欧莱雅的中国市场分析显示，男性消费者初次使用护肤品和个人护理品的年龄已经降到22岁左右，男士护肤品消费群体已经获得较大扩张。虽然消费年龄区间正在扩大，但即使在经济最发达的北京、上海、深圳等一线城市，男士护理用品的销售额也只占整个化妆品市场的10%左右，全国的平均占比则远远低于这一水平。作为中国男士护肤品牌，欧莱雅对该市场的上升空间充满信心，希望进一步扩大在中国年轻男士群体中的市场份额，巩固其在中国男妆市场中的地位。

欧莱雅推出的新品男士BB霜，希望迅速占领中国男士BB霜市场，树立该领域的品牌地位，并希望将其打造成年轻男性心目中人气最高的BB霜产品。欧莱雅男士BB霜的目标客户定位于18岁到25岁的人群，他们是一群热爱分享，热衷于社交媒体，并已有一定护肤习惯的男士群体。

为了打造该产品的网络知名度，欧莱雅针对目标人群，同时开设了名为"型男成长营"的微博和微信账号，开展了一轮单纯依靠社交网络和在线电子零售平台的网络营销推广活动。

欧莱雅在新浪微博上引发了针对男性使用 BB 霜的接受度讨论，发现男性以及女性对男性使用 BB 霜的接受度大大高于人们的预期，这为传播活动奠定了舆论基础。欧莱雅还邀请明星代言，并让其发表先行者宣言，号召广大网民通过微博申请试用，发表自己的先行者宣言。欧莱雅利用微博营销产生了巨大的参与效应，并将微博参与者转化为了品牌的主动传播者。

欧莱雅在京东商城建立欧莱雅男士 BB 霜首发专页，开展"占尽先机，万人先型"的首发抢购活动；设立了欧莱雅男士微博部长，为 BB 霜使用者提供一对一的专属定制服务。另外，欧莱雅开通微信公众号，每天及时将新品上市、前后对比等信息及使用教程通过微信推送给关注巴黎欧莱雅男士公众号的每一位用户。

该活动通过网络营销推广引发了在线热潮。两个月内，在没有任何传统电视广告投放的情况下，该活动覆盖人群达到 3500 万人，其中超过 30 万人参与了互动。据新浪微博统计，相关微博阅读量达到 560 万人；另外，在整个微博试用活动中，一周内有超过 70000 位男性用户申请了试用，在线预估销售一周的库存一天售罄。

(资料来源：陈德人. 网络营销与策划——理论、案例与实训[M]. 北京：人民邮电出版社，2019.)

引言

许多研究人员认为，网络营销有改变企业交易方式、扩展信息处理能力和影响整个企业成功的能力。网络营销创造了一个完全不同的交易环境，在线交易方式让企业彻底地改变。因此，组织应该从根本上建立不同的价值取向，建立新的行为模式，在在线交易环境中建立持续的企业战略。一些证据也支持了这一论断：新的市场进入者利用非传统方法创造了新的市场地位，从现有企业中夺得了市场份额。

尽管人们还在讨论网络对企业经营的影响，网络营销的关键时刻已经到来，越来越多的企业开发和支持网络及电子交易。因此，对网络营销有一个清晰的了解是必要的，是企业有效地运用网络技术的关键。本章将关注企业网络营销的应用。

第一节　营销型网站推广概述

一个网站建设完成后，如果不宣传，设计得再好也没有人访问，又有什么意义呢？因此，网站的宣传、推广是网站必须做的工作，只有通过宣传、推广，才能使网站在浩如烟海的互联网中被人注意。大多数传统的宣传、推广方式在网站推广中同样有效。

网站推广的方式有两种：付费推广和免费推广。付费推广一般是大企业，或是有大量资本的公司或个人采用的方式，最大的优势是快速展现与稳定排名，能第一时间使企业及其产品出现在客户面前，同时也能给潜在客户一定的信任感。付费推广最大的弊端在于：需要付出大量的资金；过了付费期限自然下线，外围没有任何可以展示品牌和产品的信息；推广位置相对比较固定，若是换平台或是互动位置，则找不到原来平台的信息；需要长久持续进行推广，否则效果并不大；若是坚持长期付费推广，费用不菲；找专业的人员进行操作，人员成本也会比较高；要时时了解投放平台的页面更新与新规则制度的变化。

免费推广最大的优势是节省开支与预算，除此之外，由于外围免费的信息多了，给企业带来了更多的曝光量。免费推广的弊端体现在：比较耗时间，要经过相当长一段时间的推广才能使排名靠前；要做大量工作，需要每天发布一定数量的产品信息或商业信息；需要执行力强的人员持续执行；多方位、多平台操作发布，需要时时关注已发布信息被删除的情况；免费平台都有一定数量的信息发布限制，或信息显示时间限制。

在实际推广时，可以考虑付费推广与免费推广相互结合，这样既能带来更多的流量，又能更好地突出公司产品的特色与品牌力度。

一、营销型网站推广的内涵

(一) 网站推广的内涵

网络营销网站作为企业在网上市场进行营销活动的阵地，能否吸引大量顾客来访问是开展网络营销成功与否的关键，也是网络营销的基础。网站推广就是通过对企业网络营销网站的宣传吸引用户访问，以提高网站的知名度，争夺有限的注意力资源，尽可能提高网站的访问量，吸引和创造商业机会。所以，通过网站推广可以帮助企业扩大知名度，让尽可能多的潜在用户了解并访问网站，通过网站获得有关产品和服务等信息，为最终形成购买决策提供支持，增加企业的销售量，创造更大的企业价值。

(二) 网站推广的分类

网络推广想必大家都不陌生，在我们生活中的方方面面都能看到他们，如我们经常浏览信息的论坛，还有博客、微博、微信等。那么，我们是如何通过网络进行推广的呢？

1. 网上推广与网下推广

按照用户所获取网站信息的来源不同，可分为网上途径和网下途径，因此网站推广手段相应地也有网上推广和网下推广两种基本类型。

2. 主动推广与被动推广

按照用户获取网站信息的主动性和被动性，可将获取信息的渠道分为主动渠道和被动渠道，网站推广手段也有主动和被动之分。

3. 以搜索引擎、电子邮件等工具命名的推广

根据用户了解网站信息所利用的具体手段，可以罗列出许多方式，如搜索引擎、分类目录、分类排行榜、网站链接、电子邮件、即时信息、网站实名、通用网址、论坛、黄页、电子商务平台、网络广告、电子书、免费软件、网址大全书籍、报刊网站推荐等，每一种方式均可作为一种网站推广的手段。

4. 网站发布前推广、网站发布初期推广、网站发展期推广与网站稳定期推广

根据网站所处的阶段，可以分为网站发布前的推广策略、网站发布初期的推广策略、网站发展期和稳定期的推广策略等，每一阶段所采用的网站推广方法存在一定的差异，同样的网站推广手段在不同时期的应用也有所不同。

(三) 网站推广的原则

网站推广被认为是网络营销的主要任务之一，是网络营销工作的基础。网站推广是指通过对企业网络营销网站的宣传吸引用户访问，同时树立企业网上品牌形象，为企业的营销目标实现打下坚实的基础。网站推广是一个系统性工作，它与企业营销目标是一致的。网站推广需要进行系统安排和计划，应注意以下三个原则。

1. 效益/成本原则

效益/成本原则是指项目决策、行为决策要以预期效益大于其所需成本时，在财务上才是可行的，否则应放弃。在网络推广过程中，效益/成本原则即指增加 1000 个访问者带来的效益与成本费用比较。当然效益包括短期效益和长期效益，需进行综合考虑。

2. 稳妥慎重原则

欲速则不达。在网站还没有建设好而且不够稳定时，千万不要急于推广网站，应注意用户的第一印象。网民给你的机会只有一次，因为网上资源太丰富了，这就是通常所说的网上特有的"注意力经济""眼球经济"。

3. 综合安排实施原则

因为网上推广手段很多，不同方式可以吸引不同的网民，因此需要多种渠道综合使用以吸引更多网民到网站上来。要吸引网民访问网站，首先必须要让网民知道网站的存在以及它的特点；其次要让网民能很容易地找到网站的地址。第一个问题就是要扩大网站的知名度；第二个问题就是要建立"访问管道"，让网民能很容易地访问网站。一般来说，这两点是结合在一起进行操作的。通常，扩大网站知名度有传统媒体渠道和网上新兴媒体渠道两种方式，对于传统媒体渠道来说，主要是借助报纸、电视和电台等方式推广网址，如现在一些著名的企业在发布广告时在公司标签栏增加了网址的内容，不再仅仅是传统的电话、地址等内容。目前比较常用的还是利用网上方式进行推广宣传，因为这种方式可以直接把网民吸引到自己的网站，比较直接有效。

二、营销型网站推广的目标

网络营销的主要对象是公众，网络推广就是吸引公众对网络品牌(域名或网站名称)的注意力，使公众注意、记忆并访问该网站。因网站定位不同、目标客户群不同，所建网站的类型也就不同，相应的网站推广方式、方法和受众目标也会不同。制定网站的推广目标，一般主要考虑如下具体目标。

(一) 提高网站排名

随着互联网的发展，越来越多的公众开始关注第三方机关对网站的监测分析。ALEXA网站(www.alexa.com)在第三方网站监测机构中，拥有一定的权威性。该网站不仅可以监测全球任何网站在过去 3 个月的流量，也可以监测当天的网站流量。许多网站的运营管理人员通常把网站在 ALEXA 网站上的排名作为网站运营的主要参考数据之一。一个网站在ALEXA 网站上的排名，实际上就是该网站在全球的排名。一般来讲，长期不断地推广，可以稳步提高网站在 ALEXA 网站的排名；通过近期爆炸式的推广，可以快速提高网站在

ALEXA 网站的排名。

(二) 提升网站品牌

网站推广的结果，客观上提升了网站的品牌，也提高了网站在 ALEXA 网站的排名。一般来讲，网站排名越靠前，其品牌度越高，如著名的门户网站雅虎、新浪、搜狐、TOM 和 3721 等，品牌度很高，在全球的排名也位于前 20 名之内。

(三) 提高网站流量、交易量和订单量

电子商务网站推广的最终目的是提高网站的交易量和订单量。网站推广时，网站流量越高，交易量和订单量就越高。交易量和订单量是网站运营者最为关注的核心要素。

(四) 注册会员数量

有些网站把会员注册数量的增加作为网站推广的重要评估标准之一。注册会员数量越多，网站拥有的客户群越多，网站价值越大。有些网站在网站推广的过程中，评估标准还分为有效订单注册会员和无效订单注册会员。高于一定交易量的注册会员为 VIP 会员，低于一定交易量的会员为普通会员，或者为非 VIP 会员等。

三、营销型网站推广的方法

激烈竞争时代的来临，使企业不得不尽一切办法争取在行业中有一席生存之地。信息化的加速，凸显了网络营销的优势，大量的信息需求、便捷的沟通方式对应了网络营销海量的信息内存和个性化互动的交流手段。企业网络营销逐渐占据了企业的主体地位，有智慧的企业领导正在经营中实践着网络营销。随着网络技术飞速发展，网站数量也迅速增长。网站间竞争数量有限的网络用户资源的竞争形式也愈加激烈，怎样推广网站成为网络技术的又一新课题，在网上常用的推广方法如表 6-1 所示。

表6-1 网站推广常用方法

网站推广方法	相关推广工具和资源
链接推广法	网站交换链接、交换广告、内容合作、用户资源合作等方式
搜索引擎推广法	搜索引擎和分类目录
电子邮件推广法	潜在用户的E-mail地址
网络广告推广法	分类广告、在线黄页、网络广告媒体、无线通信工具等
信息发布推广法	行业信息网站、B2B电子商务平台、论坛、博客网站、社区等
病毒性营销推广法	电子书、电子邮箱、免费贺卡、免费游戏、聊天工具等
社区推广法	网络社区，如论坛、互动问答平台、讨论组等，也可以自建网站社区

(一) 链接策略

通过网站交换链接、交换广告、内容合作、用户资源合作等方式，在具有类似目标网站之间实现互相推广的目的，其中最常用的资源合作方式为网站链接策略，利用合作伙伴之间的网站访问量资源合作互为推广。每个企业网站均可以拥有自己的资源，这种资源可以表现为一定的访问量、注册用户信息、有价值的内容和功能、网络广告空间等，可以利用网站的

资源与合作伙伴开展合作，实现资源共享，共同扩大收益的目的。在这些资源合作形式中，交换链接是最简单的一种合作方式，调查表明也是新网站推广的有效方式之一。交换链接或称互惠链接，是具有一定互补优势的网站之间的简单合作形式，即分别在自己的网站上放置对方网站的 LOGO 或网站名称，并设置对方网站的超链接，使得用户可以从合作网站中发现自己的网站，达到互相推广的目的。交换链接的作用主要表现在以下几个方面：获得访问量、增加用户浏览时的印象、在搜索引擎排名中增加优势、通过合作网站的推荐增加访问者的可信度等。交换链接还有比是否可以取得直接效果更深一层的意义，一般来说，每个网站都倾向于链接价值高的其他网站，因此获得其他网站的链接也就意味着获得了合作伙伴和一个领域内同类网站的认可。

(二) 搜索引擎策略

大家都说现代社会是个信息社会，互联网上的信息尤为丰富，在海量的信息当中，如何找到自己需要的资料？一般会通过搜索引擎来完成。

搜索引擎营销是英文 Search Engine Marketing 的翻译，简称为 SEM，指根据用户使用搜索引擎的方式，利用用户检索信息的机会，尽可能将营销信息传递给目标用户。简单来说，搜索引擎营销是基于搜索引擎平台的网络营销，利用人们对搜索引擎的依赖和使用习惯，在人们检索信息时尽可能将营销信息传递给目标客户。搜索引擎推广的方法可以分为多种不同的形式，常见的有：登录免费分类目录、登录付费分类目录、搜索引擎优化、关键词广告、关键词竞价排名、网页内容定位广告等。根据数据统计，90%以上的用户通常只浏览分类搜索结果的第一页，而在同一页中，排在前面的网站被点击的次数也远高于排在后面的网站。因此，提高网站在著名搜索引擎中的排名很关键。

搜索引擎会在收录网页时把上面的字词进行索引，当用户输入关键词搜索时，搜索引擎就会搜索索引，将其中带有这个关键字词的网页反馈给用户。在整个过程中，搜索引擎是完全自动的，搜索索引则是由人来操作管理的。如图 6-1 所示，搜索引擎对于为网站带来优质访客来说是至关重要的。

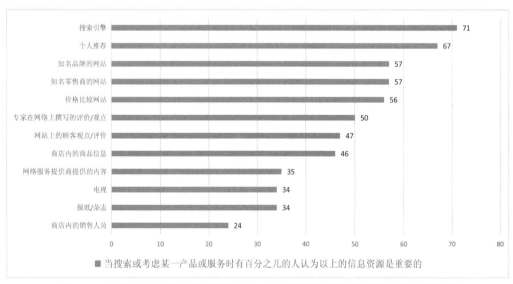

图 6-1　在搜索或评价产品或服务时，认为不同信息资源重要性的人数比例

作为企业，注册的搜索引擎越多，主页被访问的机会就越多。但一定要注意在提交搜索

引擎目录时有一些小技巧，运用得当就可以使顾客很容易找到企业的网址。在搜索引擎中注册时，要慎重选择登录的网址及目录，因为越是著名的网址，访问的人越多，所以要找那些著名搜索引擎网址登录。目前，国内知名的搜索引擎有新浪、搜狐、百度、搜狗等，国际知名的搜索引擎有 Yahoo、Hotbot、Google 等。

【专栏6-1】老国企借力竞价排名推广焕发新活力

长沙恒泰石化设备制造有限公司是一家生产石油化工储运设备的专业公司。作为一家国营老企业，该公司需要注入新的市场活力，尤其是在销售这个"瓶颈"上，急需采取新的手段以更好地提升销售业绩。在比较了几个网络推广平台后，该公司发现通过百度了解本公司的人数比例占客户总量的83%，于是其尝试做百度竞价排名广告。在和百度客服沟通后，该公司先后注册了三四十个关键词，百度客服继续帮助公司追踪这些关键词的效果。百度推广为该公司带来的效果也是立竿见影的，该公司现在的老客户大部分是通过竞价排名积累起来的，还有一些行业的大公司，如中石化、中石油都知道了该公司，并且开始和该公司密切合作。

(资料来源：何晓兵，何杨平. 网络营销——基础、策略与工具[M]. 北京：人民邮电出版社，2020.)

(三) 电子邮件策略

电子邮件是在用户许可的前提下，通过电子邮件的方式向目标客户传递有价值信息的一种网络营销手段。这种方式比传统的邮寄广告灵活，电子邮件可以发送任何格式的广告文件，成本低廉，而且不受时间、地点的限制，易于开展。

电子邮件营销是指以互联网为载体，在用户事先许可的前提下，通过电子邮件的方式向目标用户传递有价值信息的一种网络营销手段。电子邮件营销有三个基本因素：基于用户许可，通过电子邮件传递信息，信息对用户是有价值的。三个因素缺少一个都不能称之为有效的电子邮件营销。以电子邮件为主要的网站推广手段，常用的方法包括电子刊物、会员通讯、专业服务商的电子邮件广告等。

电子邮件的优势非常明显，用户可以以低廉的价格、快速的方式(几秒钟之内可以发送到世界上任何你指定的目的地)，与世界上任何一个角落的互联网用户联系，不管发送到哪里，都只需负担电话费或网费即可。而且电子邮件形式多样，可以是文字、图像，也可以是声音、视频，是一个强大的公共关系互联网工具。企业可以使用电子邮件和员工、投资者、媒体、消费者或潜在消费者联系，沟通方便。例如，用电子邮件给员工发送工作简报，通知有关事项，表示公司关怀，可以积极地改善内部沟通；给投资者发送电子邮件，公布企业重要资讯，比使用传统的印刷材料更灵活快捷；定期给消费者或潜在消费者发送电子邮件，介绍企业最新的产品和活动，询问使用情况和建议，是建立有效交流的好方法。

电子邮件营销的独特功能如下：
(1) 帮助企业准确地找到目标消费者群；
(2) 能够探测市场，找到新的市场机会，提供新产品与新服务；
(3) 与常客建立起长期、高质量的良好关系；
(4) 可实现一对一的销售模式；
(5) 顾客可以主动加入。

(四) 网络广告策略

网络广告是常用的网络营销策略之一,在网络品牌、产品促销、网站推广等方面均有明显作用。所谓网络广告,是指广告主利用一些受众密集或有特征的网站摆放商业信息,并设置链接到某目的网页的过程。网络广告具备先进的多媒体技术,拥有灵活多样的广告投放形式。网络广告是利用网站上的广告横幅、文本链接、多媒体等形式,在互联网刊登或发布广告,通过网络传递到互联网用户的一种高科技广告运作方式。简单地说,网络广告就是在网络平台上投放的广告。

与传统的四大传播媒体(报纸、杂志、电视、广播)广告及近来备受垂青的户外广告相比,网络广告具有得天独厚的优势,是实施现代营销媒体战略的重要一部分。因特网是一个全新的广告媒体,速度最快且效果很理想,是中小企业扩展壮大的很好途径,对于广泛开展国际业务的公司更是如此。网络广告与传统广告的优势比较如表6-2所示。

表6-2　网络广告与传统广告的优势比较

媒介	影响力	大众接受	表达形式	接受程度	传播效率	大众接受形式	费用	关注度	更新速度	互动性
网络	全世界	及时	表达力强的互动多媒体	高	一般	互动	较低	较高	迅速	较强
平面媒体	地区	稍慢	文字、图片、影像	高	稍慢	被动	一般	较高	较慢	较低
广播	地区	及时	声音、文字	高	迅速	被动	较高	一般	较慢	一般
电视	地区	及时	少文字、图片、影像	高	迅速	被动	较高	一般	较慢	一般

同传统的广告媒体相比,网络广告的特征主要体现在以下方面:①广泛和开放性;②实时和可控性;③直接和针对性;④双向和交互性;⑤易统计和可评估性;⑥传播信息的非强迫性;⑦广告受众数量的可统计性;⑧网络信息传播的感官性。

因此,网络广告存在于各种网络营销工具中,只是具体的表现形式不同。将网络广告用于网站推广,具有可选择网络媒体范围广、形式多样、适用性强、投放及时等优点,适合于网站发布初期及运营期的任何阶段。

(五) 信息发布策略

将有关的网站推广信息发布在其他潜在用户可能访问的网站上,可以利用用户在这些网站获取信息的机会实现网站推广的目的,适用于这些信息发布的网站包括在线黄页、分类广告、论坛、博客网站、供求信息平台、行业网站等。信息发布是免费网站推广的常用方法之一,尤其在互联网发展早期,网上信息量相对较少时,往往通过信息发布的方式即可取得满意的效果,不过随着网上信息量爆炸式的增长,这种依靠免费信息发布的方式所能发挥的作用日益降低,同时由于更多更加有效的网站推广方法的出现,信息发布在网站推广的常用方法中的重要程度也有明显下降。因此,依靠大量发送免费信息的方式已经没有太大价值,不过一些针对性、专业性的信息仍然可以引起人们极大的关注,尤其当这些信息发布在相关性比较高时。

(六) 病毒性营销策略

病毒性营销方法并非传播病毒,而是利用用户口碑的主动传播,让信息像病毒一样迅速蔓延,从而达到推广的目的。尽管病毒性营销活动最有名的例子是把图片和笑话在全世界的办公室里传播,但现在其已经越来越多地被用于商业目的。因此,病毒性营销成为一种高效的信息传播方式，而且由于这种传播是用户之间自发进行的，几乎不需要营销费用。它可能是视频剪辑、电视广告、卡通、有趣的图片、诗歌、政治信息或新闻，简直太不可思议了，以至于使人想将它传递下去。病毒性营销常用的工具包括免费电子书、免费软件、免费FLASH作品、免费贺卡、免费邮箱、免费即时聊天工具等可以为用户获取信息、使用网络服务、娱乐等带来方便的工具和内容。

【专栏6-2】Hotmail.com的网络病毒式营销

　　Hotmail是世界上最大的免费电子邮件服务提供商，在创建之后的一年半时间里，就吸引了1200万注册用户，而且还在以每年超过15万新用户的速度发展。令人不可思议的是在网站创建的12个月里，Hotmail只花费了很少的营销费用，其营销费用还不到其直接竞争者的3%。Hotmail之所以呈现爆炸式的发展，就是因为利用了网络病毒式营销的巨大威力。

　　其原理和操作方法很简单：提供免费E-mail地址和服务，在每一封免费发出的信息底部附加一个简单标签"Get your private，free E-mail at ×××(网址)"，然后人们利用免费E-mail向朋友或同事发送信息，接收邮件的人将看到邮件底部的信息，会加入使用免费E-mail服务的行列。通过这些操作，Hotmail提供免费E-mail的信息将在更大的范围扩散。

　　(资料来源：赵轶. 网络营销策划与推广[M]. 北京：人民邮电出版社，2020.)

(七) 社区推广策略

社区是网上特有的一种虚拟社会，主要通过把具有共同兴趣的访问者集中到一个虚拟空间，达到成员相互沟通的目的。网络社区是用户常用的服务之一，由于有众多用户参与，它不仅具备交流的功能，还成为一种营销工具。

1. 网络社区

网络社区是用户聚集的场所，它有多种形式，如论坛、互动问答平台、讨论组等。

论坛又名电子公告板(Bulletin Board System)，缩写是BBS，中文简称论坛。类似常用的白板，每个人都可以在上面书写，这是一个建立在网络上的电子白板，公众可以在上面发言、发布信息、获取信息、提出看法或进行讨论。通常企业会在自己的网站上建立论坛，也有一些网络服务商提供各种论坛，给那些对某一类话题感兴趣的人提供一个传播交流的场所。对于希望和公众交流并对其有所影响的企业来说，论坛是个绝佳的公关场所。在论坛中，适用多对多的传播交流模式，每个参与者素未谋面，来自全国甚至世界各地，但又志同道合，就感兴趣的话题自由讨论。他们可以在这里发布企业信息，替企业做宣传；也可以在论坛上树立意见领袖，建立、强化、引导公众的舆论；另外，还可以在论坛上做市场调研，咨询用户意见，非常有针对性。具体事例如下：

(1) 在受众经常登录的论坛中发表一些商业软文、行业前瞻性文章、展会信息或者行业会议信息，渲染传媒效果，以此来吸引一些企业管理者关注网站；

(2) 在软件论坛里发表360的下载地址，既利于被搜索引擎检索，又可进行企业推广。

互动问答平台集成了自动切分词、智能搜索、自动分类等一整套自然语言处理和信息检索技术，供用户提问和交流观点，知乎、百度知道等社区都属于这种平台。在互动问答平台中，除普通用户外，一般还会有网站邀请入驻的专家和企业官方发言账户，促使讨论内容更有针对性，更有价值。在这里，人们可以获得更专业的意见和多元观点，在获得他人帮助的同时，也会尽力去为其他用户提供有效帮助，这种平台越来越受到用户的青睐。

各大社交类 APP 及网络社区内都会有讨论组或讨论群，一般基于某一专业领域或兴趣进行分类，用户可以自行创建和加入，以便与其他用户就某些有共同兴趣的话题进行交流。

企业可以官方账户的形式入驻其他网络社区，通过发布消息和与用户交流的方式，增进企业和访问者或用户之间的关系，甚至直接促进网上销售。此外，企业还可以在其他网络社区内投放广告，如社区移动端开屏广告、首页 banner 位置、社区内热点消息等。

2. 自建网站社区

除了利用其他网站的社区开展网站营销之外，企业也可以在自己的网站建立网络社区。企业通过自建网站社区可以与访问者直接沟通，在线回答用户问题，进行在线调查，吸引用户访问企业网站；企业还可以进行分类目录或搜索引擎登记，有利于更多人发现企业网站，还能与同类社区建立互惠链接。另外，企业还可以与那些没有建立自己社区的网站合作，允许这些网站使用自己的论坛，这对企业来说也是一种非常有价值的免费宣传机会。

【专栏6-3】小红书——标记你的生活

小红书是一个网络社区，也是一个跨境电商和共享平台，更是一个口碑库。小红书的用户既是消费者也是分享者，更是同行的好伙伴。小红书创办于 2013 年，通过深耕 UGC (User Generated Content, 用户创造内容)购物分享社区，迅速成长为全球最大的消费类口碑库和社区电商平台，还成为 200 多个国家和地区、5000 多万年轻用户必备的购物神器。

和其他电商平台不同，小红书是从社区起家的，一开始用户们注重于在小红书社区里分享海外购物经验，后来这种分享的边界被不断扩展，触及了人们的消费经验和生活方式的方方面面。如今，社区已经成为小红书的壁垒，这也是其他平台无法复制的地方。

小红书有一个真实用户口碑分享的社区，整个社区就是一个巨大的用户口碑库。此外，用户的浏览、点赞和收藏等行为，会产生大量底层数据。通过这些数据，小红书可以精准地分析出用户的需求，保证采购的商品是深受用户推崇的。

从 2016 年年初开始，小红书将人工运营内容改成了机器分发的形式，基于机器学习的方式，社区中的内容会匹配给对它感兴趣的用户，实现了数据的高效分发，这也使小红书变得越来越"好逛"了。

(资料来源：何晓兵，何杨平. 网络营销——基础、策略与工具[M]. 北京：人民邮电出版社，2020.)

除了前面介绍的常用网站推广方法之外，还有许多专用性、临时性的网站推广方法，如有奖竞猜、在线优惠券、有奖调查、针对在线购物网站的推广、比较购物和购物搜索引擎等，有些甚至采用建立一个辅助网站进行推广。有些网站推广方法可能别出心裁，有些网站则可能采用有一定强迫性的方式来达到推广目的，例如，修改用户浏览器默认首页设置、自动加入收藏夹，甚至在用户电脑上安装病毒程序等。真正值得推广的是合理的、文明的网站推广方法，应拒绝和反对带有强制性、破坏性的网站推广手段。

将网址印在信纸、名片、宣传册、印刷品上，这种简单的方法有时候却被忽略了。企业应确保网址拼写正确，建议把 http://部分省略，只书写 www.uiun.com 部分。一个易于记忆的域名有利于网站的推广，在选择域名时一定要仔细考虑。

四、网站推广运营的阶段特征

(一) 网站策划与建设阶段的推广

网站策划与建设阶段的推广是指从网站正式发布前就开始了推广的准备，在网站建设过程中从网站结构、内容等方面对 google、百度等搜索引擎进行优化设计。该阶段的主要特点如下。

(1) 策划与建设阶段的"网站推广"很可能被忽视。

(2) 策划与建设阶段的"网站推广"实施与控制比较复杂。

(3) 策划与建设阶段的"网站推广"效果需要在网站发布之后得到验证。

这些特点表明，网站推广策略的全面贯彻实施涉及多方面的因素，需要从网络营销策略整体层面考虑，否则很容易陷入网站建设与网站推广脱节的困境。目前这种问题在企业中普遍存在，也是企业网站往往不能发挥作用的重要影响因素之一。

(二) 网站发布初期的推广

网站发布初期的推广包括登录主要搜索引擎和分类目录(列出计划登录网站的名单)、购买多个网络实名/通用网址、与部分合作伙伴建立网站链接。另外，还可以配合公司其他营销活动，在部分媒体和行业网站发布企业新闻。该阶段的主要特点如下。

(1) 网络营销预算比较充裕。

(2) 网络营销人员具有较高的热情。

(3) 网站推广具有一定的盲目性。

(4) 网站推广的主要目标是提高用户的认知程度。

这些特点表明，要尽可能在这个阶段尝试应用各种常规的基础网络营销方法，同时要注意合理利用网络营销预算。因为对有些网络营销方法是否有效没有很大的把握，过多的投入可能导致后期推广资源的缺乏。在这个阶段所采用的每项具体网站推广方法中，有相应的规律和技巧。

(三) 网站增长期的推广

当网站有一定访问量之后，为继续保持网站访问量的增长和品牌提升，可以在相关行业网站投放网络广告(包括计划投放广告的网站及栏目选择、广告形式等)，也可以在若干相关专业电子刊物投放广告，或者与部分合作伙伴进行资源互换。该阶段的主要特点如下。

(1) 网站推广方法具有一定的针对性。

(2) 网站推广方法具有变化。

(3) 网站推广效果的管理应得到重视。

(4) 网站推广的目标将由用户认知向用户认可转变。

这些特点表明，作为网络营销专业人员，仅靠对网站推广基础知识的了解和应用已经明显不够了。这个阶段对网站推广的方法、目标和管理都提出了更高的要求，有时甚至需要借助于专业机构的帮助才能取得进一步的发展。否则，网站很可能在较长时间内只能维持在较低的访问量水平上，最终限制了网站营销效果的发挥。

(四) 网站稳定期的推广

网站稳定期的推广可以结合公司的新产品促销，不定期发送在线优惠券，或者参与行业内的排行评比等活动，以期获得新闻价值。在条件成熟的情况下，还可以建设一个中立的与企业核心产品相关的行业信息类网站来进行辅助推广。该阶段的主要特点如下。

(1) 网站访问量增长速度减慢。

(2) 访问量增长不再是网站推广的主要目标。

(3) 网站推广的工作重点将由外向内转变。

网站稳定期推广的特点表明，网站发展到稳定阶段并不意味着推广工作的结束，仅仅意味着初期的推广工作达到阶段目标。网站推广是一项欲无止境的工作，保持网站的稳定并谋求进入新的增长期仍然是一项艰巨的任务。不同发展阶段网站推广的特点总结如表6-3所示。

表6-3　不同发展阶段网站推广的特点总结

发展阶段	网站推广的阶段特点
网站策划建设阶段	对主要人员的个人经验和知识要求比较高，建设过程控制比较复杂；网站推广意识不明确，经常被忽视；效果需要后期验证，这种滞后效应容易导致忽视网站建设对网站推广影响因素的考虑
网站发布初期阶段	有营销预算和人员热情的优势；可尝试多种常规网站推广方法；网站推广具有一定的盲目性，需要经过后期的逐步验证；尽快提升访问量是主要推广目标
网站增长期阶段	对网站推广方法的有效性有一定认知，因而可采用更适用的推广方法；常规方法已经不能完全满足网站推广目标的要求；网站推广的目的除了访问量的提升，还应考虑与实际收益的结合；需要重视网站推广效果的管理
网站稳定期阶段	访问量增长可能有一定波动；注重访问量带来的实际收益而不仅仅是访问量指标；内部运营管理成为工作重点

第二节　网络品牌的建立与推广

在中国传统的行业中，品牌的概念类似于"金字招牌"，如驰名中外的老字号品牌同仁堂、张裕等，都有百年的历史。在现代西方的营销领域中，品牌既是企业的资产，又是企业的信誉。在今天，品牌是给拥有者带来溢价、产生增值的一种无形资产，它的载体是用于和其他竞争者的产品或劳务相区分的名称、术语、象征、记号或者设计及其组合，增值的源泉来自消费者心中形成的关于其载体的印象。品牌是市场竞争的最终归宿，也是市场竞争的最高境界。同样的产品，贴上更好的品牌，马上就可以卖出更高的价格。在网络环境中，企业不仅要树立传统的品牌形象，还要拥有自己的网上品牌，因为网络品牌是企业进行电子商务和参与网上竞争的保证。

一、网络品牌概述

(一) 网络品牌的概念

20世纪90年代，中国市场营销迎来了网络品牌时代。媒体分化无情地结束了昔日风光无限的电视广告的辉煌时代，与这一时代相对应的就是网络品牌的诞生，即基于互联网技术而推出的网络门户。虽然中国网络门户刚刚起步，远不像传统品牌那样历史长、知名度高、具有广泛的忠实客户，但它对中国品牌市场营销的进程具有里程碑式的意义。

网络品牌主要是指企业注册的商标在互联网上的一一对应注册，是企业的无形资产。美国市场营销协会对品牌的定义是：品牌(brand)是一种名称、属性、标记、符号或设计，或是它们的组合运用，其目的是借以辨认某个销售者或某群销售者的产品或服务，并使之同竞争对手的产品和服务区别开来。这个定义强调了品牌的可辨识性因素，即企业品牌存在的特征。

网络品牌又称网络商标，是指公司名称、产品或者线下品牌在互联网上的延伸和保护。线下商标或品牌词注册后，受商标法的保护，但是超过一定的范畴，商标法是起不到约束和保护作用的。如果企业或者公司想将品牌在互联网上发展和营销使用，需要在互联网中心登记注册网络品牌，保证线下品牌在互联网上的安全使用。做到全网保护，也是公司网络知识产权的全面保护，这样可以避免网络品牌流失。品牌在线下和线上都需要保护，同时网络品牌具有唯一性、稀缺性、权威性，保护了网络品牌，就是避免了品牌的重复性。

广义的网络品牌是指一个企业、个人或者组织在网络上建立的一切产品或者服务在人们心目中树立的形象。网络品牌有两个方面的含义：一是通过互联网手段建立起来的品牌；二是互联网对网下原有品牌的影响。两者对品牌建设和推广的方式及侧重点有所不同，但目标是一致的，都是为了企业整体形象的创建和提升，如麦包包、飘飘龙、鞋神外贸鞋店等。

传统品牌的一些经营观念和思路同样适用于网络品牌。网络产业有个很重要的特色，即网络的互动性，这给网络品牌注入了更多的体验成分。在传统意义上，人们可将品牌分为三种类型：功能性品牌、形象性品牌和体验性品牌，例如，"汰渍"属于功能性品牌，"奔驰"属于形象性品牌，"迪士尼"属于体验性品牌。网络品牌实际上主要从功能或者体验方面来定位。例如，有的网站主要提供信息服务，顾客追求的实际上是一种功能性的利益，而另外一些网站主要提供娱乐和网友互动，消费者上这些网站的主要目的是体验网上提供的一些乐趣，或者体验与其兴趣相近的网友交流，这样的网站带有很大的体验成分。

(二) 网络品牌的特征

相对于传统意义上的企业品牌，网络品牌具有以下特征。

1. 网络品牌是网络营销效果的综合表现

网络营销的各个环节与网络品牌有着直接或间接的关系。一方面，网络品牌建设和维护存在于网络营销的各个环节，如网站策划、网站建设、网站推广、消费者关系和在线销售均与网络品牌相关；另一方面，网络品牌又是网络营销综合效果的体现，如网络广告策略、搜索引擎营销、供求信息发布和各种网络营销方法等均对网络品牌产生影响。

2. 网络品牌的价值只有通过网络用户才能表现出来

菲利普·科特勒在《营销管理》一书中曾指出，每一个强有力的品牌实际上代表一组忠诚的消费者。这意味着企业与网络用户之间所建立起来的和谐关系即网络品牌的价值。因此，网络品牌是建立用户忠诚的一种手段，对消费者关系有效的网络营销方法同样对网络品牌的营造有效。集中了相同品牌爱好者的网络社区和论坛，以及一些大型企业(如化妆品企业、保健品企业、汽车企业等)较常见网站的电子刊物、会员通信等也是创建网络品牌的有效方法。

3. 网络品牌体现了用户提供的信息和服务

百度是最成功的网络品牌之一,当人们想到百度这个品牌时,头脑中不只会出现一个非常简单的网站界面,更主要的是它在搜索方面的优异表现,以及更加满意的搜索效果。因此,网络品牌的核心内容是有价值的信息和服务。

4. 网络品牌建设是一个长期的过程

网络品牌的建设与网站推广、信息发布和在线调研等营销活动不同,它不是通过一次活动就可以完成的,不能指望获得立竿见影的效果。因此,网络营销是一项长期的营销策略,对网络营销效果的评价用一些短期目标并不能全面衡量。

【专栏6-4】凡客诚品时尚服装的网络品牌营销分析

凡客诚品创立以来,凭借极具性价比的服装服饰和完善的客户体验,已经成为网民购买服装服饰的主要选择对象。

凡客诚品是国内比较突出的时尚服装品牌,它在中国市场出现的时间要比其他品牌晚很多,关注凡客诚品的网络营销推广环节,可以对凡客诚品所做的网络品牌策略进行深入洞察。

(1) 网络营销。互联网是消费者学习的最重要渠道。在新品牌和新产品方面,互联网的重要性第一次排在电视广告前面。VANCL 凡客诚品采用广告联盟的方式,将广告遍布大大小小的网站,因为采用试用的策略,广告的点击率也比较高,而且采用了大面积的网络营销,其综合营销成本也相对降低,并且营销效果和规模要远胜于传统媒体。

(2) 体验营销。一次良好的品牌体验比正面的品牌形象要强有力得多。凡客诚品采用"VANCL 试用啦啦队",免费获新品 BRA——魅力 BRA 试穿体验活动,用户只需要填写真实信息和邮寄地址,就可以拿到试用装。当消费者试用过 VANCL 凡客诚品的产品后,会对此进行评价,并且和其他潜在消费者交流,一般情况下,这种交流都是正面的。

(3) 会员制体系。类似于贝塔斯曼书友会的模式,消费者订购 VANCL 凡客诚品商品的同时会自动成为 VANCL 凡客诚品会员,无须缴纳任何入会费与年会费。VANCL 凡客诚品会员还可获赠 DM 杂志,DM 杂志成为 VANCL 凡客诚品与会员之间传递信息、双向沟通的纽带。采用会员制大大提高了 VANCL 凡客诚品消费者的归属感,拉近了 VANCL 凡客诚品与消费者之间的距离。

VANCL 凡客诚品一方面针对消费者的心态,利用互联网新媒体工具进行有效的营销推广。另外一方面,消费者的心态和消费交流的欲望,本身也是一种非常有价值的需求,进而商业的转化也十分便利,帮助品牌凝聚精准用户产品的应用,必然会受到商业的青睐。

(资料来源:根据网络资源编辑)

(三) 网络品牌的意义

品牌是身份的徽章。它是个体对各种信息和体验的综合感知,用来区分一个企业的品牌和产品与其竞争者的品牌和产品之间的差异。例如,Google 是最成功的网络品牌之一,当人们想到 Google 这个品牌时，头脑中的印象不只是那个非常简单的网站界面，更重要的是它在搜索方面的优异表现，可以给人们带来满意的搜索效果。企业通过将这种品牌的价值传递给客户，可使客户降低决策风险，帮助客户减少因转换所使用的产品而进行决策时产生的压力。

在虚拟的网络空间，品牌塑造变得更加重要。因为网络是一个信息的海洋，存在着大量的有用信息，同时，也充斥着大量的流言、陷阱和骗局。毋庸置疑，顾客潜意识里希望与他们信任的公司打交道。例如，顾客计划在网上选购一台笔记本电脑，他可能更愿意从熟悉的戴尔、苹果等著名计算机品牌生产商的官方网站购买，或者从品牌信誉度较高的知名网站购买。当然，对他来说，前者的信誉度更高。所以顾客与商家建立起信任关系显得异常重要，而品牌此时就成为"信任"的代名词。品牌塑造对销售有着微妙和切实的影响，这正是众多公司要花费大量资金和精力来建立品牌形象的原因。

此外，还要注意区分网络品牌和名牌，网络品牌无疑更具诱惑力，每一个企业品牌都希望它成为名牌。品牌是企业拥有的受法律保护的一个名字或标志等，但品牌资产却是依赖于顾客认知与认同的，具有质和量的规定性，品牌的创造是企业与顾客的一个互动过程。名牌本身是相对的，有地方名牌、全国名牌、国际名牌，而且名牌是一个定性的概念，很难从量上把握。所以品牌不等同于名牌，任何企业的任何产品都可以有一个品牌，但是要成为名牌是需要经过长期的、持续的、有效的经营才能实现的。例如，在市场上有若干种不同品牌的可乐，但不是所有的可乐品牌都是名牌。

(四) 网络品牌营销与传统品牌营销的关系

网上的顾客是理智的、追求实际利益的群体，他们会利用自己的知识，而不是根据品牌的知名度来判别产品的价值。但是网络营销的经验告诉我们，网络营销同样不能忽视品牌对营销的作用，同样需要运用品牌策略。

(1) 网络品牌可以在传统品牌的基础上用扩展策略来发展，但是要考虑目标顾客群体的变化和网络媒体的特点。企业本来拥有的品牌，在长期的经营过程中已经拥有了一大批追随者，影响已经深入人心，在它的基础上进行品牌延伸，并应用到网络营销产品或者网站，可以节约很多营销经费，轻松地迎来一大批访问者。

(2) 网络营销的基本职能之一就是建立和推广企业品牌。网络没有时间和空间的限制，为企业提供了成本低廉的全球 24 小时宣传媒体，网络上可以承载的信息量是任何传统媒体无法比拟的，网络使企业的品牌在推广范围、力度上得到了明显加强。

(3) 传统品牌策略强调用品牌来培养、维系顾客对产品和企业的忠诚度，而网络品牌营销策略则强调通过培养顾客对网站的忠诚度来建立和发展品牌。在传统营销中，广告宣传可以直接到达目标受众，目标受众被动接受，在宣传的作用下，不断加深对品牌的印象，形成好感。在网络营销中，顾客不再(或者很少)被动地接受广告宣传，而是主动去搜寻他们认为重要的信息。

(4) 网站品牌策略不需要决策是否采用品牌，因为域名本身就是网站品牌的一个重要部分。企业进行网络营销的网站，就像现实世界的商店一样，需要顾客的光临。域名是标示网站的，名声越大，能吸引人来的作用力也就越大。因为任何网站都必须拥有域名，网络营销的任务就是如何使域名品牌树立起来，为企业产品的营销服务。

二、企业域名品牌

(一) 企业域名品牌的内涵

企业品牌是顾客识别和选择的对象。传统营销注重提高品牌知名度，而对于网络营销来说，企业要借助互联网进行商业活动，同样存在被识别和选择的问题，也就是企业域名问题。域名对于企业开展电子商务和网络营销具有重要的作用，一个好的域名会大大增加企业在互联网上的知名度。因此，企业如何选取好的域名就显得十分重要。

1. 企业域名的意义

企业域名具有商标特性，与商标一样具有"域名效应"，使得某些域名已具有潜在价值。如以 IBM 作为域名，使用者很自然会联想到 IBM 公司，联想到该站点提供的服务或产品同样具有 IBM 公司一贯承诺的品质和价值，如果被人抢先注册，注册者可以很自然地利用该域名所附带一些属性和价值，无须付出而获取不道德的巨额商业利润。而这种注册可以是个人、竞争对手，注册成本也比较低廉，但会导致被伤害企业不但丧失商业利润，还冒着品牌形象受到无形损害的风险。因此，域名抢注问题不仅仅是商业利润损失和不道德的问题。

域名是企业站点的联系地址，是企业在网上识别和选择的对象。网络中的唯一性使域名成为企业在网络中的"代言人"，顾客正是通过对企业域名的识别与选择来实现对企业网站的识别与选择的，从而也更凸显出了某些域名已具有的潜在价值。因此，提高企业网站的知名度，也就是提高企业被识别和选择的概率。对企业而言，域名的知名度越高，网站被访问和浏览的概率就越高，企业通过网络进行营销活动的效率也就越高。作为识别企业网站的企业域名，也就成为企业品牌中的重要组成部分。所以，必须将域名作为一种商业资源来管理和使用。

2. 互联网域名的商业作用

传统的解决问题的办法是借助各种媒体树立企业形象，提高品牌知名度，通过在消费者心中树立企业形象来促使消费者购买企业产品，企业的品牌就是顾客识别和选择对象。企业在互联网上进行商业活动，同样存在被识别和选择的问题。由于域名是企业网站联系地址，是企业被识别和选择的对象，因此提高域名的知名度，就是提高企业网站的知名度，也就是提高企业被识别和选择的概率。在互联网上，域名是企业形象的化身，是在虚拟网络市场环境中进行商业活动的标识。域名在互联网上的商业作用还没有具体数据证明，但为提高域名知名度，许多企业已有意无意地借助各种手段向顾客宣传，如在广告宣传时顺便告知可联系域名地址。

互联网上的商业运作需要交易双方进行协商和参与，需要双方选择交易对象，市场虚拟交易主体双方的选择和协商等行为依然存在，只是实施的媒体发生变化，减少双方选择和协商的交易成本而已。随着互联网上的商业增长，交易双方识别和选择的范围增大，交易概率随之减少。因此，互联网也同样存在如何提高被识别和选择概率的问题，以及如何提高选择者忠诚度的问题。传统的解决问题的办法是借助各种媒体树立企业形象，提高品牌知名度，通过在消费者中树立企业形象来促使消费者购买企业产品，企业品牌就是顾客识别和选择的对象。

3. 商标的界定与域名商标

根据美国市场营销协会(AMA)的定义，商标是指一个名字、术语、标志、符号、设计或者它们的组合体，用来识别某一销售者或组织所营销的产品或服务，以区别于其他竞争者。商标从本质上说是用来识别销售者或生产者的一个标识，依据商标法，商标拥有者享有独立权，单独承担使用商标的权利和义务。另外，商标还携带一些附加属性，它可以给消费者传递使用该商标的产品所具有的品质，是企业形象在消费者心理定位的具体依据。即商标是企业形象的化身，是企业品质的保证和承诺。

(1) 域名与商标的关系。对比商标的定义，域名则是由个人、企业或组织申请的独占使用的互联网标识，并对提供的服务或产品的品质进行承诺，提供信息交换或交易的虚拟地址。域名不但具有商标的一般功能，还提供互联网上进行信息交换和交易的虚拟地址。因此，域名的本质也是一种商标，是商标功能在虚拟交易环境中的一种新形式。

(2) 域名商标的商业价值。由于域名和公司名称的一致性，企业的形象在用户中的定位和知名度水到渠成，甚至超过企业的专门形象策略和计划。因此，域名的知名度和访问率就是企业形象在互联网商业环境下的具体体现，企业商标的知名度和域名知名度在互联网上是一致的，域名作为企业的商标资源，其商业价值不言而喻。如网景公司以放弃收费为代价，借助互联网使其 Netscape 浏览器不费吹灰之力就做到市场占有率达 70%，由于公司品牌的知名度和潜在价值，公司股票上市当天就从 28 美元狂升到 75 美元，4 个月后达到 171 美元，公司的创始人也在短短时间内成为名义上的亿万富翁。

(二) 域名商标管理的原则

消费者识别和使用域名是为了获取有价值的信息和服务，所以域名商标管理主要是针对域名对应网站的页面内容进行管理，网站的内容才是域名商标的真正内涵。要保证域名商标知名度的提升和网站访问频率的上升，必须遵循下面几项原则。

(1) 准确定位。域名作为商标资源，必须注意与企业整体形象保持一致，网站提供的信息服务必须准确定位，避免提供的信息服务有损企业已树立的形象。

(2) 形式多样。丰富的内容能吸引更多用户，有更大的潜在市场。一方面，网站可以提供一些与企业相关联的内容或网站地址，使企业页面具有开放性；另一方面，网站还可以利用多媒体丰富多样的表现形式，将声音、文字和图像配合使用，增强网站与用户的互动。

(3) 内容常新。页面内容应该是动态的、经常变动的。因为固定页面访问一次即可，没有必要回头访问。因此，网站内容应根据用户需求的变化而不断更新，这点非常重要，因为企业大部分收益是由少数固定消费者消费实现的。

(4) 设计简洁。互联网的交互性使得使用者的选择机会很多，使用者往往缺乏耐心，对网站的等待时间是极其有限的几秒，如果企业未能在短时间内提供信息，消费者将毫不犹豫地选择另一域名的网站。因此，网站的内容设计要突出简洁的特点，方便用户访问和下载。

(5) 面向全球。互联网的特性使得网站的访问者可能来自世界各地。企业提供的信息必须兼顾国外用户，一般对于非英语国家提供两个版本，一个是母语，另一个是英语，供查询时选择使用。

(6) 用户审计。加强对域名访问者的调查分析，针对特定顾客提供一对一的特殊服务，如采取 Cookie 技术对用户进行记录和分析，以提高与顾客交互的质量，提高顾客域名忠诚度。必须注意的是不能强行记录有关顾客个人隐私的信息，如姓名、住址和收入等，这是目前网民最担心的问题。

(三) 域名品牌管理的策略

在我国传统商业领域，一个有魅力的品牌就是一块"金字招牌"，能引起消费者强烈的偏好。在现代经济社会，价值很高的品牌是一项极为可观的资产，高价值品牌能为企业带来许多竞争优势，一个优秀品牌能在消费者中享有很高的知名度和忠诚度。提高站点内容的丰富性和服务性，还必须注重域名及站点的发展问题，以尽快发挥域名的商标特性和网站的商业价值，避免出现影响企业形象的有关域名网站的问题。创建网上域名品牌其实与建立传统品牌的手法大同小异。

(1) 多方位宣传。域名是一个符号和标识，在企业开始进入互联网时，其域名还鲜为人知。这时企业应善于运用传统的平面与电子媒体，并舍得耗费巨资打造品牌广告，让网址利用各种大小机会多方曝光其域名，此外，还可以通过建立相关链接来扩大知名度。互联网的一大特色就是可以在不同站点和页面之间建立相关链接，以提高企业网站的被访问率。同时，企业还应在有关检索引擎登记，如在雅虎登记，提供多个转入点，提高域名站点的被访问率。雀巢公司的方法是通过其主页来汇集客户访问量，品牌的其他信息与这一起始页相连接，为了杜绝其他误用其商标和知名品牌的行为，防止对其商标和知名品牌失去控制，雀巢公司将许多商标和品牌都注册为域名。

(2) 重视客户体验。这一点对于网站品牌来说格外重要。两大网上顾问公司朱比特通信公司(Jupiter Communication)和弗雷斯特研究公司(Forrester Research)都不约而同地指出：广告在顾客内心激发出的感觉，固然有建立品牌的功效，但却比不上网友上网站体会到的整体浏览或购买经验。如戴尔电脑让顾客在线上根据个人需求订制电脑；Yahoo！和 AOL 都提供一系列的个性化工具；而 Amazon.com 更坚定地指出，Amazon.com 的品牌基石不是任何形式的广告或赞助活动，而是网站本身。据该网站的调查，客户对 Amazon.com 的感觉有七八成来自他们在这个网站的使用经验，因此，Amazon.com 也花费相当精力改善自己的网站，增加类似"一键购书"(One-click shopping)的功能等。

(3) 公关造势。网络营销企业要善于利用公关造势，为企业树立良好的形象，这对新兴网站非常重要。此外，由于互联网传播的国际性和广泛性，企业必须审慎对待谣言和有损形象的信息，因为网上传播的影响力是世界性的。如英特尔公司的 Pentiumn 芯片被发现有漏洞后，英特尔公司没有采取妥当的应对措施，而是一味地企图掩饰，结果是那些漏洞的发现者在网上到处传播，使得英特尔公司不得不花费巨资收回已售出的芯片，以此维护企业形象。

(4) 遵守约定规则。互联网开始是非商用的，形成了使用低廉、信息共事和相互尊重的原则。商用后企业提供服务的收费最好免费或者价格低廉，企业应注意发布信息的道德规范，未经允许不能随意向顾客发布消息，避免引起顾客的反感。

(5) 持续塑造网上品牌形象。创建品牌的过程实质上是一个"收买人心"的过程，顾客对某个品牌的喜爱可能瞬间形成，也可能需要企业旷日持久地耗费金钱和心血。对于企业发展而言，不断地扩大市场占有率应是企业不懈的追求，因此，创建品牌是终身事业。或许一些年轻的网上企业可以飞快地建立起品牌，但是真正的名牌绝不是一天就能够建立起来的。想要成为网上的可口可乐或迪士尼，需要长久不断的努力与投资。

【专栏6-5】域名与网络品牌保护

企业需要注册多少个域名才能实现网络品牌保护？

首先，域名有多个后缀，每个不同的后缀都是一个独立的域名。尽管从用户网站访问的角度来看一个域名就够了，但实际上，域名有不同的后缀，如.com、.net、.cn、.biz等，以及品牌谐音的问题。为了不至于造成混乱，对一些相关的域名采取保护性注册是有必要的，尤其是知名企业。但过多的保护性注册也增加了企业的保护性支出，这些网络品牌资产虽然有其存在的价值，但却无法转化为收益。

其次，除了域名后缀之外，由于同一品牌名称的文字表达信息在英语、其他国家语言或汉语拼音中通常并不一致，因此一个国际化企业需要多种语言的域名保护。即使仅专注于国内市场的企业，由于品牌名与中文品牌拼音之间并非一一对应的关系，也为域名保护增加了复杂性。

如康佳集团中文商标为"康佳"，其英文商标为"KONKA"，那么康佳的汉语拼音所对应的域名也将对康佳的网络品牌有一定影响，但汉语拼音"kangjia"所对应的中文并不是唯一的，除了康佳之外，还有"康家"等有一定意义的词汇。所以，域名保护有时是比较麻烦的问题。

(资料来源：冯健英. 网络营销基础与实践[M]. 北京：清华大学出版社，2016.)

三、网络品牌的管理

(一) 品牌价值分析与分层次管理

一个成功的企业至少有一个知名品牌。这也是为什么人们说到手表就会想到"劳力士"，说到挎包就会想到"LV"，说到香水就会想到"香奈儿"一样，这就是一个从品牌价值到品牌关联的高度结合。当然，并不是所有的品牌都能得到消费者的如此青睐，因关联程度的不同，消费者对产品的认可度也不同，从而相应的品牌管理也会有所区别。消费者与品牌关联程度的五个层次，如图 6-2 所示。

1. 纵向分析

从纵向来看，随着关联程度的逐渐提高，消费者对品牌的认知及依赖程度也相应提高。

(1) 第一层是品牌知晓阶段，该阶段的消费者可能只对品牌有过初始接触，知道品牌的存在，但对该品牌还没建立强烈的偏好。企业需要采取的策略就是加大广告宣传力度，让产品信息广为传播。

(2) 第二层是品牌认可阶段，该阶段的消费者可能通过自己或朋友的亲自尝试，获得了良好体验，有了进一步的品牌好感。企业需要采取的策略就是主动加强售后服务，强化顾客的品牌忠诚度。

(3) 第三层是品牌联系阶段，该阶段的消费者已经与该品牌建立了思想或行动上的联系，购买产品时能首先想到该品牌，并能主动与商家联系，了解产品情况。此时，企业要加强售前与售中服务，为顾客了解产品提供方便及热情的服务。

(4) 第四层是品牌社区阶段，该阶段的消费者其主动性进一步增强，有着相同品牌偏好的消费者之间直接或间接建立起了联系，在网络社区中经常进行沟通。企业应尽可能地在自己的网站建立网络论坛等供顾客自由讨论，适时地收集意见并及时予以反馈。

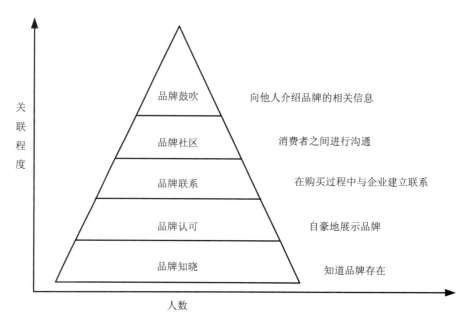

图 6-2　消费者与品牌关联程度

(5) 第五层是品牌鼓吹阶段，该阶段的消费者因为对品牌的极度偏好，已经自动担任起了该品牌的推广人，开始主动向周围的人推广该品牌。

2. 横向分析

从横向来看，品牌知晓到品牌鼓吹这五个层次与可能参与青睐的消费者人数构成了一个金字塔形。也就是说，从第一层到第五层，相应的消费者人数逐渐减少。此结构表明，对品牌有初步了解的最底层状态的人数最多，需要强化他们对品牌的忠诚度。而只有很少一部分消费者处于金字塔顶端，但他们是品牌的倡导者，他们会主动告知其他消费者这个品牌有多出色，并力图劝说其他消费者同他们一样做出购买该种产品的决策。当然，他们的宣传方向与商家的宣传目标可能不一致，这就需要商家对品牌的网络信息实行监管，并尽最大的努力使用各种网络工具对义务推广人进行引导与鼓励。

一个企业对产品进行品牌管理，会给消费者和厂家带来许多优势。从消费者的角度来看，消费者可以通过品牌来区别产品的来源，知道谁为产品负责，可以降低购物的风险。品牌是消费者与企业间的一种契约，是一种象征性消费的方式，也是质量的标志。从企业的角度来看，品牌可以简化运作管理，保护品牌的知识产权，是质量的保障。品牌可以赋予产品独特的联想，还是企业竞争优势和财务回报的源泉。品牌资产可以提高顾客的忠诚度，增强企业对竞争对手的抵御能力，相同品质的产品可以制定更高的价格，使营销活动效率更高，还可以有效地进行品牌延伸。

(二) 网络品牌管理中应注意的问题

网络品牌与传统品牌有很大的不同，传统优势品牌不一定是网络优势品牌，虽然在一定程度上有一定的优势。网络优势品牌的创立需要对品牌重新进行规划和投资，这也就意味着公司要在网上取得成功，绝不能只依赖传统的品牌优势。在网络营销品牌的管理和塑造上需要特别注意以下几个问题。

1．网络对许多顾客来说意味着神秘和不确定性

在网络上，没有人清楚你的真实身份，网络是摸不到看不见的，因此，网络品牌对顾客来说就尤为重要。那些已经在传统营销环境中建立了品牌信誉的企业，其品牌信誉在网络上也会得到延伸；而那些本来就没有多少知名度的企业在进行网络营销时，就要更加注重自身信誉的积攒。具体而言，就是企业向顾客提供高质量的产品和服务，给顾客以人性化的关怀，并在付款和交货等方面恪守承诺。顾客通过自身体验，会越来越信赖该品牌，从而实现企业塑造品牌良好形象的目的。

2．网络品牌可以通过网络与传统传媒相结合的方式进行宣传

对在网络和传统营销环境中进行营销活动的企业来说，其在网络中的品牌和在现实生活中的品牌是可以相互促进的，因为顾客是可以在现实生活和虚拟的网络世界中穿梭的。

3．注重利用网络手段强化品牌管理

注重利用网络手段强化品牌管理包含了两个层面的工作。

第一是品牌定位。企业应注重利用传统渠道和网络渠道等，做好针对网络品牌定位和品牌策略制定的调研工作，并在品牌推广的过程中主动了解来自消费者的多方面反馈。

第二是品牌监测与评估。网络市场环境更加多变，而且范围更广，为了全面地了解市场信息，要利用网络手段实现对品牌网络行为的实时监测。有些互联网公司几乎每周都要重新评价它们的商业模式和品牌塑造战略，以确立它们的品牌在市场竞争中的优势地位，并适时地进行调整。

4．遵守网络礼节并塑造良好形象

网络作为一个虚拟的世界，有它自身的礼仪要求。企业在网络中遵守这些礼节，就好像在现实生活中具有彬彬有礼的形象一样，会给顾客留下好感。这对于塑造企业的网络营销品牌形象大有好处。

(三) 建立网络品牌的必要性

品牌并不容易建立，大多数知名的品牌，都是经过一定的岁月积累，才受到消费者认可的，或是投入了巨大的广告才累积起来的。特别是在网络时代，在进行互联网营销时，一定要注意建立自己的品牌，这是为什么呢？

1．建立网络品牌是由网络销售的特性所决定的

(1) 建立网络品牌可以在网上标识与其他同款商品的区别

互联网区别于实体销售的特点是，网络是一个几乎无疆界的平台，即使是中文网络销售，也有十几亿的消费者群体这一庞大基数。每个消费者都可以在互联网上通过搜索寻找自己需要的产品。面对琳琅满目的商品，客户如何才能迅速做出自己的选择？客户能够一家家地进行比较吗？如果客户购买了你的商品，那么下次他如何才能迅速地找到你？网络品牌的第一个用处，就是在网络上对自己的产品进行标识。

(2) 建立网络品牌可以提高自身商品的溢价

如果你有一个良好的品牌形象，则能够让消费者放心满意地购买你的商品，因为你的品牌代表了你的产品在消费者心中的价值，一个好的品牌往往是质量好、美誉度高、认可度高

的代名词。如果有两款同样的商品，一款没有品牌，一款品牌包装很好，在价格差别不大时，客户会选择有品牌的商品，而不会选择没有任何标识的产品。对于没有标识的产品，消费者往往会有这样的顾虑：这是哪个杂牌小厂生产出来的产品？质量可靠吗？售后、三包服务如何保证？

(3) 建立品牌是客户迅速找到你的商品的需要

品牌在网络上的特意标识，有助于客户迅速寻找到你的商品。例如，某企业生产的某款工业产品，如果客户在使用后非常满意，他会记住这个品牌，那么再次购买时，客户能够通过搜索引擎迅速发现该企业的网站。

(4) 品牌是避免陷入价格恶性竞争的必然选择

品牌的建立，可以避免让自己的商品陷入与同款杂牌商品的恶性竞争。恶性竞争的结果就是拼价格，拼价格就是拼成本，拼成本就是拼材料、拼人工。这样的结果就是企业拼命地节约材料费用，采用低劣的原材料生产，加大工人的工作量，不可避免地导致产品质量受到影响。

2. 建立网络品牌是企业网络销售的必然趋势

(1) 网络大趋势是促进品牌的发展

当天猫在淘宝的基础上横空出世时，许多资深的网络学者和营销人士预言，一个品牌的时代即将到来，说得简单一些，天猫是淘宝的赚钱平台，是从游击队到正规军的过渡。天猫与淘宝最大的不同，就是除了收钱开店，商家还必须有一家自己的公司，有自己的品牌。

随着网络的发展，诞生了许多特定的网络品牌，如柠檬绿茶、七格格这些网络知名的服装品牌。网络发展的走向，必然向着品牌化、正规化运作，小的杂牌卖家将无法生存。在某个节日，天猫和淘宝一共创造了近两百亿元的单日销售额，但是这些销售额绝大多数都是占网络商家总数 30%的品牌大商家创造的，那些网络超级卖家的订单多得来不及发货，但是那些继续在淘宝集市经营的杂牌小商家却没有什么订单。

(2) 网络推广必须以品牌推广为核心才有价值

网络推广意味着除了一些免费的推广手段，还要投入巨大的广告费进行推广，如果你只是单纯地推广自己的网站和网店，则这些引入的流量只有一次效用。

作为点击一次都要花好几块钱的网络付费广告，其实际产生的一次成交利润完全不足以支付它的广告成本，只有不断地通过品牌刺激，激励客户二次通过免费的搜索引擎到店交易，这些广告才没有白投。企业累积投入的品牌推广广告能够促进继续销售，才能更有价值。

(3) 树立简洁、大气的品牌形象促进企业的发展

网络品牌与商标有一定的不同，商标仅仅是标识产品的图案或是文字，而网络品牌的外延更广，它可以包括域名、网店等，还可以包括实体经济中的 VI 设计、标识、企业整体形象等。简洁的域名和网点名称，可以迅速让客户找到你的网店。像 QQ、JD 这样的域名，都是花费大价钱买来的，一个销售业绩良好的黄钻等级店铺也是可以转让的，费用从数百元到数十万元不等。品牌的整体形象催生了 VI 系统的设计，即企业标识，它包括企业商标、文案等统一格式，体现了企业良好的综合实力和品牌整体形象。

3. 建立网络品牌是保护知识产权、永续经营的需要

品牌是知识产权的一种体现形式，也是家族继承经营的需要，企业品牌类似于一种家族徽章，是一种传承，如著名的汽车品牌凯迪拉克，就是这个家族的徽章。AO 史密斯更是以爷爷用过的产品孙子还在用，证明其持续的品牌形象。在国外，你会发现，那些大大小小的知名品牌，往往都是家族型企业，他们的工厂在这里投产，在那里关闭，但是他们的品牌始终如一，从来没有换过。

建立网络品牌也是保护知识产权的需要。知识产权不仅仅包括设计、专利，还包括域名、网络标识等，这些产品具有无形资产，注册后别人是不可以盗用的。品牌更是一种永续经营的需要，我们经常说百年老店，就意味着品牌的价值，这些品牌可以作为企业资产传给继承者。

(四) 网络品牌的策划与推广

无论是传统的品牌还是新兴的网络品牌，所有的品牌都需要认真地推广。设计一整套品牌不需要太多的钱，注册一个域名、一个商标，也不需要很多的钱，但是推广这些品牌，却需要花大力气并用心经营。企业如何打造和推广自己的品牌，主要有以下四种方案。

1. 在线移植传统品牌名称

这是最普通的方法，在现实中拥有良好品牌识别和价值的企业可以通过在线复制来建设其网络品牌。如果品牌具有足够的知名度和价值，这样做可以达到事半功倍的效果。福特公司的网站提供了很多品牌的信息，Argos 和 Guinness 的企业网站都有连续的品牌识别和品牌评价，这些都来自顾客对线下品牌的体验。当然，这并不是打造网络品牌的最好方式，网络品牌的价值在于它的独特性和唯一性。在强势品牌的压力之下，传统的"老字号"品牌无法与之抗争，只能延伸它的传统优势，这是一种最佳的选择。而且如果网站在运作、构造和信息内容等方面表现不好，那么传统品牌的价值就会受到不良影响。例如，网上知名的书籍零售商不是书籍网站，而是亚马逊(Amazon.com)；知名的拍卖网站不是拍卖网，而是易贝(eBay.com)。

2. 延伸传统品牌

一些公司设立自己的网站时要创建一个略有差别的在线品牌，这就是在延伸传统品牌。例如，长虹从电视到空调就是一种品牌延伸。通过这种方法，既可以借助传统品牌的价值优势，也可以进一步将品牌的差异化优势着重体现出来。公司能够使自己同类似的服务竞争区分开来，这个可以用在线上和线下的促销中，以区分竞争对手的网站。在线品牌差异化使用有助于提升网站的形象，并有助于顾客把网站与公司联系在一起。例如，Deed 网站就建立了一个在线品牌"红色行星"，用户在一个"宇宙飞船"的控制台上订购快递服务，在线品牌突出了品牌的差异化。当然，品牌的形象应与延伸产品的形象一致，如将可口可乐延伸到一些日常用品上就不一定被老百姓所接受。

3. 为已有的数字品牌创建联合品牌

联合品牌是指一个企业通过与一个已有的强大的数字品牌或互联网品牌组合在一起，生产出新产品并为其命名，由此促销企业的产品。这种做法在网上十分普遍，也是公司通过声誉和品牌识别发挥协力优势的好方法。2006 年，可口可乐公司与腾讯公司宣布结成战略合

作伙伴。可口可乐公司借助腾讯最新推出的 3D QQ 秀网络虚拟形象，全面升级其 icoke 互动社区为中国首个运用 3D 形象的在线社区，为年轻消费者提供革命性的互动沟通新体验。可口可乐网站引入腾讯 3D QQ 秀虚拟形象技术这一革新创举，一改过去网络在线聊天单一的文字沟通方式，使其升级为独具个性的立体沟通方式，令网络生活突显个性，成为时尚潮流的风向标。可口可乐突破传统营销模式，运用全新的"数码"营销策略，激发了年轻消费者的激情触点，由 2D 向 3D 的升级具有里程碑式的重大意义。这一合作对这两个商家来说，都受益匪浅。

4. 创建一个新品牌

如果已有的线下品牌有负面内涵或对新媒介过于传统，那么很有必要创建一个全新的品牌。Egg 银行服务就是新数字品牌的一个例子，它是经营良好的 Prudential 公司的子公司。Egg 可以采取新的方案，但不会损害 Prudential 这个品牌，同时也不受 Prudential 这个品牌的约束。

品牌建立容易，但要坚持并不容易，因为品牌建立后，还有许多意想不到的困难，如企业的平台联合、产品平台展示和网络平台的运行等。每一个新事物的产生肯定会带来诸多问题。让品牌得到企业更多的支持，同时也得到消费者更多的认可，使得品牌在网络营销中更具有杀伤力，这成为网络营销的一种必然的整合趋势。

第三节　网络营销的信息发布与传递

互联网已经成为面向大众的普及性网络，其无所不包的数据和信息，为上网者提供了最便利的信息搜集途径。同时，上网者既是信息的消费者，也可能是信息的提供者，从而大大增强了网络的吸引力。层出不穷的信息和高速增长的用户使互联网络成为市场营销者日益青睐的新资源，网络营销活动也从产品宣传及信息服务扩展到市场营销的全过程。

一、网络营销的信息发布

网站是企业向消费者传播信息的重要途径，许多企业将网页视为扩展顾客服务的重要方式，可以提供比店铺更多的商品信息。英国零售商认为网站的最大优势在于信息低成本传播的便利性。零售商对于在网站上提供信息表现得非常积极，并发布了不同种类的大量信息，具体如下：

- 产品信息包括产品描述、产品价格、促销信息、网站广告、彩色样品和生动的图像等；
- 财务信息包括公司财务报告、年度财务报告和投资者信息等，信息覆盖的深度因可获得性程度的不同而大不相同；
- 公司信息包括公司的历史、店铺地址、详细的员工信息和公司激励计划等；
- 新闻信息以各种形式出现。一些企业将新闻信息作为消费者促销的一部分，而其他企业将新闻信息发布在公司网站上旨在提升公司的整体品牌形象；
- 招聘信息——公司有招聘意愿，并且为应聘者提供详细的工作信息。

网络信息的一大特征是即时呈现，同时很多竞争者还可能从一些知名的商业网站上看到同样的信息，因此发布的信息如何吸引接受者的注意力至关重要。

(一) 网络营销的信息发布特点

1. 信息的有用性

企业可以收集关于某个主题的内容并以一种有意义的方式来表现它，或提供某种有用的服务。例如，一家园艺公司可以收集有关园艺的信息，据此开设园艺 BBS。人们会想获得这样的信息，因为这样的内容是有趣的，可以使他们成为更好的园丁。对于任何一个有关业务的主题来说，这种方法都是适用的。

2. 信息的价值性

网站要给接受者提供一种有价值的公共信息服务，而不是简单地把各种内容堆放在网上。例如，企业如果是一家旅游公司，可以开办一个关于出国旅游常识的栏目；如果是一家废料处理公司，则要开设一些如何处理危机化学物质的提示专栏。在信息发布前，要想一想企业的专长是什么，然后围绕这个主题开设自己的网站。这样做会让接受者对你的网站更感兴趣，从而有更多的访问者。

3. 信息的趣味性

摩森·布莱韦(Mslson Breweries)公司拥有一个关于摇滚乐的，叫作音乐盒的万维网站。你可以在上面下载流行乐队的音乐剪辑，得到音乐会的信息，阅读记录和具体的评论。你可以参加公共聊天室，和其他人一起讨论音乐。为了鼓励人们一而再、再而三地回到这个网站上来，这个网站经常更新。

也许企业并不亲自拥有大量有价值的资源，但是仍旧可以创新。你可以雇佣一位喜剧作家经常向网站上张贴笑话；或者更好的办法是开办一次讲笑话的竞赛，让客户们把最喜欢的笑话讲给你听，让他们帮你向网站里添加内容。

4. 信息的公正性

通过提供有关行业的公正信息，企业的网站可以向客户们提供有价值的服务。如果是一家服务型企业，则要提供一个有关所在地区所有旅馆和餐馆的清单，包括竞争对手在内。如果你开办一家汽车公司，则要开办一个搜索引擎，允许访问者输入自己的要求，得到一份关于所有适合他们需要的汽车类型清单，而不仅仅是自己制造的汽车。这样的做法，初听之下好像在为别人做嫁衣，但是再仔细想一想，如果你的站点上提供的信息是公正的，人们就会不断地回来。当人们想要查找有关旅游、汽车的信息时，他们首先想到的就会是你的网站。并且，由于是你在控制站点上的内容，每当人们进入站点时，他们都会看到你的产品和服务介绍。

5. 信息的互动性

与消费者互动是企业营销不可缺少的一个环节，而传统媒体的这种交互性是很少的。报纸、电视、杂志只是提供给所谓的潜在用户去看，用户的意见和建议是很难得到反馈的。对于企业而言，主动去寻找潜在用户也比较难，而企业网站则可以在第一时间得到用户的反馈，与用户进行沟通和交流。

(二) 网络营销的信息发布方式

1. 内部信息发布

企业在日常运作中要实现与内部员工的日常沟通,在具体的营销活动中更要考虑到员工的反映。在网络营销中,局域网的开设使资源共享具备基础,而企业整体管理信息系统的构建也使这种共享成为可能。内部信息发布的过程中要注意避免信息调查和处理重复,以提高资源的利用效率。营销部门的调查资料和组织内部其他部门之间的信息在某种程度上如果达到共享,将会很好地节约企业的资源,使得组织目标的实现更具成效。

2. 外部信息发布

外部信息的发布既包括企业不通过第三方媒体的介入,直接面向公众发布新闻和信息的方式,也包括企业通过各种方法促使媒体对与其相关的新闻和信息进行报道。其主要发布形式如下。

(1) 手册式信息网站。手册式信息网站是用于描述有关产品和服务信息而并不提供互动式功能的网站,它们相当于设在网上的宣传产品手册,许多早期的公司网站是以手册式信息网站为主的。手册式信息的最大优点在于它是一种低廉的网上宣传手段,除了针对特定用户的产品信息外,手册式信息网站也可满足其他信息利益相关者的需要,如业界消息可提供给新闻媒体,公司报告可服务于投资者。手册式信息网站的信息需要常换常新,过时的信息如同过期的新闻一样,在公众眼中毫无价值,并可能对公司产生更糟的印象。

(2) 互动式信息网站。互动式网站是用途更加广泛的网络推广方法。互动式网站的特点是通过网络游戏、电子贺卡、聊天室、BBS 等,提供给客户交流的渠道,同时提供产品相关信息。因为许多用户登录网站是为了查询信息,所以利用互动式功能,网站设计者可以缩短用户到达急需信息的路径。此类信息包括产品选择、产品推荐和零售商推荐。

(3) 在线大事。在线大事是指参与到一个广为宣传的事件中,用以激起用户兴趣并将其吸引到网站上。例如,路虎越野车网站(Land Rover)每年都会赞助一项世界各地的车手都可以参加的、名为"骆驼奖"的大赛,路虎在他们的网站上提供大赛最新动向信息。

二、网络营销的信息传递原理及实质内容

(一) 网络营销的信息传递原则

一个完整的网络营销信息传递系统包括信息源、信息传播载体和传播渠道、信息接收渠道、信息接收者、噪声和屏障等基本要素。与一般信息传递系统不同的是,网络营销中的信息传递是双向的,即网络营销具有交互性,其实质是企业更容易向用户传递网络营销信息,同时用户也可以更方便地获取有效信息。网络营销信息传递的原理是提供详尽的信息源,建立有效的信息传播渠道,为促成信息的双向传递创造条件。其五项基本原则如下所述。

1. 提供尽可能详尽而有效的网络营销信息源

无论是企业通过各种手段直接向用户所传递的信息,还是用户主动获取的信息,归根结底来源于企业所提供的信息源,只有有效信息尽可能丰富,才能为网络营销信息有效传递奠定基础。

2. 建立尽可能多的网络营销信息传递渠道

在信息传播渠道建设上，应采取完整信息与部分信息传递相结合、主动性信息和被动性信息传递相结合的策略，通过多渠道发布和传递信息，才能让尽可能多的用户发现这些信息。

3. 尽可能缩短信息传递渠道

在创建多个信息传递渠道的基础上，还应创建尽可能短的信息传递渠道，因为信息渠道越短，信息传递越快，受到噪声的干扰也就越小，信息也就更容易被用户接收。这也从根本上解释了为什么搜索引擎检索结果中靠前排列的信息更容易被用户点击，而用户自愿订阅的邮件列表营销效果更胜一筹等看起来理所当然的问题。

4. 保持信息传递的交互性

交互性的实质是营造企业与用户之间互相传递信息变得更加方便的环境，除上述建立尽可能多且短的信息传递渠道之外，还应建立多种信息反馈渠道，如论坛、电子邮件、在线表单、即时信息等，以保证信息传递交互性的发挥。

5. 充分提高网络营销信息传递的有效性

信息传递中的障碍因素，使得一些用户无法获取到自己需要的全部信息。提高信息传递的有效性，也就是减少信息传递中噪声和屏障的影响，让信息可以及时、完整地传递给目标用户。

(二) 网络营销的信息传递内容

组织在网络营销运营中面临的一个困境就是沟通的信息量问题。以世界火车制造商为例，它只有五个主要的公司，每个制造商要发布新合约、新产品和现有客户的评价等信息，为潜在客户和现有客户提供信息。这些信息可以吸引潜在客户，同时对竞争对手有巨大的价值。通过网页可以轻松地获取许多数据资料，于是一些企业雇用专门人员收集和归纳竞争对手的信息。因此，在信息发布过多(对竞争者)和信息发布过少(对客户)之间取得平衡是很重要的。这一问题在很大程度上已经通过使用密码和防火墙保护克服了。

然而，对于一些组织市场而言，通过信息与客户联系是其主要优势。以英国政府为例，它们通过网络和网页，提供更多的客户服务信息，使其公共服务得到了改善和提高。英国政府为自己设定了目标，即到 2005 年 100%的政府服务都要通过网络进行。门户网站(如Directgov)的建立就是这一目标的成果，该网站提供了大量的政府服务信息，大约有 1500 个链接。在该网站上，你能够完成以下事情：

- 浏览对象团体(如残疾人和祖辈)，或浏览话题(如金钱、税收和收益、招聘、教育与学习等)，也可以进入权威的政府图书馆或者使用搜索引擎；
- 驾驶员考试预定、缴纳汽车税、更新护照、婴儿安全、双亲去世、特别教育需要等；
- 与政府部门和相关的第三方联系，提供更多的可信赖的指导与帮助。

在线沟通创造了高度专业化的快速沟通渠道，实现了大量信息内容的低成本传递。近年来，在线广告数量和促销投入预算方面的广告花费增长显著，不过最近有报道称，在线广告的增长率有所放缓。但是，并不是所有的企业都放缓，组织根据兴趣使用了更为广泛的促销工具；搜索引擎营销在保证目标市场的顾客能够看到网站内容方面变得尤为重要。在线沟通的新模式是在线电视，基于越来越多的终端客户有了宽带连接，在线电视技术逐渐流行。

在线沟通不仅适用于购买的初始和过程阶段，它另一个有价值的贡献是应用于购买阶段后期的产品评价和反馈。网络在降低成本的同时为企业提供了改善客户服务质量的机会，可以通过实时答复在线顾客的请求提高服务质量。例如，戴尔公司应用客户信息和诊断工具分析买方请求、诊断问题、提出相应的解决方案；通过网站支持或买方提出的问题与答案，思科公司能够用更少的人力来实现所需的售后服务水平。

本 章 小 结

网络企业要想提高企业网站知名度，提高经济效益，必定需要进行网络促销。网络促销的目的在于通过各种有效的方式，消除潜在消费者对产品或服务的疑虑，说服其决心购买企业的产品或服务。运作良好的网络促销活动，不仅可以诱导需求，还可以创造需求，发掘潜在的消费者，拓展新市场，提高销售量。

(1) 通过本章的学习，读者可对网络营销的常用工具与方法有一个初步认识。常用的网络促销技术包括：链接策略、搜索引擎策略、电子邮件策略、网络广告策略、信息发布策略、病毒性营销策略、网络论坛推广策略。

(2) 在企业的产品销售量波动较大、市场地位不稳定的情况下，通过适当的网络促销活动，树立良好的产品形象和企业形象，往往有可能改变消费者对企业及产品的认识，提高产品的知名度和用户对本企业产品的忠诚度，达到锁定用户、实现稳定销售的目的，但它也间接地支持了品牌意识、品牌偏好和购买倾向。

(3) 结合网络促销活动，企业可以通过在线填写表格或电子邮件等方式及时地收集和分析消费者的意见和需求，迅速地反馈给企业的决策管理层。由此所获得的信息准确性和可靠性高，对企业经营决策具有较大的参考价值。

练习题

一、选择题

1. 网络营销信息发布的基本特征是( )。
   A. 有用性　　　　　　B. 价值性　　　　C. 趣味性　　　　　D. 公平性
2. 下列网站属于搜索引擎类网站的是( )。
   A. 搜狐(SOHU)网站　　　　　　　　　B. 百度(Baidu)搜索
   C. 谷歌(Google)搜索　　　　　　　　D. 雅虎(Yahoo！)搜索
3. 网站推广的原则包括( )。
   A. 效益/成本原则　　　　　　　　　　B. 稳妥慎重原则
   C. 综合安排实施原则　　　　　　　　　D. 可视化原则
4. 下列项目属于搜索引擎推广的方法有( )。
   A. 登录免费分类目录　　　　　　　　　B. 登录付费分类目录
   C. 搜索引擎优化　　　　　　　　　　　D. 网页内容定位广告

5. 电子邮件是与在线顾客建立关系的有效工具之一，电子邮件营销的关键因素是（　　）。

    A. 投递频率　　　　　B. 阅读率　　　　　C. 点击率　　　　　D. 重复率

6. 下列（　　）技术可用来在离线媒介上推广宣传网站。

    A. 电视　　　　　　　B. 印刷品　　　　　C. 电子邮件　　　　D. 广播

7. 企业要想提高企业网站的知名度，提高经济效益，必定需要进行网站的推广。网络推广的目的在于（　　）。

    A. 诱导需求　　　　　　　　　　　　B. 创造需求

    C. 提高品牌知名度　　　　　　　　　D. 提高顾客忠诚度

8. 搜索引擎优化的主要优点是（　　）。

    A. 目标高度集中　　　　　　　　　　B. 相对营销成本较低

    C. 可以达到较高的访问量　　　　　　D. 主要适用于商业顾客

二、判断题

1. 自网站具备了发布信息、劝说和提醒客户购买公司的产品和服务的功能时，该网站就是一个广告载体。　　　　　　　　　　　　　　　　　　　　　　　　　（　　）

2. 要想成功地进行搜索引擎营销，公司需要确认的第一件事情就是它们在主要的搜索引擎都进行了注册。　　　　　　　　　　　　　　　　　　　　　　　　　（　　）

3. 病毒式营销是以传播病毒的方式开展营销，它不是一种常用的网络营销方式。（　　）

4. 只要与其他网站建立有效连接，就会被搜索引擎自动收录。　　　　　　　（　　）

5. 国内最大的门户网站搜狐（SOHU）属于搜索引擎类网站。　　　　　　　（　　）

6. 利用电子邮件群发软件从事 E-mail 营销只适用于用户数量较少的情况。　（　　）

7. 通过搜索引擎推广网站的最终目的是实现网站的访问量增加。　　　　　（　　）

8. E-mail 营销的成本比传统营销高。　　　　　　　　　　　　　　　　　（　　）

9. 在互联网上，由于信息交流是平等、自由、开放和交互的，因而企业在网上采用强势营销方式展开营销活动，能得到较好的效果。　　　　　　　　　　　　　　（　　）

三、填空题

1. 按照用户所获取网站信息的来源不同，网站推广手段有＿＿＿＿＿＿＿＿＿＿和＿＿＿＿＿＿＿＿＿＿两种基本类型。

2. 按照用户获取网站信息的渠道不同，网站推广手段有＿＿＿＿＿＿＿＿＿＿和＿＿＿＿＿＿＿＿＿＿两种基本类型。

3. 要保证域名商标知名度的提升和网站访问频率的上升，必须遵循下面几项原则：准确定位、形式多样、＿＿＿＿＿＿＿、＿＿＿＿＿＿＿、＿＿＿＿＿＿＿和＿＿＿＿＿＿＿等六项原则。

4. 网络品牌的策划与推广基本方案包括＿＿＿＿＿＿＿、＿＿＿＿＿＿＿、＿＿＿＿＿＿＿和＿＿＿＿＿＿＿等 4 种。

5. 网络营销外部信息主要发布形式有：＿＿＿＿＿＿＿、＿＿＿＿＿＿＿和在线大事。

四、名词解释

1. 网站推广
2. 网络品牌
3. 企业域名品牌
4. 博客营销
5. 病毒性营销策略

五、简答题

1. 网站推广的目标是什么。
2. 简述网络营销网站推广的基本策略。
3. 简述网络营销网站推广运营阶段的基本特征。
4. 论述网络品牌的管理内容。
5. 论述网络营销信息传递的基本原则。

六、论述题

1. 公司是怎样通过搜索引擎网站来推广自己的?
2. 比较不同的网站推广方法的有效性,这些方法包括链接策略、搜索引擎策略、电子邮件策略、网络广告策略、信息发布策略、病毒性营销策略和网络论坛推广策略等。
3. 说出为何有些企业网站应用水平很高,而另外一些企业甚至不用网络发送电子邮件。

七、案例分析

长沙巴顿公司如何规划网络营销推广方案

美国巴顿集团成立于1918年,是世界领先的冰激凌机、烧烤机零售商,旗下零售产品包括30多款全球顶级的冰激凌机、烧烤机等商品。长期以来,公司一直致力于向顾客提供最优质的冰激凌和设备,营造独特的"巴顿体验",让全球各地的巴顿店成为人们除了工作场所和生活基础之外温馨舒适的第三生活空间。

该公司看好中国市场的巨大潜力,准备在中国长期发展,与中国基因共同成长。长沙BD机电设备贸易有限公司(以下简称长沙巴顿公司),作为美国巴顿集团有限公司的在华企业,自成立至今迅速崛起,已成长为全国最大的冰淇淋和烧烤设备销售代理商之一,长沙巴顿公司主营的设备有两种:巴顿冰淇淋设备和巴顿烧烤设备。目前主推巴顿冰激凌设备,以冰激凌品牌加盟形式和单卖设备形式经营。为了进一步提升品牌形象,提高产品销量,长沙巴顿公司最近准备启动网络营销推广活动,正在着手制订一份公司网络推广方案。

企业网络营销推广方案的策划,应在充分了解市场竞争信息、深入分析互联网环境的基础上,综合考虑外部环境的机会与威胁、自身的资源条件及优劣势、竞争对手的谋略和市场变化趋势等因素,通过构思、分析、归纳、判断,再到策略拟定、方案实施、跟踪、调整与评估等一系列环节,编制出规范化、程序化、操作性强并不断完善的行动方案。

长沙巴顿公司要有效完成这次的网络营销推广任务,可以从市场环境及竞争对手的分析入手,合理规划企业的网络推广方案,具体步骤如下:

(1) 公司网络市场 SWOT 分析;

(2) 分析竞争对手的网站及推广方式;

(3) 确定网络推广的目标市场;

(4) 规划网络推广的主要目标;

(5) 选择恰当的网络推广方式。

(资料来源: 方玲玉. 网络营销实务[M]. 第 2 版. 北京: 高等教育出版社，2019.)

请根据以上资料，回答下列问题:

1. 如果长沙巴顿公司想要进行第三方平台网络营销推广，应该如何进行策划?

2. 试拟一份信息发布，相关信息可以采用虚拟方式。

八、思考与实践

李某在一家大型建材企业的电子商务部工作，有一天，部门经理告知李某本企业的网站已建立半年左右，但访问的人数很不理想，没有达到宣传企业产品和最终实现在线交易的初衷。部门经理要求李某尽快提出一套网站推广方案。请根据该企业的有关情况，帮助李某提出网站推广的途径和要点。

第七章

搜索引擎营销

【学习重点】

掌握搜索引擎营销的概念、结构和工作原理；掌握搜索引擎营销的推广方式；掌握搜索引擎营销的流程和工作方法；掌握搜索引擎优化的内容及其技巧。

【学习难点】

掌握搜索引擎营销的常见方式；掌握搜索引擎营销的基本形式和过程。

【教学建议】

充分理解和识记搜索引擎的基本理论与基本概念，尝试使用搜索引擎推广站点。

【引导案例】

可口可乐的SEM

基于百度用户的网络使用习惯，可口可乐利用百度大量的美食餐厅，特别是火锅餐厅的检索量，在这些检索行为发生时，展现可口可乐的广告创意，并和商业电视广告(Tele Vision Commercial，TVC)形成呼应。可口可乐采用网页浮层关联广告和 iLook 美食榜单冠名的形式，在网民搜索"火锅"或知名火锅店时，展现可口可乐"爽动美味"的火锅主题视频，如图 7-1 所示。

图 7-1　iLook 美食榜单冠名

百度在搜索结果页右侧提供动态更新的热门火锅店榜单的实用信息，在榜单上方展现预留的可口可乐"爽动美味"物料，当鼠标滑过时，广告物料可以向下展开，软性地建立了可口可乐品牌和喜爱火锅的潜在受众之间的联系，使网民在享用火锅时能联想到可口可乐的品牌形象。广告重点突出的主题是可口可乐使火锅更美味的概念，从而使消费者在寻找美食和享受美食时，能自然而然地想到搭配可口可乐。

此次可口可乐获得了很好的 SEM 效果，广告在线时间 61 天，总展现量达 337 万次，广告展开次数达 38 万次。

引言

随着我国信息化进程不断加快而带来的搜索引擎用户大规模增长，以及搜索引擎对网络信息资源的整合入口功能逐步展现，搜索引擎营销被视为投资回报率最高的营销方式之一，搜索引擎营销也逐渐成为广告营销的重要理念。特别是 2007 年以后，越来越多的大品牌开始在中国搜索引擎上投放广告，这标志着中国搜索引擎营销行业进入一个新纪元。

第一节　搜索引擎

一、搜索引擎的概念和基本结构

搜索引擎成为网络用户最常用的信息检索工具，这种可以为用户提供发现信息和机会的搜索引擎，也就理所当然地成为网络营销的基本手段之一。当你的网站发布到互联网上之后，想要让消费者知道你的产品或者服务，那就必须让别人能够找到你的网站。进行搜索引擎注册，使消费者通过搜索引擎找到你的网站，这是最经典、最常用的网站推广方式。

(一) 搜索引擎的概念

所谓搜索引擎，是指一种自动从互联网搜集信息，将信息整理以后供给用户进行查询的系统。搜索引擎是随着网络信息的迅速增加，从 1995 年开始逐渐发展起来的技术。如果没有搜索引擎的出现，用户想要在互联网如此浩瀚的信息海洋里寻找信息，如同"大海捞针"。搜索引擎正是为了解决这个"迷航"问题而出现的技术。搜索引擎以一定的策略在互联网中搜集、发现信息，对信息进行理解、提取、组织和处理，并为用户提供检索服务，从而起到信息导航的目的。

(二) 搜索引擎的基本结构

搜索引擎是一个专用的 www 服务器，虽然各个搜索引擎的具体结构不太相同，但一般都包含 Robot、分析器、索引器、检索器和用户接口五个基本部分。Robot 一般采用广度优先或深度优先的策略，对 Web 进行浏览并下载文档。然后，分析器对 Robot 下载的文档进行分词、过滤和转换等分析，提供给索引器使用。索引器将文档显示为一种便于检索的形式储存于索引数据库中。一旦用户通过用户界面发出检索要求，检索器就从索引数据库中找出与用户查询请求相关的文档。用户接口为用户提供可视化的查询输入和结果输出界面。

实践体验：①用某个你感兴趣的关键词(如某运动鞋品牌名称)在三个不同的搜索引擎中进行检索，看看搜索结果页面信息是否有差异，并将搜索结果页面保存在本地硬盘。②一个月后，再用同一关键词搜索，分别比较三个搜索引擎搜索结果页面内容的变化。

二、搜索引擎的工作原理

了解搜索引擎的工作流程对日常搜索应用和网站提交推广会有很大帮助。搜索引擎的工作可分为以下几个步骤。

(一) 抓取网页

每个独立的搜索引擎都有自己的网页抓取程序，称为蜘蛛(Spider)。蜘蛛是一个很形象的名字，搜索引擎蜘蛛程序访问网站页面时类似于普通用户使用的浏览器。蜘蛛会跟踪网页中的链接，连续地抓取网页，称之为爬行。

蜘蛛程序发出页面访问请求后，服务器返回 html 代码，蜘蛛程序把收到的代码存入原始页面数据库。搜索引擎为了提高爬行和抓取速度，会使用多个蜘蛛程序并分布爬行。蜘蛛访问任何一个网站时，都会先访问网站根目录下的 robots.txt 文件，如果文件禁止搜索引擎抓取某些文件或目录，蜘蛛将遵守协议，不抓取被禁止的网站。和浏览器一样，搜索引擎蜘蛛也有标明自己身份的代理名称，站长可以在日志文件中看到搜索引擎的特定代理名称，从而辨识搜索引擎蜘蛛。

(二) 索引

搜索引擎抓到网页后，还要做大量的预处理工作，才能提供检索服务。其中，最重要的就是提取关键词，建立索引数据库。索引(Index)是将蜘蛛抓取的页面文件分解、分析，并以巨大的表格形式存入数据库的过程。在索引数据库中，网页文字内容及关键词的位置、字体、颜色等相关信息都有相应记录。

(三) 搜索词处理

用户在搜索引擎界面填入关键词，点击"搜索"按钮后，搜索引擎程序即对搜索词进行处理，包括中文分词处理、去除停止词、指令处理、拼写错误纠正、整合搜索触发等。搜索词的处理必须十分快速。

(四) 排序

对搜索词处理后，搜索引擎程序便开始工作，从索引数据库中找出所有包含搜索词的网页，并且根据排名算法计算出哪些网页应该排在前面，然后由页面生成系统将搜索结果的链接地址、页面内容摘要等内容组织起来返回给用户。一般按照各搜索引擎周期的不同，网络蜘蛛可能是几天、几周或几个月，也可能针对不同重要性的网页有不同的更新频率，需要定期重新访问所有网页，从而更新网页索引数据库来反映出网页内容的更新情况，增加新的网页信息，去除死链接，并根据网页内容和链接关系的变化重新排序。这样，网页的具体内容和变化情况就会以更新的形态，反映到用户搜索查询的结果中。

三、搜索引擎的分类

搜索引擎按工作方式主要可分为四类，即全文搜索引擎、目录索引类搜索引擎、元搜索引擎和集成搜索引擎。

(一) 全文搜索引擎

全文搜索引擎是指从互联网上提取各个网站的信息(以网页文字为主)而建立的数据库中，检索与用户查询条件相匹配的相关记录，然后按一定的排列顺序将结果返回给用户。全文搜索引擎是真正意义上的搜索引擎。

全文搜索引擎按搜索结果又可细分为两种：一种是拥有自己的检索程序(如蜘蛛程序)，并建立网页数据库的搜索引擎，如百度、谷歌等；另一种是租用其他搜索引擎数据库，并按照自定的格式排列搜索结果的搜索引擎，如 Lycos 引擎。

(二) 目录索引类搜索引擎

目录索引类搜索引擎又称为分类目录和目录索引引擎。目录索引虽然有搜索功能，但从严格意义上讲算不上真正的搜索引擎，仅仅是按目录分类的网站链接列表而已。

这种"搜索引擎"并不采集网站的任何信息，只利用各网站向搜索引擎提交网站信息时填写的关键词和网站描述等资料，经过人工审核编辑后，如果符合网站登录的条件，则输入数据库以供查询。用户在检索时完全可以不用关键词查询，仅靠分类目录也可以找到需要的信息。

目录索引的好处是，用户可以根据目录有针对性地逐级查询自己需要的信息，而不是像技术性搜索引擎一样同时反馈大量的信息，而这些信息之间的关联性并不一定符合用户的期望。

从用户应用的角度来看，无论是技术性的全文搜索引擎，还是人工的目录索引型搜索引擎，都能实现查询信息的目的(两种形式可以获得的信息不同，目录索引通常只能检索到相关网站的网址，而搜索引擎则可以直接检索相关内容的网页)，因此没有必要严格区分这两个概念，而是统称为搜索引擎。

需要注意的是，两种类型的搜索引擎原理不同，导致了各种搜索引擎营销方式的差异，需要针对不同的搜索引擎采用不同的搜索引擎营销策略，因而其对于网络营销的研究和应用，有必要从概念和原理上给予区分。从实质上看，利用蜘蛛程序自动检索网页信息的搜索引擎才是真正意义上的搜索引擎。现在的大型网站一般同时具有"搜索引擎"和"目录索引"查询方式。

(三) 元搜索引擎

元搜索引擎在接受用户查询请求时，同时在其他多个引擎上进行搜索，并将结果返回给用户。著名的元搜索引擎有 infoSpace、dogpile、vivisimo 等(元搜索引擎列表)。在搜索结果排列方面，有的直接按来源引擎排列搜索结果(如 dogpile)，有的则按自定的规则将结果重新排列组合(如 vivisimo)。

除以上三种外，还有集合式搜索引擎、门户搜索引擎和免费链接列表。集合式搜索引擎类似于元搜索引擎，区别在于它并非同时调用多个搜索引擎进行搜索，而是由用户从提供的若干搜索引擎中选择一个。门户搜索引擎，如 AOL search、MSN search，它们提供搜索服务，但自身没有分类目录，也没有网页数据库，其搜索结果完全来自其他搜索引擎。免费链接列表类似于目录索引，它提供简单的滚动链接条目，少部分有简单的分类目录，但其规模要比目录索引小很多。

(四) 集成搜索引擎

集成搜索引擎是指在一个搜索界面上同时链接多个独立的搜索引擎,用户进行检索时可以选择其中的部分搜索引擎,输入检索词后可以获得多个搜索引擎返回的结果。"搜索之家"是典型的集成搜索引擎。集成搜索引擎类似于元搜索引擎,二者的共同特点是没有自己的索引数据库,也不拥有在互联网上实施搜索的核心技术,它们只是调用其他独立搜索引擎的搜索结果,实际上充当的是全文检索搜索引擎代理人的角色。与元搜索引擎不同的是,集成搜索引擎并非同时调用多个搜索引擎进行搜索,而是由用户从提供的若干搜索引擎中选择合适的引擎进行搜索。

【专栏7-1】亚马逊、当当网的长尾营销

图书出版市场规模的日益庞大自是不必多说,而读书对于人成长的意义更是被从小灌输。在教育普及的前提下,不同阶层、不同社会角色的人都会有自己的可读之书,感兴趣之书。因此,在图书资源充足的情况下,阅读的个性化是人在选择书籍时的鲜明特点。互联网打破地域局限,不需要考虑售书架展示空间的巨大限制,彻底改变了图书的售卖方式,可以充分满足个体的读书需求,也增加了整体的阅读总量,即"书籍尾巴"的长度增长明显。因此,不管是亚马逊还是国内的当当网,最初都是运用书籍长尾的巨大价值来构建自己的电商王国。在亚马逊网上书店成千上万的商品书中,一小部分畅销书占据总销量的一半,而另外绝大部分的书虽然个别销量小,但凭借种类的繁多可以积少成多,从而占据总销量的另一半。一个亚马逊公司前员工精辟地概述了公司的"长尾"本质:我们所卖的那些过去根本卖不动的书比我们所卖的那些过去可以卖得动的书多得多。长尾现象或者说长尾效应,警示我们"二八定律"在互联网世界里的光彩褪色。同样的长尾效应也塑造了当当网。这条尾巴不但对于书籍有价值,也带来了其他商品销售的价值联动。按照某电商行业观察者的观点,图书电商平台可以吸收优质的在线客户。图书用户通常都是高价值的用户,当当网超过50%的在线市场份额意味着一半线上买书的用户都绕不过当当网。这种大比例用户的使用黏性让当当网在其他百货零售电商布局上轻松不少。

(资料来源:根据网络资料整理)

四、搜索引擎的推广方式

(一) 自然推广

自然推广是指人们可以将要推广的信息通过网页等形式发布到搜索引擎,然后通过正当的搜索引擎优化(SEO)技术使需要推广的关键词在搜索引擎中得到一个理想的排名。这里有必要提一下搜索引擎的收录原理,即搜索引擎都有一个或多个搜索程序——蜘蛛程序,这些"蜘蛛"负责检索互联网中的海量信息,然后收集到搜索引擎的数据库中,经过机器和人工的整理、分类,将有用的信息按照搜索引擎的算法有序排列,不同的搜索引擎算法不尽相同,但是关键词、链接、权重是所有搜索引擎共同的三个算法要素。所以做好自然推广,肯定要做好搜索引擎优化,其实搜索引擎优化工作就是围绕着关键词、链接、权重这三个要素来展开的。

(二) 竞价排名

自然推广固然免费，但是自然推广存在着很多不确定性，虽然搜索引擎优化可以帮助得到一个好的排名，但是搜索引擎优化不能保证百分之百成功。而且搜索引擎优化不是一个短期就能产生效果的方法，企业可能等不了这么久的时间，而竞价排名解决了这一问题。所谓"竞价排名"就是搜索引擎根据企业出的价格给予相应的排名，这样省去了搜索引擎优化的工作，企业可以快速地得到一个排名。但前提是你需要付费，这里价格成了排名的唯一因素。

【专栏7-2】搜索引擎需标明付费广告

北京时间 2016 年 8 月 31 日消息称，9 月 1 日起，又有一批新的法律法规将会影响到我们的工作生活。其中《互联网广告管理暂行办法》(以下简称《办法》)将于 9 月 1 日起正式施行，其中第七条规定，付费搜索广告应当与自然搜索结果明显区分。

目前，百度、搜狗等搜索引擎公司已经开始执行，在最新搜索页面中，付费搜索均以"广告"标识出来，并且取代了之前的"推广"和"商业推广"标注形式。值得注意的是，推销商品或者服务的付费搜索广告明确界定为互联网广告的一种类型，与其他形式的互联网广告一起接受监管。

另外，根据即将实施的《办法》要求：互联网广告应当具有可识别性，显著标明"广告"，使消费者能够辨明；禁止利用互联网发布处方药和烟草的广告；不得以欺骗方式诱使用户点击广告内容；未经允许，不得在用户发送的电子邮件中附加广告或者广告链接；利用互联网发布、发送广告，不得影响用户正常使用网络。

与此同时，随着 2016 年 9 月 1 日的到来，新《广告法》也正式施行一周年。对此原国家工商总局通报称：自 2015 年 9 月以来，监测违法广告数据已连续数月保持在较低水平，广告违法率比新《广告法》实施前下降了 84.29%。传统的医疗、药品、保健食品等典型虚假违法广告、名人明星违法违规代言、不满十周岁未成年人代言等行为得到有效遏制。

(三) 混合竞价

搜索引擎在竞价排名的基础上，又推出了"混合竞价"方式，即在排序时除了考虑价格方面的因素，还同时考虑点击率的高低。这种方式不仅可以使企业得到好的排名，还能提高网页匹配度，也提高了用户的体验。

五、搜索引擎在营销中的作用

在网络经济中，企业面临越来越激烈的生存挑战，怎样选择高效的营销沟通工具成为企业取胜的关键。搜索引擎由于其独特的功能特性，成为网络营销的重要工具，其作用主要有以下几方面。

(一) 有助于消费者了解商品信息

搜索引擎的应用可以让消费者直接搜索某商品，查询、比较商品在众多网上商店中的价格、介绍、评论等信息，如图 7-2。我们可以发现，当我们搜索某种产品时，在搜索引擎中出现的不仅仅是单一的产品,而更像产品的小商城,出现的不仅有产品,还有产品的周边,让消费者更加全面地了解产品。消费者既可直接进行网上购物,也可以在获得全方位的商品比较信息之后,在线下商店购买。

尽管电子商务的味道相当浓郁,但网民普遍认为依托现有的搜索引擎服务,在确切获取有用信息方面确实有用,直接增加了消费者对所关注网站的注意力。专业化的搜索引擎不仅能够满足用户的细化需求,其精确的搜索结果还满足了用户在线购物过程中,希望能够直接了解对所查询目标的细节要求。

图 7-2　百度搜索结果

(二) 有助于企业锁定目标消费者

用户在搜索引擎上进行信息查询时,主要看结果是否和自己的需求吻合。当我们使用一种智能跟踪用户检索行为的搜索引擎时,它能分析用户检索行为,建立用户消费模型;使用相关度反馈机制,让用户告诉搜索引擎哪些文档和自己的需求相关(及其相关的程度),哪些不相关;通过多次交互逐步求精,可以使用户直接准确地定位自己需要的信息,既实现了"一对一"营销,还能加深用户对网站的印象,建立起企业的"品牌"效应;通过对用户搜索过程的存储,能建立相关营销数据库,使用智能数据挖掘技术分析用户消费行为,有效地解决了企业准确找到自己目标受众的问题,更好地锁定了消费者。

第二节　搜索引擎营销概述

一、搜索引擎营销的定义和特点

(一) 搜索引擎营销的定义

搜索引擎营销是基于搜索引擎平台,通过一整套的技术和策略系统,利用人们对搜索引擎的依赖和使用习惯,在人们检索信息时尽可能将营销信息传递给目标客户的一种营销方式。用户使用搜索引擎时输入的检索词能表达用户对这一主题的关注,这种关注就是企业运用搜索引擎营销挖掘潜在客户的根本原因。搜索引擎营销追求最高的性价比,以最小的投入，获得最大的来自搜索引擎的访问量，并产生商业价值。

搜索引擎营销正日益成为企业网络营销的首选方式。例如，当人们有消费需求或看到感兴趣的商品时，首先想到的是"搜一搜"，这种行为已经成为一种条件反射。以前，消费者依靠"货比三家"来对抗"买的没有卖的精"这种与商家之间的信息不对称。现在，通过搜索引擎收集到的产品功能与使用情况弥补了消费者与推广商家间在知情权上的缺陷，成为消费决策的重要依据。低价产品的线上销售渠道也成为搜索热点，以至于现在出现了消费者为了省钱而先到实体店挑选合适型号的货品，再到网店付款下单的有趣现象。所以搜索引擎在网购用户收集信息时所具有的作用，相对于其他的互联网形式占压倒性优势。

搜索引擎营销得以实现的基本过程是：企业将信息发布在网站上成为以网页形式存在的信息源；搜索引擎将网站/网页信息收录到索引数据库；用户利用关键词进行检索；检索结果中罗列相关的索引信息及其链接 URL；根据用户对检索结果的判断选择有兴趣的信息并单击 URL 进入信息源所在网页。这样便完成了从企业发布信息到用户获取信息的整个过程。了解了这个过程，下面我们需要做的就是想尽办法让这个过程更快、更顺利、更圆满地实现。

(二) 搜索引擎营销的特点

与其他网络营销方法相比，搜索引擎营销具有自身的一些特点，充分了解这些特点是有效地应用搜索引擎开展网络营销的基础。归纳起来，搜索引擎营销有下列六个特点。

1. 搜索引擎营销方法与企业网站密不可分

一般来说，搜索引擎营销作为网站推广的常用方法，在没有建立网站的情况下很少被采用(有时也可以用来推广网上商店、企业黄页等)。搜索引擎营销需要以企业网站为基础，企业网站设计的专业性对网络营销的效果会产生直接影响。

2. 搜索引擎传递的信息只发挥向导作用

搜索引擎检索出来的是网页信息的索引，一般只是某个网站/网页的简要介绍，或者是搜索引擎自动抓取的部分内容，而不是网页的全部内容。如何尽可能好地将有吸引力的索引内容展现给用户，是否能根据这些简单的信息吸引用户进入相应的网页继续获取信息，以及该网站/网页是否可以给用户提供其所期望的信息，这些都是搜索引擎营销需要研究的主要内容。

3. 搜索引擎营销是用户主导的网络营销方式

没有哪个企业或网站可以强迫或者诱导用户的信息检索行为。使用什么搜索引擎、通过搜索引擎检索什么信息完全由用户自己决定，在搜索结果中点击哪些网页也取决于用户的判断。因此，搜索引擎营销是由用户主导的，它最大限度地减少了营销活动对用户的干扰，最符合网络营销的基本思想。

4. 搜索引擎营销可以实现较高程度的定位

网络营销的主要特点之一就是可以对用户行为进行准确分析并实现高程度定位。搜索引擎营销在用户定位范围方面具有更好的功能，尤其是在搜索结果页面的关键词广告时，完全可以实现与用户检索所使用的关键词高度相关，从而提高营销信息被关注的程度，最终达到增强网络营销效果的目的。

5. 搜索引擎营销的效果表现为网站访问量的增加而不是直接销售

了解这个特点很重要，因为搜索引擎营销的使命就是获得访问量，至于访问量是否可以被最终转化为收益，不是搜索引擎营销可以决定的。这也说明，提高网站的访问量是网络营销的主要内容，但不是全部内容。

6. 搜索引擎营销需要适应网络服务环境的发展变化

搜索引擎营销是搜索引擎服务在网络营销中的具体应用，在应用方式上依赖于搜索引擎的工作原理、提供的服务模式等。当搜索引擎的检索方式和服务模式发生变化时，搜索引擎营销的方法也应随之变化。因此，搜索引擎营销方法具有一定的阶段性，与网络营销服务环境的协调是搜索引擎营销的基本要求。

二、搜索引擎营销的目标层次和任务

(一) 搜索引擎营销的目标层次

从搜索引擎营销的信息传递过程和实现搜索引擎营销的基本任务，可以进一步推论，在不同的发展阶段，搜索引擎营销具有不同的目标，最终的目标在于将浏览者转化为真正的顾客，从而实现销售收入的增加。搜索引擎营销分为四个目标层次，可简单描述为：存在层、表现层、关注层和转化层。

1. 第一层，存在层

存在层的目标是在主要的搜索引擎/分类目录中获得被收录的机会，这是搜索引擎营销的基础，离开这个层次，搜索引擎营销的其他目标也不可能实现。存在层的含义是让网站中尽可能多的网页被搜索引擎收录，而不仅仅是网站首页，也就是为了增加网页的搜索引擎可见性。

2. 第二层，表现层

表现层指在被搜索引擎收录的基础上尽可能获得好的排名，即在搜索结果中有良好的表现。因为用户关心的只是搜索结果中靠前的少量内容，如果利用主要的关键词检索时，网站在搜索结果中的排名靠后，那么还有必要利用关键词广告、竞价广告等形式作为补充手段来实现这一目标。同样，如果在分类目录中的位置不理想，则需要同时考虑在分类目录中利用付费等方式获得靠前的排名。

3. 第三层，关注层

只有受到用户关注、经过用户选择后的信息，才可能被点击，因此称为关注层。该层次注重网站访问量指标，通过搜索结果点击率的增加来达到提高网站访问量的目的。

4. 第四层，转化层

转化层指将访问量的增加转化为企业最终实现收益的提高。转化层是前面三个目标层次的进一步提升，是各种搜索引擎方法所实现效果的集中体现，但并不是搜索引擎营销的直接效果。从各种搜索引擎策略到产生收益，期间的中间效果表现为网站访问量的增加，网站的收益是由访问量转化所形成的。从访问量转化为收益，是由网站的功能、服务、产品等多种因素共同作用而决定的。因此，第四个目标在搜索引擎营销中属于战略层次的目标。其他三个层次的目标则属于策略范畴，具有可操作性和可控制性的特征，实现这些基本目标是搜索引擎营销的主要任务。

(二) 搜索引擎营销的任务

从搜索引擎营销的基本原理可以看出，实现搜索引擎营销的任务如下。

1. 构造适合搜索引擎检索的信息源

信息源被搜索引擎收录是搜索引擎营销的基础，这也是网站建设成为网络营销基础的原因，企业网站中的各种信息是搜索引擎检索的基础。由于用户检索之后还要通过信息源获取更多的信息，因此这个信息源的构建不能只是站在搜索引擎友好的角度，还应该包含用户友好，这就是在建立网络营销导向的企业网站中所要强调的。网站优化不只是搜索引擎优化，它包含三个方面，即对用户、搜索引擎、网站管理维护的优化。一般情况下，搜索引擎营销主要考虑对各种网页的检索，此外，也有一些专业领域的检索，如谷歌的新闻组和图片检索、百度的 MP3 及图片检索等。一些搜索引擎还支持对特定文档格式进行检索，如 DOC、PDF 等。无论是图片还是 MP3 等文件，通常都是嵌入网页中的，可以被检索的文档通常也可以在浏览器中被直接打开，用户可以通过浏览器来阅读这些信息。这一特点也决定了要做好搜索引擎营销，需要从每个网页的搜索引擎优化设计做起。

2. 创造网站/网页被搜索引擎收录的机会

网站建设完成并发布到互联网上并不意味着可以达到搜索引擎营销的目的。无论网站设计得多么精美，如果不能被搜索引擎收录，用户便无法通过搜索引擎发现这些网站中的信息，当然就不能实现网络营销信息传递的目的。因此，让尽可能多的网页被搜索引擎收录是网络营销的基本任务之一，也是搜索引擎营销的基本步骤。

3. 让网站信息出现在搜索结果中靠前的位置

网站/网页仅仅被搜索引擎收录还不够，还需要让企业信息出现在搜索结果中靠前的位置，这就是搜索引擎优化所期望的结果。因为搜索引擎收录的信息通常很多，当用户输入某个关键词进行检索时会反馈大量的结果。如果企业信息出现的位置靠后，则被用户发现的机会就会降低，搜索引擎营销的效果也就无法保证。

4. 以搜索结果中有限的信息获得用户关注

通过对搜索引擎检索结果的观察可以发现，并非所有的检索结果都含有丰富的信息，用户因不能点击并浏览检索结果中的所有信息而需要对搜索结果进行判断。用户需要从所有结果中筛选一些相关性最强、最能引起关注的信息进行点击，再进入相应的网页获得更为完整的信息。要做到这一点，需要对每个搜索引擎收集信息的方式进行针对性研究。

5. 为用户获取信息提供方便

用户通过点击搜索结果而进入网站、网页，是搜索引擎营销产生效果的基本表现形式，用户的进一步行为决定了搜索引擎营销是否可以最终为企业带来收益。用户来到网站可能是为了了解某个产品的详细介绍，或者成为注册用户，但是否最终转化为购买者还取决于其他更多的因素，如产品本身的质量、款式、价格等是否具有竞争力。在此阶段，搜索引擎营销将与网站信息发布、顾客服务、网站流量统计分析、在线营销等其他网络营销工作密切相关。在为用户获取信息提供方便的同时，要与用户建立密切的关系，使其成为潜在顾客，或者使其直接购买产品。

三、搜索引擎营销的流程

(一) 商业分析

商业分析指明确网站要达到何种商业目的。搜索引擎营销属于营销的范畴，所以它要和商业目的挂钩。确定了目的才能给搜索引擎营销一个明确的方向。之后，要根据分析的结果构造适合搜索引擎检索的信息源。网站的内容是搜索引擎检索的基础，同时也是用户通过搜索引擎链接获取更具体信息的信息源。因此，企业网站要做到网站构建对搜索引擎和用户使用都是友好的。

(二) 市场调研

在确定目的后，就要弄清目标客户是如何搜索到网站的，具体包括：调研常用关键词；挖掘尚未被竞争对手意识到的性价比高的关键词；应该怎样做搜索引擎广告；哪些网站最值得争取链接到本网站；调研竞争对手关于搜索引擎营销的具体操作信息。

(三) 搜索引擎优化

搜索引擎优化是搜索引擎营销的前提。网站建设完成，如果没有被搜索引擎收录，用户便无法通过搜索引擎发现网站中的信息，自然就不能起到网络营销信息传递的目的。因此，针对搜索引擎优化网站，让更多的网页被搜索引擎收录，是搜索引擎营销的基本任务之一。

在此阶段要找准关键词。针对很少有人查找的关键词进行优化完全是浪费时间。有了合适的关键词，就可以对网页的 URL、TITLE、META 标签、正文标题、正文内容、ALT 标签、链接进行优化。对于那些有框架、Flash 动画、用数据库动态生成页面的网站还需要做进一步的工作。

(四) 实施链接策略

实施链接策略也叫作外部优化。搜索引擎会根据外链(指向本企业网站的链接)的重要程度来判断网站的重要程度。虽然外链的数量越多越好，但质量却更为重要。高质量的外部链接对网站的网页级别提升有很大的好处，实施链接策略可以确保网站深度互联到互联网中。

(五) 提交到搜索引擎

网站被优化后，就可以提交到搜索引擎了。网络中有数千个搜索引擎，其中真正重要的只有很少一部分。这些搜索引擎为其他搜索引擎、门户网站、公司网站提供搜索结果，企业要在这些搜索引擎上有好的排名。虽然在这些搜索引擎中有一部分允许用软件自动提交新的网站，但是在越来越多的情况下，人工提交才能保证提交成功，所有主要的目录都要求细致的人工提交。

(六) 搜索引擎收费服务

搜索引擎越来越多地引入付费收录、付费排名、点击收费的经营模式。不采用这些收费服务将使网站失去一半的浏览者。这些收费服务的优点是结果明确、见效迅速。搜索引擎的免费收录通常要花 6～10 个星期，目录根据用户选择的类别不同，可能要花 6 个月以上的时间。使用收费服务能更快见效。

网页仅仅被搜索引擎收录还不够，还要让企业信息出现在搜索结果中靠前的位置，这就是通过搜索引擎付费排名所要达到的结果。因为搜索引擎通常会反馈大量与关键词相关的结果，如果企业信息出现的位置很靠后，那么被用户发现的机会就会大大降低，搜索引擎营销的效果也就无法体现。

(七) 管理搜索引擎营销

搜索引擎营销策略是要随着网站的流量来进行不断调整的，因此在搜索引擎营销实施过程中，要做好跟踪服务。企业可以根据服务器日志分析访问者来自哪些搜索引擎，用的何种关键词，相应调整网页代码和内容，计算点击收费广告的投资收益率，评价广告效果好坏。同时也要计算竞价服务的性价比，适当地调整关键词来使 SEM 达到最高收益。

四、搜索引擎营销的常用方法

(一) 搜索引擎技术

从工作原理来看，常见的搜索引擎技术大概可分为如下两类。

一类是纯技术型的全文检索搜索引擎，如谷歌等，其主要原理是通过机器检索程序到各个网站收集、存储信息，并建立索引数据库供用户查询。这些信息并不是搜索引擎即时从网络检索到的。通常所谓的搜索引擎，其实是一个收集了大量网站或网页资料，并按照一定规则建立索引的在线数据库，这种方法不需要各网站主动登录搜索引擎。

另一类搜索引擎技术称为分类目录，这类方法并不采集网站的任何信息，而是利用各种网站向搜索引擎提交网站信息，填写关键词和网站描述资料，最后经过人工审核和编辑使各网站或网页登录到索引数据库中。

(二) 搜索引擎营销登录的常见方式

1. 免费登录分类目录

免费登录分类目录是最早的网站推广手段。目前，一部分重要的搜索引擎已开始收费，免费搜索引擎登录的方式正在逐步退出网络营销舞台。调研统计显示，网站访问量主要集中于少数重要的搜索引擎，质量低、访问量小的搜索引擎对于开展网络营销的意义不大，即便它们是免费的。

2. 收费登录分类目录

收费登录分类目录与免费登录不同，只有缴纳费用的网站才被收录。一些搜索引擎提供的固定排名服务一般也是在收费登录的基础上开展的。这类搜索引擎营销与网站设计本身没有直接关系，排名次序取决于所缴费用的多少。

随着搜索引擎收录网站和网页数量的增加，网民通过分类目录检索信息的难度也在不断加大；同时，由于大量的信息没有被搜索引擎收录，一些有价值的信息无法被检索到，从而影响分类目录搜索引擎的营销效果。

(三) 关键词营销

关键词是指用户关注信息中的核心词汇，用户就是用它在搜索引擎中查找自己需要的网站。谷歌和百度等搜索引擎充分利用用户对这些核心词汇的高度关注，在搜索结果旁边显示关于它的产品广告，即关键词广告。关键词广告是一种成功率较高的宣传媒体，比其他网络广告效果好很多。

关键词营销分付费关键词广告和竞价排名。前者是指在搜索结果页面显示广告内容，用户可以根据需要更换关键词，相当于在不同页面轮换投放广告。关键词广告是付费搜索引擎营销的主要模式之一，不同搜索引擎有不同关键词广告显示，有的将付费关键词检索结果放在搜索结果列表最前面，有的放在页面专用位置。付费搜索引擎广告常见的收费方式如下。

(1) 每千人成本(cost per mille，CPM)，即广告投放过程中，听到或者看到某广告的每一千人平均分担到多少广告成本。

(2) 每点击成本(cost per click，CPC)，即以每点击一次计费。这样的方法可以加强作弊的难度，但是有不少经营广告的网站觉得不公平。例如，虽然浏览者没有点击，但是他已经看到了广告，对于这些看到广告却没有点击的流量来说，网站白忙活一场。

(3) 每行动成本(cost per action，CPA)，指按广告投放实际效果，即按回应的有效问卷或订单来计费，不限广告投放量。

(4) 每回应成本(cost per response，CPR)，以浏览者的每一个回应计费。

(5) 每购买成本(cost per purchase，CPP)，广告主为规避广告费用风险，只在网络用户点击旗帜广告并进行在线交易后，才按销售笔数付给广告站点费用。

(6) 包月方式，即按照"一个月多少钱"这种固定收费模式收费。

关键词竞价排名是指网站付费后决定其在搜索结果页面出现的位置，付费越高排名越靠前。竞价排名服务是客户为自己的网页购买关键词排名，按点击计费的一种服务。客户可以通过调整每次点击付费价格控制自己在特定关键词搜索结果中的排名，也可以通过设定不同的关键词捕捉不同类型的目标访问者。与关键词广告类似，竞价排名也可以方便地对用户的点击情况进行统计分析，随时更换关键词以增强营销效果。

即使做了付费广告和竞价排名，也最好对网站进行搜索引擎优化设计，并将网站登录到各大免费搜索引擎中。

(四) 内容定向广告

网页内容定位广告是关键词广告搜索引擎营销模式的进一步延伸。广告载体不仅仅是搜索引擎搜索结果的网页，也延伸到这种服务的合作伙伴网页。

谷歌从2003年3月12日开始，正式推出按内容定位的广告。按照谷歌的说明，这项服务是将通过关键词检索定位的广告显示在谷歌之外的相关网站上。它可以在网站的内容网页上展示相关性较高的谷歌广告，并且这些广告不会过分夸张醒目。由于所展示的广告同网站上查找的内容相关，因此网页内容广告不仅会为企业带来经济效益，还能使企业得到内容的充实。

值得关注的是，网页内容定位的网络广告可以做到的并不仅仅是将关键词检索广告增加一种显示方式，由于其大大拓展了广告投放的空间，从而增加了被用户浏览的机会，实际上已经超出了关键词检索的基本形态。

网页内容定向广告中非常重要的一个问题就是要对网站进行很好的定位分析。网站定位分析主要涉及三个方面的问题：网站的性质、所属领域和用户群。这些问题的答案确定之后，接下来要做的第一件事情，就是将这个笼统概括的"定位"拆细。定位拆细最好的方法是"关键词"法。一个领域的关键词一般较为明确，扩大关键词范围的方法有：①用户调研，让用户任意写本领域的关键词，然后统计出现的频率；②研究同类网站，同类网站的频道名、栏目名都是同行所认定的"关键词"，同时可通过软件对同类网站的文章进行词频分析，找出出现频率最高的前 1000 个(字)词；③在本网站即将发布的典型文章中筛选。当网站定位"具体"为几百个关键词之后，这个"定位"就变成了摸得着、看得见的网站内容模型。此时，就可以在还没有网站内容的时候，对网站内容进行先行分类。切勿直接对笼统、概括的网站定位进行"概念到概念"分类，那一定是没有依据的分类。有了几百个筛选而来的关键词，分类就变成具体的可操作、可完成、可评价的工作。通过确定内容定位可以实现高效的网络营销效果，具有很强的针对性。

搜索引擎的特点决定了搜索引擎营销是网络营销最重要的一种应用。随着搜索引擎技术的不断发展，必然会出现更多新的搜索引擎营销方式和方法。

第三节　搜索引擎优化

一、搜索引擎优化概述

搜索引擎优化(search engine optimization，SEO)的主要工作是通过了解各类搜索引擎如何抓取互联网页面、如何进行索引，以及如何确定其对某一特定关键词的搜索结果排名等技术，来对网页进行相关的优化，使其提高搜索引擎排名，从而提高网站访问量，最终提升网站的销售能力或宣传能力。

例如，我们经常看到这样的网站：假定某个企业有 100 种产品，在产品目录页面的每个页面安排了 1~10 种产品，然后用户要逐级点击「下一页」来查看其他产品，这样不仅非常麻烦，而且也影响搜索引擎收录。稍微好一点的网站设计，可能是列出每个网页的链接，用户可以通过第一个产品目录页面直接进入到第 N 个网页。图 7-3 是某网站的产品分页设计截屏。

本类产品共计132个，共分11页显示，您目前浏览的是第 5 页
第一页 前一页 1 2 3 4 5 6 7 8 9 10 11 下一页 末页

图 7-3　某网站产品分页设计截屏

从链接关系上说，这样的网站结构并没有什么错误，理论上讲搜索引擎一般也可以按照这种层次链接关系检索各个相关网页(实际上可能因为网页链接层次过深而使相关网页被搜索引擎忽略或者降低权重)。如果站在用户的角度上看，这样的网站结构设计问题就大了。因为一般的用户，除非他特别需要从这 100 多个产品(10 多个网页)中逐个了解每一种产品的信息，否则很难有耐心逐个网页查看。

二、搜索引擎优化的相关知识

(一) 搜索引擎优化的必要性

搜索引擎优化应遵循网民的浏览习惯，即网页的设计和推广要重点考虑下面四个因素。

(1) 读者不会非常仔细地逐字阅读网页内容，很少有人通篇都看。所以，每页不一定要填充非常多的内容，也就是说，每个网页不要过长。

(2) 网页的头两段非常重要，读者们基本上最关注这个部分。所以，这两段的写作好坏能直接影响读者是否有兴趣继续待在此页面获取信息。

(3) 将重要的关键词尽可能地及早在标题、副标题和段落的前部显示给读者。这个安排内容的方法对搜索引擎也同样重要，因为搜索引擎的阅读方式是在模仿人。搜索引擎对网页的标题和前面段落非常重视，所以，网页的优化要充分考虑这一点。

(4) 搜索引擎竞价广告除非能被放置在搜索结果页的最顶端和右边广告区的前两位，否则无法得到搜索者的关注。

(二) 搜索引擎优化人员

1. 网站设计人员

网站设计人员掌握网站的代码，有能力和权限修改网站的结构，可以从代码层面开始构建或者优先优化网站。网站设计人员包括网站前台、网站后台、网站美工、网站构架等。

2. 网站管理人员

网站管理人员可以进行搜索引擎优化，使网站获得看得见的效果。网站管理人员包括企业网站站长、产品总监、网站运营总监、网站策划总监等。

3. 内容编辑人员

搜索引擎优化不只是技术及设计人员的任务，在搜索引擎越来越强调内容的前提下，内容成为提高搜索引擎权重、改善和促进用户转化率的关键因素。网站的内容编辑人员目前在SEO 方面的重要作用不可忽视。网站的内容包括许多方面，如新闻资讯、产品信息、公司简介、联系方式、促销信息等。网站编辑从内容组织、段落结构、标题设置、关键词分布、内容隐藏链接和相关链接等方面来优化文章，使普通的文字稿变成一篇生动的符合搜索引擎营销优化规则的软文，这一点是至关重要的。网站编辑的岗位包括专职的网站内容编辑、营销部门的方案策划人员、市场销售人员、新闻工作者等。

4. 网络创业人士

网络创业人士指想以搜索引擎优化技术作为自己创业出路的人士，包括个人站长、网络商店的店主等。

三、搜索引擎优化的分类

搜索引擎优化的工作一般可分为网站内部搜索引擎优化和网站外部搜索引擎优化。

（一）网站内部搜索引擎优化

网站内部搜索引擎优化工作的主要内容有：网站结构优化、网页代码优化、关键词布置、关键词写作、站内链接优化等。网站内部搜索引擎优化工作就像对网站进行整容，它针对搜索引擎的普遍规律对网站进行制作和变更。这个过程需要对搜索引擎的运作有清晰的了解，对网民搜索有丰富的观察和体验，对网站的制作有实际经验，并且需要创造性地推陈出新。

（二）网站外部搜索引擎优化

网站外部搜索引擎优化工作的主要内容有：网站的外部链接建设、辅助站点的建设、网站流量监测工具的应用等。其中网站的外部链接建设和辅助站点的建设有两个大的作用：一是提升网站的网页级别，这是搜索引擎对自然排名的一个重要衡量标准；二是能够导入不少高质量的流量。网站流量监测工具的应用是为了跟踪和衡量搜索引擎优化工作的成果，除此之外，也可以在以后网站的运营过程中起到数据搜集和分析的作用。

随着搜索引擎技术的逐渐进步，搜索引擎优化的工作难度也越来越大。从现状看，搜索引擎优化已经脱离了业余爱好者的单兵作战状态，走向了团队发展，成为一种专业的技术服务。人们对搜索引擎优化的观点也发生了改变，不仅把搜索引擎优化看作一种网站优化技术，还把它当成一种营销技术。不少企业认识到了搜索引擎优化技术对网站发展的重要性，于是，他们开始招募有搜索引擎优化经验的计算机技术人员，或者让现有的网站管理人员学习搜索引擎优化技术，这是可喜的现象。但是搜索引擎优化的专业性和工作量是很高的，企业自己进行搜索引擎优化工作会面临太多的不确定性风险。出于商业目的的搜索引擎优化项目通常需要咨询搜索引擎营销顾问和专业的搜索引擎营销公司，其收费取决于项目的工作量及难度。

四、搜索引擎优化的工作内容

（一）网站内部搜索引擎优化

1. 关键词

1）关键词的重要性

当通过搜索引擎查找相关信息时，在搜索框里输入的核心词就是关键词。关键词的选择应该在网站设计开始之前就着手。如果关键词选择不当，其后果是灾难性的，例如，你选择的关键词很少有人搜索，那么你的网站排名再高，流量也不会大。想更正它不是一件容易的事情。

2）关键词密度

网页上通常会有数以百计的词语，那么搜索引擎怎样分辨出哪些是描述网站的重要词语呢？搜索引擎一般会统计一个页面的字数，那些重复出现的词或短语会被认为比较重要。搜索引擎利用自身的算法来统计页面中每个字的重要程度。关键词数量与该页面总字数的比例称为关键词密度，这是搜索引擎优化策略最重要的一个因素。为了得到更好的排名，重要的关键词必须在页面中出现若干次，并且在搜索引擎允许的范围内。

一般在选择关键词时，会从标题的关键词设置展开到整个页面的关键词设置，因此很多人认为标题中多放关键词效果会更好一些。现在搜索引擎比较反感这样做,特别是标题堆砌一些范围太广的词,标题长度过长,导致标题关键词密度降低,反而得不到好的排名,更不用说流量了。标题中的同一个关键词最多不能出现超过三次,当然标题的字数越少越好。

网站首页文字不能太多,与关键词相比,文字太多,不好控制关键词密度,特别是做网站时,如导航、栏目、底部、图片属性,这些位置的关键词或许是固定的。最好控制的就是文章标题,如果文章标题中关键词突出,那关键词密度就会增高;如果文章标题中没有包括关键词,那关键词密度就会变低,排名也可能会随之变化。

3) 突出关键词

突出关键词指在网站有价值的地方放置关键词。当统计完页面需要多少关键词后,接下来就要考虑把关键词放在网页的什么位置。突出关键词是吸引浏览者注意的一个最重要的因素,搜索引擎将会专注于网页中某个部分的内容,处于这一关注部分的词语显得比其他部分的词语要更加重要。这就是所谓的"突出关键词"。

4) 选择恰当的关键词

企业要站在目标用户的角度,在考虑自己产品的特色、品牌、竞争者等因素的前提下,选择恰当的关键词。关键词的针对性要强,意义不要太宽泛,更不要与自己无关,也不要选择较强竞争对手使用的关键词。对小企业而言,可以适当使用相对冷门的词。用相对冷门的词搜索的客户,需求比较明确,对行业比较了解,往往这样的客户意向比较高。同时,相对冷门的词,投放的企业比较少,这样竞争就越少,成交机会变大。对不同的搜索引擎,企业要根据其不同的特点来投放,可以参考各个搜索引擎里行业词的相关搜索来确定自己的关键词投放。企业可以将自己的关键词按系列进行扩展,也可以组合成短语或两句话。企业选择关键词的数量不要太多,一般来说3~5个比较合适。

5) 关键词的选择步骤

(1) 列出大量相关关键词。

若要找出合适的关键词,首先就要列出尽量多的相关关键词。可以从以下几方面得到:

① 了解所要优化的网站所在的行业,清楚用户通常会用什么词来搜索;

② 看看同行业竞争者的网站,去搜索引擎看一下前20名的网站,他们都在标题标签里放了哪些关键词;

③ 搜索引擎本身也会提供相关信息。在搜索一个关键词的时候,很多搜索引擎会在底部列出"相关搜索"或写着"搜索了×××这个词的人,也搜索了×××"等,这些都可以为关键词的设置提供参考。

(2) 关键词竞争程度。

经过第一步以后,应该会选出备选关键词,少至几十个,多则成百上千个。下一步就需要研究这些关键词的竞争程度,找到竞争比较小,同时搜索次数比较多的关键词。看关键词的竞争程度,主要有两个指标:

① 各个搜索引擎在搜索结果右上角列出的某个关键词返回的网页数。这个数字大致反映了与这个关键词相关的网页数,而这些网页都是你的竞争对手;

② 用以判断关键词竞争程度的是在竞价排名广告中需要付的价钱。关键词的竞价排名价格比竞争网页数更能说明竞争程度,因为在每一个价钱的背后,都有一个竞争对手做过市场调研,并且愿意出实实在在的钱来和你竞争。

(3) 关键词被搜索次数。

关键词的竞争程度是一方面，还有一个重要的方面是这些关键词是否真的被用户搜索过？搜索的次数是多少？当然被搜索的次数越多越好。

(4) 计算关键词效能。

有了关键词的竞争程度和被搜索次数，就可以计算出哪些关键词效能最高。搜索次数越多，潜在效能就越大；竞争越大，潜在效能就越小。所以最简单的计算方法是：

$$关键词的效能=搜索次数/竞争程度$$

其中竞争程度主要取决于搜索关键词时返回的搜索结果数和价格(即搜索竞价)。返回的搜索结果数越多，竞争就越大，搜索竞价越高，竞争也越大。这个公式还可以做适当的变化。例如，在竞争程度中，若觉得搜索竞价的重要性更高一点，则可以把除数改为：

$$0.4×搜索结果数+0.6×搜索竞价$$

也就是给总相关网页数和搜索竞价不同的权重，而权重各占多少则根据你的判断和偏好。搜索竞价通常是个位数，一元、两元或者几毛钱之类的数字，而搜索结果数通常是几十万、上百万量级，这两个数字加在一起，搜索竞价所起的作用将微乎其微，对总数几乎没有影响。

所以引进"规格化搜索结果数"的概念，也就是把搜索结果数的绝对数字降到0～1的范围，与搜索竞价处于同一量级。具体方法是，把最大的搜索结果数设置为规格化搜索结果数1，其他搜索结果数按比例缩小。例如：

- 减肥健康搜索结果数19000000，规格化搜索结果数1；
- 减肥有效搜索结果数9420000，规格化搜索结果数9420000/19000000=0.4958；
- 减肥方法搜索结果数3880000，规格化搜索结果数3880000/19000000=0.2042。

这样，规格化搜索结果数与搜索竞价共同决定竞争程度，而且两者量级相当，都对结果有影响。这里需要注意的是，无论哪个关键词工具，显示数据的绝对误差都是相当大的，数据的准确性也有很多人怀疑。但在研究关键词时，重要的是列出这些关键词之间的相对值。通过这些查询和计算，你可以看出所列出的关键词哪些具有相对较高的效能。

(5) 选择关键词。

选择关键词就是选择效能最高的2～3个关键词作为你主页的目标关键词，剩下的其他相关关键词别扔掉，可以作为辅助关键词优化栏目页和内容页面。

2. 选择搜索引擎喜欢的域名

搜索引擎优化首要从域名开始，域名虽小，但是也会造成优化结果的千差万别。域名的后缀、长短以及拼写不同都会造成搜索结果的差异。

1) 域名后缀

域名后缀有以下几种：

(1) 国际顶级域名：.com、.org、.net、.biz、.info、.mobi 等；

(2) 国家顶级域名：.cn、.us、.ca、.uk 等；

(3) 其他域名：.tv、.io、.ws、.vc、.job、.pro 等。

域名的后缀有数百种，不同域名的后缀在搜索引擎中的权重(即搜索引擎对域名质量的认可程度)是不同的。一般情况下，.edu、.gov、.org 域名在搜索引擎中的权重比一般的域名高，其原因是.edu 和.gov 域名具有被信任的特征。.edu 和.gov 域名在任何情况下都不可以被转移，包括买卖、出租等任何形式的转移。.edu 域名只可以被教育机构注册，.gov 域名只可以由政府机构注册，而.com 是国际域名，.cn 是我国域名，所以.com 域名会得到更高的权重。

尽管.gov 和.cn 等域名的权重高，但它不是个人能够注册下来的。从搜索引擎优化及商业的角度来看，首选还是以.com 为后缀的域名。

如果注册了国外的域名，那么对使用地点也有了限制。例如，注册了德国的域名，使用中文建站，那么在中国搜索相关的网站时，这个德国"籍贯"的网站就会比在我国国内的网站权重低。相反，如果在德国使用搜索引擎输入中文关键词，则这个网站的权重就会高于我国国内的网站。在域名后缀的选取上，这点也是需要强调并注意的。

2) 域名长短与域名历史

大部分短域名，包括我们比较喜欢的数字域名已经被注册殆尽，现在所谓的好的域名，也只能从比较有创意的角度上来定义。域名通常越短越容易记忆，但域名长短并不能影响网站在搜索引擎中的排名。从搜索引擎优化整体的角度来看，短域名便于用户记忆，能增加回访度，所以短域名还是首选。

域名历史包括注册时间以及第一次被搜索引擎抓取到页面的时间。显然，注册越早的域名被信任度越高。对于网站来说，收购老域名会让新网站快速发展。不过，收购这些老域名的前提是这些域名之前绑定的网站没有作弊。

3) 域名的选择

(1) 域名应该简明易记，便于输入。一个好的域名应该具备的特点包括：短、顺口、便于记忆，最好让人看一眼就能记住，读起来发音清晰，不会导致拼写错误。此外，域名选取还要避免同音异义词。

(2) 域名要有一定的内涵和意义。用有一定意义和内涵的词或词组作为域名，不但方便记忆，而且有助于实现企业的品牌建立。如果和企业品牌相关的名称被抢注了，那么域名一定要选择符合网站总体运营思路的，且必须与网站的需求一致。

4) 域名的取名技巧

在我国，对域名的管理按照《中华人民共和国商标法》执行，受国家法律保护，以其他公司域名或产品商标名来命名自己的域名属违法行为。在不违背以上原则的前提下，谁先注册，域名就属于谁。综合考虑以上因素，在为域名取名时应该注意以下几点：

(1) 用企业名称的汉语拼音作为域名；

(2) 用与企业中文名称相应的英文名作为域名；

(3) 用企业名称的缩写作为域名；

(4) 用汉语拼音的谐音形式给企业注册域名；

(5) 以中英文结合的形式给企业注册域名；

(6) 在企业名称前后加上与网络相关的前缀和后缀；

(7) 用与企业名不同但有相关性的词或词组作域名；

(8) 不要注册其他公司拥有的独特商标名和国际知名企业的商标名；

(9) 检查域名是否被使用；

(10) 选择权威的域名代理商注册域名。

3. 网页标题的优化

网页标题的优化包括以下几个方面。

1) 标题设置

众所周知，页面中的标题是网站优化的最重要元素之一，搜索引擎在检索网站时，首先查看的就是网页的标题，并且在对搜索结果排序时，页面的标题也是重要的参考因素之一。所以，设置合理正确的页面标题显得尤为重要。通常在写标题标签时应该考虑以下几个因素。

(1) 用关键词简短概括网页内容。使用几个核心的关键词或者短语把网页的内容描述出来，让用户知道此页面提供的是什么内容，这样做可以使网页在搜索引擎中的排名更加精准。

(2) 控制页面标题的字数。一般来说，搜索引擎只考虑标题标签中有限的字数，如标题中前 25～30 个字。所以很长的、充满关键词的标题标签只能使你的网站看起来更像垃圾场。有的人认为应该尽可能把关键词放在标题标签的最前面。随着搜索引擎排名技术的改进，关键词在前面还是在后面无关紧要，只要标题标签别太长就行。

(3) 标题中切勿堆砌关键词。在标题中放置过多的关键词，会让搜索引擎反感，从而受到轻则降权，重则屏蔽的处罚，所以标题中的关键词切勿重复出现。

(4) 标题可以设置得更醒目。醒目的标题设置可能会引来更多的点击量，可以在标题上使用一些特殊的符号使网页标题突出并与众不同。这些特殊的字符不会对搜索引擎优化产生负面影响，还能使网站引来更多的关注。网页在搜索引擎结果中被列出时，网页的标题来自标题标签。用户在判断应该点击哪个网站时，在很大程度上取决于标题是否对用户有足够的吸引力等。如果标题只是关键词的堆砌，让人不知所云，就算网页排名再靠前，用户也没兴趣点击，也就不会起到什么作用。

(5) 学会用标题推销产品或服务。标题设置要有一定的号召力，因为无论销售何种产品，都需要卖力地吆喝，在线上也不例外。把某个产品的页面标题设置成一种促销信息也不失为一个好办法，可以在可能的情况下，尽量在标题标签中提到你的品牌或网站名，因为当然品牌或网站名称与关键词比较，应该处于次要地位。标题中关键词排列重要性排序为文章名>分类名>网站名。如果标题太长，可以使用文章名+网站名；如果还是太长，就只能保留文章名。

总而言之，在设置标题时要力求简短明了、准确无误，正确合理地设置页面标题将有助于网站在搜索结果中获得更高的排名位置。

2) 标题优化的常见错误

很多人在做标题优化时，更多的是关注关键词描述、关键词标签，而往往忽略了标题这个对搜索引擎排名非常重要的因素。所以在页面优化时应注意以下几个常见错误。

(1) 标题中堆砌大量的关键词。很多人错误地认为关键词越多越好，所以就出现了在页面标题中塞入很多关键词的情况，然而这样做会快速影响网站的搜索排名。所以在选择标题中的关键词时，一定要谨慎，不能滥用。

(2) 标题中未曾有过关键词。标题是至关重要的，对搜索引擎优化也会产生非常大的影响，如果标题中不出现关键词，那么即使网页内容中的关键词非常合理，排名也无法靠前。

(3) 网站中有过多的重复标题。重复的标题相信很多站长都没有在意过，但是这些重复的标题会给搜索引擎造成区分不清的结果。

(4) 页面标题过长或过短。页面标题的长短对搜索引擎是有影响的，过短的标题让搜索引擎疑惑网站内容的相关性，过长的标题会限制子页面的关键词排名。所以，标题的长度一定要把握好。

(5) 无页面标题。有很多网站没有标题标签或者使用默认的标题，由于无标题文档搜索引擎使用标签来显示它们的搜索结果，如果页面中没有标题或者标题没有意义，那么搜索引擎就很难找到和收录该页面。

(6) 标题中充斥着公司名字。很多站长都喜欢将自己公司的名字写入标题里，有的还特别长。但事实上没有人对公司名感兴趣，所以在标题这个宝贵的资源里，要尽可能地突出关键词。

标题可以说是整个网站或者页面的重点，对搜索引擎优化的影响也是十分重大的，在做关键词优化时，如果有必要，可以借助检查关键词密度的工具，这样就可避免出现关键词密度过大的问题。

在标题中合理地分布关键词是重中之重，这直接关系到关键词流量的来源，而关键词的密度也十分重要，太多密集的关键词会引起搜索引擎的反感，过少的关键词又会造成效果不明显。

4. 网络内容的优化

1) 原创的新内容

编写网页的文本对网页质量、网站质量非常重要。有了关键词的分析结果，我们明白网页需要围绕关键词来写。但是，如何写出独特的内容，创意是少不了的。要做到文本的与众不同，一个重要的基础就是你对网页要描述的产品、技术或者服务的了解程度。可以聘请专业人士来写作，也可以邀请一部分消费者来审阅网页的文本，看看是否符合他们的阅读习惯。

网页文本的更新也是不可忽略的问题，更是吸引读者再次来访的条件。同样，这也是搜索引擎来访需要看到的东西。时常更新的网页更容易获得搜索引擎的青睐，也给持续获得理想的排名创造机会。

2) 重视访问者

网页的内容除了给人看之外，还要给搜索引擎看。因为人们通过搜索引擎搜索信息，搜索引擎只有把你的网站推荐给搜索者，搜索者才能来访网站。可是搜索引擎有自己的阅读方法和排名标准，也就是算法，所以，网站内容首先要让搜索引擎看得懂。

以服务访问者为宗旨的网页，内容不是一成不变的，应该随着查看它的人而改变。鲜明的对比可以引导访问者关注更为重要的东西。因此，站主的任务并不是网页的制作或者管理，而是意识的引导和管理。如果你怀着尊重他人和尽力满足客人需要的心态去引导他们的注意力，你就制造了可以称为王牌的内容。优化一个网站，实际上就是优化它的文字内容，这是搜索引擎优化中最根本性的工作。

3) 搜索引擎优化与网站更新

有规律地更新网站，可以使网站的新文章几天甚至几小时内就可以出现在索引中。内容的持续更新是网站得以生存与发展的最基本条件，是网站的根本。内容更新的频率代表着网站的活跃度，同时，内容更新的频率越高，也往往意味着网站内容更丰富，这对于建立网站在行业内的权威性是相当重要的。

(1) 更新频率

对搜索引擎而言，每周更新与每日更新的区别并不是想象中的那么大，但这仅针对搜索引擎，每周更新已经是最低限度的要求。对用户而言，网站的更新频率不高只会导致他们以更低的频率访问该网站，甚至远离而去。所以从访问用户的实用角度考虑，网站的更新更重要，甚至比为了在搜索引擎获得更好的效果而盲目地更新重要。

(2) 信息充盈、新鲜

无论是纯粹的信息平台还是展示型网站，或者交易型网站，都对浏览者(潜在客户)具有更强的吸引力。读者都希望在第一时间内获知信息，作为网站运营者，就需要根据自身所处的行业特点、用户喜好，调配人力进行整合，创作对自身的浏览者有价值、有吸引力的信息，运用好网站有限的版面，保证网站资讯的及时更新，从而在最大程度上黏着客户，提高网站的可信度，实现商业价值。

此外，搜索引擎也倾向于把较新鲜的网页排列在比较靠前的位置。按照这种倾向，网站在更新网页时，还要考虑到页面的内容质量和关键词密度，这样即使没有大量的外部链接，也往往会获得很好的排名。但是这种页面的排名不容易保持，一般过一段时间就会掉下来。

4) 网站内部链接优化

外部链接在大多数情况下是不好控制的，而且要经过很长时间的积累，而内部链接则完全在企业自己的控制之下。下面简要介绍优化站内链接的经验。

(1) 建立网站地图。

如果有条件，最好给网站建一个完整的网站地图。同时，把网站地图的链接放在首页，使搜索引擎能很方便地发现和抓取所有网页。

(2) 网页的深度保持 3～4 层。

对于一个中小型网站来说，要确保从首页出发，四次点击之内就要达到任何一个网页。当然如果控制在三次点击之内更好。配合网站地图的使用，这一点应该不是大问题。

(3) 尽量使用文字导航。

网站的导航系统最好使用文字链接。有的网站喜欢用图片或者下拉菜单等，但效果最好的是文字链接，可以使搜索引擎顺利抓取，而且通过链接文字也能突出栏目页的具体内容。如果为了美观不得不使用图片或者脚本导航，应至少在网站底部或者网站地图中设置所有栏目的文字链接。

(4) 链接文字。

网站导航中的链接文字应该准确描述栏目的内容，这样在链接文字中自然而然就会有关键词，但是也不要在这里堆砌关键词。

(5) 网页的互相链接。

整个网站的结构看起来更像蜘蛛网，既有由栏目组成的主脉，也有网页之间的适当链接。

(6) 消除死链接。

死链接又称无效链接，即那些不可达到的链接。以下情况会出现死链接：动态链接在数据库不再支持的条件下变成死链接；某个文件或网页移动了位置，导致指向它的链接变成死链接；网页内容更新并换成其他的链接，原来的链接变成死链接。用户可通过在线工具或 Xenu Link Sleuth 软件检查死链接。

(二) 网站外部搜索引擎优化

网站外部搜索引擎优化工作的主要内容有：网站的外部链接建设、辅助站点的建设、网站流量监测工具的应用等。其中网站的外部链接建设和辅助站点的建设有两个大的作用：一是提升网站的网页级别，这是搜索引擎对自然排名的一个重要衡量标准；二是能够导入不少高质量的流量。网站流量监测工具的应用是为了跟踪和衡量搜索引擎优化工作的成果，除此之外，也可以在以后的网站运营过程中起到数据搜集和分析的作用。

1. 网站链接的核心

网站外部搜索引擎优化工作的核心是外部链接的建设。随着谷歌的出现，搜索引擎开始使用链接来评判互联网上每个页面的质量。每个连到网页的链接都是对质量表示肯定的一张"选票"，搜索引擎在判断哪个网页对其搜索结果来说具有最高质量时，会计算这些选票。搜索引擎判断出网页的重要性，这样它们就可以提供最高质量的内容，即最好的搜索结果。搜索引擎评估网页链接的优劣时有如下四种基本方法。

(1) 链接数量。一般来说，收到较多链接的网页会比收到较少链接的网页排名高。不过，不是所有的链接都是平等的。

(2) 链接质量。搜索引擎通过检查链接来源站点的链接流行度来判断权威性。因此，如果一个高权威性的站点链接到你的网站，这就将它的一些权威性赠予了你的页面。搜索引擎将最高网页排名的要素归因于从很多高质量站点来链接。

(3) 锚定文本。锚定文本即访客点击的那个链接的文本，锚定文本对搜索引擎是非常重要的，因为它提供了推荐的背景信息。搜索引擎倾向于把含有搜索关键字的锚定文本所推荐的网页排在前面。

(4) 链接相关性。从内容相关站点来的链接也是一个搜索请求排名的关键要素。"相关性"指信息是关于某一个主题的相关程度。除了锚定文本之外，搜索引擎还查看锚定文本周边的词，查看整个网页甚至整个链接来源站点上的词。

2. 链接的重要性

链接本身是具有极高重要性的，最好的链接经常在内容背景上与访客有非常密切的关系。这些是你希望拥有的链接，它们给站点带来合格的访问流量，而这也是链接的基本原理。好的链接能够吸引最多的合格访客来到站点，由此来转化他们成为企业的客户。

一步一步地为网站构建链接，使站点成为链接磁石。那么该如何去吸引这些链接呢？每个链接登录页面必须提供一个被链接的强有力的理由，具体如下。

(1) 提供产品或者服务。如果登录页面提供某种产品或服务，那些相关但没有竞争性价格的站点乐意提供链接给他们的访问者。

(2) 有价值的信息。很多链接登录页面都提供了重要的信息，别的网站会对这些重要信息进行引用，如果引用者遵守网络道德的话，会提供引用地址。

(3) 权威的信息来源。在某些分类目录上提供自己的链接地址，或者自己建立一个针对特定题目的小型网站目录，然后通过目录交换链接。

(4) 值得拥有的工具。通过提供一种对访客有用的软件工具来吸引很多链接。

(5) 业务关系。如果你是一个制造商，就可以从你的零售商得到链接；如果你是个零售商，就使用你的成员机构。每个组织都与其他的组织相关联，利用这些关系建立链接是非常好的办法。

扩展小资料：SEO顺口溜

准备篇：网络行业千千万，确定主题是关键。空间域名带备案，快速稳定是首选。

建设篇：网站结构要整齐，树形网状是第一。内部链接做到底，平行垂直都考虑。

内容篇：添加内容莫心急，长尾关键要布局。切忌初期就采集，原创才是硬道理。
链接篇：内外结合要并行，链接策略切勿扔。内部做好锚文本，外部别忘谈友情。
登录篇：万事俱备欠东风，搜索引擎别忘登。分类目录也要整，导航站点稍留心。
标题篇：标题始终最重要，如何撰写有技巧。不长不短刚刚好，核心关键往左靠。
关键词：不要去取堆积论，其实一个足够用。分布合理又均匀，首尾呼应捎带中。
描述篇：围绕标题几句话，浓缩内容是精华。引导用户点击它，潜在流量成倍加。
收录篇：对于收录要淡定，持续平稳去更新。「蜘蛛」看你是新人，只是考察你耐性。
心态篇：排名起伏属正常，不必哭爹又喊娘。每天都有新气象，时间会让给辉煌。
发展篇：网站走上正轨道，别神气也别骄傲。一步一步往前跑，流量会变成钞票。
结束篇：做站前后三月余，边工作来边学习。虽然感觉有点累，看着流量心欢喜。
附录篇：一个网站三分地，产不产粮看自己。只要用心去管理，什么都不是问题。

本 章 小 结

网络营销是对互联网工具和资源的合理利用，在一定程度上来看，网络营销能力就是对互联网工具和资源的统筹运用能力。互联网是一种集信息技术、通信技术、计算机技术为一体的网络系统。作为军事和科研用途的互联网，由于其传播范围广、成本低、及时、互动等特点，从诞生之日起，就成为企业发布商业信息、寻找商机的重要手段。

网络搜索引擎工具一方面充分利用了互联网技术和现代通信技术，另一方面，网络搜索引擎的运行离不开互联网技术。因此，如果没有互联网技术，网络搜索引擎就无从谈起。

搜索引擎推广是通过搜索引擎优化、搜索引擎排名及研究关键词的流行程度和相关性，在搜索引擎的结果页面取得较高排名的一种营销手段。企业一般可通过登录搜索引擎、关键词广告、竞价排名、网页内容定位广告等多种形式，通过搜索引擎将营销信息传递给目标客户。通过本章的学习，读者可对网络营销搜索引擎的常用工具与方法有一个初步认识。

练习题

一、选择题

1. 作为网络营销的常用方法之一，搜索引擎优化的根本目的是(　　)。
   A. 为用户通过搜索引擎获取有效信息
   B. 建设搜索引擎优化导向的网站
   C. 让网站符合搜索引擎的收录和排名规则
   D. 让网站获得尽可能多的访问量
2. 目前应用最广泛的付费搜索引擎推广模式是(　　)。
   A. 搜索引擎优化
   B. 搜索引擎登录
   C. 关键词竞价广告
   D. 搜索联盟

3. 标题设计是网站内容优化的基本元素，下列做法中错误的是(　　)。

    A. 网页标题文字不宜过长或过短

    B. 网页标题应概括网页内容的核心

    C. 网页标题中应含有用户可能用于检索的关键词

    D. 网页标题应罗列尽可能多的热门关键词

4. 提高搜索引擎营销效果的方法中不正确的是(　　)。

    A. 提高网站要素的专业性和网页内容质量

    B. 搜索引擎广告为主，搜索引擎优化为辅

    C. 搜索引擎广告和搜索引擎优化同等重视

    D. 利用分析工具对用户搜索行为进行分析

5. 下列不属于搜索引擎营销管理分析的是(　　)。

    A. 网站外部链接分析　　　　　　　B. 网站访问统计工具

    C. 网页关键词密度分析　　　　　　D. 关键词广告文案策划

6. 为政府网站注册域名时，应选择的后缀域名为(　　)。

    A. net. cn　　　　　　B. org. cn　　　　　　C. com. cn　　　　　　D. gov. cn

7. 搜索引擎对网络营销发展的意义是(　　)。

    A. 可以增加网站访问量　　　　　　B. 促进网站内容营销的发展

    C. 增进企业的网络推广意识　　　　D. 为企业带来订单

8. 除了网站推广，搜索引擎还具备的网络营销功能有(　　)。

    A. 用户搜索行为研究　　　　　　　B. 网络市场调研

    C. 制造网络竞争壁垒　　　　　　　D. 网站优化检测

9. 搜索引擎营销是目前最主要的网站推广营销手段之一，搜索引擎营销的主要方法包括(　　)。

    A. SEO、PPC　　　　B. SEM、PPC　　　　C. SEO、SEM　　　　D. MMA、O2O

10. 一家英语培训机构在做搜索引擎营销时，关键词"英语培训"参加了广泛匹配，当网民搜索(　　)时，不会触发该推广商户的结果展现。

    A. 英语周末培训班　　　　　　　　B. 疯狂英语口语

    C. 英语六级强化班　　　　　　　　D. 经纪人资格证学习班

11. 某推广单元名称为"地域家具定制"，关键词有：无锡家具定制；常州家具定制；苏州家具定制；江阴软装饰公司；装饰油画订制；常州软装。为了使单元内的关键词词性统一，应将关键词(　　)移出。

    A. 装饰油画订制　　　　　　　　　B. 苏州家具定制

    C. 常州软装　　　　　　　　　　　D. 江阴软装饰公司

二、填空题

1. 在搜索引擎营销中，一般搜索结果的页面只有两种，一种是_____，一种是_____。

2. 要将多个西文单词作为一个词组来查询，应该用_____符号。

三、名词解释

1. SEM，SEO
2. 自然搜索结果，付费结果
3. 竞价排名
4. 搜索引擎

四、案例分析题

百度推广成就装修业O2O龙头

土巴兔装修网成立于2008年，是一家集装修建材家居为一体的家居电商品牌，其主营业务是帮助业主找到可靠的装修公司，并提供装修全程保障。

作为互联网企业的土巴兔看准了网络营销的广阔空间，2010年，公司将营销重心放到百度推广上，在百度竞价推广上的费用占到总营销费用的70%以上。百度也快速地给其带来订单和知名度，其网站流量从10万左右提升到110万，装修订单从每天几百个提升到1.6万个，被装修行业形容为"行业流量入口"。

土巴兔以互联网家装平台业务为核心，依靠互联网与大数据技术，以线上化的形式连接业主和家装企业，从信息推荐、交易保障、质量监督、评价反馈等多个角度，为家装行业参与者提供渗透到家装各环节的服务。土巴兔的快速发展让整个装修行业看到了未来，越来越多的线下商家向土巴兔伸出了合作之手。截至2020年12月31日，土巴兔平台累计入驻了130多万名设计师、11万多家装修公司及9000多家家具材料供应商，业务覆盖国内300多个城市。

百度将土巴兔快速推向全国，为其以较低的成本带来订单和知名度，使其从一家新创企业快速发展为装修业的O2O龙头。这表现出了搜索引擎竞价广告推广的巨大力量。

(资料来源：何晓兵. 网络营销——基础、策略与工具[M]. 第2版. 北京：人民邮电出版社，2020.)

请根据以上资料，回答下列问题：

1. 土巴兔重视网络推广，与其互联网企业的身份是否存在联系？
2. 近几年社交平台快速发展，土巴兔是否应该将营销重心从百度推广上转移出来？

五、思考与实践

1. 以"5G手机"为搜索关键词，在国内不同的搜索引擎上进行搜索，看看搜索结果有什么不同。

2. 很多企业都使用了搜索引擎营销，请利用互联网查找相关案例，对企业的搜索引擎营销进行分析。

第八章

网络广告

【学习重点】

掌握网络广告的概念和特点；理解网络广告的基本类型；掌握网络广告的计费模式；掌握网络广告的制作和发布方法；掌握网络广告效果测评的方法。

【学习难点】

对网络广告及其相关概念的认识；网络广告策划的实际操作能力和创新能力。

【教学建议】

课程教学建议充分理解和识记基本理论与基本概念，尝试结合产品或企业特点选择适当的网络广告制作方法和策略；尝试结合产品特点选择合适的网络广告发布方式。

【引导案例】

InMobi原生开屏视频广告

说起开屏视频广告，可能人们第一个想到的是微博。不过，从 2017 年开始，人们可以在越来越多的 APP 上看到类似的开屏视频广告，InMobi 推出了一系列原生视频广告，其中就有原生开屏视频广告，而该平台也是中国第一家提供这种广告形式的独立第三方移动广告平台。

开屏广告因其能在第一时间引起用户关注而一直备受品牌广告主的青睐。在经历了从纯展示到可供点击的演变后，开屏广告的功能更加完善，在提升品牌知名度的同时，开屏广告还能实现效果转化的提高。此外，InMobi 的开屏广告还由原来的静态图文形式发展为动态视频形式，实现了重大的升级。这对于用户来说意味着更立体、更具观赏性的广告体验；对品牌广告主和移动媒体来说，这也是"双赢"，移动广告生态系统也将因此得到良性发展。

那么，InMobi 推出的原生开屏视频广告到底是什么样的呢？

InMobi 原生开屏视频广告是时长为 6 秒、全屏展示的视频广告形式，在 APP 刚刚启动或用户从桌面重新返回 APP 等黄金时间进行展示。这段时间是用户在整个 APP 体验中的自然等待时间，在此时展示广告并不会打断用户体验；相反，如果是高质量的广告，则会自然地引起用户的关注，从而大大提高广告的展示效果。InMobi 原生开屏视频广告与一般的图文形式广告相比，具备更多维度的表现力，通过听觉、视觉等向用户传达广告内容，实现真正的多媒体触达，让用户感受更有深度的冲击式体验。在这个过程中，用户会因为广告的质量而大大增加对品牌的好感度。相应地，用户与品牌之间的互动也将变得更加频繁，这无疑会受到品牌广告主的极大欢迎。而移动媒体想要向用户展示这一广告形式，只需集成InMobi 轻量级的新版 SDK 即可。更为人性化的是，媒体还可以自主设置视频及声音的播放规则，给用户带来更完美的体验。

从开屏广告的效果来看，其点击率通常可以达到 8% 以上，转化率也可以达到 3% 左右。相对于其他广告形式而言，这已经是一个非常可观的数据了。不过原生开屏视频广告的出现，则会实现进一步的突破，其点击率将增长 1~5 倍，转化率也将增长 1~3 倍，这将会大大提高广告主的投放效率。

（资料来源：赵轶. 网络营销策划与推广[M]. 北京：人民邮电出版社，2020.）

引言

网络广告是企业开展网络营销的重要手段之一。进入 21 世纪，互联网迅速成为继"广播""报纸""杂志""电视"四大传统媒体之后的第五大传播媒体，因此，互联网广告是商家的必争之地。网络广告借助互联网让消费者认识产品，引起消费者的注意和兴趣，激发其购买欲望，并最终实现购买。网络广告正是在这一基础上发展起来的，互联网及其使用的覆盖面，使得网络广告在时空观念、传播模式、顾客参与程度上都发生了很大变化。在买方市场的环境下，商家必须对网络广告给予极大关注并大力投入，才能在激烈的市场竞争中立于不败之地。

第一节　网络广告的发展

网络广告是主要的网络营销方法之一，在网络营销方法体系中占有举足轻重的地位。与利用传统媒体相比，企业可以通过互联网对用户进行追踪、研究，以实现精准营销。网络广告正是在这一基础上发展起来的。

一、网络广告概述

（一）网络广告的发展

1. 国外网络广告的发展

1993 年创刊发行的美国杂志《连线》拥有一个叫作"热线"的网站，这家网站在 1994年 10 月登出了全球第一个网络旗帜广告，揭开了网络广告蓬勃发展的序幕。由"热线"网（www.wired.com）首先使用的旗帜广告这一网络广告形式至今仍充满活力。当时"热线"网参照杂志广告时间费率的定价方式，为第一个网络广告订制的价格为每月 1 万美元。

在电子商务革命的推动下，网络广告出现后立即呈现出高速增长的势头，这一势头一直持续到 2000 年。2000 年以后，伴随着纳斯达克网络股的跳水，网络广告也进入了低谷。2002 年后，随着电子商务的复苏，在搜索引擎广告的带动下，网络广告开始进入一个新的发展时期。普华永道公司在 2008 年 5 月发布的调研结果显示，美国网络广告在 2007 年实现销售额 212 亿美元，比 2006 年增长了 25.6%。Forrester 公司预测，美国网络广告支出在

2012 年达到 613 亿美元,这大约是 2007 年总数的 3 倍。

2. 我国网络广告的发展

中国的第一个网络广告出现在 1997 年 3 月,比美国晚起步了大约 4 年的时间。当时 chinabyte 的网站(www.chinabyte.com)上发布了英特尔公司的一个标准大小(468×60 像素)的全幅旗帜广告。

随着互联网、电子商务的快速全面发展,我国网络广告的发展得到了逐步完善,传统广告也融入了网络广告市场,众多行业都看好网络广告所具有的巨大媒体潜力,它为企业创造了巨大的商机。

自 1997 年至今,中国网络广告走过了 20 多年,依据中国网络广告市场规模增长的周期性,可以把中国网络广告的发展分为三个时期,即初创期、蛰伏期与爆发期。

(1) 1997 年至 1999 年是中国网络广告的初创期。在这个时期,中国网络广告从无到有,但增长迅猛,网络广告市场充满生机和希望。1998 年中国网络广告市场规模达到 0.3 亿元,而 1999 年中国网络广告市场规模达到 0.9 亿元, 1999 年比 1998 年增长了两倍,呈现出良好的发展势头。

(2) 2000 年至 2002 年是中国网络广告的蛰伏期。在这个时期,新生的网络广告业遭遇到了全球网络经济泡沫破裂的打击,虽然中国网络广告市场连年持续增长,但增长幅度在 2000 年达到顶峰后也开始显著下降,2001 年和 2002 年分别为 31.43%和 32.61%。

(3) 2003 年以后,中国网络广告进入爆发期。伴随着网络经济的复苏,中国网络广告市场告别震荡整理期,进入全面爆发期,网络广告市场规模高速增长。

根据艾瑞咨询 2019 年度中国网络广告核心数据显示,中国网络广告市场规模达 6464.3 亿元,受整体经济环境下行影响,2019 年中国网络广告市场规模同比增长 30.2%,相比 2018 年有所下降。未来几年,广告市场流量红利消退已是大势所趋,同时在 2B 产业互联网脉络逐渐清晰,以及在营销工具化发展趋势的影响下,广告主的预算分配也会更多地向营销运营和内容营销分配转移。因此,艾瑞预测未来几年网络广告的增速将继续呈现缓慢下降趋势。但从网络广告市场规模的绝对值来看,中国网络广告产业的生命力依然旺盛,预计在 2022 年市场规模将突破万亿大关。2015—2022 年中国网络广告市场规模及预测如图 8-1 所示。

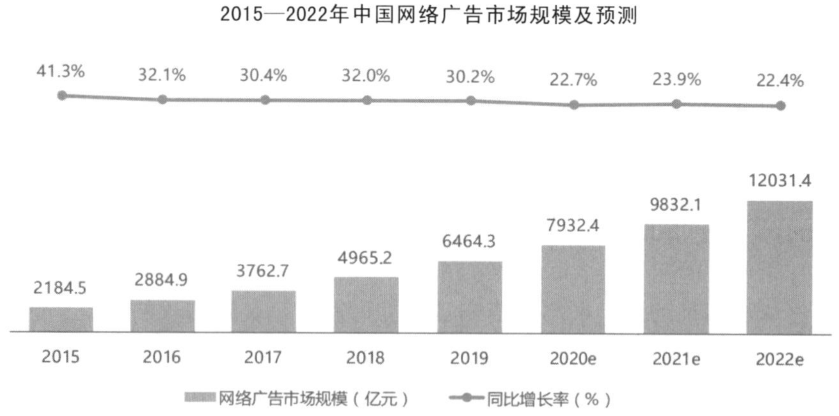

2015—2022年中国网络广告市场规模及预测

图 8-1 2015—2022 年中国网络广告市场规模及预测

(资料来源:根据艾瑞网资料整理)

(二) 网络广告与传统广告的区别

随着世界经济的飞速发展，广告界也得到了快速发展。在发达国家中，一般广告费占国内生产总值的 2%左右，所以广告对经济的发展有着非常重要的作用。近年来，随着网络媒体的出现，网络广告以其独特的形式吸引了人们的注意。以下将从多方面对网络广告与传统广告进行比较。

1. 沟通模式

(1) 传统广告的主要传播形式是由发送者，即企业经过许多中间环节最终推向消费者。沟通模式主要的特点有：信息大面积播送，而不是直接被送到细分的目标市场；在信息传送和反馈之间是隔离的、非交互的，有时差；为强势信息灌输，并且试图劝诱目标受众成为购买者。

(2) 网络广告促成消费者采取行动的机制主要靠逻辑、理性的说服力。网络广告沟通模式的主要特点是：主动的信息寻求者是受众，而被动地寻找目标信息源的是企业。一旦某个企业确定成为受众的信息源，受众就会与企业进行即时互动，这时企业应该使出浑身解数让受众成为购买者。这种由受众出发向发送者索要特定信息的沟通形式是一种"拉"和"互动"相结合的模式。

综上所述，网络广告不能像传统广告那样大面积播送，它只是等待目标受众的光临，然后再互动。所以网络广告的沟通模式更为紧凑，沟通效率也会因此提高。

2. 覆盖范围

(1) 传统的广告，如绝大多数的电视、广播、报纸及杂志，具有地区性和专业性的特点。

(2) 网络广告能以最快的速度把产品介绍发送给全球的客户企业。通过网络发布广告，信息范围变广，不受时间和地域的限制。而作为一种广告的媒体，其传播信息范围越广，接触的人就越多，广告效应也越大。从广告用户市场看，用户市场遍及世界各个角落，即使是一家小企业，通过网络，也有可能一夜成为国际性公司。

所以对于覆盖范围来说，网络广告可以比传统广告更好地覆盖全球，接触更多的人群，达到更好的广告效应。

3. 信息容量

广告的信息容量确定了其内容是否足够突出企业的卖点或产品的优势，达到最终吸引消费者的目的。

(1) 传统广告由于受到媒体的时间和版面限制，其内容只能简化、突出重点。

(2) 在网络上，广告主所提供的信息容量是不受限制的。网络广告可以借助层层点击或者直接链接进入另一网站，这使得网络用户可以获得更多的信息，突破了传统广告的局限和翻阅的呈现方式。

【专栏8-1】《原生之罪》品牌植入广告

网剧《原生之罪》自 2018 年年底在爱奇艺开播以来，广受观众的喜爱和关注，可谓成绩、口碑双领跑。作为一部年末热播爆款剧，其热度一直居高不下，强势霸占微博电视剧话题榜、知乎热搜、豆瓣热搜、爱奇艺电视剧飙升榜等各大主流榜单，并蝉联猫眼全网网剧榜首多日。

　　《原生之罪》在受到观众热捧的同时，也深受广告主们的青睐。爱奇艺作为该剧的独播平台，为广告主提供的原创帖、贴片广告、创可贴等多种多样且好玩有效的创新营销方式，无疑强势推动了该剧在营销行业影响力的扩大。给观众展现诙谐有趣，贴合剧情的内容，卖点可谓直达人心，另外，他还为三九、58同城设计出了创可贴广告，为北京现代、雅诗兰黛等优质品牌制作了前贴广告等。

　　在与《原生之罪》合作的品牌中，大部分处于中高端市场，这与《原生之罪》的内容及爱奇艺平台的"调性"是分不开的。从开播一周的营收表现来看，《原生之罪》对广告主具有强大的吸引力。据爱奇艺透露，该剧开播一周后，投放广告的品牌大增，如58同城、喜宝、凯迪拉克等。

　　(资料来源：何晓兵，何杨平. 网络营销——基础、策略与工具[M]. 北京：人民邮电出版社，2020.)

4. 交互性

企业与目标受众的更多交互，可以让目标受众接触更多信息资讯并最终成为消费者。

(1) 传统广告信息主要为单向传播，与受众几乎没有交互性。

(2) 网络广告采用交互界面，可以使访问者对广告阅读层次化，除了产品概况外，感兴趣的访问者还可以阅读有关企业和其他产品的资料。借助于电子邮件，广告浏览者可以方便地在线提交申请表单，向厂商请求咨询或服务，可以随时通过文字、图像、声音等方式向厂商提出自己的意见和要求，厂商也能在很短的时间内收到信息，并根据客户的要求和建议及时做出积极反馈。这就顺应了人们快节奏的工作和生活需要，从而吸引了更多的消费者。同时，企业也可以利用网络即时监测功能对访问者类型、访问的时间、访问的地区进行统计，从而了解到广告的实际效果，并随时修改广告出现的频率或者实时改变创意。

5. 对象

(1) 传统广告的对象几乎是全民性的，包括了各个年龄层、文化水平、收入水平、生活层次的消费者。电视、广播、报纸等传统媒体只有某一栏目可能是针对特定消费者的。

(2) 网络广告由于其对操作者的物质设备、文化水平及经济收入的要求，自然地对广大消费者做了第一层次的市场细分，从全体消费者中分离出了网民这一具有某些共同特质的消费者群体。

6. 发布

(1) 传统广告发布主要是通过广告代理制实现的，即由企业委托广告公司实施广告计划、广告媒介，从而通过广告公司来承揽广告业务。广告公司同时作为广告客户代理人和广告媒体代理人提供双向服务。

(2) 网络广告依托网络，发布方式简单、快捷。

7. 心理因素

网络媒体和网络广告与传统的媒体和广告相比，其最大的优势不再是技术优势，而是心理优势。对网民的研究表明，消费者之所以点击广告，心理因素是主要原因。网络广告是一种以消费者为导向，个性化的广告形式，消费者拥有比在传统媒体面前更大的自由。他们可根据自己的特点、喜好，选择是否接收，以及接收哪些广告信息。一旦消费者做出选择点击广告条，其已经首先在心理上认同。在随后的广告双向交流中，广告信息可以毫无阻碍地进入消费者的心中，并实现对消费者 100%的劝导。

8. 信赖度

(1) 传统广告以间接的方法估算广告信息的接收人数。以看电视为例，观众在收看节目时，通常会看到广告，但是广告主无法直接知道电视节目的收视率，因此电视广告信赖度并不高。再如报纸杂志，如果在某家报纸或者杂志上刊登广告，广告主只能间接根据订阅的人数和抽样调研的比例来推算广告曝光率，无法确定读者是否翻到刊登的广告，当然也就更加无法知道到底有多少人看到了广告，所以刊登在报纸或杂志上的广告的信赖度也不高。

(2) 信赖度较高的媒体，厂商更容易预估刊登广告后的收益，因而对该媒体比较有信心，愿意接受广告的定价。网络广告可以直接计算广告信息的下载次数，再加上浏览者通常会看到已经被下载的广告，因此网络广告的信赖度比较高。

9. 灵活性

(1) 在传统媒体上发布的广告很难更改，即使可以改动，往往需要付出很大的经济代价。这是因为传统广告从策划、制作到发布需要经过多个环节配合，广告一旦发布，信息内容就很难改变，而且费用也很昂贵，因而很难实现广告信息的及时更改。

(2) 网络媒体具有随时更改信息的功能，广告主可以 24 小时随时调整产品价格、商品信息，也可以及时向消费者传播最新的产品信息。在网络上做广告能够按照需要及时更改广告内容，当然也包括纠正广告上的错误。这就使广告主经营决策的变化可以及时实施并推广，也可以长久保存广告信息。广告主建立有关产品的网站，可以一直被保留，等待消费者随时查询，从而实现实时性与持久性的统一。

10. 准确性

(1) 尽管传统广告铺天盖地，但由于此类广告无法准确进行定向和分类，所以其收益甚微。

(2) 网络广告的准确性包括两个方面：一方面是广告主投放广告目标市场的准确性。网络实际是由一个个的团体组成的，这些组织成员往往有共同的爱好和兴趣，无形中也成了市场细分后的目标顾客群。广告主可以在商品广告所对应的相应消费者站点上投放广告，这样目标市场会更明确，从而做到有的放矢，而信息的受众也会因为广告信息与自己的专业相关而更关注此类信息；另一方面则体现在广告受众的准确性上。消费者在浏览站点时，只会关注真正感兴趣的广告信息。

所以网络广告信息比传统广告到达受众的准确性更高。从营销学的角度来看，这是一种一对一的理想营销方式，使可能成为买主的用户与有价值的信息之间实现了匹配。

二、网络广告的概念和特点

(一) 网络广告的概念

网络广告是依赖网络技术而产生的一种新型广告形式，是在新媒体环境下对广告的丰富，它不仅创新了广告的形式，也极大地丰富了广告传播的内容。网络技术日新月异，极大地丰富了网络广告的内容与形式，这也凸显了对网络广告做出清晰界定的重要性。

关于广告的定义，影响最大的是来自美国营销协会的定义：广告是有可确认的广告主，对其概念、商品或服务所做的任何方式的、付费的、非人员性陈述与推广。

《中华人民共和国广告法》对广告的定义是：商品的经营者或服务的提供者承担费用，通过一定的媒介和形式直接或间接介绍自己所推销的商品或提供的服务的商业广告。总之，广告一般指有诉求、基于媒介的信息传播活动。

从内涵上来看，网络广告有广义和狭义之分，狭义的网络广告是指在互联网上传播的商业广告；广义的网络广告指的是在互联网上传播的所有广告信息。我们所说的网络广告一般指的是狭义的网络广告，这也是我们对网络广告下定义的出发点。

网络广告是依赖网络技术而产生的一种新型广告形式，是在新媒体环境下对广告的丰富，不仅创新了广告的形式，也极大地丰富了广告传播的内容。基于网络技术，网络广告实现了发布者的多元化、投放效果的可测量，实现与消费者的互动等较之于传统广告的重大变革，这也是我们在定义网络广告时必须关注的因素。

综上所述，我们认为网络广告是指包括现实或虚拟身份、可识别的广告主，以商品、观念或服务等为主要的诉求内容，利用数字制作技术，基于互联网发布的有偿的信息传播活动。

(二) 网络广告的特征

1. 网络广告的互动性

与传统广告媒体相比，网络广告最显著的优势是互动性。首先，网络广告可以实现多种交流功能。消费者除了可自由查询信息外，还可以通过电子邮件向该公司进行进一步咨询、订货，从而在单一媒体上实现整个购买过程，这一点是传统媒体难以做到的。其次，网络广告的趣味性更强。网络广告的内容可以完全控制在浏览者手中，他们可以根据自己的兴趣和目标按动广告上的按钮并获得自己所需要的信息，浏览者可以真正地主宰广告，这也是吸引众多消费者的一个主要原因。最后，网络广告提高了目标顾客的选择范围。与传统广告不同，网络广告的启动，需要目标群体主动搜寻和连接，属于"软件广告"。而消费者主动搜寻广告往往带有更多的目的性，提高了广告的促销作用。

2. 消除时间以及空间的限制

传统的大众媒介，包括报纸、电视等，往往会局限于某一特定区域内的传播，要想把国内刊登播放的广告在国外发布，则要经过政府批准，在当地寻找合适的广告代理人，洽谈并购买当地媒体传播途径等一系列复杂的工作。同时，广告的刊播时间受购买时段或期刊限制，目标群体容易错过，并且广告信息难以保留，广告主被迫频繁地刊播广告以保障广告不被消费者遗忘。而网络广告则以自由的方式扩张成网状媒体，连通全球各地，只要目标群体的计算机连接到因特网上，公司的广告信息就可以送达，从而避免了当地政府、广告代理商和当地媒体等问题。同时，网上的广告信息将会存储在广告主的服务器里，消费者在一定时期内的任何时间里可以随时查询，广告主无须再为广告排期问题大伤脑筋。与电话、电传之类的个体媒介相比，在网络广告中，广告商和广告主沟通时不需要同时在固定的时间、空间出现，更加自由。

3. 网络广告更具经济性

传统广告的投入成本很高，其中广告媒体费用就要占到总费用的近80%，它们空间有限且价格昂贵，不论购买的空间有多大，均按宣传成本和时间来计费。空间越大，广告篇幅越大，收费就越高。而网络广告的平均费用仅为传统媒体费用的3%，并可以进行全球范围的传播。因此，网络广告在价格优势上具有极强的竞争力。

4. 网络广告效果的可测评性

运用传统媒体所发布的广告，营销效果比较难以测试和评估，也无法准确测算到底有多少人接收到了所发布的广告信息，更不能统计出到底有多少人受广告影响而做出购买的决策。网络广告则可以通过受众发回的电子邮件直接了解到受众的反应，还可以通过设置服务器端的 Log 访问记录软件，随时获得本网址的访问人数、访问过程、浏览的主要信息等记录，以随时监测广告投放的有效程度，从而及时调整营销策略。

5. 网络广告的目标性、针对性强

传统广告的受众是大众人群，由于缺少目标性，只适合品牌推广，而网络广告的受众则具有更高的针对性。一份调研表明，在上网用户中，年龄在 20～30 岁的网民占 75%，月收入在 1000 元以上的网民占 70%，学历在大专以上的网民占 85%。从这些数据看，网民是一个受过良好教育、极富购买潜力的群体。网络广告的受众基础好，可以根据这部分群体的特点，发布针对性高的广告，如 IT、通信等，会收到很好的效果。

(三) 网络广告的本质

1. 网络广告需要依附于有价值的信息和服务载体

用户是为了获取对自己有价值的信息才浏览网页、阅读电子邮件，或者使用其他有价值的网络服务的，如搜索引擎、即时信息等，网络广告是与这些有价值的信息和服务相依赖才能存在的，离开了这些对用户有价值的载体，网络广告便无法实现网络营销的目的。因此，在谈论网络广告的定向投放等特点时，应该正确认识这个因果关系，即并非网络广告本身具有目标针对性，而是用户获取信息的行为特点要求网络广告具有针对性，否则网络广告便失去了存在的价值。网络广告这一基本特征表明，网络广告的效果并不单纯取决于网络广告自身，还与其所存在的环境和依附的载体有密切关系，这也说明了为什么有些形式的网络广告可以获得较高的点击率，如搜索引擎关键词广告和电子邮件广告等。

2. 网络广告的核心思想在于引起用户关注和点击

网络广告具有承载信息有限的缺点，因此，它难以承担直接销售产品的职责。网络广告的直接效果主要表现在浏览和点击，因此，网络广告策略的核心思想在于引起用户关注和点击。这与搜索引擎营销传递的信息只发挥向导作用是类似的，即网络广告本身所传递的信息不是营销信息的全部信息导引。这些可以测量的指标与最终的收益之间有相关关系，但并不是一一对应的，浏览网络广告者并不一定点击，浏览者也可以在一定程度上形成转化。这也为网络广告效果的准确测量带来了难度，而且某些网络广告形式，如纯文本的电子邮件广告等，本身也难以准确测量其效果。网络广告这个特征也决定了其效果在品牌推广和产品推广方面更具优势，而其表现形式的新、大、奇等特点更能引起注意，这也说明了为了解决网络广告点击率不断下降的困境，网络广告形式不断革新的必然性。

3. 网络广告具有强制性和用户主导性的双重属性

网络广告的表现手段很丰富，是否对用户具有强制性关键取决于广告经营者而不是网络广告本身。早期的网络广告对用户的无滋扰性也使其成为适应互联网营销环境营销手段的一个优点，但随着广告商对于用户注意力要求的扩张，网络广告逐渐发展为具有强制性和用户

主导性的双重属性。虽然从理论上讲用户是否浏览和点击广告具有自主性，但越来越多的广告商采用强制性的手段迫使用户不得不浏览和点击，如弹出广告、全屏广告、插播式广告、漂浮广告等。虽然这些广告引起用户的强烈不满，但从客观效果上达到了增加浏览和点击的目的，因此为许多单纯追求短期可监测效果的广告客户所青睐，这也使得网络广告与传统广告一样具有强制性，而且表现手段越来越多，强制性越来越严重。目前对于网络广告所存在的强制性并没有形成统一的行业规范，更没有具有普遍约束性的法律法规，因此这种矛盾仍将继续存在下去。

4. 网络广告应体现出用户、广告客户和网络媒体三者之间的互动关系

网络广告具有交互性，因此有时也称为交互式广告，在谈论网络广告的交互性时，通常是从用户对于网络广告的行为来考虑，如在一些媒体广告中，用户可以根据广告中设定的一些情境做出选择；在即时信息广告中，用户可以实时地和工作人员进行交谈。这种交互其实并没有反映网络广告交互的完整含义，事实上这种交互性也很少得到有效体现，大部分的网络广告只是被动地等待用户的点击。网络广告交互性的真正意义在于体现了用户、广告客户和网络媒体三者之间的互动关系。即网络媒体提供高效的网络广告环境和资源，广告客户则可以自主地进行广告投放、更换、效果监测和管理，而用户可以根据自己的需要选择自己感兴趣的广告信息及其表现形式。只有建立了三者之间良好的互动关系，才能实现网络广告最和谐的环境，才可以让网络广告真正成为大多数企业都可以采用的营销策略，网络广告的价值也才能最大限度地发挥出来。这种互动关系具有一定的理想特征，但离现实并不遥远，目前在搜索引擎营销中常用的关键词广告、竞价排名等形式中已经初步显示其价值。

三、网络广告的构成要素

(一) 广告主

广告主是指为推销商品提供服务，自行或者委托他人设计、制作、发布广告的法人、其他经济组织或者个人。任何人只要在法律、法规许可的范围内，都可以自行上网或通过他人发布各类广告，因此，网络广告主的范围十分广泛，包括发布网络广告的企业、单位或个人。

和传统广告不一样，网络广告的广告主可能身兼广告发布者、广告经营商等若干身份。他们可能既是广告主，又是广告发布者或广告经营商。这里的广告发布者是指为广告主或者广告主委托的广告经营者发布广告的法人或者其他经济组织；广告经营商是指受委托提供广告设计、制作、代理服务的法人、其他经济组织或者个人。

(二) 广告信息

广告信息是指网络广告所要传达的主要内容，主要有商品信息(包括劳务信息)、观念信息、企业信息等，它们分别构成了商品广告、观念广告及企业广告。

基于多媒体技术，网络广告信息的表现形式是多种多样的，可以是旗帜广告，也可以是图标广告；可以是一句短话，也可以是长篇大论。网络广告图文声像并茂，而且信息量大，非传统广告可以相比。

（三）广告媒体

广告媒体就是传播信息的中介物。传统广告的广告媒体有报纸、广播、杂志、电视等，而网络广告的媒体指互联网。

（四）广告受众

广告受众指广告信息的接受者，网络广告的受众就是网民。随着互联网的发展，网民人数逐年增加，这为网络广告的发展提供了基础。

（五）广告费用

广告费用指从事网络广告活动所付出的费用，包括媒体使用费、广告制作费和其他一些杂费。就媒体使用费而言，除了购买其他网站网络空间的费用外，企业上网还须交纳服务商的网络服务费和电信运营商的电话费。

四、网络广告的优势、劣势及价值

（一）网络广告的优势

1. 覆盖面广

传统媒体，如报刊、广播、电视，其受发布地域、发布时间的限制。相比之下，网络广告的传播范围遍及全球，只要具有上网条件，任何地点、任何时间都可以浏览。

2. 针对性强

传统媒体受众目标分散、不明确，网络广告的受众为最年轻、最具活力、受教育程度最高、购买力最强的群体。网络广告可以帮助厂商直接命中最有可能的目标用户，有针对性地利用网络广告实施营销，能够获得很好的效果。

3. 交互性强

传统媒体的信息为单向传播，受众只是被动接收信息。而在互联网上，广告信息能够互动传播。例如，通过用户在线填写并提交表单，厂商可以随时得到用户订单及反馈的信息。

4. 感官冲击力强

传统媒体是二维的，而网络广告则是多维的，它能将文字、图像和声音有机地组合在一起，传递多感官的信息，使顾客身临其境般地感受商品或服务。这种图文并茂、声像结合的广告形式，大大增强了网络广告的感官冲击力。

5. 服务个性化强

向所有消费者提供一种产品或服务的时代已一去不复返，消费者的不同需求要求企业能够为顾客提供个性化服务。根据网站获取的顾客资料，企业可以针对不同的顾客提供不同的服务。如亚马逊网络书店通过分析顾客的基本资料和以往的购买记录，并将购买同类书籍的顾客进行对比，找出相同的消费群购买比例较大的图书，然后向顾客群的其他未购买者推荐。

6. 受众针对性强

网络广告的目标群确定，由于点击信息者即为有兴趣者，因此可以直接命中潜在用户，并可以为不同的受众推出不同的广告内容。尤其是对于电子商务站点，浏览用户大都是企业界人士，网络广告就更具针对性了。

7. 统计准确性高

在互联网上发布的网络广告，可通过权威公正的访客流量统计系统方便及时地精确统计出每个客户的广告被多少用户看过，以及这些用户查阅的时间分布、地域分布和反映情况等。广告主和广告商可以实时评估广告效果，进而审定他们广告策略的合理性并进行相应调整。另外，网络广告收费可根据有效访问量进行计费，广告发布者可以有效评估广告效果并按效果付费，避免了过去传统广告的失控性和无效性。

8. 价格低廉

网络广告从制作、发布到后期管理，都比传统媒体广告有价格优势。一般网络广告的CPM(每千次印象费用)只相当于报纸的 1/5、电视的 1/8。

(二) 网络广告的劣势

1. 网民对网络广告的信任度低

国家对电视广告的管理有明确的法规，但对网络广告尚没有专门的管理条例，个别商家的不实广告大大影响了网络广告在民众心目中的地位。

2. 强制性广告使网民感觉厌倦

网民在本质上并不喜欢广告，尤其是他们没有购买欲望的时候，而网站在本质上希望多发广告，让更多的人接受广告，尤其是广告在其收入所占比例较大时，这就是一对矛盾。因此，网站总是在不断地试探着网民对广告的容忍程度。事实上，网民对现在网站广告的烦意颇重，例如，打开一个网站主页，对汽车丝毫不感兴趣的你，却看到了一个豪华汽车的巨幅弹窗广告，除了迅速关闭广告页，感叹"这广告真烦"以外，这次广告展示没有起到任何正面作用。自从网络广告诞生后，将广告信息预埋在某个既定的网页位置上是网络广告最主要的模式，也是最大的弱势。

3. 广告创意不足

广告的创意不足，这其实是网络广告最致命的问题。网民点击广告的概率不高，根本原因取决于广告无法引发观看者的兴趣，从而也致使广告没有达到预期的效果。

4. 无效广告太多

很多网络广告在网页上所处的位置使它们几乎不可能被用户看到。这些广告被放在网页靠后的位置，网民要向下滚动网页才能看到，而大多数网民不会这样做。但是，由于广告已经在网页上显示，广告主还是需要为这些广告付费。

5. 网络技术对网络广告的过滤

网民为了减少网络广告产生的干扰，可通过技术手段过滤网页中的广告。目前，一些主流的互联网浏览器都有这种功能，用户通过相关设置即可达到过滤弹出式广告、浮动广告等的目的。

(三) 网络广告的网络营销价值

网络广告的网络营销价值可以归纳为六个方面：品牌推广、网站推广、销售促进、在线调研、顾客关系、信息发布。

1. 品牌推广

网络广告最主要的效果之一表现在对企业品牌价值的提升，这也说明了为什么用户浏览而没有点击网络广告同样会在一定时期内产生效果，在所有的网络营销方法中，网络广告的品牌推广价值最为显著。同时，网络广告丰富的表现手段也为更好地展示产品信息和企业形象提供了必要条件。

2. 网站推广

网站推广是网络营销的主要职能，获得尽可能多的有效访问量也是网络营销取得成效的基础，网络广告对网站推广的作用非常明显，通常出现在网络广告中的"点击这里"按钮就是对网站推广最好的支持。网络广告通常会链接到相关的产品页面或网站首页，用户对于网络广告的每次点击，都意味着为网站带来了访问量的增加。因此，常见的网络广告形式对网站推广具有明显的效果，尤其是关键词广告、banner 广告、电子邮件广告等。

3. 销售促进

用户由于受到各种形式的网络广告吸引而获取产品信息，已成为影响用户购买行为的因素之一，尤其当网络广告与企业网站、网上商店等网络营销手段相结合时，这种产品促销活动的效果更为显著。网络广告对于销售的促进作用不仅表现在直接的在线销售上，也表现在通过互联网获取产品信息后对网下销售的促进上。

4. 在线调研

网络广告对在线调研的价值可以表现在多个方面，如对消费者行为的研究、对在线调研问卷的推广、对各种网络广告形式和广告效果的测试、用户对新产品的看法等。通过专业服务商的邮件列表开展在线调研，可以迅速获得特定用户群体的反馈信息，大大提高市场调研的效率。

5. 顾客关系

网络广告所具有的对用户行为的跟踪分析功能为深入了解用户的需求和购买特点提供了必要的信息，这种信息不仅成为网上调研内容的组成部分，也为建立和改善顾客关系提供了必要条件。网络广告对顾客关系的改善也促进了品牌忠诚度的提高。

6. 信息发布

网络广告是向用户传递信息的一种手段，因此可以理解为信息发布的一种方式，通过网络广告投放，不仅可以将信息发布在自己的网站上，也可以发布在用户数量更多、用户定位程度更高的网站，或者直接通过电子邮件发送给目标用户，从而获得更多用户的注意，大大增强了网络营销的信息发布功能。

五、网络广告的形式

最初的网络广告就是网页本身。随着网络信息技术的发展,网络广告的形式也越来越多。常见的网络广告形式有以下几种。

1. 旗帜广告

旗帜(banner)广告是以 GIF、JPC 等格式建立的图像文件,可以定位在网页中的不同位置,大多用来表现广告内容。旗帜广告有多种表现形式和规格,其中最早出现且最常用的是 468×60 像素的标准旗帜广告。根据旗帜广告的规格不同,可分为横幅广告、条幅广告、按钮广告、摩天大楼广告等。

2. 文本链接广告

文本链接广告是一种对浏览者干扰较少、效果较好的网络广告形式。文本链接广告的位置安排非常灵活,可以出现在页面的任何位置,可以竖排也可以横排,每一行就是一个广告,单击每一行都可以进入相应的广告页面。在新浪网首页中,文本链接广告随处可见。

3. E-mail 广告

E-mail 是网民经常使用的互联网工具之一,该类广告针对性强、费用低、广告内容不受限制。E-mail 广告一般采用文本格式或 html 格式。文本格式广告通常把一段文字广告信息放置在新闻邮件或经许可的 E-mail 中,或设置一个 URL,链接到广告主公司主页或提供产品和服务的特定页面。html 格式的 E-mail 广告可以插入图片,和网页上的旗帜广告基本相同。由于许多 E-mail 系统的兼容性不强,所以网民有时看不到完整的 html 格式的 E-mail 广告,影响广告效果。相比之下,文本格式的 E-mail 广告因兼容性好,广告效果也比较好。

4. 赞助式广告

赞助式(sponsorship)广告不仅是一种网络形式,还是一种广告传播方式,它可以是旗帜广告形式中的任何一种。常见的赞助式广告包括:内容赞助式广告,即通过广告与网页内容相结合,向网民传播广告信息;节目/栏目赞助式广告,即结合特定专栏/节目发布相关广告信息,如一些网站上常见的"旅游文化""软件天地""奥运专题"等;节日赞助式广告,即结合特定节日刊播的广告,如"315"宣传等。

5. 插播式广告和弹出式广告

插播式(interstitial)广告是在两个网页内容显示切换的中间间隙显示的广告,也称过渡页广告。插播式广告有各种尺寸,有全屏的也有小窗口的,有静态的也有动态的,互动的程度也不同。

弹出式(pop-up)广告是在已经显示内容的网页上出现的、具有独立广告内容的窗口,一般在网页内容下载完成后弹出广告窗口,直接影响访问者浏览网页内容,因而会引起受众的注意。弹出式广告的另一种形式是隐藏式弹出(pop-under)广告,即广告信息是隐藏在网页内容下面的,网页刚打开时不会立即弹出,当关闭网页窗口或对窗口进行操作(如移动、改变窗口大小、最小化)时,广告窗口才会弹出。

插播式广告和弹出式广告共同的缺点是可能引起浏览者的反感。为此,许多网站都限制了弹出窗口式广告的规格(一般只有 1/8 屏幕的大小),以免影响访问者的正常浏览。

6. 在线互动游戏广告

在线互动游戏(interactive games)广告是一种新型的网络广告形式，它被预先设计在网上的互动游戏中。在一段页面游戏开始、中间、结束时，广告可能随时出现，广告商还可以根据广告主的要求，定制与广告主产品相关的互动游戏广告。

随着家庭计算机上网的普及，在线计算机游戏作为一种新型的娱乐休闲方式受到越来越多网民的欢迎。娱乐性强的计算机游戏对许多网民有很大的吸引力，因此，网上游戏广告极具市场前景。

7. 分类广告

分类(classified)广告是指广告商按照不同的内容划分标准，将广告信息以详细目录的形式进行分类，以供有明确目标和方向的浏览者进行查询和阅读。由于分类广告带有明确的目的性，所以它受到许多行业的欢迎。

8. 搜索引擎广告

搜索引擎广告是指通过向搜索引擎服务提供商支付费用，在用户进行相关主题词搜索时，在结果页面的显著位置上显示广告内容(一般为网站简介及网站的链接)的一种广告方式，具体形式包括搜索引擎排名、搜索引擎赞助、内容关联广告等。搜索引擎广告借助搜索引擎的强大流量来实现广告信息的传播。

9. 撕页广告

撕页(tear page)广告指在访问者打开浏览页面的同时，广告自动伸展成大尺寸，经过2～3秒表现后自动还原至小尺寸图标，并缩至页面左上角或右上角，访问者通过单击可以反复浏览广告信息。撕页广告内容丰富，视觉冲击力强。

10. 微电影广告

微电影广告是为了宣传某个特定的产品或品牌而拍摄的有情节的，时长一般在5～30分钟的，以电影为表现手法的广告。它的本质依旧是广告，具有商业性或目的性。"电影""广告"和"微"是这个概念构成的3个关键要素。首先，微电影必须具备完整的电影叙事结构；其次，微电影生产的终极目的是实现对产品或服务的宣传、对企业与品牌形象的塑造；最后，微电影的播放时间短，它可以在计算机、手机和其他一切兼容无线移动功能的视频设备上播放，满足受众在移动状态和短时休闲状态的传播需求。

与电影植入广告相比，微电影改变了广告在电影这个内容平台中只能隐性植入的从属地位，将二者置于重合的界限关系，电影就是广告，广告就是电影。在微电影中，情节构思、叙述方式、人物关系、场景与演员造型、音乐等元素皆围绕着品牌要实现的广告目标而展开，广告是本体，电影是载体。

六、网络广告的类别

(一) 以接收方式进行分类

从网民的接收方式进行分析，网络广告可以分成以下三种不同的类别。

1. 主动搜索型

主动搜索型主要是通过搜索引擎进行竞价排名和搜索引擎优化来实现的，其针对的用户主要是有特定需求、有明确消费欲求的网民，即我们所谓的深度用户，或者说是立刻消费人群，他们通过主动搜索信息的方式来满足特定的需求，跟日常的图书馆一样。广告主可以积极利用搜索引擎，针对有特定需求、相关度高的目标用户进行精准推广。

2. 被动接触型

如新浪等传统的浏览式网站，其网民群体聚集度高，有利于广告主进行品牌曝光。浏览式广告在某种程度上可以视为盲性投放，用户是因为浏览而被动获得信息，再因为信息的刺激而发生消费欲求的人群。他们本身在浏览之初的消费欲求并不明显，这就是所谓的非深度用户，他们通常没有特定的目的，通过浏览的方式来获得信息，跟日常订阅报纸一样。

3. 以博客、论坛、SNS、IM 和社交网络为代表的分享型媒体

分享型媒体是浏览型和搜索型之外的重要媒体类型，也是网络广告投放的全新领域。它是一种将主动搜索和被动浏览结合在一起，让网民和广告发生互动的模式。分享型网站有助于拉近广告主与用户之间的情感距离，建立社区归属型的品牌关联。

(二) 以发布方式进行分类

传统广告的发布主要通过广告代理制实现，即由广告主委托广告公司实施广告计划，广告媒介通过广告公司来承揽广告业务。广告公司同时作为广告客户的代理人和广告媒体的代理人提供双向服务。而在网络上发布广告对广告主来说有更大的自主权，广告主既可以自行发布，也可以通过广告代理商发布。从广告发布的方式进行分析，网络广告可以分成以下三种不同的类别。

1. 自行发布广告信息

广告主不借助广告代理商，而是自己制作，自己建立平台，自行发布广告信息。采用这种方式，最为成功的可能要属腾讯。腾讯手机 QQ 的广告，可以看作展示广告，也可以看作移动广告。当然，手机 QQ 数以亿计的用户，保障了它本身就是一个完美的广告平台。这样的启动画面广告，相当于网站的首页栏头广告。这种网络广告营销模式的代价最小，自己建站，自己维护，几乎每一个公司都能很轻易地做到，而且在自己的网站上投放广告也不用花费额外的费用。

2. 借助广告代理商在各个相关平台投放自己的广告

传统的广告代理商顺应潮流，针对新的平台模式，设计了大量复合式的广告投放内容，其形态可能从搜索广告到展示广告，再到移动广告，表现形式可以是链接、视频、软文以及邮件营销等。复合式营销的好处是让目标受众无处可逃，这种与代理商合作进行的广告投放方式相对来说比较省事，花钱就行，花的钱越多，广告投放的位置越好，投放的范围越广。代理商本身不隶属于任何广告发布平台，完全可以实现按照客户需求进行定制化投放。

3. 直接和网站合作，开展广告营销

广告主直接寻找网络服务商作为合作伙伴，网络服务商为广告主办理广告业务，执行广告计划，甚至参与离线市场促销活动。这颇类似于传统媒体自身的广告部门，这种模式效果

一直表现良好，时至今日，在各大饮料品牌中，均可以看到类似的合作出现。企业合作的范围也越来越广，特别是和网络游戏产品、电子商务平台之间的合作，更是成泛滥之势。

从本质上来说，前两种方式都是常态网络广告，属于硬广告范畴，是单项式的。对于企业来说，前两者应该成为一种日常性的投放，并随着企业新的产品或服务的发布而改变，就如同在街头树立广告牌一样，重点在于强化网民对自己企业和产品的认知度，从而在其他营销出动时，能够形成一个良好的信赖感。第三种方式已经越来越成为企业网络广告投放的主力，通过活动来软化广告对网民的排异反应，并吸引网民参与互动，这种形式通常是不定期的，但更加符合网络的特征。

第二节　网络广告的策划和发布

一、网络广告策划的含义和重要性

(一) 网络广告策划的含义

所谓策划，就是对各种活动出谋划策和进行计划安排。网络广告策划是指在充分进行市场调研和研究的基础上，对网络广告活动进行全面筹划和部署，以达到最大化网络宣传效果的过程。

网络广告经营商是进行网络广告策划的主体。网络广告经营商在接受客户要求投放网络广告的委托后，要对广告客户的状况、产品特点进行深入的了解，并在此基础上分析市场动态，综合考虑各方面因素后制定网络广告的方案，并提出广告预算和预测方案实施后的经济效益。

网络广告的策划与传统广告策划有些不同之处，网络广告的媒体主要是互联网络，一般在传统广告中，媒体组合是常用的方式，很难就某单一媒体进行一项广告。但在网络广告中，可利用的媒体只有互联网一种，因此它更具有挑战性。其次，网络广告策划可能只是企业整体广告策划的一个组成部分，它是局部中的全局性行为，即网络广告策划要服务于企业整体广告策划的安排和布置。因此，在进行网络广告策划时除了要考虑广告策划的共同特点，还要考虑如何将网络广告纳入企业的整体发展战略和营销战略。

(二) 网络广告策划的重要性

首先，网络广告策划在广告活动的全过程中处于核心地位，对广告活动的目的、内容起决定作用。网络广告制作要充分体现网络广告策划的意图和构思，缺少了策划，广告制作就成了无源之水、无本之木。网络广告效果测定的标准、原则，是经过策划后加以确定的，否则，效果测定将没有实际意义。

其次，网络广告策划的实用性也说明了它的这种核心地位。整个策划应对为什么要做网络广告、对谁做、在什么时间和地区做、用什么网络广告方式、怎样更具高效等问题，做出具体而详细的回答。也正是通过上述网络广告问题的策划，才产生了广告活动的成果，包括网络广告目标的策划、网络广告对象的确定、网络广告主题的安排、网络广告创意的策划、网络广告发布渠道及方式的选择、网络广告时机的选择、网络广告效果的评定等。从系统的观点看，网络广告策划处在网络广告活动系统的核心地位。

最后，从网络广告的管理角度分析，策划处于网络广告管理的核心位置。从上面阐述的内容可知，网络广告活动包括许多方面。如果广告主企业中没有专门的广告部门，网络广告业务可委托代理型网络广告公司操办，其他网络广告管理工作也可交由广告公司代理。但策划后的决策权必须由广告主决策层亲自掌握，以保证网络广告活动满足广告企业主的要求，为广告主企业利益服务。

(三) 网络广告策划的意义

1. 保证网络广告活动的计划性

现代广告活动已经具有立体的多维广告形式。随着新媒体的诞生，传统媒体与网络媒体相结合，广告活动也更加多样化。究竟使用何种网络广告形式、广告费用如何确定与分配、在什么时间推出广告、媒体如何搭配等，这些都是由网络广告策划来保证和实现的。通过网络广告策划，可以选择和确定广告的目标与诉求对象，使整个广告活动目标明确、对象具体；可以选择最佳媒体及其组合方式，既节省资金，又能获得最佳的广告效果。总之，网络广告策划能保证广告活动有条不紊地向着目标前进。

2. 保证网络广告活动的连续性

广告的根本目的是利益最大化或者塑造企业形象，而这些都必须经过长期的广告累积才能实现。早些时候，企业做广告往往在产品滞销或者竞争激烈时才进行，这种广告活动并不能产生完全的累积效果，而网络广告的成本相对较低，在费用相同的情况下能较长时间投放，更容易产生长期的广告累积效应。通过网络广告策划能够保证广告活动有序进行，使广告投放具有延续性；通过周密的广告策划，可以从以前的广告活动中获取经验，从而设计出具有延续性的下一次广告活动。

3. 保证网络广告活动的有效性

网络广告策划本身就是一种创造性活动，能使广告活动各环节达到最优化的配置，使广告活动发挥最大的功能，从而减少不必要的损耗，节约广告费用，降低总体成本，形成广告的规模效应和累积效应，获得最大的经济效益和社会效益。

二、网络广告策划的原则和类型

(一) 网络广告策划的原则

1. 系统性

网络广告策划虽然包括广告目标、广告对象、广告时间、广告地区、广告策略、广告主题、广告媒体、广告预算、广告效果测评等多方面内容，但它们并不是彼此孤立的，每部分之间是相辅相成的，应该将它们作为一个整体来看。不管哪一部分出了问题，整个策划都不能算是完整的。另外，网络广告策划应站在企业全局的立场上，从系统化的角度考虑问题，重点检验广告目标与企业目标、广告目标与营销目标是否一致，广告活动与企业其他活动是否协调等。

2. 有效性

任何广告活动都应该产生一定的效果，而且不能够仅仅是有效，还必须达到预期效果或者超出预期效果。无效的广告策划是对广告主资金的浪费。广告活动的效果不应该仅仅凭借广告策划者的主观臆想来预测，而应该通过实际的、科学的广告效果预测和监控方法来把握。

3. 可操作性

广告策划不但要为广告活动提供策略的指导，而且要为它们提供具体的行动计划，使广告活动能够在策略的指导下顺利进行。广告的实施是广告策划的直接目的，因此，广告策划应该具有充分的可操作性，包括在实际的市场环境中有可操作的条件，在具体的实施上有可操作的方法。

4. 创新性

网络广告只有创新才能受到目标受众的注意，才能实现广告本身的价值。网络广告是一种新型的广告形式，媒体的不成熟使网络广告策划仍处于摸索阶段，但创新是绝对的，没有大胆的创新，网络广告只能被扼杀在摇篮中。单从网络广告的发布形式来看，它就处于不断创新之中。最早的网络广告形式比较呆板，不是一行字或一幅画静静地躺在那里，就是一串字走来走去。而现在的网络广告可谓千姿百态：可以用 Flash 做成各种小动画；可以用 script 做成各式各样的广告效果；甚至当打开 QQ 时，广告就会自动弹出来。在其他方面，网络广告也在不断创新。总之，网络广告策划是一种创造性活动，创造性是网络广告策划成功的关键。要注意的是，创新要以事实为依据，以目标受众为出发点，而不能盲目地创新。

5. 针对性

针对性是指在进行网络广告策划时要针对特定的产品和市场，它是提高网络广告实施效果的一个重要因素。网络广告策划者首先要对产品的特性有一个深入的了解，其次是必须明确产品目前的市场所在和潜在市场。不同的网站，访问者不同。随着网络技术的不断进步，网站能对其放置的网络广告进行准确的统计，如哪些广告的访问者比较多，哪一个时间段的访问较为频繁，甚至访问者的性别、年龄段、受教育程度、职业等信息都能统计出来，从而能有针对性地在网站上投放广告。

6. 整合性

整合性是指网络广告策划必须考虑各种媒体之间的相互搭配，即整合多种媒体进行全方位的广告宣传。网络媒体虽然属于新型媒体，但它不可能取代传统媒体，况且网络媒体目前还不成熟，它还必须通过与传统媒体的整合来弥补网络媒体自身的不足。

(二) 网络广告策划的分类

1. 长期广告策划与短期广告策划

按时间分，网络广告策划可分为长期广告策划和短期广告策划。长期广告策划是指以企业的长远发展为目标的广告策划，它要求对市场、环境、产品等进行深入细致的分析与研究，从而为企业指明正确的发展方向。长期广告策划一般时间跨度比较大，它只是制定一个总体战略，每个时期具体的广告活动必须根据具体的情况变化而制定相应的广告策略。短期广告策划指的是在某个较短时期所做出的广告策划，具体到在哪天的哪一时段，运用什么媒介等非常细微的方面。长期广告策划是一个整体的、长远的战略，它的具体实现必须由无数个短期广告策划来完成。

2. 综合广告策划与单项广告策划

按内容分，网络广告策划可分为综合广告策划与单项广告策划。一个企业要想占领市场，通常情况下它会从各个方面实施综合性广告轰炸，因此需要制定一个综合广告策略，使各个广告活动相互协调一致，做到既全面兼顾，又突出重点。相对于综合广告策划，单项广告策划将综合广告策划具体细分出来，如广告目标策划、广告对象策划、广告战略策划、广告时间策划、广告媒体策划、广告预算、广告效果测评等。因此，单项广告策划比综合广告策划更具体，也必须服从于统一的广告目标，且应与其他的广告策划相互协调。

3. 单项产品广告策划与多项产品广告策划

按广告产品的种类分，网络广告策划可分为单项产品广告策划和多项产品广告策划。现代企业多数走的是多品牌发展道路，或者品牌延伸道路。当一个新产品问世时，必须针对此产品做出相应的广告支持，此时很可能会采取单项产品广告策略，这样便于集中力量实现单项突破。当系列产品已经推向市场，为了巩固市场和抢占更大的市场，会采取多项产品广告策略，这样既节省费用，又能获取整体的广告效果。

三、网络广告的计费方式

(一) 影响网络广告价格的因素

(1) 网络广告提供商的知名度。

(2) 网络广告的幅面大小与位置。

(3) 网页浏览次数和网页浏览率。

(4) 点进次数和点进率。

(5) 伴随关键词检索显示的网络广告。

(二) 网络广告的计费模式

一个网络媒体(网站)包含数十个乃至成千上万个页面。确定网络广告投放位置和价格的首要因素是特定的页面及浏览人数，就像平面媒体(如报纸)的"版位""发行量"，或通信媒体(如电视)的"时段""收视率"。网络广告的计费模式主要有以下几种。

1. CPM

网上广告收费最科学的方法是按照有多少人看到广告来收费，按访问人次收费已经成为网络广告的惯例。CPM(cost per mille)每千人成本指的是广告投放过程中，听到或者看到某广告的每一千人均分担到多少广告成本，传统媒介多采用这种计价方式。在网上的广告，CPM取决于"印象"尺度，通常理解为一个人的眼睛在一段固定的时间内注视一个广告的次数。例如，一个广告横幅的单价是 1 元/CPM，意味着每一千个人次看到此旗帜就收 1元，以此类推，10000 人次访问的主页就是 10 元。至于每 CPM 的收费究竟是多少，要根据主页的热门程度(即浏览人数)划分价格等级，采取固定费率。

2. CPC

CPC(cost per click)每点击成本以每点击一次计费。这种方法加上点击率限制可以加强作弊的难度，是宣传网站站点的最优方式。但是，此类方法对于经营广告的网站不公平，例如，虽然浏览者没有点击，但是他已经看到了广告，对于这些看到广告却没有点击的流量来说，网站则无法转换成收入。

3. CPA

CPA(cost per action)每行动成本计价方式指按广告投放实际效果，即按回应的有效问卷或订单来计费，而不限广告投放量。CPA 的计价方式对于网站而言有一定的风险，但若广告投放成功，其收益也比 CPM 的计价方式要大得多。广告主为了规避广告费用风险，只有当网络用户点击旗帜广告，链接广告主网页后，才按点击次数付给广告站点费用。

【专栏8-2】CPM、CPC、CPA计费示例

在一定时期内，一个广告主投入某商品的网络广告费用是 6000 元，这则网络广告的曝光次数为 600000，点击次数为 60000，转化次数为 1200。则有：

千人印象成本为：CPM=6000/600000×1000=10(元)

每点击成本为：CPC=6000/60000=0.1(元)

每行动成本为：CPA=6000/1200=5(元)

---

4. CPR

CPR(cost per response)每回应成本以浏览者的每一个回应计费。这种广告计费充分体现了网络广告及时反应、直接互动、准确记录的特点，但是，这个显然属于辅助销售的广告模式，对于那些只要亮出名字就已经满足一半广告需求的品牌，大概所有的网站都会拒绝，因为得到广告费的机会比 CPC 还要渺茫。

5. CPP

CPP(cost per purchase)指广告主为规避广告费用风险，只有在网络用户点击旗帜广告并进行在线交易后，才按销售笔数付给广告站点费用。无论是 CPC 还是 CPP，广告主都要求发生目标消费者的"点击"，甚至进一步形成购买，才予以付费；CPM 则只要求发生"目击"(或称"展露""印象")，就产生广告付费。

6. 包月方式

很多国内的网站是按照"一个月多少钱"这种固定收费模式来收费的，这对客户和网站都不公平，无法保障广告客户的利益。

四、网络广告的策划过程

(一) 网络广告的目标

1. 确立网络广告目标

网络广告是网络营销策略的一个组成部分。网络广告策略的目标应建立在有关目标市场、市场定位，以及营销组合计划的基础之上，通过对市场竞争状况充分的调查和分析，明确广告目标。在公司的不同发展时期有不同的广告目标，如是采用形象广告还是采用产品广告。即使对于产品广告，在产品的不同发展阶段，广告的目标也可以区分为提供信息、说服购买和提醒使用等不同形式。

广告的目标是通过信息沟通使消费者产生对品牌的认识、情感、态度和行为的变化，从而实现企业的营销目标。公司的不同发展时期有不同的广告目标，如形象广告或产品广告，在产品不同的发展阶段，广告的"AIDA法则"是网络广告在确定广告目标过程中的规律，具体如下。

第一个字母A是"注意"(attention)。在网络广告中意味着消费者在电脑屏幕上通过对广告的阅读，逐渐对广告主的产品或品牌产生认识和了解。

第二个字母I是"兴趣"(interest)。网络广告受众注意到广告主所传达的信息之后，对产品或品牌产生了兴趣，若想要进一步了解广告信息，可以点击广告，进入广告主放置在网上的营销站点或网页。

第三个字母D是"欲望"(desire)。感兴趣的广告浏览者对广告主通过商品或服务提供的利益产生"占为己有"的企图，他们必定会仔细阅读广告主的网页内容，这时就会在广告主的服务器上留下网页阅读的记录。在这一点上，许多网络广告采取的策略只是简单利诱，如超低价、超低折扣、超强性能等。

第四个字母A是"行动"(action)。广告受众把浏览网页的动作转换为符合广告目标的行动，如在线注册、填写问卷、参加抽奖或在线购买等。

2. 网络广告目标的层次性

广告的任务首先是要告知、说服、维护消费者在一段尽可能长的时间内对公司、产品或服务的良好态度和行为，进而间接影响消费者的购买决策。广告目标通常分为如下几个阶段。

(1) 第一层次：知晓。知晓就是要让一些不知道的人认识到公司、产品或服务的存在，也叫品牌认知，将其贯彻到定量性目标中，就是创造知名度。知名度指送达信息给受众的认知程度。对于吸引新的顾客，知名度尤为重要，顾客只有在知道的情况下才可能购买。

(2) 第二层次：理解。理解就是告知那些已经知道其存在的群体足够的信息，使他们全面了解产品的用途、特征、形象以及在市场中的位置，理解是对认知的延伸。

(3) 第三层次：信服和渴望。确切地说，信服和渴望是一种态度，它与认知和理解不同的是已具有一种明确的倾向性。在追求这一目标时，仍需告知受众足够的信息，使受众对品牌确信不疑，进而随着对品牌价值的认可而产生对产品的渴望。

在前几个层次的广告作用下，如果受众购买力许可，就很容易做出购买反应，这会导致目标的最后行动结果。

3. 网络广告的具体目标

网络广告目标是特定和具体的，它应该具有一个可量度的文字表述，包括起始点、确切的受众和固定的时限。

(1) 网络广告的实际目标必须非常具体，要可以确切地衡量，不能含混其词。例如，有必要精确指明要传达的是什么样的形象和要求。如果是一款去头屑洗发水产品，试图在目标受众中增进品牌理解，网络广告内容可以设定为突出洗发水的去屑功能。仅仅这些够吗，是否还应当说出自己独特的中药去屑成分？是否比其他品牌效果更持久？这些都要在网络广告目标中确切地描述，日后成为衡量网络广告效果的重要依据。

(2) 要确定基准点。确定一个目标，并选择网络广告策略去达到这一目标，必须要了解初始状态。如果没有基准点，量化目标的决定就非常困难。例如，一个新产品上市的目标首先是提高知名度，而不是建立品牌好感。一个成熟品牌的网络广告目标可能是进一步实现品牌认同，而不是加强对品牌的理解。

(3) 要确定目标受众，且它是一个可以准确度量的清晰的群体。例如，网络广告的目标受众是针对年龄在 25～35 岁、月收入在 5000～10000 元的都市白领阶层，而不能笼统地说目标受众是都市白领。

(4) 一个明确的目标必须有一个时限。例如，持续 6 个月或 1 年。没有明确的时限，一方面无法建立网络广告计划的周期性指标，另一方面也不利于判断和评估目标的实现程度。

(5) 网络广告目标必须用文字、书面形式加以表述。文字往往可以准确概括目标的各个重要方面，同时也可以显露那些不足和误解。文字表述要简洁和可以测定，即要准确地设定一个数量，界定一群对象，限定一个周期。例如，推出一款新型去屑洗发水，前期目标主要是提升知名度，那么可以用文字表述网络广告目标为在 3 个月内，使某地区中 25～35 岁的女性消费者对品牌的知晓度由初始的 0 提升到 50%。

(二) 确定目标消费者

从广告传播角度，目标消费者也叫目标受众，对于广告来说，是指广告所希望的能引发购买产品或服务的消费群。在广告实践中，策划人经常通过自问"他们是谁""他们在哪里"等问题来确定真实目标受众。

企业早已认识到，他们不可能为市场中的所有消费者服务，至少不能用一种方法为所有购买者服务。购买者是数不清的，而且分布太广，他们的需求和购买行为也有很大差异。不同的企业为不同细分市场提供服务的能力也有所不同。因此，企业必须确定自己能够提供有效服务并获得最大利润的市场，使得竞争该细分市场所需的资源恰好与企业自身的优势相匹配，它需要制定战略来与适当的利益关系者建立关系。因此，大部分企业放弃大众市场转向细分市场，通过评估不同的细分市场，决定依据目标市场特征和企业资源为一个或者几个细分市场服务。于是，营销方式呈现出两个极端：一个极端是面向大众营销的规模化生产，通过降低成本来获取最大的利益；另一个极端是源于购买者都有独特的需求，销售者可以潜在地把每一个购买者都看作一个独立的目标市场。尽管一些企业确实试图为每一个顾客单独服务，但面对大量的个性化购买者，过细的细分市场并不一定具有盈利性。因此，营销方式的两个极端都不适合大部分的企业，他们只好选择一个相对宽广的细分市场。

(三) 选择投放网络广告的站点

广告信息决策做出之后，就要为广告投放做准备了。首先，最主要的任务是选择网络广告投放的站点。在选择时应注意的首要原则是将网络广告投放到企业目标受众群体经常光顾的站点，网络广告的内容与其投放站点的内容越相近或相同，效果也越好。其次，要考察企业要选择的站点本身的经营策略、经营方法及效果。一般来说，所选择的站点应该是信息量比较大，信息的准确性比较高，能够定期更新和补充信息，栏目设置条理清晰而且丰富，栏目中的文字简洁、主题鲜明、重点突出，主页设计与制作比较精良的站点。

投放网络广告的首选站点是搜索引擎。好的搜索引擎能够将许多从来没有造访过企业站点的目标受众吸引过来。在放置位置的选择上，搜索引擎提供了许多网络广告的展位，首页自然效果最好，但也最昂贵。选择在不同层次的检索结果主页上放置关键词广告或标志广告，效果也很好。另外，还可选择有明确目标受众的站点放置广告，这种站点的受众数量可能少一些，覆盖面较窄，但如果与企业广告的目标受众吻合的话，有效受众的数量可能不比搜索引擎少，获得的有效点击可能会更多。

(四) 网络广告形式的确定

网络广告的具体形式有新闻组式广告、电子邮件广告、条幅广告、游戏式广告、交流式广告、弹出式广告、旗帜广告等。每一种形式都有其各自的特点和长处，在网络广告策划中选择合适的广告形式是吸引受众、提高浏览率的可靠保证。例如，广告的目标是品牌推广，让更多的人知道、了解这个品牌的产品，那么 Web 广告形式可选择旗帜广告；若广告对象是 30 多岁的成熟女性，那么广告形式就可考虑交流式。另外，不同的广告形式其制作成本是不同的，因而要兼顾广告预算的策划来确定广告形式。

(五) 网络广告策划的创意

1. 网络广告创意的基本思路

(1) 引起注意

消费者对网络广告的认识离不开对其的注意。网络广告能够引起消费者的注意，这是网络广告成功的第一步，也是网络广告设计的基本要求。因此，要使本网络广告成为消费者注意的中心，就必须采取措施增强人们对这一网络广告的注意程度。

(2) 主题明确

一个专业的、有营销意识的网络广告，应该能让访问者(潜在客源)马上了解到这个网络广告及其业务。如果网络广告缺乏主旨，没有规划意识，没有连贯性，缺乏完整性，把能找到的、觉得好玩的、时髦的东西全往里塞，没有目标，没有灵魂，那么此网络广告就只是一个杂物箱。

网络广告的文案是用以实现网络广告经营战略的主要手段之一，其内容是决定网络广告能否吸引人的内核。例如，一个以信息内容为主体的网络广告，文本应占突出地位，图像起点缀作用，目的是给受众一些视觉空间，就像城市建筑群之间的绿地、公园一样。

(3) 内容新颖

顾客掏钱购买商品要经过货类和货主两个选择。前一种选择决定究竟购买什么样的商品，后一种选择确定究竟购买谁的商品。如果开发新产品的厂家不止一家，则广告宣传的竞争就会过分激烈。根据心理学原理，旧的东西会使人们产生心理疲劳，只有独到、新颖的刺激才容易给人留下深刻印象。因此，广告宣传要求构思别具一格，要求具有思维的新颖性。

(4) 照顾大多数

很多网络广告以技术为主，不注意网络广告文案的写作，以为采用的技术越复杂、越时髦越好，然而对于有明确商业目的的网络广告，那就不一定是好事了。网络广告的目的是营销，因此网络广告应该照顾绝大多数人的情况，采用适当的技术手段，突出文案内容，以保证有尽量大的传播面。在网络广告文案内容的安排及文字风格处理上，也应贯彻照顾大多数的原则。

2. 网络广告的创意

创意是综合运用各种天赋能力和专业技术,在现有的资源中求得新概念、新方法、新样式的过程。广告创意是指在广告中有创造性地表现有关品牌、产品或服务信息,以迎合或满足消费者心理需求,刺激消费者需求,促使其产生购买行为的活动。广告创意是一种能充分发挥作者想象力和激发灵感的工作。一个好的广告创意不仅能够创造商业价值,也能够给受众带来艺术上的享受。事实上,大多数广告创意都是对旧的元素进行重新组合。创意人的头脑、创意策略、创意理念和点子是广告创意思想形成过程中的四个重要元素。

(1) 创意人的头脑

设计人员需要具有对图像、色彩、空间观念的组合能力,文案人员需要具有对文字、语言的组织能力,创意人员则需要具有丰富的想象力和创造力。想象力是创造力的催化剂,它将头脑中存在的感化能力、专业技能和生活经验,调配成精彩的想法,创造出新的意念。

(2) 创意策略

创意策略是实现广告创意的手段和方法。了解创意策略是实施广告创意的关键。

(3) 创意理念

理念实际上是人们对某种事物的观点、看法和信念,创意理念是广告创意人员对广告创意的观点和看法,是指导广告创意活动的思想。

(4) 点子

点子是经过思维产生的解决问题的主意和办法,广告创意点子是指实施广告创意策略、激发受众欲望的具体办法。一个称得上是广告创意的点子最好能吸引消费者的注意力及兴趣。图像和文字的表现是制造广告效果及影响消费者的重要因素,图像或者文字提供的主要广告信息要清楚明了,要符合品牌形象和商品个性。

3. 网络广告设计和投放上的建议

建议1:一个有吸引力的广告比什么都重要。从设计原则上来说,广告面积越大越好。通常网络广告的标准大小有88mm×31mm等几种常用规格,显而易见,一个大的广告图形更容易吸引用户的注意,不同大小的横幅,价格也会不同。广告banner要在几秒甚至零点几秒之内抓住读者的注意力,否则网上漫游者很快就会进入其他链接。

建议2:动画广告比静态或单调的广告更具优势。统计表明动画图片的吸引力比静止画面高3倍。

建议3:如果动画图片应用不当会引起相反的效果,如太过花哨或文件过大影响了下载速度。一般来说,468×60像素横条的大小应该保持在10KB以下,最大也不能超过13KB。

建议4:色彩搭配要有视觉冲击力,最好使用黄色、橙色、蓝色和绿色。

建议5:广告中最值得使用的词是"免费"。

建议6:选择最合适你的网站。如果你是小商铺或者区域性的公司,那么广告对象将至关重要。那些对你的产品和服务最有可能感兴趣的客户才是主要的,因此,你应该挑选能够接触到这些客户的网站。

建议7:横条应使用如下主题——担心、好奇、幽默以及郑重承诺,广告中使用的文字必须能够引起访客的好奇和兴趣。

建议8:人们点击广告,更主要的原因可能是为了获得某种产品,而不是某家公司的信息。

建议 9：不要忘记在广告中加上"click"或"点击此处"的字样，否则访问者会以为是一幅装饰图片。

建议 10：如果你已经有了一个很好的广告，也要经常更换图片，因为即使最好的横条，早晚也会失去效力。研究表明，当同一个图片放置一段时间以后，点击率开始下降；而当更换图片以后，点击率又会增加。

建议 11：把广告放在浏览器的第一屏，否则可能会只有 40%的读者看到，而且网页上方比下方的效果好。统计表明，许多访客不愿意通过拖动滚动条来获取内容，因而放在网页上方和网页下方的广告所能获得的点击率是不同的，放在网页上方的广告点击率通常可达到 3.5%～4%。

建议 12：使广告靠近网站最主要的内容。通常综合网站都会有发布网站自身新闻的位置，这往往是一个网站中最吸引人的部分，广告如果放在这个位置附近会吸引更多人的注意。

建议 13：要获得更多的点击，就得提供给读者感兴趣的利益。读者之所以会点击你的标志广告，主要出于以下考虑——若点击，他能获得有价值的东西；若不点击，他会失去获得某种特殊产品或服务的机会。

建议 14：将广告链接到一个特定的画面，而不是客户网站的首页。没有人喜欢费尽周折去获取自己所需的内容，因此广告应该链接到你最想宣传的页面。

(六) 确定网络广告的费用预算

除了利用内部广告资源和与合作伙伴交换广告资源等形式，网络广告通常是利用专业服务商的广告资源投放的，也就是要购买广告空间，而某些网络广告的价格还比较昂贵。因此，为实现一定的广告目标，需要认真做好广告预算。如何判断花费多少才算适当呢？如果支出太少，达不到宣传目的，效果不明显，不但影响了市场拓展的机会，而且还是一种浪费；如果支出太多，则可能造成投资收益率的降低。因此，公司应该根据广告目标，为每个产品做出合理的广告预算。

营销学家已经推出多种广告预算模式，常用的有量力而行法、销售百分比法、竞争对等法、目标任务法等。其中的目标任务法，要求营销人员通过特定目标的确立，明确为实现目标所要采取的步骤和所要完成的任务，以及通过估计完成任务所需花费的多少来确定营销预算。由于这种方法能够促使公司确定广告活动的具体目标，因此得以广泛应用。

(七) 网络广告的制作和测试设计

1. 网络广告的制作

网络广告的制作应充分发挥计算机显示技术中色彩、动画、声音等视听优势，提高网络广告的视听效果和吸引力。在网络广告制作上，应注意把握以下几个要点。

(1) 定位准确，具有内涵。

广告是企业展示自我形象、实现营销策略和营销目标的重要手段，定位准确、内涵丰富的广告对提升广告对受众的影响力及培养忠诚的顾客具有重要作用。

(2) 结构合理，前后呼应。

广告的结构是广告主题的具体体现，其合理性尤为重要。一个优秀的广告结构设计，既要引领主题、步步深化，又要前后呼应，体现出合理的链接和交互。

(3) 画面生动，语言简洁。

在立意与整体结构设想确定后，便是广告制作的细节问题。细节制作的总体原则是：画面醒目，有强烈的视觉冲动力；言词"一语中的"，能够将受众的视线吸引到广告上。

(4) 内容变化，保持新鲜。

广告的图像内容长久不变会导致点击率下降。为提高点击率和吸引受众的注意，应定期更新广告内容，保持广告的新鲜度。此外，网络广告的制作还要兼顾网络的传输速率。网络接入方式不同，其带宽、网速也不同，网络广告内容多、文件占用存储空间大将影响用户打开网页的速度。

2. 网络广告测试方案的设计

测试方案的设计要根据本次广告策划中所规划的广告形式、广告内容、广告表现、广告创意及具体网站、受众终端机等方面来设计一个全方位的测试方案，测试的内容主要包括对技术的测试和广告内容的检测。技术的测试主要包括以下几个方面。

(1) 检查广告能否在网络传输技术和接受技术上行得通。有时一则网络广告在广告制作者计算机上的显示和通过传输后在客户终端上显示的效果不一样，因而要对客户终端机的显示效果进行检测。

(2) 对服务器进行检测，以避免 Web 广告设计所用的语言、格式在服务器上不能得到正常处理，以致影响最后的广告效果。

(3) 测试网络传输技术，也就是对网络传输速度的检测，防止因为广告信息存量太大而影响传输广告的效果。

(4) 对内容的测试是检测网络广告内容与站点是否匹配、与法律是否冲突。例如，广告内容是关于食品类产品的，但站点却选择了一个机械工程技术类的专业网站，这就是内容与网站的不匹配。内容的法律问题指检查广告内容是否在法律规定的范围之内，如香烟、色情广告就是违法的。

(八) 网络广告效果的监测与评价

网络广告效果的评价分为来访者访问行为评价和来访者受众切合度评价两个方面。来访者访问行为评价要素包括广告来访用户的平均滞留时间、广告来访用户的平均页面请求、广告来访用户的回访情况、广告来访用户的行为率。来访者受众切合度评价包括广告来访用户的平均年龄构成、平均职业构成、平均收入构成、地域构成等。通过这些具体指标可综合衡量广告的有效性，若评价的指标过低，则应及时分析原因，转换策略，从而保证实施的有效性。

网络广告效果的监测与评价十分重要，其不仅可以对前一阶段广告投放的效果做出总结，还可以作为下一阶段调整和改进广告策略的重要依据。

五、网络广告策划的注意事项

网络广告是企业进行网络推广较为常用的一种手段。企业的网络广告策划需要讲究一定的策略和技巧，网络广告不仅要有很好的创意和设计，同时还需要了解网络广告的价格定位、内容定位等是否与品牌推广相一致，并且需要遵守法律法规和道德规范。

(一) 广告内容要符合法律规定

广告内容应当有利于人民的身心健康，促进商品和服务质量的提高，保护消费者的合法权益，遵守社会公德和职业道德，维护国家的尊严和利益。依据《中华人民共和国广告法》，广告内容不得有下列情况：

(1) 使用中华人民共和国的国旗、国徽、国歌；

(2) 使用国家机关和国家机关工作人员的名义；

(3) 使用国家级、最高级、最佳等用语；

(4) 妨碍社会安定和危害人身、财产安全，损害社会公共利益；

(5) 妨碍社会公共秩序和违背社会良好风尚；

(6) 含有淫秽、迷信、恐怖、暴力、丑恶的内容；

(7) 含有民族、种族、宗教、性别歧视的内容；

(8) 妨碍环境和自然资源保护；

(9) 法律、行政法规规定禁止的其他情形。

(二) 要强化企业品牌形象

企业品牌形象是信息传播的重要内容，在某种程度上，广告就是追求企业品牌在受众心目中的价值认同。设计网络广告时，应将企业标志及商标置于页面的醒目位置，统一企业广告形象，强化公众对品牌的印象。

(三) 广告语使用要规范

广告标题要用词确切、立意鲜明、有吸引力；正文句子要简短、直截了当，尽量用短语，不绕弯子，可以适当运用感叹号，增强语气效果。

(四) 图片处理和使用要恰当

网页上的图片一般使用.GIF 或.JPG 格式，图片的字节不宜过大，一般应将每个页面上所有图片的总规模控制在 30KB 以内，使页面的下载时间尽量缩短。旗帜广告的颜色可考虑多用具有强烈视觉冲击力的黄、橙红、天蓝等艳丽的色彩。

(五) 网页动画不宜过多、过大

Flash 是一款非常实用的二维矢量图形编辑和交互式动画软件，在网页制作、多媒体演示等领域得到了广泛应用。随着多媒体技术的发展，在 Web 上出现了很多新的多媒体技术，例如，视频非线性编辑软件 adobe premiere 已在 Web 上成为首选的素材制作工具。

六、 网络广告的发布

网络广告和现实广告一样，有极其重要的投放位置需求，如同街头林立的广告牌，你必须给自己的广告找一个风水宝地，才能让它成为自己的"聚宝盆"。

广告的目标对象决定着网络广告的内容、表现形式、具体站点的选择，也影响着最终的广告效果。广告的目标对象是由产品的消费对象来决定的，所以透析产品特性是准确定位广告目标对象的关键。你的目标对象是男人还是女人，是十七八岁的少年还是三四十岁的中年人，是在校大学生还是上班白领……这些不同的目标对象有各自的生活习惯，如上网时间、所感兴趣的网页内容、对信息的反应速度等。针对不同的对象要采取不同的广告战略，假如你的广告对象是十几岁的少年，他们的上网时间可能集中在假日，喜好是玩网络游戏，那么在网络广告媒体策划时应该选择一个少年经常访问的网站，在广告形式策划时应该考虑游戏式广告，同时在媒体时段安排策划时应考虑节假日。以下是在通常意义下投放广告要考虑的方面。

(一) 网络广告的发布方式

网络广告的发布方式主要有以下几种，广告主可以根据自身需求，选择其中一种或几种。

1. 企业主页

对于许多企业来说，建立自己的主页是一种必然趋势。企业主页不仅是企业形象的展示平台，也是宣传产品的良好工具。实际上，在网络上做广告，企业最终都要建立并宣传自己的主页。网络广告的其他形式，如黄页、企业名录、免费的网络服务广告等，都只是提供了一种快速链接至企业主页的方式，主页是企业在网络上进行广告宣传的主要形式。

2. 免费的网络服务

网络内容服务商，如新浪、搜狐、网易等，为网民提供了大量感兴趣并需要的免费信息服务，包括新闻、评论、生活、财经等，因而受到网民的普遍关注和浏览。这些网络服务商的网站已成为网络广告发布的主要阵地，网络广告形式以旗帜广告为主。

3. 黄页形式(在线目录)

在互联网上，有一些专门提供查询检索服务的网络服务商站点，这些站点就像电话黄页一样，按类别划分信息，以方便网民检索和查询，在其页面上，一般会留出一定的位置发布广告。与其他网络广告相比，黄页广告针对性强，针对特定网民提供相关的广告信息；广告醒目，容易受到正在查询相关问题的网民的关注。

4. 企业名录

为获得大量的访问者，一些网络服务提供商或中介机构将一些企业信息融入它们的主页中，广告主可以以文字链接的形式在这些网站上建立链接，起到广告宣传的作用。

5. 电子报纸或期刊

随着互联网应用的普及，一些报纸和杂志，如美国的《华尔街日报》《商业周刊》，国内的《人民日报》《文汇报》《中国日报》等，纷纷建立自己的网站，发行电子报纸或期刊，并同纸质报纸或期刊一样，也为广告主提供广告发布服务。

6. 新闻组

新闻组的成员可以阅读新闻组的公告，也可以发表自己的意见或建议。一些企业通过在与企业产品服务相关的新闻组上发表自己的公告，以此有效传播广告信息，并引起成员关注，获得成员的意见和建议。

7. 友情链接

与企业目录链接不同，友情链接本着平等、互利的原则，实现双方交互链接。建立友情链接应考虑的内容包括：网站的访问量，在搜索引擎中的排名位置，相互之间信息的互补程度，链接的位置和具体形式等。

8. E-mail 和 E-mail 列表

与传统广告中的邮寄广告一样，E-mail 广告已成为网络广告发布的重要形式之一。E-mail 广告是指广告主将广告信息以 E-mail 的方式发送给有关的网上用户。

选择网络广告发布的渠道和方式，应根据企业诉求对象的特点和广告的目标，以及网上用户的情况来决定。

(二) 网络广告的投放技巧

一个成功的网络广告不仅需要好的广告策划和高超的技术，如广告的形式、创意、动画效果等，还需要恰当的广告投放技巧的配合。企业在网络广告投放时应关注以下注意事项。

1. 预留一定的测试时间

由于网络广告技术含量高，相关环节较多，为避免广告投放中发生不应有的错误，应在广告投放前测试广告播放是否正常、广告链接是否正确、数据库是否正常运作、广告监测系统能否正常计数，保证正常投放。

2. 网络广告创意的更换

同一广告创意投放久了，会造成网民疲劳，点击下降，建议两周或更短时间内更换一次创意。但如果是新品牌的推广，希望增强品牌记忆度，可以采取同一创意、固定广告位、长期投放，培养用户的浏览习惯。

3. 必要的投放管理与优化

(1) 投放前对创意进行测试，尤其是大型投放。

(2) 在广告投放之初建立必要的备份方案，以保证在投放效果出现波动时进行替换与弥补。

(3) 对活动网站进行详细的流量监测，客观评估不同媒介组合所贡献的曝光与受众行动的质量。

第三节　网络广告的效果评估

一、网络广告效果评估的特点

网络广告效果是指网络广告作品通过网络媒体发布后所产生的作用和影响，或者说目标受众对广告宣传的结果性反应。网络广告效果同传统广告效果一样具有复合性，包括传播效果、经济效果、社会效果。而网络广告效果的评估是指利用一定的指标、方法和技术对网络广告效果进行综合衡量和评定的活动，相应地，网络广告效果的评估也应该包括传播效果评估、经济效果评估和社会效果评估。

由于网络广告建立在计算机、通信等多种网络技术和媒体技术之上，所以在效果评估方面显示了传统广告所无法比拟的优势和特点。

(1) 网络媒体的交互性使得网络受众在观看完广告后能够在线提交调研表或发送 E-mail，广告主可以在很短的时间内收到反馈信息，然后迅速地对广告效果进行评估。

(2) 广告商可以利用网络上的统计软件方便准确地统计出具体数据，而且网络广告受众在回答问题时可以不受调研人员的主观影响，从而大大地提高了回答问题的质量，增强了网络广告效果评估结果的客观性与准确性。

(3) 因特网是一个全天候开放的全球化网络系统，网络广告的受众数量是无限庞大的。因此，网络广告效果调研能在网上大范围内展开，参与调研的目标群体的样本数量能够得到保证。

(4) 网络广告效果评估在很大程度上依靠技术手段，与传统的广告评估相比，耗费的人力、物力比较少，广告成本相对比较低。

二、网络广告效果评估的内容和指标

网络广告效果是指网络广告作品通过网络媒体发布后所产生的作用和影响，即目标受众对广告宣传的反应。与传统广告效果一样，网络广告效果也具有复合性，即是传播效果、经济效果、社会效果的统一，并具有一定的滞后性。

网络广告效果的评估是指利用一定的评价指标、评价方法和评价技术，对网络广告效果进行综合衡量和评定的活动。

(一) 网络广告传播效果评估的内容及指标

广告的最终目的是促进产品的销售，但在广告的实施过程中，因情况不同，具体的目标又有所不同。

1. 广告曝光次数

广告曝光次数是指网络广告所在的网页被访问的次数，通常用计数器进行统计。在运用广告曝光次数评价网络广告效果时，应注意以下问题。

(1) 广告曝光次数并不等于实际浏览的次数，在广告发布期间，同一个网民可能多次浏览刊登同一则网络广告的网站或页面，或网民为浏览其他信息而打开该网站或网页，这就导致广告曝光次数与实际阅读次数不符。

(2) 在同一网站或网页上，因广告发布位置的不同，其曝光次数所产生的实际价值也不同。通常情况下，首页广告比内页广告曝光次数多，但首页广告每个曝光次数所产生的广告价值却可能低于内页广告。

(3) 通常情况下，一个网页中可能分布多则广告，访问者可能为了解其他广告信息而浏览该网页。此时的广告曝光次数并不会产生实际的广告价值。

总的来讲，得到一个广告曝光次数，并不等于得到一次广告受众的注意。

2. 点击次数与点击率

(1) 网民单击网络广告的次数称为点击次数，点击次数可以客观准确地反映广告效果。而点击次数除以广告曝光次数，可得到点击率，这是衡量广告吸引力的指标。

(2) 点击率是网络广告最基本、最直接、最有说服力的评价指标。一般来讲，浏览者点击某一网络广告，说明他已经对广告中的产品或服务产生兴趣，并在进一步了解中。随着人们对网络广告的深入了解，点击率越来越低。因此，单纯的点击率已经不能充分反映网络广告的真实效果。

3．网页阅读次数

浏览者在对广告中的产品或服务信息产生兴趣后，会进入广告主的网站，详细了解产品服务信息，甚至产生购买的欲望。浏览者对广告页面或广告主网站的一次浏览阅读，称为一次网页阅读。在一定时间内，所有浏览者对广告页面或广告主网页的总阅读次数称为网页阅读次数。

事实上，广告主网页的阅读次数与网络广告的点击次数是存在差异的，这种差异源于浏览者只点击了网络广告而没有进一步浏览该广告所打开的网页。目前，受网络技术和统计技术的限制，很难精确统计网页的阅读次数，通常用点击次数来估算网页的阅读次数。

4．转化次数与转化率

"转化"是指受网络广告影响而形成的购买、注册或者信息需求。转化次数是网民受网络广告影响所产生的购买、注册或者信息需求行为的次数；转化次数除以广告曝光次数，即为转化率。网络广告的最终目的是促进产品的销售，而点击次数与点击率指标并不能真正反映网络广告对产品销售情况的影响。转化次数与转化率指标能更有效地衡量网络广告的实际效果。

网络广告的转化次数包括两部分：一部分是浏览并且点击网络广告所产生的转化行为的次数；另一部分是仅浏览而没有点击网络广告所产生的转化行为的次数。相对而言，转化次数与转化率可以较为准确地反映那些只浏览而没有点击广告所产生的效果。在广告实际评估中，估算转化次数与转化率存在一定的难度，通常将受网络广告的影响所产生的购买行为次数作为转化次数。

【专栏8-3】珀莱雅推广新品网络广告

珀莱雅是中国领先的化妆品牌之一。2014年夏季，珀莱雅隆重推出早晚水漾系列护肤新品，面对其他同等价位护肤品牌激烈的市场竞争，为了完美凸显新品"深海分时护养"的特点，并将其有效地传达给目标受众从而促进购买，珀莱雅携手互动通富媒体广告平台，利用通栏画中画联动的艺术化演绎形式，表现不同的主题，传达新品亮点及内涵，提升品牌形象。

珀莱雅目标受众主要为集中在25～45岁优雅、时尚的知性女性，她们追求活力健康的肌肤，但又被繁多的护养方式困扰。针对目标受众的特点，本次广告选择在女性类、时尚类、生活类等网站进行投放。

2014年9月25日至10月24日广告投放期间，广告曝光量高达9173499次，点击率1.32%，用户曝光率66.21%。此次广告投放达到了很好的人群覆盖率，有效地帮助了珀莱雅推广新品信息，实现了理想的传播效果。

（资料来源：王涛．网络营销实务[M]．北京：机械工业出版社，2016.）

(二) 网络广告经济效果评估的内容及指标

网络广告的最终目的是促进产品销售。网络广告的经济效果是网络广告给广告主带来的净收益，即广告收入与广告成本的差额。因此，网络广告经济效果评估的内容及指标包括网络广告收入和网络广告成本。

网络广告收入是网络广告受众受广告影响产生购买，从而给广告主带来的销售收入。在实践中，消费者的购买往往受多种因素影响，准确区别各种因素对购买行为的影响是十分困难的。因此，常用广告刊载期销售收入的增加来作为广告收入。

(三) 网络广告社会效果的评估内容

网络广告的社会效果主要是指广告活动在社会文化、教育等方面所产生的影响和作用。无论是广告构思、广告语言，还是广告表现，都要受到社会伦理道德和法律的约束。评估网络广告的社会效果，要在一定的社会意识形态下，以及政治观点、法律规范、伦理道德及文化艺术标准的约束下进行。

网络广告的社会影响涉及整个社会的政治、法律、艺术、伦理道德等上层建筑和社会意识形态，因此，很难用评价指标进行评估，而需用法律规范标准、伦理道德标准和文化艺术标准来综合衡量。

三、网络广告效果评估数据的收集

网络广告效果评估的基础工作是收集相关统计数据。常用的数据收集方法有以下两种。

(一) 通过使用访问统计软件获得评估数据

网络服务提供商或网络内容提供商可为企业提供专门的统计软件，随时获得网民对网络广告的反映情况，获得广告曝光、点击次数及网民的个人信息等资料，并通过进一步分析生成相应报表。cookies 技术为评估数据的获得提供了实现的可能，它可以区别不同地址甚至同一地址不同网民的信息资料，为广告主提供不同类型的统计报表。

(二) 委托第三方收集资料并进行评估

为保证广告效果评估的公正性，广告主可以委托第三方收集广告相关信息资料，并独立进行评估。由独立于网络服务提供商或网络内容提供商之外的第三方评估，可以减少作弊的可能性，增强统计数据和评估结果的可信度。

四、网络广告效果评估的方法

(一) 对比分析法

无论是旗帜广告，还是电子邮件广告，由于都涉及点击率或者回应率以外的效果，因此，除了可以准确跟踪统计的技术指标外，利用比较传统的对比分析法仍然具有现实意义。当然，不同的网络广告类型，对比的内容和方法不一样。

对于 E-mail 广告来说，除了产生直接反应之外，利用 E-mail 还可以有其他方面的效果。例如，E-mail 关系营销有助于企业与顾客保持联系，并影响其对产品或企业的印象。顾客没有点击 E-mail 并不意味着不会增加将来购买的可能性或者品牌忠诚度，从定性的角度考虑，较好的评价方法是关注 E-mail 营销带给人们的思考和感觉。这种评价方式是指采用对比研究的方法，将收到 E-mail 顾客的态度和没有收到 E-mail 顾客的态度做对比，是评价 E-mail 广告对顾客产生影响的典型的经验判断法。利用这种方法，也可以比较不同类型网络广告对顾客所产生的效果。

对于按钮型广告，除了增加直接点击以外，广告的效果通常表现在品牌形象塑造方面，这也是许多广告主不顾点击率低的现实而仍然选择按钮型广告的主要原因。当然，品牌形象的提升很难随时获得可以量化的指标，不过同样可以利用传统的对比分析法，对网络广告投放前后的品牌形象进行调研对比。

(二) 加权计算法

加权计算法是指网络广告投放后的一定时期内，对网络广告产生效果的不同层面赋予一定的权重，以判别不同广告所产生效果之间的差异。这种方法实际上是对不同广告类型、不同投放媒体或者不同投放周期等情况下的广告效果进行比较，而不仅仅反映某次广告投放所产生的效果。加权计算法的完成要建立在对广告效果有基本监测统计手段的基础之上。举一个例子：

第一种情况，假定在 A 网站投放的 banner 广告在一个月内获得的效果为：产品销售 100 件(次)，点击数量 4000 次。

第二种情况，假定在 B 网站投放的 banner 广告在一个月内获得的效果为：产品销售 120 件(次)，点击数量 2000 次。

如何判断这两次广告投放效果的区别呢？可以为产品销售和获得的点击分别赋予权重，根据一般的统计显示，每 100 次点击可形成 2 次实际购买，那么可以将实际购买的权重设为 1.00，每次点击的权重为 0.02，由此可以计算上述两种情况下，广告主分别可以获得的总价值。

第一种情况，总价值为：$100 \times 1.00 + 4000 \times 0.02 = 180$。

第二种情况，总价值为：$120 \times 1.00 + 2000 \times 0.02 = 160$。

可见，虽然第二种情况获得的直接销售比第一种情况要多，但从长远来看，第一种情况更具有价值。

以上例子说明，网络广告的效果除了反映在直接购买之外，对品牌形象提升或者用户认知同样重要。

权重的设定对加权计算法最后的结果影响较大，例如，假定每次点击的权重降低到 0.005，则结果就不一样了。如何决定权重，需要在分析大量统计资料的前提下，对用户浏览数量与实际购买之间的比例有一个相对准确的统计结果。

(三) 点击率与转化率的测算

点击率是网络广告最基本的评价指标，也是反映网络广告最直接、最有说服力的量化指标。不过，随着人们对网络广告了解的深入，点击它的人反而越来越少，除非特别有创意或者有吸引力的广告。造成这种状况的原因可能是多方面的，如网页上广告的数量太多而无暇顾及、浏览者浏览广告之后已经形成一定的印象无须点击广告等，因此，平均不到 1%的点击率已经不能充分反映网络广告的真正效果。

于是，对点击以外的效果评价问题显得重要起来，与点击率相关的另一个指标——转化率，被用来反映那些观看而没有点击的广告所产生的效果。

"转化率"最早由美国的网络广告调研公司 Adknowledge 提出，它将"转化"定义为受网络广告影响而形成的购买、注册或者信息需求。浏览而没有点击的广告同样具有巨大意义。根据 Adknowledge 的调研发现了一个有趣的现象：随着时间的推移，由点击广告形成的转化率在降低，而观看网络广告形成的转化率却在上升。点击广告的转化率从 30 分钟内的 61%下降到 30 天内的 8%，而观看广告的转化率则由 11%上升到 38%。这一组数字对增强网络广告的信心具有很大意义，但问题是，转化率怎么来监测，这在操作中还有一定的难度，仍然要参照对比分析法。

综上所述，体现网络广告投放价值的最佳衡量方法是将上述直接和间接的评价方法综合起来进行衡量，以达到全面、准确地反映网络广告的效果。

本 章 小 结

网络广告是网络促销的一种重要形式，与传统广告在沟通模式、交互性等多方面有所差异。比较网络广告和传统广告有助于更好地理解网络广告的本质特征和其网络营销价值。网络广告就是在网络平台上投放的广告，是利用网站上的广告横幅、文本链接、多媒体等方式，在互联网刊登或发布广告，通过网络传递到互联网用户的一种高科技广告运作方式。

与传统的四大传播媒体(报纸、杂志、电视、广播)广告及备受垂青的户外广告相比，网络广告具有得天独厚的优势，是实施现代营销媒体战略的重要部分。因特网是一个全新的广告媒体，速度最快，效果很理想，是中小企业扩展壮大的很好途径，对于广泛开展国际业务的公司更是如此。网络广告是广告主为了推销自己的产品或服务在互联网上向目标群体进行有偿的信息传达，从而引起群体和广告主之间信息交流的活动。或简言之，网络广告是指利用国际互联网这种载体，通过图文或多媒体方式发布的盈利性商业广告，是在网络上发布的有偿信息传播。

网络广告的市场正在以惊人的速度增长，网络广告发挥的效用越来越重要，因而众多国际级的广告公司都成立了专门的"网络媒体分部"，以开拓网络广告的巨大市场。网络的组成是复杂的，但业务的要求是简单的。从市场、业务角度考虑，哪种网络处理更好就应该采用哪种网络，甚至综合采用各种网络技术，不必拘泥于原有的概念。随着三网合一的进程，特别是信息家电概念的普及，人们意识到网络已经泛指传输、存储和处理各种信息的设备及其技术的集成。因此，网络广告应是基于计算机、通信等多种网络技术和多媒体技术的广告形式，其具体操作方式包括注册独立域名，建立公司主页；在热门站点上做横幅广告及链接，并登录各大搜索引擎；在知名 BBS(电子公告板)上发布广告信息，或开设专门论坛；通过 E-mail 给目标消费者发送信息等。

练习题

一、选择题

1. 下列对于网络广告的本质描述不正确的是(　　)。
   A. 是一种付费的网络营销方式　　　　B. 一般是展示在网页上的图片信息
   C. 具有强制性的特征　　　　　　　　D. 是对用户注意力资源的合理利用
2. 下列不属于网络营销广告效果的评价指标是(　　)。
   A. 广告展示数量　　　　　　　　　　B. 广告投放时段
   C. 广告文案策划　　　　　　　　　　D. 广告点击率

3. 网络广告在( )年，诞生于( )。

    A. 1994 英国   B. 1994 美国   C. 1996 德国   D. 1997 中国

4. 在网络广告的计费方式中，CPM的中文含义是( )。

    A. 每千次印象费用   B. 每次行动费用

    C. 每次点击费用   D. 按引导计费

5. banner广告是网络广告的基本形式之一，下列属于常用的网络广告规格的是( )。

    A. 486×60像素   B. 300×250像素

    C. 400×300像素   D. 750×90像素

6. 在网络广告的各种计费模式中，下列属于按行动计费模式的是( )。

    A. CPA   B. CPM   C. CPR   D. CPP

7. 转化率与点击率都属于网络广告的评价指标，下列说法错误的是( )。

    A. 点击率比转化率更重要

    B. 观看而没有点击的广告也可能有效果

    C. 获得准确的转化率在操作中具有一定难度

    D. 按转化率付费对广告主更有利

8. 展示类网络广告可能因为某些缺陷影响用户浏览和点击，下列情形影响最大的是( )。

    A. 网络广告动画画面换幅过快   B. 网络广告颜色单一

    C. 网络广告无法正常显示   D. 网络广告文案设计缺乏吸引力

9. ( )不是旗帜广告的制作技巧。

    A. 增加旗帜广告的吸引力   B. 选用多媒体形式

    C. 选择最佳的位置   D. 在广告上加上click或"请点击"字样

10. 网络广告是常用的网络营销策略之一，在网络品牌、产品促销、网站推广等方面均有明显作用。网络广告的常见形式包括( )。

    A. banner广告   B. 关键词广告   C. 分类广告
    D. 赞助式广告   E. E-mail广告

二、判断题

1. 旗帜广告是最早的网络广告形式。   ( )

2. 传统广告不能达到网站推广的目的。   ( )

3. 从旗帜广告是否有超级链接的角度，旗帜广告可以分为静态的旗帜广告和动态的旗帜广告。   ( )

4. 网络营销广告与传统广告最大的不同在于网络营销广告是双向的沟通。   ( )

三、填空题

1. 通常网络广告是以_____，嵌在网页中，用以表现广告内容。

2. 从旗帜广告是否有超级链接的角度，旗帜广告可以分为_____和_____。

3. banner 一般指的是_____。

4. _____是一种对浏览者干扰最少，但却最有效果的网络广告形式。

四、名词解释

1. 网络广告
2. 旗帜广告

五、简答题

1. 网络广告的主要形式有哪些？(至少说出四个)
2. 网络广告制作技巧有哪些？

六、案例分析题

京东生鲜"618"直播

自 2010 年开始，京东将 6 月 18 日正式定为店庆日，在每年的这一天，京东都会推出一系列的大型促销活动。2016 年成立的京东生鲜事业部在这一天首次隆重亮相，达到了打响品牌知名度、传播活动信息、引爆网络时尚美食圈的效果。

京东生鲜通过"618"开展促销活动，搭建了京东生鲜展台，推出了试吃服务和龙虾舞表演，并在充分造势后利用各大网站的首页推荐位进行展示，然后通过微博、微信等渠道进行 618"低价购美味"主题营销，充分传播"美味不平等""美味三重奏"等系列海报，为京东生鲜引爆流量。同时，京东还招募了 50 位"素人"主播，在斗鱼直播平台上直播制作由京东生鲜提供的波士顿鲜活大龙虾。直播时间一共 3 天，每天分时段全程直播，全方位展现京东生鲜的品质与促销信息。紧接着京东生鲜策划了在半小时内利用周围环境制作龙虾大餐的线下挑战赛，结合线上、线下各个渠道进行京东生鲜的营销。最后，还通过央视财经频道的"聚焦'618'电商大战"专题进行专题报道，在电视播报与新闻稿、评论稿的大力引导下进行营销事件的提炼与曝光，彻底打响了京东生鲜的名号，促进了产品的销售。

京东生鲜本次活动的直播视频点击量累计超过 626 万人次，微博话题"'618'龙虾免费吃""'618'任选三件""第二件半价""京东生鲜'618'"等的阅读量超过 6000 万人次，很好地宣传了产品，并提高了京东生鲜的品牌知名度和美誉度。

在电子商务时代，企业的竞争越来越激烈，产品同质化现象越来越严重。企业之间的竞争不再仅限于产品、价格、价值的竞争，还有渠道、营销方式的竞争，谁能快速传播信息并占领市场，谁就能率先获得竞争优势。在这样的大环境下，视频直播这种直观、真实、全面的营销渠道开始展现出巨大的营销价值，并逐渐被更多的个人或企业应用到产品和品牌的推广活动中。

(资料来源：根据网络资料整理)

请根据以上资料，回答下列问题：

1. 什么是直播营销？它有什么特点和优势？
2. 从中我们可以得到什么启示？有哪些依靠直播获得资源的经典营销案例？
3. 如何使用直播打造个人品牌和企业品牌？

七、思考与实践

结合指定的网站，完成该网站的网络广告营销策划，可以从目标分析、网络广告营销实施和效果监控与分析三个方面详细描述网络广告的营销过程。

第九章

电子邮件营销

【学习重点】

理解电子邮件营销的基本概念，掌握开展电子邮件营销的基本方法和基本技巧，熟悉综合利用各种电子邮件营销的技术，进行网络营销推广。

【学习难点】

熟练地开展电子邮件推广，学会测试并评价。

【教学建议】

结合案例教学，让学生在互联网中选择一个免费的邮件列表资源，试用邮件列表提供的各项功能。

【引导案例】

A 公司是一家旅游公司，为了在"黄金周"前进行公司旅游项目促销，公司决定采用电子邮件营销。

由于公司内部营销资源不足，公司决定借助专业服务商发送电子邮件广告。通过对服务商的电子邮件列表定位程度、报价和提供服务等方面的比较分析，公司最终选择新浪上海站，并利用该网站的一份订户数量超过 30 万、关于上海市白领生活的电子周刊作为本次电子邮件营销的主要信息传递载体。公司计划连续四周投放电子邮件营销信息，发送时间定为每周三，前两次以企业形象宣传为主，后两次针对公司新增旅游路线进行推广，并且每周的内容都有所不同。

电子邮件营销活动结束后，公司网站的日平均访问量比上个月增加了 3 倍多，尤其是在发送电子邮件营销的次日和第三日，网站访问量增加了 5 倍。

引言

随着网络在世界范围内的普及，电子邮件不仅已经成为互联网中最普遍使用的沟通工具，而且也逐渐成为企业开展网络营销的有效工具。电子邮件营销也是最早的网络营销方式之一，尽管电子邮件的使用率受到即时通信信息及 SNS 社交网络等互联网服务的影响，但电子邮件营销的作用仍然不可忽视，是其他网络营销方法无法完全替代的。电子邮件营销可以与其他营销方法相结合使用，也可以自成体系单独使用，特别是对于中小企业而言，由于推广费用有限，它们可以利用电子邮件营销进行营销信息传播和促销，其性价比要比传统媒体高出许多倍。

从全球电子邮件的发展历程来看，电子邮件虽然是在 20 世纪 70 年代发明的，但是由于当时使用 ARPAnet 的人数太少，同时受限于软件和硬件的发展，电子邮件并没有得到大规模的普及和发展。20 世纪 80 年代中期，随着个人电脑的兴起和普及，电子邮件逐渐在电脑迷和大学生中广泛传播。20 世纪 90 年代中期，互联网浏览器的诞生以及全球网民人数的激增，使电子邮件逐渐得到广泛使用。

就中国电子邮件的发展历程而言，1998 年 6 月 24 日，263 首都在线在中国北方地区首家推出免费邮箱系统服务。随后，1999 年新浪推出免费 50M 电子邮箱，之后各家网站又有了 100M 乃至"无限空间邮箱"。在当时狂热的市场气氛下，中国网民过早拥有了"海量"体验。随着互联网的不断发展，上网人数也不断增多，作为互联网服务中最重要的电子邮件服务，其规模也在不断扩大。但是，随着垃圾邮件的泛滥、各个企业和个人对过滤电子邮件的算法越来越严厉，正常的电子邮件营销受到很大冲击，从而要求营销人员在进行电子邮件营销时采用正确的方法和技巧，使电子邮件营销的效果达到最好。

第一节　电子邮件营销概述

一、电子邮件营销的含义及起源

互联网中第一次电子邮件营销的起源得追溯到 1994 年 4 月 12 日，坎特和西格尔夫妇把一封"绿卡抽奖"的广告信发到他们可以发现的新闻组，这在当时引起了轩然大波，他们的"邮件炸弹"使很多服务商的服务处于瘫痪状态。1996 年两位还合作编写了一本书——《网络赚钱术》，书中介绍了他们这次辉煌的经历：通过互联网发布广告信息，只花了不到 20 美元的上网通信费用就吸引来 25000 个客户，赚了 10 万美元。他们认为，通过互联网进行电子邮件营销是前所未有的、几乎无须任何成本的营销方式。通过这次事件，人们意识到互联网是可以赚钱的，而电子邮件营销就是互联网中最早赚钱的营销方式。现在看来，这种以未经用户许可而"滥发"邮件的行为并不能算是真正的电子邮件营销。

如今，几乎人人都会发送电子邮件，但开展规范的电子邮件营销并不是每个人或任何企业都能做好的。在开展电子邮件营销时，规范性着重体现在两个环节：一是用户邮件地址资源的获取；二是邮件本身的策划与设计。前者的关键是用户许可，后者的关键是要素完整和内容合适。

综合有关电子邮件营销的研究，我们可以这样来定义电子邮件营销：在用户事先许可的前提下，通过电子邮件的方式向目标用户传递营销信息的一种网络营销手段。

二、电子邮件营销的分类

电子邮件营销类型在电子邮件实际营销中存在着许多形式，不同形式的电子邮件营销有不同的方法和规律。

(一) 按照是否经过用户许可分类

按照发送信息是否事先经过用户许可来划分，可以将电子邮件营销分为许可电子邮件营销和未经许可电子邮件营销。未经许可的电子邮件营销即通常所说的垃圾邮件，正规的电子邮件营销都是基于用户许可的。

(二) 按照电子邮件地址的所有权分类

潜在用户的电子邮件地址是企业重要的营销资源，根据对用户电子邮件地址资源的所有形式，可将电子邮件营销分为内部电子邮件营销和外部电子邮件营销，或者叫内部邮件列表和外部邮件列表。

(三) 按照营销计划分类

根据企业的营销计划，可分为临时性的电子邮件营销和长期的电子邮件营销。长期的电子邮件营销通常以企业内部注册会员资料为基础，主要表现为新闻邮件、电子杂志、顾客服务等各种形式的邮件列表，其作用更多地表现在顾客关系、顾客服务、企业品牌等方面。

(四) 按照电子邮件营销的功能分类

根据电子邮件营销的功能，可分为顾客关系电子邮件营销、顾客服务电子邮件营销、在线调查电子邮件营销、促销邮件等。

(五) 按照电子邮件营销的应用方式分类

按照是否将电子邮件营销资源用于为其他企业提供服务，电子邮件营销可分为经营型和非经营型两类。当以经营性质为主时，电子邮件营销实际上已经属于专业服务商的范畴。

开展电子邮件营销需要一定的营销资源，获得和维持这些资源要投入相应的经营资源。当资源积累达到一定的水平，便拥有了更大的营销价值，不仅可以用于企业本身的营销，也可以通过出售邮件广告空间直接获得利益。

三、电子邮件营销的优势

电子邮件营销是一种非常有效的与用户沟通的方式，一般来说，也是非常经济的，如果做好了，可以帮助企业建立品牌识别性和可靠性。同时，电子邮件营销又具有其他营销方式无法比拟的优势。

(一) 连续的推销机会

普通用户很可能不记得自己是通过搜索什么关键词，点击了哪个链接，来到哪个网站。浏览者一旦离开特定网站，再次进入的概率很低，除非你的网站已经是业内有名的品牌。一般电子商务网站的转化率在1%是正常的，也就是说，一般情况下99%的潜在客户来到你的网站，没买东西就离开，以后便再也不会回来。这对前期所有网站推广的成效实在是一种浪费。

让我们想象一个场景，一个浏览者来到你的网站，他想买某种商品或有个问题要解决，你的网站刚好能满足他的要求。不过毕竟是第一次来，用户虽然感兴趣，但99%的可能性是并不会马上购买。如果"刚好"你的网站提供一个电子杂志，并且注册电子杂志的用户可以得到十元优惠券，外加免费电子书，电子书讨论的话题正是这个潜在用户想解决的问题。用户填上名字及邮件地址，得到优惠券及电子书。作为网站运营者的你，拿到潜在客户的电子邮件地址，也就拿到后续沟通，以及不断提醒潜在用户你的存在的权利。用户通过你发给他的电子书，以及电子杂志中的小窍门、行业新闻、节日问候等更加信任你的网站和企业。并且由于这些重复的提醒，潜在客户记住了你的网站，当他决定要购买商品时，你的网站就成为他的首选。

如果网站设计以及电子杂志策划得当，注册电子杂志的转化率达到 20% 左右也是常见的。相对于 1% 的销售转化率，通过电子邮件营销将极大地提高最终销售转化率。

(二) 近乎完美的营销渠道

1. 成本低廉

电子邮件营销之所以效果出众，甚至造成垃圾邮件横行，最重要的原因之一是成本十分低廉。只要有邮件服务器，联系 10 个用户与联系成千上万个用户，成本几乎没什么区别。当然，如果你要发上百万封邮件，情况就不同了，因为需要专用的服务器及非常强大的带宽。

2. 速度快

相比其他网络营销手法，电子邮件营销十分快速。搜索引擎优化需要几个月，甚至几年的努力才能充分发挥效果；博客营销更是需要时间，以及大量的文章；社会化网络营销需要花时间参与社区活动，建立广泛关系网。而电子邮件营销只要有邮件数据库在手，发送邮件后几小时之内就会看到效果，产生订单。

3. 定位精准

许可式电子邮件营销的对象是最精准、最有可能转化为付费客户的一群人。其他网络营销手法获得的用户大多以随意浏览的心态进入你的网站，并不是非常主动的。而许可式电子邮件则不同，凡进入邮件数据库的都是主动填写表格，主动要求你发送相关信息给他们的一群人。在经过几封邮件的联系后，只要你发送的信息对用户有帮助，他们将变成一群忠诚的订阅者。还有什么比这样的一群潜在客户更可贵呢？

4. 客户维护

电子邮件营销还能帮助网站营销人员长期与客户保持联系。订阅者连续几年看同一份电子杂志是很常见的。互联网上信息令人眼花缭乱，多不胜数，能数年保持与同一个订户的固定联系，在当今的互联网上是十分难能可贵的财富。以这种方式建立的强烈信任和品牌价值是很少有其他网络营销方式能够达到的。网站有任何新产品，或打折促销活动，都能及时传达给这批长期订户，销售转化率也比随机来到网站的用户高得多。

花费广告预算，把时间、精力投入到网络营销中，用户来到你的网站，不能直接转化为客户，营销人员也没有获得持续联系的机会的话，浪费不可说不大。许可式电子邮件营销就是抓住潜在用户，获得后续联系机会的最佳方式。

【专栏9-1】7天连锁酒店的电子邮件营销

"7天会"是 7 天连锁酒店的会员俱乐部，拥有多达 7000 万名会员，是中国经济型酒店中规模最大的会员体系。为了更好地进行会员维护，提高品牌黏性，"7天会"推出了多项会员专享服务，还有丰富的会员积分奖励计划。其中，电子邮件就是其和会员进行联络的重要方式：订单处理进程、意见反馈、品牌推广、优惠活动、会员联谊等活动丰富多彩，不断强化用户对"7天会"品牌的认识。

在发给会员的一封封邮件中，可以发现7天连锁酒店的邮件营销功力深厚。从邮件主题的设计，到邮件内容的选择、软文的书写、版面的编排，再到发送频率和时机的掌控都恰到好处地戳中了用户的兴趣点和需求点，使其营销转化率保持在较高水平。另外，7天连锁酒店综合运用线上线下多种方式重点推广会员制，不断地进行会员资料更新和细化分析，在一定程度上使得邮件营销的内容能够更具个性化和针对性，保证营销效果。

(资料来源：王涛. 网络营销实务[M]. 北京：机械工业出版社，2016.)

四、使用电子邮件营销的误区

虽然电子邮件营销有其他网络营销工具无法比拟的优势，但是在实际使用过程中，很多企业对电子邮件营销存在着很多误区，导致电子邮件营销效果较差。这些误区主要体现在以下几个方面。

(一) 滥发邮件

有专家建议，对于未经许可的电子邮件，不要发送或者慎重发送。使用电子邮件营销工具，你只能将邮件发给事先经过许可的人(关于如何取得收件人的许可，有许多方法，如会员制、邮件列表、新闻邮件等)。做电子商务必定先做广告，也可试一下电子邮件广告的效果，但要有尺度，不要发得太多，不然容易引起客户反感。

(二) 邮件没有主题或主题不明确

电子邮件的主题是收件人最早可以看到的信息，邮件内容是否引人注意，主题起到相当重要的作用。邮件主题应言简意赅、主题明确，以便收件人决定是否继续阅读邮件内容。

(三) 隐藏发件人姓名

隐藏发件人姓名的邮件，让人感觉是发件人在做什么见不得人的事情，否则，正常的商务活动为什么害怕漏出自己的真面目？这样的邮件，其内容给人的感觉是可信度不高。

(四) 邮件内容繁杂

电子邮件宣传不同于报纸、杂志等印刷品广告，篇幅越大越能显示出企业的实力和气魄。电子邮件应力求内容简洁，用最简单的内容表达出你的意思，如果必要，可给出一个关于详细内容的链接。收件人如果有兴趣，会主动点击链接的内容，否则，内容再多也没有价值，只能引起收件人的反感。

(五) 邮件内容采用附件形式

有些发件人为图省事，将一个甚至多个不同格式的文件作为附件插入邮件内容。由于每人所用的操作系统、应用软件有所不同，附件内容未必可以被收件人打开，而且，即使有同样的应用软件，打开附件毕竟是件麻烦的事，尤其对于自己不甚感兴趣的邮件。所以，最好采用纯文本格式的文档，把内容尽量安排在邮件的正文部分，除插入图片、声音等资料外，请不要使用附件。

(六) 发送频率过于频繁

研究表明，同样内容的邮件，每个月发送 2～3 次为宜。不要错误地认为，发送频率越高，收件人的印象就越深。过于频繁的邮件轰炸，只会让人厌烦。如果一周重复发送几封同样的邮件，肯定会被收件人列入黑名单，这样，你便永远失去了那些潜在客户。

(七) 没有目标定位

客户的邮件地址也许是从网上收集的，也许是从他人手中买来的，或者是根据某种规律推断出来的。总之，得到这些资源后，不管(实际上也无法知道)是不是自己的目标受众，只管不加区分地发送垃圾邮件，这样的营销是没有实际意义的。

(八) 邮件格式混乱

虽然说电子邮件没有统一的格式，但作为一封商业函件，至少应该参考普通商务信件的格式，包括对收件人的称呼、邮件正文、发件人签名等因素。

(九) 不及时回复邮件

评价电子邮件营销成效的标志之一是顾客反应率，有客户回应，理应及时回复发件人，然而并非每个公司都能做到。如果一个潜在客户给你发出了一封关于产品的询问，他一定在急切地等待回音，如果等了两天还没有结果，他一定不会再有耐心等待下去，说不定早就成了你的竞争对手的客户。

(十) 对主动来信的顾客抬高价格

打开收件箱，发现有一封顾客主动发来了订购函，如果你认为顾客一定会选用你的产品，可以对其要高价，那就大错特错了！因为在互联网这个开放的大市场里，同类产品的供应者总是很多，一般来说，顾客会同时向多个厂家发出同样的询问信件，他会对比各家产品的性能和价格，如果你的报价偏高，是无法争取到客户的。相对于面对面报价，通过电子邮件报价相当被动，发出的邮件无法改变，又无法探听竞争者的价格，更不可能看顾客的反应灵活报价。所以，为顾客提供最优质的产品、最低廉的价格才是取得成功的唯一法宝。

五、许可式电子邮件营销

笼统地说，利用电子邮件实现的网络营销信息传递就是电子邮件营销。但是大量垃圾邮件的出现不仅影响了互联网通信环境，也让电子邮件营销的合理性受到质疑。于是，经过不断的发展演变，电子邮件营销逐渐形成了一些被广泛认可的行业规范。

许可式邮件是指用户主动要求你发邮件及相关信息给他，凡是用户没有主动要求接收邮件的都不是许可式电子邮件营销。

电子邮件营销听起来很简单，几乎每个使用电子邮箱的用户都能感受到"电子邮件营销"对自己的影响。什么才是真正的电子邮件营销，如何有效地开展电子邮件营销，这是网络营销人员要思考的主要问题。

第二节 内部邮件列表和外部邮件列表

电子邮件作为一种重要的信息沟通方式，具有普及率和使用率高、操作简便、针对性强、速度快、成本低廉等诸多优点，已成为企业营销的重要手段之一。在实际营销活动中，电子邮件营销按照不同的标准有不同的分类。

一、内部邮件列表和外部邮件列表的含义及比较

开展电子邮件营销面临的问题中，发送邮件列表的技术保证是主要基础，也是电子邮件营销的技术基础。企业通过自建或者选择其他电子邮件系统，从技术上保证用户自由、便利地加入和退出邮件列表，从功能上保证实现对用户资料的管理，以及邮件发送和效果跟踪反馈。一般将具有这些功能的系统称为"邮件列表发行平台"，邮件列表发行平台是电子邮件营销的技术基础。经营邮件列表，可以自己建立邮件列表发行系统，也可以根据需要选择专业服务商提供的邮件列表发行平台，实际情况中具体采用哪种形式，取决于企业的资源和经营者的个人偏好等因素。

(一) 内部邮件列表和外部邮件列表的含义

电子邮件营销可以有很多种不同的分类方法，最常用的就是根据地址资源的所有权进行分类，分为内部邮件列表和外部邮件列表。

1. 内部邮件列表

内部邮件列表也就是通常所说的邮件列表，是利用网站的注册用户资料开展电子邮件营销的方式，常见的形式如新闻邮件、会员通讯、电子刊物等。对网络营销方面比较重视的公司一般都拥有自己的内部邮件列表。

【专栏9-2】内部邮件列表示例

《世界经理人》营销邮件

尊敬的读者朋友：

非常感谢您长期以来对本杂志的支持。

为了回报您对我们的支持，我们诚邀您成为我们上线一周年的网站——尚品人生的尊贵会员，您将享受到我们仅为尚品人生网站会员提供的所有优惠和特权，更有机会在尚品人生的社区中结识其他与您一样成功的精英人士！

您只要点击"接受"，便可自动成为尚品人生网站的尊贵会员。

作为世界经理人网的姐妹网站，尚品人生网站以"享受人生品位生活"为使命，让成功人士在取得财富成果的同时，也能享受幸福人生，达到生活与事业的平衡。非常感谢您的关注，期待您加入尚品人生网站！

祝您生活愉快！

(资料来源：何晓兵，何杨平，王雅丽. 网络营销——基础、策略与工具[M]. 北京：人民邮电出版社，2020.)

---

2. 外部邮件列表

外部邮件列表指利用专业服务商的用户电子邮件地址来开展电子邮件营销，即以电子邮件广告的形式向服务商的用户发送信息。

(二) 内部邮件列表和外部邮件列表的比较

两种列表都有自己的优势，采用内部邮件列表与采用外部邮件列表并不矛盾，两种方式可以同时进行。

1. 用户资源不同

两种列表的根本区别为是否拥有用户资源，用户资源不同，开展电子邮件营销的内容和方法也有很大差别。

(1) 内部邮件列表不仅需要自行建立或者选用第三方的邮件列表发行系统，还需要对用户资料管理、退信管理、用户反馈跟踪等进行维护管理。内部邮件列表营销对营销人员的要求比较高，而且在初期用户资料比较少的情况下，费用相对较高，随着用户数量的增加，内部邮件列表营销的边际成本在降低。

内部邮件列表营销的每一个步骤都比较复杂，并且依靠企业内部的营销人员自己进行。由于企业资源状况、企业各部门之间的配合、营销人员知识和经验等因素的影响，在执行过程中，会遇到各种各样的问题，其实施过程也比外部邮件列表营销复杂得多。但由于内部邮件列表拥有巨大的长期价值，因此建立和维护内部邮件列表成为电子邮件营销中最重要的内容。

(2) 外部邮件列表营销相当于向媒体投放广告，其过程相对简单一些。外部邮件列表营销是与专业服务商合作，会得到一些专业人士的建议，在营销活动中的操作是相对简单的。

2. 转化效果差异

这两种电子邮件营销方式属于资源的不同应用和转化方式，内部邮件列表以少量、连续的资源投入获得长期、稳定的营销资源，外部邮件列表则是用资金换取临时性的营销资源。内部邮件列表在顾客关系和顾客服务方面的功能比较显著，外部邮件列表由于比较灵活，可以根据需要选择不同类型的潜在用户，因而在短期内即可获得明显的效果。

3. 作用不同

内部邮件列表和外部邮件列表的作用如表 9-1 所示。

表9-1　内部邮件列表和外部邮件列表作用比较

主要功能和特点	内部邮件列表	外部邮件列表
主要功能	顾客关系、顾客服务、品牌形象、产品推广、在线调查、资源合作	品牌形象、产品推广、在线调查
投入费用	相对固定，取决于日常经营和维护费用，与邮件发送数量无关，用户数量越多，平均费用越低	没有日常维护费用，营销费用由邮件发送数量、定位程度等决定，发送数量越多费用越高
用户信任程度	用户主动加入，对邮件内容信任程度高	邮件为第三方发送，用户对邮件的信任程度取决于服务商的信用、企业自身的品牌、邮件内容等因素

(续表)

主要功能和特点	内部邮件列表	外部邮件列表
用户定位程度	高	取决于服务商邮件列表的质量
获得新用户的能力	用户相对固定,对获得新用户的效果不显著	可针对新领域的用户进行推广,吸引新用户力量强
用户资源规模	需要逐步积累,一般内部邮件列表用户数量比较少,无法在很短时间内向大量用户发送信息	在预算许可的情况下,可同时向大量用户发送邮件,信息传播覆盖面广
邮件列表维护和内容设计	需要专业人员操作,无法获得专业人士的建议	由服务商专业人员负责,可对邮件发送、内容设计等提供相应的建议
电子邮件营销效果分析	由于是长期活动,较难准确评价每次邮件发送的效果,需要长期跟踪分析	由服务商提供专业分析报告,可快速了解活动的效果,如送达率、打开率、回应率等

由于外部邮件列表营销相当于投放广告,其过程相对简单,并且是与专业服务商合作的,可以得到一些专业建议,在营销活动中并不会觉得十分困难。而内部邮件列表营销的每一个步骤都比较复杂,并且由企业内部的营销人员自己完成。由于企业资源状况、各部门之间的配合、营销人员的知识和经验等因素的影响,内部邮件列表营销在执行过程中会遇到大量新问题,其实施过程也比外部邮件列表营销复杂得多。但由于内部列表拥有巨大的长期价值,因此建立和维护内部列表成为邮件营销中最重要的内容。

4. 职能不同

(1) 内部邮件列表营销的主要职能在于增进顾客关系、提供顾客服务、提升企业品牌形象等。内部列表营销的任务重在邮件列表系统、邮件内容建设和用户资源积累。

(2) 外部邮件列表营销的目的以产品推广、市场调研等内容为主,工作重点在于列表的选择、邮件内容设计、营销效果跟踪分析和改进等方面。

总之,内部邮件列表在顾客关系和顾客服务方面的功能比较显著,外部列表由于比较灵活,可以根据需要选择投放不同类型的潜在用户,因而在短期内即可获得明显的效果。

二、电子邮件营销的策略

(一) 内部邮件列表营销策略

1. 邮件列表收集策略

邮件地址是电子邮件营销的基础,邮件地址的数量直接影响营销能够辐射的用户数量。企业在收集地址时,要站在用户的角度,合理设计邮件地址收集方式,收集用户许可的信息,而且要保证邮件地址的有效性,及时更新邮件列表。

(1) 赋予用户自由选择加入和退出邮寄名单的权利。让用户自由选择加入和退出邮寄名单,在方便用户的同时,更多地体现出对用户的尊重。

(2) 选择性地收集用户信息。一项活动要求用户的个人信息越多,参与的用户越少。为了在获得必要用户数量的同时,获得有价值的用户信息,企业要在方便注册和全面收集信息两方面进行权衡,尽可能减少涉及个人隐私信息的收集,以及不必要信息的收集。

(3) 及时更新邮件列表。随着通信信息的增大，消费者有时会有多个邮件地址，有些邮件地址会被消费者遗忘或抛弃，只有及时更新邮件列表，才能避免浪费不必要的资源，也能更好地实施营销行为。

2. 邮件内容设计策略

(1) 邮件标题主题突出，邮件内容言简意赅，主题突出的邮件标题是吸引用户眼球的最好办法。与此同时，还可以用言简意赅的内容代替长篇大论，开门见山地将重要信息展示出来。

(2) 邮件格式要恰当实用，对于各种文本、图片、音视频应该选择合理的格式，恰到好处地采取纯文本、超链接或附件的形式。这样才可以节约顾客的时间，打消顾客的疑虑，增加顾客的好感。

(3) 加深个性化服务，个性化服务指根据顾客的注册信息以及顾客的历史购买情况或合作情况，量身定做电子邮件的内容。个性化的邮件能够拉近企业和用户的距离。

3. 客户关系维持策略

(1) 明确的邮件发送计划。邮件发送频率不宜过高，也不能总在高峰期发送邮件。除了合理的发送频率之外，由于在工作时间和闲暇时间用户接收和阅读邮件的习惯有所不同，还需要选择理想的邮件发送时间。同时，还要有固定的邮件发送周期。应该有明确的邮件发送计划，不能只在需要向用户发送信息时才想起来给用户发送邮件。

(2) 合理设计退出列表的方法。退出列表的方法不可忽视，这不仅是为用户提供方便的途径，更重要的是表示对邮件接收者的尊重，从而提高用户的满意度。因此，应该在每一封邮件内容中合理设计退出列表的方法，使用某些条件限制用户退出营销关系是不可取的。

(二) 外部邮件列表营销策略

1. 专业电子邮件营销服务商选择策略

专业的电子邮件营销服务商拥有大量的用户资源，具备专业的发送和跟踪技术，同时具有较高的可信度和丰富的操作经验，可以根据要求定位用户群体。由于外部邮件列表营销资源大部分掌握在网站或者专业电子邮件营销服务商的手中，要利用外部邮件列表资源开展电子邮件营销，首先要选择合适的服务商。在选择专业电子邮件营销服务商时，除了比较价格水平，还应该对服务商的资信和专业水准认真考察，以确保自己的投入可以换取满意的回报。选择专业的电子营销服务商，需要在下列几个方面进行重点考察：专业电子邮件营销服务商的可信任程度、用户数量和质量、用户定位程度、服务的专业性、合理的费用和收费模式等。

2. 邮件内容设计策略

(1) 基本要素。外部邮件列表营销的内容必须具备电子邮件的基本要素，即发件人、邮件主题、邮件正文、附加信息。其中，邮件主题和正文内容是核心，但发件人和附加信息对用户信任邮件的内容起到重要的辅助作用。

(2) 邮件标题与内容。邮件标题的主题要突出，邮件内容要言简意赅，邮件格式要恰当、实用，并且根据不同的用户设计个性化服务的内容。

(3) 设计特色。由于外部邮件列表营销的内容设计更偏向对当期营销活动进行设计，因此，应当在当期营销目的的指导下，结合当期营销活动的特色，设计恰当的内容，或者委托专业服务商制作。

第三节 开展电子邮件营销的过程和技巧

一、电子邮件营销的三大基础条件

开展电子邮件营销需要一定的基础条件，尤其内部邮件列表营销，它是网络营销的一项长期任务，更有必要对内部列表的基础及形式等相关问题进行深入分析。开展电子邮件营销需要解决三个基本问题：向哪些用户发送电子邮件、发送什么内容的电子邮件，以及如何发送这些邮件。

(一) 电子邮件地址资源

根据许可方式，电子邮件地址资源有两种基础形式：一是内部邮件列表；二是外部邮件列表。简单地讲，内部邮件列表是指企业在营销过程中，基于用户许可而自行收集的用户电子邮件地址资源。而外部邮件列表是指借助第三方所拥有的用户电子邮件地址资源。此时专业服务商是用户电子邮件地址资源的拥有者，而企业仅仅是广告主。

(二) 电子邮件系统

电子邮件系统是开展电子邮件营销的技术基础，能基本实现用户加入、退出、发送邮件、接收邮件、后台邮件管理等基本功能。对于绝大多数的网络营销人员而言，并不需要了解电子邮件系统的技术知识，但是从用户角度了解邮件订阅、接收、退订等流程，对于开展电子邮件营销是一项基本工作。如今，使用电子邮件进行沟通是一项基本网络应用，很多人都有发送、接收、阅读电子邮件的日常经验。在开展电子邮件营销之前，企业网络营销人员可以尝试理解自身的电子邮件使用行为，这对于开展电子邮件营销是一项非常重要且有意义的事情。

(三) 电子邮件内容

内容是开展包括电子邮件营销在内的几乎所有网络营销工作的基础，关乎网络营销的成败。不论利用电子邮件开展网络营销的目的是什么，从用户的角度来看，都是信息的传递行为。因此，对用户有价值、有吸引力的邮件内容才是根本。电子邮件内容不仅涉及内容本身，还包括内容形式。简而言之，内容本身关乎邮件的价值，内容的形式关乎邮件的吸引力。

二、避免邮件被当成垃圾邮件

在开展电子邮件营销之前，我们要解决的问题是怎样避免邮件被当成垃圾邮件。

电子邮件送达率是衡量电子邮件营销效果的重要指标之一。随着垃圾邮件越来越泛滥，世界上所有的 ISP 和服务器提供商都采取了越来越严厉的过滤垃圾邮件措施，同时也给正常邮件，以及合理合法、用户欢迎的电子邮件营销带来不便。对于这种情况，电子邮件营销人员能做的是尽量减少自己的邮件被当作垃圾邮件的概率。

(一) 检查服务器 IP 地址是否在黑名单中

有一些创建和维护链接邮件黑名单的组织，专门接受用户的垃圾邮件投诉，如经确认确实是垃圾邮件，黑名单运行者将把发送垃圾邮件的服务器和用户 IP 地址放入黑名单。

选择邮件服务器时，应该检查服务器提供商的 IP 地址是否被列在主要的垃圾黑名单中。国际上主要的垃圾黑名单包括：spamhaus.org；spamcop.net；dsbl.org；spamblock. outblaze.com 等。用户可以在网上实时查询自己服务器的 IP 地址是否被列入黑名单。当然在使用过程中也不能排除某些用户发送垃圾邮件影响到其他用户。如果发现邮件送达率、阅读率有异常降低，应该随时监控 IP 地址的情况。

(二) 少用敏感词汇

在邮件标题及正文中都尽量少使用敏感的、典型垃圾邮件常使用的词汇，如免费、促销、发票、礼物、避税、研修班、折扣、财务等。不是说这些词本身有什么问题，也不是完全不能用，而是尽量少用，以免触发垃圾过滤算法。少使用惊叹号，减少使用夸张的颜色，尤其是加粗的红色字体。这都是垃圾邮件常用的吸引眼球的典型方法。

(三) html 邮件代码简洁

html 邮件代码应该简洁，减少使用图片。虽然 html 邮件允许使用图片美化邮件，但是图片与文字相比应该保持在最低比例。图片越多，被打的垃圾分数可能越高。

(四) 给用户最简单方便的退订方法

在发给用户的所有邮件中都应该包含退订链接，用户点击这个链接，程序就会自动将其电子邮件地址从数据库中删除。这个退订方法越简单越好，如果搞得很复杂，用户可能宁可去按更简单的"报告垃圾"按钮，造成的损失更大。

(五) 及时处理投诉

如果收到用户或 ISP 的投诉，必须尽快处理。如果是用户忘记自己曾经订阅你的电子杂志，错误投诉，应该把完整证据，包括用户的姓名、电子邮件地址、订阅时的 IP 地址、精确订阅时间等，提供给 ISP 和垃圾黑名单运营组织。在绝大多数情况下，只要提供确实证据，ISP 和垃圾黑名单组织都会理解。

(六) 及时处理退信

由于种种原因，发送出去的电子邮件不一定能送达到对方的服务器，而是被退回。应该及时对退回的邮件地址进行鉴别和处理。大量收到退信的用户，很多 ISP 也会格外注意，甚至将其列入黑名单。后面还有关于退信处理的更详细内容。

大型网站，或拥有数量庞大的用户数据库的网站，很可能需要与主要 ISP 就邮件问题保持联系。一些大型电子商务网站和社会化网站可能有几十万、几百万，甚至上千万用户，邮件发送量巨大，很难保证所有用户都记得曾经注册过相应服务或邮件列表，被投诉为垃圾邮件的情况一定时有发生。与主要 ISP 保持沟通就变得非常重要，不然 IP 地址被列入黑名单，通过正常渠道可能要花费很长时间才能解决。

(七) 及时处理确认邮件

发送营销邮件的邮件地址需要有专人查看，发现需要确认邮箱地址时，只能人工点击确认链接，或回复确认邮件。

(八) 考虑使用专业电子邮件营销服务

专业的电子邮件营销提供商具备更多经验，能详细记录邮件送达率，密切监测自己的IP地址是否被列入黑名单，并且与主要的 ISP 有密切联系。

三、吸引读者打开邮件

邮件顺利通过垃圾过滤器进入读者收件箱，也不意味着邮件会被打开阅读。

邮件营销是网站推广中最"古老"的一种方法，几乎每个企业都要用到。但是你的企业使用邮件营销的成功概率有多高？你的客户是在 1 秒钟内就打开你的邮件，还是 1 秒钟内删除你的邮件？这取决于哪些方面？下面的内容将告诉你答案。

现在所有使用电子邮件的人都面临着同样的处境：每天打开邮箱，收到几十、几百封邮件，其中 95%是垃圾邮件。大部分人打开邮件之前要做的是浏览一下发信人及标题，凡是看着像垃圾的，直接就删除了。

现在吸引读者打开邮件越来越成为邮件营销人员的挑战。专业调查公司做过一项调查，列出了读者打开和阅读邮件的主要因素，如表 9-2 所示。

表9-2 影响邮件打开的因素

影响邮件打开的因素	所占的比例
认识并信任发件人	55.9%
以前打开过发件人的电子邮件，并觉得有价值	51.2%
邮件标题	41.4%
经常阅读的邮件	32.2%
邮件预览吸引了读者	21.8%
打折信息	20.0%
免费促销	17.5%

从这组数字我们可以看到，最能够促使读者打开邮件的不是促销打折，而是是否知道发件人是谁？是否信任发件人？

由此可见，要吸引订阅者打开你的邮件，首先要让他知道这封邮件是谁发的，而且要想方设法让订阅者记住你是谁。在打开邮件之前，用户通常只能看到两个信息：发信人及邮件标题。电子邮件营销人员也只有这两个地方可以用心思，促使订阅者打开邮件。正规的电子邮件营销人员应该在发信人名称和标题上注意以下几点。

(一) 发信人名称

发信人应使用正式名称，并且保持一贯性，不要轻易改动。如你的电子杂志叫"网络营销月刊"，发信人名称就使用"网络营销月刊"，用户注册网络营销月刊时就应该已经注意到这个名称，再加上收到确认邮件以及每个月定期的网络营销月刊，订阅者自然会记住这个名字，并且产生信任感。

(二) 邮件标题

1. 邮件标题的用语

邮件标题要准确描述本期邮件的主要内容，避免使用高调的广告用语，用词尽量平实。

一家专业邮件营销服务商通过对4000万封电子邮件的打开率进行跟踪调查得出结论：好的标题能使邮件阅读率达到60%～87%；而不好的标题，邮件阅读率只有1%～14%。来看下面这个例子，如表9-3所示。

表9-3　标题与打开率举例

标题	打开率
实打实的网络营销技巧，你想学吗？	40.8%
网络营销班，让您的企业业绩飘升！	6.2%

为什么第一个标题的打开率高？分析可以发现第一条标题有以下优点：选择使人信任的标题；不用感叹号或问号；慎用"优惠""免费"等字眼。

(1) 打开率高的邮件标题。

【公司名称】行业新闻

【公司名称】最新消息(11月—12月)

【公司名称】2020年12月新闻公告

【公司名称】电子杂志2020年12月

【公司名称】邀请您参加××活动

网站新闻第三期

(2) 打开率很低的邮件标题。

限时促销

情人节大促销

节省

假日优惠券

礼券大放送

我们可以看到，那些直白平实得有点无聊的标题，反倒打开率比较高，当然这也要配合订阅者对公司名称或电子杂志名称的认识度。而促销优惠之类的东西，大家都已经厌倦，不再关心了。

2. 邮件标题个性化

在邮件标题中出现订阅者的名字通常能吸引读者注意，大大提高用户友好度。比如这样的邮件标题：

李小姐，网络营销月刊祝您元旦快乐！

电子邮件营销系统设计得当的话，可以将订阅者名字动态插入标题和正文中，实现个性化。用户看到这样的邮件标题，能充分感受到电子杂志运营者对订阅者的关注和尊重。大部分订阅者其实并不知道这是通过程序自动实现的。

在可能的情况下，邮件标题最好也能强调邮件内容给用户带来哪些好处，标题的内容必须关注于用户，以及能给用户带来什么好处。但注意不适宜太高调，而要尽量平实化一些。

综合上面几点，比较好的发信人及标题组合是这样：

发信人：网络营销网

主题：李小姐，网络营销月刊，2020年第12期

或主题：李小姐，您知道怎样让网站流量稳步提升吗？

对于一个正在关注网络营销的人来说，这样的邮件打开率不会低，而且在可预见的一段时间里不会退订。

3. 邮件主题设计

当用户收到邮件时，第一眼看到的是邮件主题，所以一封有效的邮件，必定有一个吸引人又有效的主题。电子邮件主题设计的基本原则是尽可能让邮件主题发挥其应有的营销作用。如果要想吸引读者打开你的邮件，需要注意以下两点。

(1) 发件人可信任。发信人使用正式名称，并且保持一贯性，不要轻易改动。

(2) 邮件主题吸引人。准确描述本期邮件的主要内容，避免使用高调的广告用语，用词尽量平实。

对于第一次向用户发送邮件信息的企业，并且是委托专业邮件营销服务商发送的电子邮件，企业品牌推广的任务明显要更重一些。如果用户不知道这封邮件是什么公司发来的，也不知道是出于什么目的而发送的，显然会降低阅读的兴趣，这时就需要合理利用邮件主题的营销功能来降低这种劣势。

四、邮件正文规划

(一) 普通邮件正文

1. 普通邮件正文的写作方式

普通邮件正文的编写方式主要包括以下几个方面：

(1) 称呼具体得当，表明邮件是发送给读者的；

(2) 在开篇阐述与阅读者的相关性，激发阅读者的兴趣；

(3) 目的明确，将研讨会信息准确传达，有利益点；

(4) 行动点清晰，有行动链接和行动期限。

具体的写作方式如表9-4所示。

表9-4 普通邮件撰写四个组成部分

内容	具体方法
1. 开场	• 简洁有力 • 调动兴趣
2. 表达意图	• 引发继续阅读的欲望 • 表明对读者的好处
3. 预防异议	• 针对抵抗的原因 • 增加价值
4. 激发行动	• 明确如何行动 • 失去与得到的后果

2. 普通邮件撰写注意事项

(1) 根据节日、网站优惠活动、调查、用户需要、细分人群等来进行撰写,内容不要太庞杂。如果涉及详细介绍,可以简单地进行说明后,给出一个关于详细内容的链接。

(2) 针对个人用户,邮件内容一般不要涉及产品,如果要插入广告,一定要力求简短、语言优美,并且重点突出。

(3) 使用附件时需要告诉收件人附件的数量、名称和内容。

(4) 主题内容占总内容的比例:主题内容最好不要超过五句话,尽量简短清晰地表达。

(5) 可适当添加字样链接到公司网站,如可点击的 URL、电子邮件地址等。

3. 普通邮件格式注意事项

(1) 将公司 logo 固定在同一位置。

(2) 善用电子邮件预览框架。

(3) 用统一字体。

(4) 运用不同颜色来强调重点。

(5) 简洁明了、突出重点。

(6) 使用图片作为补充。

(7) 行文排版巧用空行。

(8) 切勿在图片中嵌入正文。

(9) 简约而不简单。

(10) 信息有针对性。

【专栏9-3】新年喜庆时刻:打动用户的电子邮件营销技巧

传统的新年节日里,我们会喜气洋洋地互相问候新年好,贴春联、放爆竹守岁,小孩子和长辈更是会收获压岁钱和晚辈礼物带来的喜悦,走亲访友也免不了在选择一件称心如意的礼物上花费一番心思。中国传统的新年节日,是消费需求集中爆发的时刻,也是我们对客户营销和与品牌建立感情的好机会。Webpower 作为多渠道智能化会员营销服务商,具有 17 年邮件营销经验,在邮件营销领域的创造与革新获得了无数企业及市场营销者的认可和称赞。以下为 Webpower 分享的一些在新年特殊的节日里,真正可能打动用户的电子邮件内容技巧。

1. 给予礼物购买指南。基于用户的兴趣和特殊需求的礼物建议可以更好地打动客户,让客户马上行动起来。礼物指南是一个伟大的解决方案,可以根据客户的性别、年龄、家庭状况或其他信息等,个性化推荐给客户。企业以往基于客户基本属性数据和历史行为数据的搜集、分析和管理,在此可以发挥强大的作用。

2. 告诉客户省钱的方法。61%的顾客离开虚拟购物车,是因为最终成本太高,如送货、税、手续费等。企业可以考虑提供便宜或免费邮递来增加销售。如果你不能把这些优惠提供给每个人,那么就提供给你的 VIP 用户。

3. 与 SMS 联合营销。新年假日里,用户将更加频繁地用手机互动,短信的一对一私密沟通是节日营销的绝佳方式,SMS 再营销对重新与消费者建立联系也更有效。调查发现 SMS 在收到后 3 分钟内被查看的占 90%;15.5%的消费者阅读 SMS 后会再次查看购物车商品;28.7%的 SMS 链接点击能促成转化。Webpower 的短信与邮件联合营销策略,将您的信息及时准确地传递给您的目标客户,最大化提升客户体验。

4. 提供关于新年的实用建议。发送食谱、礼品包装建议、节日主题派对着装创意等任何可以与你的业务联系起来的实用建议，可以激发客户的消费意愿。许多客户因为繁忙的日程或者对节日购物缺乏经验和想法，降低了节假日购物的欲望。企业可以基于对客户的搜索记录、爱好、消费习惯等综合分析，个性化地向用户推送一些用户可能需要的节假日商品的购买列表提醒，帮助客户更简单高效地完成节日购物。

5. 购物机会提醒。当节日购物接近尾声时，提供给那些还未完成购买的用户一个友好提醒，让他们可以在短时间内容易购买到商品。另外，创建另一个电子邮件活动，对于那些没有打开你的节日邮件的用户，提供特别优惠价、免运费等激励邮件提醒。

6. 感谢的话。电子邮件营销不仅是销售，别忘了说一个真诚的谢谢和发送问候给客户、员工和业务合作伙伴。告诉客户，你重视他们的信任，愿意为他们提供一个特殊的折扣和浏览选购新品的优先权利。人类情感和感恩可以增添客户对你的业务的好感度，提高客户忠诚度，加强他们与公司或组织的情感关系。

7. 独特的新年活动。为什么不使用一个独特的、令人信服的方式展示你的特别优惠呢？你可以组织一个测验或竞赛，包括与新年相关的一个脑筋急转弯或谜语等邮件活动，使你的用户主动去点击显示它！你甚至可以组织一个节日活动来满足企业与用户面对面沟通的需要。类似的事件可以提供一个有吸引力的方式来吸引用户，也能帮助你找到关于目标受众的有价值的数据信息。

8. A/B 测试工具。在新年之前，你的客户的收件箱比商店还要拥挤，发送一个传统的折扣信息已经不太可能给你的客户带来兴奋。哪封邮件更胜一筹，哪个活动、哪种沟通方式更有效，谁说了算？使用 A/B 测试工具可以更好地帮助你找到结果。Webpower 的自动化"A/B Test"，可设置多达 4 个邮件版本，在固定时间内，推送至不同组，并根据每个版本的实际反馈找出其中效果最佳的一封，进行最终发送。该测试工具可测试的对象更为丰富，包括标题形式、邮件来源、邮件设计、按钮、邮件长度等，帮助你验证你的每一个想法是否真正奏效，预知营销效果。

(资料来源：佚名. 新年喜庆时刻：打动用户的电子邮件营销[EB/OL]. [2016-12-33]. http://www.meihua.info/a/68476.)

(二) html 模板邮件

现在的邮件通常是 html 格式。从原理上来说，整个 html 邮件可以设计得和网页一样，但在实际中却不是如此。

1. 格式设计要求

格式设计要求色彩搭配协调、创意独特、视觉冲击力强，简洁美观，能够吸引大多数邮件阅读者前往购买页面，参加体验活动。

(1) 邮件的宽度：邮件的标准宽度为 575 像素，最宽不宜超过 778 像素，否则必须修改。

(2) 邮件的高度：邮件的高度没有具体要求，应以邮件内容多少而定，建议最长不要超过 1200 像素，即 2.5 屏，否则必须修改。

(3) 邮件的大小：正文的 html 文件(不包含图片或者 Flash)大小控制在 10k 以内；内含图片的大小应控制在 30k～120k 以内；内含 Flash 或流媒体格式文件的邮件，包括 Flash 或流媒体格式文件在内，大小应控制在 50k～250k 以内，否则必须修改(特殊情况除外)。

2．设计建议

(1) 对于页面中的图片，建议将超过 15k 的图片分割成小图片，以保证下载图片过程的顺畅。

(2) 图片个数不宜过多，建议在 20 个以内，Gif 动画文件个数控制在 3 个以内。

(3) 建议尽量少使用背景图片，复杂的背景图片不利于文字内容的浏览。

(4) 能够使用系统文字时，应尽量避免使用图片文字以减少文件大小。

(5) 网页上使用中文系统文字的最小字号应保证在 12 像素，并且使用系统默认的宋体或黑体，避免使用其他的中文字体。

(6) 使用音效时，音量应从小逐渐放大到正常音量；同时应设置简单、方便的打开/关闭按钮。

(7) 邮件的设计重点在上半部，以吸引阅读者的注意力。

(8) 带有故事情节的 Flash 设计应以下载屏幕开始，以吸引阅读者等待下载。

(9) 背景图片应加高度、宽度限制，以避免部分客户端的图片显示出现异常。

(10) 邮件当中的所有点击应使用弹出新窗口。

(11) 不要将邮件内容做成一张大图片。

(12) 检查邮件 html 是否合乎规范。

(13) 是否能在图片未显示状态下准确表述邮件信息。

五、发送过程的控制和管理

(一) 发送形式

(1) 普通邮件形式。

(2) 页面的形式，如制作 html 模板。

(3) 附件的形式。

(二) 发送时间频率

1．定期发送

成熟的电子邮件营销计划必须确定好邮件发送频率，并严格执行。千万不要突然连续发几封电子邮件，然后隔几个月又没消息了。

如果是电子杂志月刊或周刊，发送周期就已经确定了，为每月一次或每周一次。就算不是定期的电子杂志形式，其他邮件列表也应该有一个适度的发送周期，通常以一个月一到两次比较合适。这样订户既不会因为长时间没有收到邮件而忘了自己曾经订阅过这个邮件列表，忘了网站，甚至再次收到邮件时以为是垃圾邮件，也不会因为短时间内收到太多邮件而觉得厌烦，造成退订或报告垃圾邮件。

建立固定的收到邮件的心理预期，对留住订户、建立信任度是非常重要的。

2．不定期发送

根据企业营销需要，在不同时间段，结合不同类型邮箱的发送成功率、客户打开和点击率等各种因素，实现客户眼球功效的最大化。

　　针对邮件发送频率的问题，某公司的做法可以给我们一些启示。首先，他们提前告知公司的邮件订阅者，在未来的五周内，发送邮件的频率会有所增加，但仅仅会增加五周时间，以后就会恢复正常。这样，邮件的订阅者们对之后的邮件发送频率有了心理准备，之后五周时间发送邮件的频率虽然多了一倍，但效果却出乎预料地好。这说明一个问题，邮件的发送频率到底是多少，取决于邮件接收者的心理预期，在他们的心理预期以内，都是合理的，否则就可能会引起用户的反感。至此，该公司得出结论，告诉邮件接收者何时会发送邮件、多久会发送一次、频率的变化期限等，增加邮件营销透明度，会降低邮件开发的难度。

　　由此可见，企业进行营销的形式和频率，一定要结合企业具体情况，观察企业客户特点，持续积累营销数据，总结符合企业自身的营销规律。

第四节　电子邮件营销的绩效考评

　　构建评价指标体系是任何营销活动效果评估的第一步，也是最重要的一步。对电子邮件营销数据进行评价主要有以下一些指标。

一、电子邮件营销数据的有效监测和管理

(一) 发送效果的评估指标

1. 邮件送达率

　　邮件送达率是电子邮件营销最重要的评估指标，直接影响电子邮件营销的效果。由于垃圾邮件对网络营销环境的破坏，邮件服务商开始屏蔽邮件的影响，即使是经过用户许可的邮件列表，也同样面临送达率降低引起的整体效果下降问题。邮件的成功送达率低已经成为邮件营销的最大障碍。邮件送达率的计算公式为：

$$邮件送达率=(邮件送达总数÷邮件发送总数)×100\%$$

　　邮件送达率不等于邮件开信率，它们之间的关系为：邮件送达率>邮件开信率。

　　邮件送达总数由邮件自动回复系统提供，邮件发送总数由邮件群发系统提供。自动回复是指当信箱收到一封来信时，系统会按照预先的设置内容自动回复，无须自己干预。几乎所有的邮件服务器软件都内置这个功能，一般只需要简单设置就可以使用。

　　如在 OUTLOOK 中，新建邮件可以选择"请求送达回执"，邮件送达后会有提示，如图 9-1 所示。

图 9-1　OUTLOOK 的"请求送达回执"选项

2. 邮件退信率

由于各种原因，邮件退信率不断增高，据统计，目前邮件列表退信率已经超过 35%，而且还有上升趋势，邮件退信率计算公式为：

邮件退信率=(邮件退信总数÷邮件发送总数)×100%

邮件退信率与邮件送达率的关系为：邮件退信率<邮件送达率。

(二) 邮件点击效果的评估指标

1. 邮件开信率

很多用户将邮件广告等同于垃圾邮件，泛滥成灾的垃圾邮件不仅让用户感到气愤，而且也严重伤害了电子邮件营销的声誉。要提高邮件开信率就必须避开"垃圾邮件"之嫌。由此可见，邮件的主题词是否有吸引力、邮件是否有针对性等都直接影响电子邮件的开信率。邮件开信率计算公式为：

邮件开信率=(邮件阅读总数÷邮件送达总数)×100%

邮件阅读总数由邮件服务系统中嵌入的点击统计系统提供。只要用户点击该邮件，系统就会自动记录点击行为并进行统计分析。

这是针对发件者的了解和信任的一项评估标准，将公司名称或品牌名放在邮件的标题中有助于获得收件人的信任，另外，合适的发送频率也有所帮助。

2. 引导点进率

引导点进率指在电子邮件中嵌入公司营销站点或营销页面地址链接，因阅读电子邮件而引导点击进入公司营销站点或营销页面的比例。这是有效评估电子邮件对公司营销站点或营销页面访问量增加贡献率的重要指标，其计算公式为：

引导点进率=(邮件链接点进次数÷邮件打开总数)×100%

引导点进次数由网站流量统计系统提供。同时，引导点进率的高低直接受邮件送达率和邮件开信率的影响。其数量关系为：邮件送达率 > 邮件开信率 > 引导点进率。

3. 附件(广告)点进率

当营销者在电子邮件中附有广告按钮或附件时，对广告按钮或附件的点击可说明用户对该电子邮件的关注程度。附件(广告)点进率类似于引导点进率，二者的区别在于：附件(广告)点进率统计的是电子邮件阅读者对电子邮件广告或附件的关注程度，主要针对电子邮件广告本身的质量而言，是对邮件设计质量的评估。而引导点进率统计的是用户对公司营销站点或营销页面的关注程度。影响附件(广告)点进率的主要因素有客户定位、附件设计、广告设计等。其计算公式为：

附件(广告)点进率=(附件或广告点击总数÷邮件打开总数)×100%

4. 反馈率

电子邮件用户收到邮件后的反馈程度。电子邮件本身具有定向性，其使用的便捷性也会导致更高的反馈率。邮件反馈率的高低是衡量电子邮件营销引起用户关注程度的一项重要指标，影响反馈率高低的因素包括客户定位、产品(服务)是否有吸引力、反馈方式的便捷程度等。反馈率的计算公式为：

反馈率=(邮件反馈总数÷邮件打开总数)×100%

5. 转信率

转信率主要用于对病毒性 E-mail 营销效果的评价。转信率是指电子邮件受众在接到电子邮件后，实施了多少人次的转信行为。影响转信率的因素包括客户定位、产品(服务)是否有吸引力、电子邮件质量的好坏、转信方式的便捷性等。转信率的计算公式为：

$$转信率=(转信人次总数÷邮件开信总数)×100\%$$

(三) 电子邮件营销经济效果评估指标

1. 转化率

转化率的概念很广，包括网络一般受众转化为潜在用户，潜在用户转化为正式用户等。由于在电子邮件营销过程中，企业一般采用针对性邮件发送方式，即通过较为准确的客户定位方式向目标用户发送邮件，把电子邮件的接收者视同潜在客户。因此，我们应更多地研究潜在用户向企业正式用户的转化，即通过电子邮件的促进，使潜在用户转化为正式用户。客户定位的准确性、产品(服务)是否有吸引力、营销服务质量的高低等都是影响转化率的主要因素。转化率的计算公式为：

$$转化率=(因邮件营销增加的用户总数÷邮件打开总数)×100\%$$

2.直接收益

直接收益往往是企业最愿意接受的电子邮件营销评估指标，包括营业收入、利润等，企业做网络营销的最终目的就是盈利、取得直接收益。但是，单方面地用直接收益多少来评估电子邮件营销效果，既缺乏全面性，又会对企业营销工作产生误导。

影响直接收益的因素很多，客户定位、产品(服务)是否有吸引力、价格竞争优势、交易的便捷程度、企业商务运作能力等，都将直接或间接地影响网络营销企业直接收益的高低。同时，电子邮件营销的收益周期与企业的收益计算周期不完全一致。因此，直接收益只能作为企业电子邮件营销评估的一个重要指标，但不能作为电子邮件营销效果评估的唯一依据。

以上是可以量化的电子邮件营销评估指标，多数企业希望将电子邮件营销进行量化评估。但是，电子邮件营销的效果是广泛的，除了能产生直接反应外，我们利用邮件营销还可以有其他方面的作用，如客户关系维持、企业形象树立、品牌推广等。因此，我们需要建立另一种电子邮件营销效果的评估指标——主观判断指标，用于评估电子邮件营销对客户产生的影响和企业无形资产的增值等。

二、监测电子邮件营销的效果

应如何测量电子邮件营销的营销效果？不仅仅只是电子邮件营销，其他所有的营销方式都应该有测量其营销效果的方法，这样我们才能去除一些无效的、赔本的营销活动，使盈利最大化。但是电子邮件营销的测量方法和其他的营销方式又不太一样，需要一些技巧才能完成。

(一) 邮件送达率

邮件送达总数是邮件的发送总数减去退还邮件的数目，再用邮件送达总数除以发送邮件的数量就是邮件送达率。邮件送达率反映了我们发送到达目的用户的电子邮件的比例。但是发送的邮件是否进入用户的垃圾箱，用户是否阅读了我们发送的这封邮件就不得而知了。

(二) 邮件阅读率

邮件阅读率指打开了这封邮件的用户数量和我们发送成功的电子邮件数量的比率。但是,我们如何才能知道用户是否打开了这封邮件呢?我们可以在邮件里面切入一张小图片,只要我们监控了这张小图片的访问数量,就可以得出邮件阅读率了。当然,这里面可能存在一名用户多次打开电子邮件的情况,由于这种情况较少,可以忽略。

(三) 邮件点击率

知道了邮件的送达率、阅读率,还是不够的,更重要的是邮件里链接的点击率,或者说邮件里特有链接网址的访问率。

我们每发一封邮件,都会或多或少地在邮件里面添加我们的网址链接,只有这样才能引导用户通过链接到我们的网站上来。

有了上面的邮件送达率、阅读率、点击率,我们就可以知道用户比较喜欢阅读什么样的邮件,喜欢点击哪个位置的链接,是上部、中部还是底部,喜欢什么样的内容,哪些内容的链接更容易引导用户,哪些措施是更有效的推广方式等统计内容。如果这些都知道了,邮件推广应该不再是难事。

本 章 小 结

电子邮件营销是企业在线上推广的有效手段之一,电子邮件营销指的是许可式电子邮件营销。所谓许可式电子邮件营销,是指用户主动要求你发邮件及相关信息给他,凡是用户没有主动要求接收邮件的,都不是许可式电子邮件营销。与许可式电子邮件营销具有本质区别的就是垃圾邮件。由于很多互联网用户无法正确区分许可式电子邮件营销和垃圾邮件,因此垃圾邮件泛滥已经成为破坏电子邮件营销的首要因素。

电子邮件营销可以有很多种不同的分类方法,最常用的就是根据地址资源的所有权进行分类,分为内部邮件列表和外部邮件列表。

电子邮件营销想要取得成功,首先需要避免被当作垃圾邮件。同时,为了吸引用户打开邮件和阅读邮件,我们需要采取相应的措施和技巧,提高电子邮件的送达率和打开率。最后,和其他的营销方法一样,我们需要对电子邮件的营销效果进行评估,以保证企业的营销效果最大化。

练习题

一、选择题

1. 用户对电子邮件沟通的期望越来越高,他们希望获得更多的价值,因此第一条原则便是( )。

    A. 找出新点子,提供比竞争对手更多的价值

B. 推销并劝说顾客购买产品

C. 参考竞争对手发送的公司产品介绍

D. 公司最新资讯信息

2. html 格式的邮件可以包含(　　)，而纯文本只能包含文字。

A. 色彩，图片　　　　　　　　　　B. 色彩，图片，网址

C. 图片，表格　　　　　　　　　　D. 色彩，图片，表格

3. 邮件到达率是分析我们发送的邮件究竟有多少真正到达了用户的信箱，计算方法是(　　)。

A. 邮件到达率=(总发送量-收到退件提示的邮件量)/总发送量

B. 邮件到达率=(总发送量-已阅读的邮件量)/总发送量

C. 邮件到达率=(总阅读量-收到退件提示的邮件量)/总发送量

D. 邮件到达率=(总阅读量-已阅读的邮件量)/总发送量

4. 电子邮件营销的优势不包括(　　)。

A. 一对一优势　　　　　　　　　　B. 一对多优势

C. 价格优势　　　　　　　　　　　D. 精简、方便

5. E-mail 营销有三个基本因素：(　　)，三个因素缺少一个，都不能称之为有效的邮件营销。

A. 邮件的附件　　　　　　　　　　B. 用户许可

C. 电子邮件传递信息　　　　　　　D. 信息对用户有价值

6. 在定量时间内，同样内容的邮件发送太频繁会遭到进入垃圾邮件箱或者拒收处理，所以在确定标题的时候，标题应该(　　)。

A. 尽量避免过滤词　　　　　　　　B. 在标题中插入多个变量

C. 设置多个标题，轮流发送　　　　D. 修改标题的式样

7. 在 html 邮件制作中，最好应用到以下(　　)方面。

A. 将公司logo固定在同一位置

B. 善用E-mail预览框架

C. 使用统一字体

D. 运用不同颜色来强调重点

E. 选择图片时，要挑选那些简单、易于理解，并且与正文内容有直接关联的图片

8. 邮件数据统计为邮件活动策划提供数据支持，使邮件营销更加专业科学。需要统计的数据包括(　　)。

A. 邮件到达率　　　B. 邮件阅读率　　　C. 链接点击率　　　D. 转化率

9. 邮件营销是网络营销技巧中经常用到的一个很强大的法宝，邮件营销的技巧包括(　　)。

A. 对邮件地址的选择，要根据自己公司的产品来定位E-mail用户群，以便宣传率达到最高

B. E-mail的内容要简洁明了，让目标客户一看就知道是做什么的，字数不要太长，一般在200字以内

C. 邮件营销技巧要有"吹牛"的精神，内容中应尽量夸大产品

D. 要确保邮件的内容准确，确保无误，哪怕是抄袭别人的，只要精准就行

E. 发送电子邮件一定要注意不要将附件作为邮件内容的一部分，而应该使用链接的形式来使用户看到想看的网页内容

二、判断题

1. 做邮件营销时，如果发出的邮件短时间内没有效果就不用继续了，否则会浪费人力物力。 （ ）

2. E-mail 的内容要简洁明了，让目标客户一看就知道是做什么的，字数不要太长，一般在 2000 字以内就好。 （ ）

3. 邮件营销技巧要有"吹牛"的精神，内容要尽量夸大产品。 （ ）

4. 做邮件营销时，群发的邮件内最好都携带附件，这样有利于客户看到自己想要的内容。 （ ）

5. 邮件列表是一对多的邮件营销形式。 （ ）

三、填空题

1. 邮件营销是在用户事先_____的前提下，通过电子邮件的方式向目标用户传递有价值信息的一种网络营销手段。

2. 邮件营销的核心是_____、_____、发送时间和频率。

四、简答题

1. 什么是许可式电子邮件营销？

2. 如何吸引用户打开并阅读邮件？

五、案例分析题

优衣库的电子邮件营销

知名快时尚休闲服饰品牌优衣库向来以"简单、舒适"著称，在潮人街拍 LOOK 里，优衣库似乎始终是永不褪色的基础单品。但优衣库显然不甘心只做这样的角色，接连不断、美不胜收的联名款相继推出，让优衣库触及动漫、音乐、电影、设计等诸多领域，向时尚进阶。

2015 年优衣库的全新品牌"服适人生(lifewear)"在平面、数字以及店内的全新广告活动下迅速升温，优衣库越来越会讲故事了。在邮件营销策略上，优衣库也不是平淡无奇的基本款，优衣库电子快报里的"服适人生"完美诠释了优衣库风格。

覆盖全年龄层，与主站相得益彰的设计

优衣库的电子快报更像一个精选后的小站，包含了 WOMEN/MAN/KIDS/BABY 全年龄层消费群体在内的导航栏，邮件正文推荐的产品也基本囊括所有人。总而言之，每一封优衣库电子快报基本会将各类群体全部照顾到，并与优衣库官网相得益彰。优衣库除了每周发布最新、最热的产品信息，还不忘在邮件中扮演在线客服的角色，消费者的相关问题均可在邮件中直接找到反馈，将服务精神极致发挥。

规整的邮件产品线，趣味的营销活动

由"新作登场""限时特优"构成主要产品线，在看似有限的框架里开展营销无疑是营销的安全策略，这可能不会太出挑，但也是维护用户好感度的智慧之举。大公司的邮件营销

策略要与品牌整体策略保持高度一致，凸显"优衣库 style"的同时，又要避免陷入乏味，那就不妨在邮件中加入一些趣味营销活动吧(见图 9-2)。

图 9-2　优衣库宣传页面 1

这封推介充满个性的 UT 系列新作登场的邮件，号召大家缤纷换季装扮。该邮件集中展示优衣库最新的 UT 设计师系列，如由设计师铃木 MASARU 创立的纺织品牌 OTTAIPNU，以在 moomin 中登场的热爱秘密、事件的 little my 为焦点的可爱系列，或是来自伦敦的活版印刷工作室带来的卫衣，都让大家在漫威英雄、卡通形象之外，对 UT 系列大开全新脑洞。而关于皮克斯与迪士尼的 UT 设计征集令则是全球性质的 T 恤设计大赛，一方面调动了消费者参与设计的积极性，另一方面又在此彰显了优衣库平易近人的品牌姿态。

更加时尚的优衣库也接地气

在平面、数字以及店内的广告中，优衣库可能不适宜自夸，但在优衣库的邮件主题行，我们能够看到"备受瞩目""备受好评""好评贩售中"这样的字眼，酒香也怕巷子深，一定程度的自我肯定才能赢得大众的肯定。

早前在社交媒体广泛传播的优衣库联手爱马仕前设计师的 Uniqlo X Lemaire 系列，在上市前就得到了极大关注。虽说快时尚牵手一流设计师，造就火爆营销效应是近年来时尚圈里的铁律，但营销之外，引导购买、真正产生市场价值才是品牌最关心的。该系列以时尚的模特大图展示单品，并配以简约、优雅的文案及 CTA 按钮，在设计师款系列优衣库不忘更时尚、更接地气(见图 9-3)。

图 9-3　优衣库宣传页面 2

限时特优永远具有号召力

对于快时尚品牌而言，价格居高不下并不是什么吊人胃口的好主意，但一味地打折促销又让品牌莫名承受廉价之嫌。一直以来，优衣库居于中间的策略"限时特优"可以说成就了其实体店及网店的大额流水。这里看似有限，其实是赋予产品更多价值。时间设限的常用方式包括"马上回应""立即注册""空间有限，即刻回复"等。基于此，"限时特优"是优衣库电子快报的主要邮件产品线。从搭配多样的基础款到个性出众的限定商品，优衣库会时不时放价。阅读这样一封涵盖全部消费者的优惠邮件，不免让人动心，想要为全家选购(见图 9-4)。

撰写引人注意的邮件主题行

一个有趣的邮件主题行，或许能帮助营销邮件真正被阅读。优衣库电子快报的邮件主题行有不少值得借鉴和优化的地方。从网站来看，较长的主题行并不奇怪，但在移动端就显得有些冗赘，不能被完整阅读。例如，计算机端一个典型的收件箱可以显示 60 个字符的电子邮件主题行，但在手机上仅显示 25～30 个字符，所以建议在移动端做相应的优化，用 6～8 个字切中要害。

图9-4　优衣库宣传页面3

邮件主题行的初衷是激发读者的阅读兴趣，而引起兴趣的关键是能为读者提供东西，对他们真正有所帮助。无论你提供的是发声的机会，还是打折、免费服务，总之要在主题行开门见山地有所表达，突出表明你能带来的价值。比如这些主题行就是不错的范例："在微凉天气带来温暖和舒适的系列又有新款式和花色上市啦！""特别推荐适合职场空调室内穿着的人气单品！"。而像"一大波 UT 印花 T 恤正在逼近！女装 sanrio 系列、thomaspaul 系列、男装 merchant&mills 系列闪亮登场！另有+J 系列新品上市，快来诠释自己的时尚与个性吧！"这样的主题行就明显太长了。

另外，尝试个性化的邮件主题行，更可以让用户倍感亲切，也是吸引读者点击阅读的最佳方式。

(资料来源：中文互联网数据资讯中心. 优衣库电子快报里的"服适人生"[EB/OL]. [2019-11-27]. http://www.199it.com/archives/410985.html.)

请根据以上资料，回答下列问题：

1. 该公司访问量得到提升的主要原因在哪里？

2. 优衣库的电子邮件营销给我们什么启示？

六、思考与实践

1. 申请一个免费电子邮箱，并熟练掌握签名、自动回复等营销功能。

2. 电子邮件营销不是指成功地向多少用户发送了邮件，而是要与用户互动、交流，并配以高质量的文章内容。请尝试写一篇精品女装的电子邮件推广文章。

第十章

社会化媒体营销

【学习重点】

了解社会化媒体的构成，认识社会化媒体营销的含义，掌握微博营销的含义和策略，掌握微信营销的含义和策略。

【学习难点】

运用微信、微博等社会化媒体工具进行简单的网络营销活动。

【教学建议】

通过对社会化媒体与社会化媒体营销概念的讲解，理解社会化媒体营销在网络营销中的重要地位和作用。其中，还要求掌握对微博营销和微信营销的运用。

【引导案例】

网易云音乐是一款由网易开发的音乐产品，它屡屡创造了营销新思路和创新点，使其产品推广始终保持着上升的态势，究其原因，离不开灵活的营销思维和营销推广。网易云音乐在 2019 年 1 月 4 日推出"2018 年网易云音乐年度报告"，并且以裂变方式在朋友圈内形成传播。在这份"遇见你真好"2018 年度听歌报告中，我们不仅能够看到自己 2018 年在网易云音乐听了几首歌、最常听的歌曲、喜欢的风格、常听的时间段等，还能够通过"一歌一遇"功能和与你品味最接近的用户进行互动聊天。

网易云很好地洞察了目标人群的心理，道出了很多人想说却说不出的话，映射出了许多人的故事和回忆，折射出了这个社会中人的精神向往和对深层次的追求。网易云利用微信平台最大范围地推广产品是其营销的高明之处。

(资料来源：兰征. 网络营销[M]. 第 3 版. 北京：高等教育出版社，2019.)

引言

随着网络时代的到来，互联网成为大多数人生活中不可或缺的一部分。在这神奇的网络里，众多新鲜事物应运而生，与大环境变化相匹配，小环境的规则也变得不同，其中备受世人关注的绝对是各类社交媒体的快速成长。麦克卢汉曾经说过，媒介是区分不同社会形态的重要标志，每一种新媒介的产生与运用，都宣告了一个新时代的来临。互联网的高速发展催生出了很多行业和营销模式，再加上手机、平板电脑等移动终端的普及，社会化媒体营销便应运而生，随着商业化需求的增加，社会化媒体营销也被越来越多的人所提起。基于"使用与满足"的传播学理论视角，社会化媒体可以满足人们的认知、获取信息、消遣娱乐等需求。微信、QQ、微博、博客等已成为普通人日常生活的重要构成要素。"今天你刷微博了吗?""帮忙赞一下我的朋友圈呀,亲!""快分享我的相册,特别好玩!"简简单单的几句话,反映的是数字时代社会化媒体给人们的生活方式带来的影响。

第一节　社会化媒体营销概述

一、社会化媒体的含义

社会化媒体是个外来词汇,也称社会性营销。社会化媒体也是区别于传统主流形式(报纸、杂志、电视、广播)的一种新型的媒体方式,主要通过互联网技术实现信息的分享、传播,通过不断的交互和提炼,对观点或主题达成深度或者广度的传播,其影响力往往是传统媒体不能赶超,而且无法达成的。

学术界普遍认为,最早提出"社会化媒体"概念的是美国学者安东尼·梅菲尔德(Antony Mayfield),他于 2007 年在一本名为"What is social media?"("什么是社会化媒体?")的著作里,阐释了对社会化媒体的总体性认识。他认为,社会化媒体是一种给予用户极大参与空间的新型在线媒体,具有参与、公开、交流、对话、社区化、连通性等特征,其最大的特点是赋予每个人创造并传播内容的能力。他将社会化媒体的基本形态分为七大类:社交网络、博客、维基、播客、论坛、内容社区和微博,并分别阐述了这些形态的运作方式。

在早期的研究中,学者们往往把社会化媒体视为一系列互联网应用形态,但是,随着网络应用形态的不断推陈出新,他们意识到,必须从更深入的层次理解社会化媒体的表现形式,因此提出了"平台说"。例如,游恒振在《社会化媒体的演进研究》中指出,社会化媒体应是一种媒体平台;戴维·米尔曼·斯科特在《新规则用社会化媒体做营销和公关》一书中提出,社会化媒体是一种在线平台、一类技术和工具的统称;彭兰在《社会化媒体、移动终端、大数据影响新闻生产的新技术因素》中也使用了"平台"这一概念。平台说体现了社会化媒体是一个开放的领域,在对其下定义时不应以一系列现有应用形态的列举为主体,还应体现出社会化媒体是一种回归到互联网本质的进化。从网络应用形态到平台说,社会化媒体的定义得到进一步深化,这是一次认识的转变,但也有学者认为平台说过于宽泛,不能恰当地表现社会化媒体概念的所指。例如,互联网本身就是一个"平台"。事实上,社会化媒体虽然带有"媒体"二字,但是已经远远超出了传统意义上"媒体"的含义。他们认为,社会化媒体更倾向于是网络社会中的一种组织方式,它实现了以个人为中心,以关系网络为结构的信息聚合。这种观点使得社会化媒体的定义从平台说走向组织形态,是对其定义的完善。

综合上述观点,我们认为,社会化媒体是以互动为基础,允许个人或组织生产和交换内容,并能够建立、扩大和巩固关系网络的一种网络社会组织形态。它的思想与技术核心是互动,内容主体为 UGC,关键结构是关系网络,表现为一种组织方式。简单地说,它就是用户信息分享和社交活动的平台,或者可以定义为基于用户关系的内容生产与交换平台。

二、中国社会化媒体格局

国外的社会化媒体起步较早，而中国的互联网在时间上要远远落后于美国互联网。在2000年，国内一些博客平台的兴起，真正标志着国内互联网 Web2.0 时代的到来。网络由传统网站制造内容转向网民制造内容，网站和网民、网民和网民之间的交流更加密切，信息的传播无论是从深度还是广度，都实现了大的突破。社交类网站、百科、主题分享(文字、图片、视频)相应发展，2009 年新浪微博建立，腾讯、搜狐也相继建立博客平台，社会化媒体的格局逐渐清晰起来。

自 2008 年起，Kantar Media CIC(前身为 CIC)逐年坚持记录中国社会化媒体的发展历程，持续研究行业动态与趋势，试图为相关业界提供更具价值的资讯及观点。随着社会化功能在各种互联网平台中的深度普及，大多数的中国互联网媒体已经可以被称为"社会化媒体"。而其中"功能巨无霸"的中国特有平台(如微信)的产生为品牌影响创造了诸多接触点、体验创造及销售机会，见图 10-1。

图 10-1　2019 年中国社会化媒体格局概览

三、社会化媒体营销是深化与顾客关系的过程

所谓社会化媒体营销，主要是指借用这些媒体形式对公司品牌、产品或者服务、活动等进行一系列网络推广行为，实现品牌知名度建立、产品销售的这一过程。

社会化媒体营销有三个关键阶段：创造有趣的内容，利用意见领袖和社会化媒体工具激发涟漪效应和建立有效途径聆听用户反馈，分析并不断优化产品及营销推广。

对于社会化媒体营销的效果，有着这样的解释：在信息爆炸时代，社会才是真正的媒体，而且是一个廉价而高效的媒体。品牌在社会化媒体营销中会成为消费者生活的自然组成部分, 品牌的传播是靠消费者自发行为完成的, 这样的自然传播效果要比强行告知好得多。

传统的网络营销是基于信息上网为特征的, 而企业通过社会化媒体营销在自己的官方网站或是垂直门户里的资讯频道发布信息, 然后通过关键词搜索, 由搜索引擎带来相关的流量和点击。社会化媒体营销的应用改变了以往过于依赖搜索引擎的网络营销模式, 通过社会化媒体营销, 不仅可以直接将社交媒体上的用户流量转化为企业官方网站的流量, 而且可以通过企业在社交媒体上的信息吸引与服务互动来发展注册用户。

随着时代的进步, 社会化网络对品牌的影响越来越大。企业要直面消费者(因为这是躲不开的), 既要面对消费者对于企业的正面评价, 也要做好准备, 迎接那些不满的声音, 并作出积极引导和反馈。无论赞扬还是批评, 他们都表达了对品牌的关注, 这总比默默无闻要好。遇到负面信息时, 进行引导疏散, 并鼓励更多用户说出赞扬、分享喜悦, 这就是社会化媒体营销的责任所在。

市场推广的目的是在消费者的接触点, 即购买的时刻能够影响到消费者, 影响消费者的决策。随着社会化媒体的流行, 消费者的购买决策行为发生了如下变化。

(1) 消费者获得产品信息的入口变得更加多元化、碎片化。之前广告的覆盖曝光可能是企业信息传播的最主要手段, 消费者的媒体消费行为变化, 需要企业也随之做出相应调整, 打造更新的营销模式。

(2) 消费者的购物信息行为发生变化。传统的市场推广中, 产品信息研究的过程相对来说比较简单, 消费者能够获得的对比信息非常少, 无法获得比较系统的产品研究。现在, 消费者在进行购买决策时, 拥有充分的信息权利。企业如果还想通过信息的不对称来糊弄客户, 变得越发困难。

(3) 现在是信息透明时代, 消费者的购买决策也变得复杂。消费者在进行购买决策的过程中, 常常出现的情况是本来打算购买一个产品, 研究产品功能和参数时, 会被信息牵拉跳出购买决策链, 进入另一个环形, 能不能回到之前的购买决策链需要多种因素的博弈。

社会化媒体在消费者的购买决策中是一个重要的构成部分, 它可以触摸到消费者在消费购买过程中的任何一个阶段。从发现产品、对其产生兴趣、购买决策, 到购买后的口碑反馈。他们购买的过程就是社会化媒体影响的结果, 最终他们购买完成后又会变成影响他人购买的影响者。

社会化媒体可以影响消费者在购买行为中的每个过程, 这是毋庸置疑的, 但是企业在应用的过程中并不一定要每个过程都发力。依据公司和行业的不同, 有些接触点是更具有竞争优势和影响力的, 那么我们应该集中优势, 做好关键节点。

社会化媒体天生的特性——社区性、交流性让其在消费者的购买决策中发挥越来越重要的作用。在实际的工作中需要从一个一个消费者的接触点跳出来, 到批量的消费者接触点。社会化媒体在消费决策中应用, 不可忘却的是社会化媒体的本质社区、社群, 企业要做的是为社区奉献价值、为消费者的购买决策提供价值。

实际上, 社会化媒体营销就是利用社会化网络、在线社区、博客或者其他互联网协作平台来传播和发布信息, 从而形成营销、公关和顾客关系管理的一种方式。我们已经知道, 社会化媒体的发展是近年来互联网普及的产物, 不管是国外的 Facebook、Twitter, 还是国内的微博、微信, 都极大地改变了人们的生活, 将我们带入了一个社会化媒体的时代。所以, 做好社会化媒体营销已成为每个企业必须面对的挑战。

第二节 微博营销

微博营销是基于微博平台的网络营销方式，是社会化网络营销的典型方法之一。微博作为一种新兴的社会化媒体，以其独特性迅速吸引了众多注册用户，成为近年来社会化媒体中使用率增长最快的一种形式，因此微博营销也成为众多企业选择的一种社会化媒体营销方式。2011 年，新浪、腾讯、网易等各大门户网站都把微博提升到了重要的战略位置，中国最大的微博营销平台——微传播网随之诞生。虽然微博在国内取得了快速发展，但许多企业只是依靠单纯地发布企业品牌和各种活动信息来聚拢品牌消费者，在盈利模式方面的应用则较少。不可否认的是，这一快速且拥有很多跟随者的网络服务，将给企业带来巨大的营销价值：微博真实的声音，可以帮助企业迅速掌握消费者心理，了解消费者对产品的感受，获取市场动态。

一、微博的含义

微博即微博客简称，是一个基于用户关系的信息分享传播以及获取平台，用户可以通过 Web、WAP 以及各种客户端组建个人社区，以文字图片、视频等方式更新信息，并实现即时分享。

最早的微博是美国的 Twitter，2006 年美国网站 Twitter 推出了微博客服务。它允许用户将自己的最新动态、所见所闻和想法看法以短信息的形式发送给手机和个性化网站群。这意味着即使只有少数关注者，但通过关注者的重复转发，用户的信息会被交叉传播并快速放大。在 Twitter 上"落户"的，既有美国的政治家，也有小学生，还有微软、美国白宫等著名企业和机构。

2007 年微博在中国出现，饭否、叽歪、嘀咕、做啥、腾讯滔滔等微博产品陆续上线。2009 年，微博在中国进入快速发展时期，微博市场明显升温。2009 年 8 月中国最大的门户网站新浪网推出"新浪微博"内测版，成为门户网站中第一家提供微博服务的网站。随后，其用户数以每周 50%的速度增长，迅速成长为中国最具影响力的微博。随后，综合门户网站微博、垂直门户微博、新闻网站微博、电子商务微博、SNS 微博、独立微博网站纷纷成立，中国真正进入微博时代。有人称 2010 年是中国微博元年。这一年，国内微博迎来春天，从用户范围到影响力，都达到前所未有的高度。

进入成熟期的微博应用，其社交媒体的属性不断增强，与社交类沟通应用体现出不同的应用属性，同时表现出独特的媒体传播特征。通常微博发布消息后，需要先经历一个相对缓慢的传播预热期，而当消息的转发量积累到某个临界点后，就会出现一个难以遏制的爆发式增长，可以完成非常广泛的传播。

正是基于强大的媒体传播能力，微博已经发展成为一个极具影响力的新闻和舆论平台，是人们了解时下热点信息最主要的渠道之一，并通过强大的媒体影响力承担着积极的社会责任。在传播速度和传播深度上，微博比传统的新闻媒体有天然的优势。

在商业模式层面，微博也渐趋成熟。一方面在广告上不断推陈出新，挖掘、发挥社交媒体在关系营销、精准传播、口碑宣传方面的优势，如新浪微博有针对粉丝定向投放的粉丝头条、微博精选，还有用于信息流推荐的粉丝通和品牌速递。另一方面，作为信息媒体平台，微博积累了大量的用户数据，利用大数据技术为其他行业进行商业价值挖掘，在舆情管理、行为预测、网络营销等领域都发挥着重要价值。

【专栏10-1】小米手机的微博营销

说到小米手机大家可能并不陌生，也许还能说出小米手机的不同产品。在微博营销盛行的当下，小米手机是怎样利用微博进行营销的呢？

在新浪微博上搜索并打开小米官方微博，可以看到官方微博上经常会出现转发抽奖的活动，如图10-2所示。转发抽奖活动带来了大量转发，从而获得了更多的微博粉丝和潜在客户。

图 10-2　小米手机微博活动

此外小米的任何一款新产品上线都不是孤军奋战，而是由小米的微博矩阵全方位地共同助力进行宣传推广。如2019年7月初"小米CC"上市前后，搜索并打开"小米公司""小米手机""雷军"等微博，它们都在为"小米CC"这一新品进行着营销宣传。

这样，小米在微博上通过"家族"关系网，对每一种产品不遗余力地进行全方位的宣传，使产品通过尽量多的途径传播到大众面前。

小米手机充分利用了微博转发、@等功能，将微博强大的传播能力运用到产品宣传推广中。微博营销成了小米营销中不可缺少的一部分。

(资料来源：兰征. 网络营销[M]. 第3版. 北京：高等教育出版社，2019.)

二、微博营销的作用

微博的操作非常简单，只要在免费微博平台申请一个账号，会打字，能够写出内容，就可以开始微博营销了。与传统博客相比，微博的互动性非常强，可以与粉丝即时沟通，及时获得用户的反馈与建议，第一时间针对用户的问题给予回应。

(一) 使企业形象拟人化，提高亲和力

企业的公众形象决定了用户的黏性与好感度，也会影响到企业的品牌与口碑。如果能将公司形象拟人化，将极大提升亲和力，拉近与用户之间的关系。而通过微博这种产品，很容易实现这一效果。例如，广东省肇庆市公安局尝试开通了中国第一个公安微博，此举在社会上引起了巨大的反响。通过微博，广东肇庆公安局极大地改观了公安部门在百姓心目中的形象，拉近了警民之间的关系。人们发现，原来公安干警并不是那么神秘与冰冷，也有可爱温

情的一面。目前广东肇庆公安局的这种模式，已经被全国多个省市的公安部门所借鉴和采用。

(二) 拉近与用户之间的距离，获得反馈与建议

所谓得民心者得天下，做企业、做产品同样如此，失了用户的心，定做不大。所以任何时候，都不能与用户拉开距离，都不能忽略用户的感受与声音。而通过微博这个平台，可以更好地拉近与用户之间的距离，更直接地获得用户的反馈与建议。

(三) 对产品与品牌进行监控

公关人员的基本功课之一就是对公司的产品与品牌进行舆论监控，及时发现问题并解决问题。而有了微博后，可以通过这个平台接收用户反馈和意见，更好地对产品进行监控。我们可以通过直接在微博平台搜索内容的方式了解客户在谈论哪些与我们有关的话题，以及对我们的产品抱着一个什么样的态度。

(四) 引发或辅助其他营销手段

随着微博的普及与深入人心，其作用也越来越凸显，如通过微博来辅助事件营销、病毒营销、网络公关等，效果非常不错。

作为一个新生事物，微博营销的作用远不止以上几种，更多的功能还有待挖掘与开发。

【专栏10-2】支付宝的"锦鲤"活动。

2018 年 10 月 7 日，国庆节的最后一天，支付宝公布了预热许久，已经超过 2 亿次曝光量的"中国锦鲤"中奖人选，中奖的朋友从近 300 万人中被幸运选中，并获得来自数百个机构和品牌提供的价值近 400 万元的礼品，一人独享。

这可能是微博有史以来势头最大，反响最热烈的营销活动之一：将近 400 万的转、评、赞，2 亿次的曝光量，相关的话题在公布结果后，迅速占据了微博热搜第 1 位和第 5 位，相关关键词的微信指数日环比更是大涨 288 倍，中奖用户"信小呆"的微博"粉丝"量也一夜之间暴涨到 80 万人……

这个国庆假期，支付宝一条微博创下了 4 项记录(数据统计截至 2020 年 5 月底)：①企业营销史上最快达到百万级转发量；②企业传播案例中总转发量最高；③企业营销话题霸占微博热搜榜榜单最多；④企业营销 24 小时内给个人"涨粉"量最多。

(资料来源：何晓兵，何杨平，王雅丽. 网络营销——基础、策略与工具[M]. 北京：人民邮电出版社，2020.)

三、微博营销的原则

(一) 微博营销的分类

微博营销可以分为个人微博营销和企业微博营销。

1. 个人微博营销

一般个人的微博营销是借助个人本身的知名度得到别人的关注和了解。以明星、成功

商人或者社会中其他成功人士为例，他们使用微博通常是想经由微博让粉丝更进一步地了解自己和喜欢自己，发布的微博多为记事或抒发感情，功利性不是很明显，他们的宣传工作一般由粉丝们转发来达到营销效果。

2. 企业微博营销

企业微博营销一般以盈利为目的，他们使用微博往往是想增加企业的知名度，最后达到能够销售更多产品的目的。企业微博营销比个人微博营销来得困难，有些企业知名度有限，简短的微博不能使消费者直观地理解商品，而且微博更新速度快、信息量大，企业微博营销时，需要建立固定的消费群体，与粉丝多交流、多互动、多做企业宣传工作。

企业微博又可以分为以下几种。

(1) 企业官方微博。企业官方微博是以企业在工商行政管理部门核准注册的名称或简称为昵称而建立的微博账号，它主要以企业名义向社会公众、消费者传递与企业的思想文化、经营理念、品牌、产品和服务相关的信息，如"小米公司"就是小米手机的官方微博。

(2) 品牌/产品微博。当企业旗下品牌众多，各具特色时，很难统一到一个微博上来，这时可以根据产品特色开设企业品牌/产品微博。

(3) 管理人员微博。企业中高层管理人员的微博看似是个人微博，但其实质是企业重要的品牌资产。管理人员微博不仅仅是其个人形象展示的窗口，更是企业整体形象的代言者，如"雷军"就是小米手机的管理人员微博。

(4) 员工微博。企业员工自己的个人微博，可以发布工作或生活中的所见所闻。

(二) 微博营销应遵循的原则

无论是个人微博营销还是企业微博营销，都要遵循以下原则。

1. 真诚原则

真诚是微博营销的基本原则，微博上的言行其实和现实社会中的言行一样，好的声誉就是财富，真诚的互动是微博营销成功的关键。

2. 趣味原则

在微博上，幽默的段子、恶搞的图片、滑稽的视频总是经常被刷上热门，而包含广告内容的微博就更需要创新，以有趣生动的内容引起粉丝的关注。

3. 乐观开朗原则

在微博上的互动中，人们往往喜欢和乐观开朗的人交朋友，没有人会讨厌你的幽默感，没有人会讨厌你与他分享快乐。

4. 个性魅力原则

千篇一律的营销手段只会使得受众产生审美疲劳，具有个性魅力的微博账号才能受人喜爱。微博营销者是企业的网络形象大使，应将微博内容打造得既符合企业形象，又具有可读性和趣味性，使受众易于接受，并乐于转发和成为企业客户。

5. 利益原则

粉丝总是喜欢得到更多的利益，因此微博营销者可以时常发布折扣信息，以此增强粉丝的忠诚度。

6. 互动原则

微博转发抽奖活动一直都是微博互动中最主要的方式，微博营销过程中可以适当发布一些活动作为粉丝回馈，粉丝将会更加忠诚。

7. 创新原则

微博还可以称得上是个"新生儿"，未来拓展的空间也十分巨大。只要抓住机会，有效创新，就可以从中轻松获益。

8. 保持热度原则

维持微博信息的热度，可以设置问题由粉丝进行回答，掀起辩论，甚至争吵，让你的消息及其回复不断地引起波澜，产生震动。

四、微博营销的策略

(一) 明确企业开展微博营销的目标

微博营销通常是企业整体营销计划的一个组成部分，因此企业在开展微博营销之前，首先要在企业整体营销目标的基础上制定明确的微博营销目标。在一定时期内，某企业的微博营销目标可以是激发消费者的需求，扩大企业的市场份额；也可以是加深消费者对企业的印象，树立企业的形象，为其产品今后占领市场、提高市场竞争地位奠定基础。微博营销的目标不同，微博营销的实施，包括微博内容的选择、微博形式的选择都应该有所差异。

(二) 制订企业微博营销活动计划

微博营销计划是在企业微博营销目标指导下，微博营销活动的具体实施计划。微博营销计划包括微博平台的选择与安排、微博写作人员计划、微博写作计划、微博营销内容发布周期、微博互动计划等相关内容。微博营销计划是企业长期开展微博营销活动的蓝本。

(三) 选择微博营销平台

企业要开展微博营销，就要选择合适的微博发布平台。目前，国内知名微博平台有新浪微博、腾讯微博、网易微博及搜狐微博等很多种，企业可以选择其中一个或多个作为微博营销活动平台。企业选择微博平台的原则是人气旺，注册用户多。微博用户多，也就能为企业带来更多的潜在用户。

(四) 企业发布微博营销内容

企业撰写并发布微博营销的内容要注意选择能引起客户及潜在客户兴趣的话题，要注意微博内容的丰富多彩性及形式的多样化，发布的每篇微博除文字外最好能带有图片、视频等多媒体信息，这样可以带给微博浏览者更好的浏览体验。微博发布应选择有价值的信息，如提供特价或打折信息、限时内的商品打折活动等都可以带来不错的传播效果。

(五) 微博营销效果评估

企业实施微博营销应对微博营销的效果进行跟踪评价。微博营销的效果评估可以从量和质两个方面进行。微博营销在量的评估方面可以选择的指标主要包括微博发布数量、粉丝数量、微博被转发次数、微博评论数量、品牌关键词提及次数等。微博营销在质的评估方面可以选择的指标主要包括微博粉丝的质量、微博粉丝与企业的相关性、被活跃用户关注的数量及比例、回复及转发评价等。

五、微博营销的要点和技巧

微博营销是基于"粉丝"基础进行的营销。对于营销者而言,微博上的每一个活跃"粉丝"都可能是潜在营销对象。话题的产生,在于人与人之间的交流。越多的人参与其中,则话题产生越快,影响力越大。与微信营销一样,要想使微博营销取得良好的效果,一方面要拥有更多的"粉丝",另一方面要有有效的"粉丝"流量。如果"粉丝"只是关注你的微博,而不参与信息传播、交流互动,"粉丝"的价值将大打折扣。因此,在微博营销的实际应用过程中,需要注意一些营销要点和技巧,以获得更多的有效流量。

(一) 个性化微博名称

对于社交媒体而言,拥有个性化的账号是必不可少的,它能够在第一时间吸引用户眼球。微博也不例外,好的微博名称不仅方便用户记忆,还能够取得好的搜索流量。其取名方法与微信账号命名方法类似。如果企业开通微博进行微博营销,则可以以产品或品牌命名,通常与企业名称保持一致,如"苏宁易购""宝洁中国"等。

(二) 利用话题

利用话题不仅指利用微博的话题功能,还指利用有热度、有讨论度、容易激起"粉丝"表达欲望的信息,如"说说你遇到过哪些又尴尬又好笑的事情""你用过哪些又经济又好用的东西""你认为哪些 Office 技能特别实用"等。

在设置话题促进"粉丝"互动时,通常需要遵循几个基本原则:首先,必须有话题感,最好与用户的生活息息相关,能引起用户的兴趣;其次,话题最好比较简单,便于用户快速回答;最后,话题不要与已有话题重复。

(三) 定期更新微博内容

微博信息发布的频率几乎不受限制,但对于营销而言,微博的热度与关注度来自微博的可持续性话题。企业不断制造新的话题,发布与企业相关的信息,才可以持续吸引目标群体的关注。微博具有传播速度非常快、信息量丰富的特性,即使刚发的信息也可能很快被后面的信息覆盖。要想持续获得关注,应该定期更新微博内容,稳定输出有价值的、有趣的内容,这样才能产生稳定的引流。

小提示:发布微博并没有固定时间段的要求,需要根据实际反馈和微博数据进行动态调整。如可在不同时间段发布微博,测试出"粉丝"活跃度最高、转发评论最多的时间段,之后将重要微博安排在该时间段发布。也可以根据微博定位的目标人群使用微博的习惯进行发布,如针对上班族,可以选择上下班途中、午休时间段进行发布;针对学生,则可在晚上发布。这样能收获不错的效果。

(四) 展示个性魅力

很多个人和企业都将微博作为营销的主要阵地，因此微博营销的竞争异常激烈。随着微博应用的普及，千篇一律的营销手段容易使用户产生审美疲劳，只有那些具有个性魅力的微博账号才能脱颖而出。在商业领域，个人品牌最有价值之处就是个人魅力，这使部分名人、名企在微博营销中更容易引发轰动效应。因此，微博营销者是微博营销中一个至关重要的角色，因为他是企业的网络形象代言人，他的个性魅力代表了企业的个性魅力。产生个性魅力的因素很多，如乐观、幽默、宽容、坦率、执着、智慧、善解人意等。事实上，一个营销者不可能兼具这么多的魅力特质，企业应该选择与企业形象相符的微博营销者。如果企业品牌形象是创造力强，那么微博营销者最好极具创新思维；如果企业产品是女性用品，那么善解人意的微博营销者是不二人选。

(五) 微博"粉丝"互动

与"粉丝"保持良好的互动，可以加深博主与"粉丝"间的联系，培养"粉丝"的忠诚度，扩大微博的影响力。在微博上与"粉丝"保持互动的方式主要有四种，分别是评论、转发、私信和提醒。

(1) 评论：指直接在原微博下方回复，评论内容可供所有人查看。

(2) 转发：指将他人的微博转发至自己的微博上。

(3) 私信：是一种一对一的交流方式，讨论内容仅讨论双方可以查看。

(4) 提醒：指通过@微博昵称的方式，提醒用户关注某信息。

这四种方式都是"粉丝"比较常用的互动方式，如果转发微博中有比较优质、有趣的内容，博主也应该及时进行转发，以增加与"粉丝"的互动。对于微博下的精彩评论，博主也可以回复和点赞，以提高"粉丝"的讨论度。如果收到"粉丝"的提醒，博主也可以及时转发，并解决"粉丝"的问题；不方便直接转发或评论解决的，可以给"粉丝"发私信。

(六) 微博活动增粉

微博营销实际上就是"粉丝"营销。只有拥有"粉丝"，所发布的微博信息才能被更多人看到，才能引导更多人参与互动，扩大影响，才会取得更好的营销效果。通过活动增粉是一种常见的方式，特别是一些新鲜、有趣、有奖励的活动，更容易吸引用户的关注和广泛传播。微博主可以通过"关注+转发抽奖"、关注参与话题讨论等形式，引导"粉丝"转发微博，吸引非"粉丝"用户的关注。

积累"粉丝"还可通过以下方式实现：与同一个领域、有共同或相似爱好的群体互相关注；通过优质的微博内容吸引"粉丝"关注；将微信、QQ、知乎等其他平台上已有的"粉丝"导入微博中；与其他微博进行合作，联合双方或多方的影响力，扩大宣传范围。如果是创建微博前期，可通过这些方式吸引"粉丝"关注，再慢慢扩大微博的影响力，形成"粉丝"的自然增长。

第三节 微信营销

微信营销是移动互联网营销中受关注度最高、应用最广泛的方法，提到移动互联网，微信是绕不开的话题，甚至有的人认为移动互联网营销就是指微信营销。但是我们需要客观地看待微信营销的价值：微信只是众多移动互联网工具中的一种，微信营销也只是众多移动互联网方法中的一个。只不过由于微信的用户群多、普及度高，所以微信营销这种方式用得比较多。

如今，人们的生活离不开手机，而手机上的客户端由以前独大的 QQ 到现在的微信，人们几乎每天都会无意识地查看 QQ 信息，翻看微信消息。因此，企业选择利用微信这个庞大的朋友圈开展营销活动，从而使得微信营销时代来临。其实对人们生活改变最大的应该就是微信了，在移动互联网时代，用户希望有一种沟通方式不受时间、空间的约束，希望能传递文字、图片、语音、视频等各种信息，甚至还希望沟通更加便捷、成本更低，于是微信诞生了。作为最大的社交网络工具，目前我国微信的月活动用户量已经达到 12.41 亿。微信已不仅仅是一款社交通信工具，它已经渗入人们生活的方方面面。微信发展至今，已经不仅仅是一款简单的移动社交工具，它在将人们的社交关系从线下转移到线上的同时，还承载了诸如金融交易、游戏娱乐、电子商务甚至日常工作等更多内容。微信的营销价值日益凸显，因此许多企业都开始微信营销，微信已经成为各类企业抢占移动端市场的利器。

一、微信营销的含义

微信是腾讯公司 2011 年推出的一个为智能终端提供即时通讯服务的免费应用程序，从最初的社交通信工具，发展为连接人与人、人与商业的平台。

微信营销是网络经济时代企业对营销模式进行创新后产生的一种网络营销方式，主要利用手机、平板电脑中的移动 APP 进行区域定位营销，借助微官网、微信公众平台、微信小程序、微会员、微推送、微活动、微支付等方式形成了一种线上线下微信互动的营销方式。

微信支付是微信近年来推出的一项新功能，至此，微信开放体系初步形成。除此之外，微信作为时下最热门的社交信息平台、移动端的一大入口，正在演变成一大商业交易平台，其对营销行业带来的颠覆性变化开始显现。很快，微信商城的开发也随之兴起，微信商城是基于微信研发的一种社会化电子商务系统，消费者通过微信平台可以享受商品查询、选购、体验、互动、订购与支付的线上线下一体化服务。我们可以看到，微信已经超出其最基本的通讯功能，集社交、获取信息、购物、支付等多种功能于一体，功能越来越强大，设计也越来越人性化。

> **【专栏10-3】星巴克(中国)的微信营销**
>
> 作为一家老牌咖啡巨头，星巴克已收获 40 万中国微信粉丝，且这些数据仍在持续增长。通过微信营销，这家传统实体企业成功转身，被奉为线上营销的经典案例。
>
> **1. 利用微信"摇一摇"促销新品**
>
> 2012 年 8 月 28 日到 9 月 20 日期间，星巴克推出由冰摇果莓沁爽和冰摇青柠沁爽两款饰品组成的冰摇果莓沁爽系列，作为新品促销活动，顾客可以试试自己的运气，"摇一摇"手机，如果摇到"星巴克中国"微信账号，就能开展一段冰摇沁爽之旅。

2. 最大力度推广微信号

实体店铺开通了微信，怎么在第一时间广而告之是首要问题。星巴克结合自身的特点与优势，通过微博、星享卡会员项目、门店、平面媒体等多个渠道，把这一消息公布于众。

3. 为顾客调配心情音乐专辑

2012年8月28日，星巴克入驻微信，推出"发表情即享有星巴克《自然星》音乐专辑"的活动，专辑曲目专为每个顾客的心情调配。通过这次表情互动活动，星巴克每天平均收到2.2万条信息，粉丝很快上涨到6.2万。同时，星巴克还在微信建立"电台"，传播自己的文化或者完成更多用户关心的行为，用户还能通过关注这个"电台"咨询到更多自己需要的信息，如近段时间的打折信息、新品上货情况、店铺位置等。

4. 长情陪伴顾客塑造品牌故事

当你在星巴克喝完咖啡离开之后，星巴克微信会用贴心的内容与你互动，让你分享在星巴克度过的美好时光。对于星巴克来说，微信全新的互动方式和独特的真实关系，就像浓郁而悠长的咖啡香味，一直伴随在你身边，一个个品牌故事，也因此诞生。

5. 在节假日期间大做文章

2013年圣诞节，星巴克推出"魔力星愿12天"活动，粉丝可以通过微信互动获得独家优惠，并且每天的优惠内容不同，包括咖啡杯、咖啡粉等。同时，星巴克还推出官方手机壁纸12份，粉丝回复数字1~12即可获得。据统计，仅2012年11月30日一天，星巴克的官方微信就收到近38万条粉丝发来的信息。

(资料来源：根据网络资料整理)

二、微信营销的模式

(一) 微信公众号营销模式

不管是企业还是个人，都可以开通微信公众号，通过微信公众号推送文章和提供服务。有的企业的微信公众号积累了几千万粉丝，可以直接针对自己的粉丝进行精准的信息推送，大大提高了企业的客户管理和运营水平。

(二) 微信群营销模式

当前，很多企业都会将老客户按照一定的属性组建微信群，然后在群里发送H5活动海报、链接等相关信息，开展定期或不定期的营销推广活动，同时回答客户的咨询和疑问，处理售后相关事宜，增强老客户的体验感和满意度。

(三) 微信朋友圈营销模式

我们经常会在微信朋友圈看到朋友分享的内容，因此也可以通过加好友在朋友圈发软文做推广。目前微信好友数量的上限是5000人，假如拥有了5000个好友，就相当于拥有了一个活跃度很高的微博账户。通过在朋友圈发导购信息，然后转入微信聊天模式，进入微店成交，已经成为很多电商运营的重点模式。

(四) 微店营销模式

微信鼓励和支持商家在微信平台开店，把自己的产品和服务通过微信支付完成，因此吸引了许多商家通过微信构建各种消费服务。

微信广告模式分别针对个人和企业的微信营销方式进行了分类，个人微信营销主要包括个人微信号营销、微信群营销、朋友圈营销、微店营销等模式，企业微信营销主要包括订阅号营销、服务号营销等微信公众号营销模式，以及微信广告营销模式。

> **【专栏10-4】维也纳酒店：微信平台1年订房1个亿**
>
> 作为全国中档连锁酒店知名品牌，维也纳酒店很早就认识到微信服务号是强大的智能服务接口，于是果断升级为服务号，申请并使用微信各大高级接口开发功能以服务客户。移动端更多注重的是客户体验，维也纳酒店通过自定义菜单的深度优化和闭环管理思维，不断提升平台客户体验，有效提高了平台会员的消费黏性和活跃度。首先，它开发订房系统，并与计算机端官网打通，实现微信订房，借助"微信订房立减20元"的差异待遇进行流量引导和转化。其次，每日签到的闭环设计，娱乐和让利的双重驱动，让维也纳酒店的会员留在微信平台上，并得到愉悦感和实惠。微信的自助服务使维也纳酒店订房各环节实现了信息一体化和智能化，有效地改善了客户体验，提高了平台消费黏性。2014年，维也纳酒店的微信日均订房量超过1000间，结合维也纳服务号的关注量来看，这一转化率在业内位居前列。
>
> (资料来源：王玮，梁新弘. 网络营销[M]. 北京：中国人民大学出版社，2016.)

三、微信营销的特点

微信点对点的交流方式具有良好的互动性，在精准推送信息的同时能形成朋友关系。借助微信平台开展客户服务营销成为继微博之后的又一种新兴营销渠道。与其他营销方式相比，微信营销具有更高的到达率、曝光率和接受率，互动关系更加紧密，可实现精准推广。

(一) 信息发布到达率、曝光率和接受率高

信息发布效果的重要指标是到达率、曝光率和接受率，信息发布效果在很大程度上影响着营销效果。这也是所有营销工具最关注的地方。

微信信息发布不会像邮件群发那样被大量过滤，每一条信息都能完整无误地发送到终端设备。与其他营销渠道相比，微信惊人的用户量决定了信息的曝光度更高，不管是热点事件还是营销广告，这些信息通过转发和分享能够得到迅速传播，不会像微博一样淹没在滚动的动态中。微信的普及性使个人用户或企业用户能够积累庞大的"粉丝"群，由于公众号的"粉丝"都是通过主动订阅获取信息的，因此避免了信息遭抵触的情况。

(二) 精准营销

微信拥有庞大的用户群，借助移动终端、天然的社交和位置定位等优势，每个信息都是可以推送的，能让每个个体都有机会接收到信息，继而帮助商家实现点对点精准化营销。实现精准营销是移动互联网时代每种主流营销工具都应该具备的功能。微信之所以成为炙手可热甚至必备的营销渠道，不仅因为微信拥有庞大的用户数量，还因为垂直行业微信账号的用

户群体高度集中。例如，某知名品牌服装公众号拥有由生产商、服装代理商和经销商构成的数量众多的"粉丝"，这些精准用户组成了庞大的在线服装发布、展示的网络，每一个"粉丝"都是潜在的用户。

(三) 更紧密的互动关系

微信的传播深度和互动深度与其他营销渠道相比更具优势。微信拥有庞大的用户群，其可借助移动终端、社交网络和位置定位等优势进行信息推送，帮助商家实现点对点的精准营销。这种一对一的交流方式具有更强的互动性，可将普通关系发展成朋友关系，从而产生更大的价值。微信的点对点产品形态注定了其能够通过互动的形式将普通关系发展成强关系，从而产生更大的价值。企业微信通过互动的形式与用户建立联系，互动就是聊天，可以解答疑惑、可以讲故事，甚至可以"卖萌"，用一切形式让企业与消费者形成朋友的关系，你不会相信陌生人，但是会信任你的"朋友"。

微信营销虽然有这么多的特点，但也还是有缺点的。微信营销所基于的强关系网络，如果不顾用户的感受，强行推送各种不吸引人的广告信息，会引来用户的反感。凡事理性而为，善用微信这一时下最流行的互动工具，让商家与客户回归最真诚的人际沟通，才是微信营销真正的王道。

第四节　微博营销与微信营销的比较分析

一、微博营销与微信营销的区别

微博营销与微信营销都属于移动互联网营销过程中的重要工具，但是在属性和使用过程中，二者还是具有一定的区别和联系的，具体分析表现在如下几个方面。

(一) 属性不同

微博是自媒体，微信则兼具自媒体和用户管理(CRM)的双重身份。虽然微博和微信都是社会化媒体，但微博更倾向于社会化信息网络，对于信息的传播速度极快，同时微博属于自由媒体平台，发布的信息无论是好友还是陌生人都可以看得到，更像是新闻媒体平台。而微信则倾向于社会化关系网络，平台注重用户圈子维系，用户在圈子当中可以相互交流、相互分享。

(二) 用户的使用习惯不同

微博是一对多，微信是一对一，更具有针对性。微博平台用户更倾向于计算机客户端，也就是我们所使用的电脑，而微信则是移动互联网客户端的软件，主要包括智能手机以及平板电脑。

(三) 信息内容的传播范围不同

微博更偏向传统广告，微信则是真正的对话。微博的特性是我们既可以看到我们关注的朋友的微博，也可以看到我们没有关注的陌生人的微博，微博内容是无限制的、广泛传播的。微信是一个私密闭环传播，用户发布的信息只能在自己关注的圈子或被关注的圈子当中传播，没有成为好友的陌生人根本看不到我们的信息，传播更具有隐蔽性。

(四) 传播特性不同

微博的曝光率极低，微信的曝光率几乎是 100%。微博的传播没有限制，所以比较适合社会热点的实时传播，这同时也是媒体的传播特性，微博具备这一媒体传播特性。而微信的信息传播则更加精准，用户之间的关系更加密切，对信息了解更加深入，可以说相较微博而言，微信是一个深度信息精确到达的平台。

微博更像媒体，微信更倾向圈子。微博平台是一种浅社交、泛传播、弱关系的平台，而微信是一个深社交、精传播、强关系的平台。

微博更具备媒体特性，是个浅社交平台，每天发布的内容没有限制，从而也导致内容信息的同质化非常严重，单条信息价值贬值，是一个泛传播的平台。微博用户关注一个好友主要是看其微博的内容是否值得，显然是单方向的认可，所以用户之间的关系相对微信更微弱一些。

微信更具有朋友圈子的特性，是个深社交的平台，用户发布的内容没有限制。目前微信公众平台每天只能群发一条信息，所以单条内容更具有价值，用户更精准，是一个精传播的平台。微信用户之间必须是对对方了解很深才会加为好友，而且双方必须同时同意，这样就形成了非常强的关系。

二、微博及微信用户在使用过程中的习惯特征

微博及微信用户在使用过程中也具有一定的习惯特征，具体表现在以下几个方面。

(一) 用户使用习惯

(1) 周末高峰。用户对品牌活动的参与度在周末比平时高 17%，但是只有 19%的品牌会在周末发推文。

(2) 图片有效。带图片链接的推文参与率是无图片链接的 2 倍。

(3) 简洁为妙。字数少于 100 字的推文参与度高出 17%。对于带有链接的推文来说，120～130 个字最讨巧。

(4) "#"标签。带有"#"话题标签的推文参与度高出 2 倍。

(5) 移动用户。由用户生成的、提到了品牌的推文中，有 66%来自移动用户。

(6) 早晚高峰。移动用户在上下班路上登录的概率比平时高出 181%，上班族的早晚高峰不容忽视。

(7) 放大效应。喜欢转发推文从而对内容起到"放大"作用的用户们，发送私信的可能性比不爱转发的用户高出 122%，发送、收藏、查看照片、发照片和发视频的可能性也比不爱转发推文的用户高得多。此外，这些"放大者"中多达 90%的人会在推文中提到电视节目。

(8) "求转发"。如果在推文中提到"转发"，那么推文被转发的可能性会提高 12 倍，由此可见，"求转发"真的很有效！

(9) 链接助转发。包含链接的文章被转发的可能性比不带链接的文章高出 86%。

(二) 女性成社交媒体重要推动力

随着互联网应用日趋生活化、社交化，女性在互联网上的地位日益上升。微博、微信的兴起，更让女性互联网用户的能量充分释放。近一两年来，女性用户增长成为社交媒体成长的重要动力。刚刚用上微信(使用 1 个月以下)的女性用户比例大大高于男性用户，使用 1 年以下的微信女性用户比例也高于男性用户。同样，使用 1 年至 2 年微博的女性用户比例也较大。

与男性相比，女性社交更注重与周围朋友的联系和沟通，这在使用社会化媒体中表现得相当突出。35%的微信女性用户和30%的微博女性用户在使用之前，是从周围的人了解到微信和微博的。而男性用户对应的比例分别为30%和23%左右。此外，35.7%的微信女性用户第一次使用微信的原因是"周围的人在用"，高于男性用户(29.5%)。从关注内容看，女性社会化媒体用户较趋于生活化。用户喜爱浏览的微博和微信内容中，娱乐类、旅游类、生活类、教育类更受女性喜爱。新闻、财经、体育、科技、汽车、游戏类内容则是男性用户占主导。

对于亟待寻求商业化出路的社会化媒体来说，女性用户的偏爱不仅带来可观的用户规模增长，更使盈利点浮现得更清晰。根据用户的地理位置、兴趣、发布/转发内容推荐商家信息和广告，在微博和微信用户中可接受的比例分列前 3 位。而智能化推荐信息和广告更为女性用户接受。除微博的实时推荐外，其他类型的微博和微信推荐功能(LBS/地理位置推荐、微信的实时推荐、按兴趣推送广告)为女性用户接受的比例均高于男性。这表明，这类最具前景的商业模式未来也更能吸引女性用户。

(三) 微信用户偏年轻，微博用户偏成熟

年龄的差异，在微信、微博的用户群体上表现得更明显些。总体而言，微博用户偏成熟，微信的年轻用户比例更高。36 岁以上，尤其是 40 岁以上的微博用户比例大大高于微信用户，35 岁以下的微信用户比例均大于微博用户，18 岁以下、19～24 岁的微信用户比例更是远高于微博。

在各年龄段的人群中，80 后对社会化媒体更热衷。他们喜欢长时间使用社会化媒体，每天使用 5 小时以上的微博和微信用户中，80 后分别占 10.5%和 14.5%，高于 70 后和 90 后。80 后的微信用户使用频率更高，34.8%的 80 后微信用户每天使用 4 次以上，高于 90 后(23.4%)和 70 后(19.5%)。

70 后的家庭化及经济优势表现明显。他们更喜欢在家中登录社会化媒体，通常在家中登录微信和微博的 70 后比例分别达到 29.6%和 29.1%，高于 80 后和 90 后。70 后更多使用平板电脑登录社会化媒体，可能因为平板电脑在 70 后人群中更普及。对于微信单独收费，70 后的接受度较高，70 后表示"肯定不会再用"的比例低于 80 后和 90 后，而表示"肯定还会用"的比例高于 80 后和 90 后。

(四) 社会化媒体用户群像写真

从深访结果看，用户在社交媒体使用上的不同，对微博和微信的认识深度和角度也有所差别。根据用户使用微博和微信的特点，微博、微信用户可以分为如下四类。

1. 社交达人
较早使用微博和微信的人群，爱尝鲜，平均每天使用微博 2 小时以上，微信为 1 小时以

上。他们热衷于互联网的社交产品：喜爱使用豆瓣网，除微信外，使用过米聊、陌陌等即时通信工具。不论是在微博还是微信上，他们平均每天原创、转发评论的次数均较多。对微博和微信的功能有较深入的了解，使用的深度较强。

2. 聊天大虾

这类人群使用微信比使用微博早，平均每天使用时长微博为 2 小时以下，微信为 1 小时以上。他们基本用微信取代了短信，平均每天使用微信的次数较高。他们很少在微博发原创，转发评论也相对较少，以浏览为主，而对微信的功能有深入的了解，十分认可微信的便捷性。

3. 资讯明星

这类人群较早使用微博，较晚开始使用微信。平均每天用微博 2 小时以上，微信 1 小时以下。他们的微博原创较少，以浏览相关资讯为主，喜爱通过转发评论表达自己的观点，喜爱使用微信中与资讯相关的应用，如公众号、腾讯新闻等。

4. 沉默宅人

这类人群在空闲时才会用微博和微信，平均每天用微博 1 小时以下，微信 30 分钟以下。他们性格较为内敛，或有孩子后空闲时间转移。他们使用微博以浏览为主，很少发布原创，也不爱转发评论，对微博和微信的功能不太了解。

(五) 微博微信使用及关注分享情况

1. 用电脑登录微博

在调研受访者登录微博最常使用的终端工具时，86%的受访者选择电脑终端，而选择手机登录微博的受访者只占 13%，平板电脑登录的比例只有 1%。

2. 每天使用 30～60 分钟

5%的用户为微博控，在微博上的时间超过 6 小时，甚至全天挂在微博上。平均每天上微博的时间在半小时至 1 小时之间的用户最多，达到 42%；平均每天使用微博 1 小时至 3 小时之间的用户达到 28%；19%的用户每天上微博的时间在半小时之内。

3. 分享、获取信息和社交沟通是动力

分享、获取信息和社交沟通是用户使用微博的三大主要原因。78%的受访者想通过微博来分享自己的生活与心情，77%的受访者使用微博是为了获取信息、关注新闻动态和网络热点话题，64%的受访者通过微博与朋友保持联系和沟通。

4. 关注亲友、同事和朋友

在微博上，用户关注最多的是身边熟识的人。83%的受访者关注了亲友、同事和朋友的微博，其次是热门话题/人气推荐微博(61%)及名人微博(59%)。女性受访者选择关注名人微博的比例达到 64%，男性受访者则为 56%，女性比男性用户更愿意通过微博了解名人的动态。

5. "心情语录、名人语录"转发量高

受访者最愿意转发的内容依次是"心情语录、名人语录"(66%)，网络上流行的热点话题(65%)，以及国内外的热点、时事新闻(61%)。值得注意的是，女性受访者转发购物、娱

乐、美食等资讯的意愿更高，达到 62%，高于男性受访者(49%)。

(六) 当前微信公众平台阅读情况

1. 关注公众号，却未打开

随着公众号越来越多，用户不可能一个不落地查看公众号的内容。信息过多且有泛滥的趋势，而一个人的时间和精力又相对有限，很多用户已经开始取消对一些公众号的关注了。

2. 分享文章，却未阅读

很多用户在朋友圈或微博中转载分享了文章，却并未完整阅读。目前，"分享≠阅读"这种怪象已经普遍存在于社交网络之中。出现这种现象的原因可能如下。

(1) 人们多是在移动设备上使用社交网络，这种设备的屏幕普遍比较小，所以人们很少耐着性子将内容看完。

(2) 人们所分享的内容能够反映出自己的阅读喜好，研究表明人们更倾向于分享让他们感到快乐或怀旧感的内容，所以如果一个标题就能打动他的话，自然能促使他进行分享。

(3) 对于重大的新闻事件，人们可以仅在看到标题之后就迫不及待地将其分享出去。

(4) 人们仍然不太习惯通过互联网阅读内容。

通常情况下，人们在阅读一篇文章时，读到四分之一处就进行分享的总人数要多于点开即分享以及读完全部内容进行分享的人数。此外，人们在读到文章的四分之一处时，分享行为会出现一个高峰，而在读完整篇文章，又会出现一个更加明显的分享高峰期。人们在使用电脑浏览网页时，平均在打开该网页 3.5 分钟之后对其进行分享，而在使用手机浏览网页时，该数据为 2 分钟。

总之，尽管一篇文章的分享次数并不能反映其质量，但至少能够反映出该文章的标题是否吸引人。

三、微营销的趋势前瞻

(一) 认识移动时代的渠道整合趋势

首先，我们应该将移动营销视为主要面向 90 后的营销渠道；其次，因为移动营销尚需 5 年左右才能基本成熟，渠道的去中心化已经越来越明显。因此，不要将任何新渠道视为唯一渠道，不要因为新渠道放弃老渠道，企业应该学会整合渠道。

(二) 认识移动时代的渠道风险

新渠道一定会带来新的问题，当前营销出现的问题包括：内容越来越碎片化；用户越来越自主；时间触点、空间触点越来越难把握，也就是说营销者越来越需要去考虑用户会使用什么工具获取信息、会在哪一个时点获取信息；品牌部署与碎片化渠道直接的衔接越来越重要；售前、售后服务之间的距离越来越短。

(三) 认识营销渠道本质

总结起来，所谓移动营销的特征，理论上就是：多渠道、数据化、个体化、社会化、碎片化。通俗一点，需要考虑以下这些问题。

(1) 你的用户是一群什么样的人。

(2) 他们习惯使用什么网络工具——传统媒体还是新媒体；计算机系统还是手机；用计算机登录哪些网站；用手机使用 APP、微博还是微信。

(3) 接触到用户之后，以什么方式获取用户的信息；如何分拣信息；如何使用数据；如何提升数据的转化率。

(4) 面向不同的用户，面向同样定位的不同个体，面向个体的不同生活习惯，如何获取合适的、全方位的、足以深刻、足以互动的接触点和接触方式。

(5) 怎么与你的用户互动；如何深度互动；如何获取黏度或者说忠诚度；如何获得口碑传播。

(6) 你将面对复杂、繁多的碎片化渠道，渠道的比重如何分析与定位；渠道间如何协同——空间协同、事件协同；面向各个渠道，专业人才如何获得、如何培养、如何管理。

四、微营销运营者的思维方式

一个好的移动互联网营销运营者，必须具备以下基本的思维方式。

(一) 具备社会化思维

微博最大的价值不在于庞大的用户，它真正的意义在于，让企业和受众变得平等，这颠覆了传统的沟通和互动方式，而这种颠覆是不可逆的。

当人们已经习惯了平等、透明、自由的互动方式，即便微博消失了，他们也不可能再回归曾经被动接受资讯的生活。同样，无论未来哪种新的社会化平台取代了微博，只要你具备了这种思维方式，都能在最短的时间内去适应。

(二) 培养某种形式的内容原创能力

在社会化平台这样随时可能产生奇迹的地方，所谓的技巧和经验并不重要，它们反而有可能成为禁锢你思维的累赘。同时，随着垂直化领域的细分，优质内容的重要性甚至在某种程度上超过了渠道(并不是说渠道不重要)。

这里所说的内容并不是指一鸣惊人的大创意，而是可以持续产出的常规内容。在如今越来越细分的各个垂直化领域里，即便不能一鸣惊人，单靠定位准确、风格统一的持续性内容聚集起来的受众群，也足够你的企业消化。只要能发挥所长，总能抓住属于企业的那一部分人群。

(三) 更加面向于未来的数据分析能力

社会化营销发展至今，数据统计已经成为各类社会化工具后台的标配功能。这就意味着曾经在社会化营销方面偏主观的判断，将随着详细的数据支持，变得越来越客观。同时，那些并不擅长创意的企业也可以通过数据分析，对一些平淡无奇的内容进行效果监测和调整，在受众群中产生相应的影响。

所谓善医者无煌煌之名，在微博上，把基础运营持续做到极致，从而赚到真金白银的小品牌，远比依靠大创意吸引眼球来获得成功的企业多得多。在这方面，有条件的从业者不妨多和互联网企业做产品和运营的专业人士多加学习。

总而言之，面对新的事物要跟进，但不可盲目跟进。不是所有企业、所有产品都适合做微博或微信营销，得弄清楚它的价值，如果企业自己想不清楚、看不明白，可以请人来培训学习。营销不是赶时髦，而是要找到最合适的。有时候慢即是快，要不走错、不走弯。

本 章 小 结

社会化媒体是个外来词汇，也称社会性营销。社会化媒体是以互动为基础，允许个人或组织生产和交换内容，并能够建立、扩大和巩固关系网络的一种网络社会组织形态。

微博营销是基于微博平台的网络营销方式，是社会化网络营销的典型方法之一。微博即微博客的简称，是一个基于用户关系的信息分享传播以及获取平台，用户可以通过 Web、WAP 及各种客户端组建个人社区，以及更新文字信息，并实现即时分享。

微信营销是移动互联网营销中受关注度最高、应用最广泛的方法，微信营销主要体现为在安卓系统、苹果系统的手机或者平板电脑中的移动客户端进行的区域定位营销，商家通过微信公众平台，结合转介率微信会员管理系统展示商家微官网、微会员、微推送、微支付、微活动，已经形成了一种主流的线上线下微信互动营销方式。

练习题

一、选择题

1. 微博营销以(   )作为营销平台，每一个(   )都是潜在营销对象，企业利用更新自己的微型博客向网友传播(   )，树立良好的企业形象和产品形象。

    A. 微博，观众，个人信息   B. 微博，人，公司信息

    C. 微博，个人，公司信息   D. 微博，听众(粉丝)，企业信息、产品信息

2. 服务号是公众平台的一种账号类型，旨在为用户提供服务，以下不属于服务号类型的是(   )。

  A. 招行信用卡   B. 南方航空   C. 广东联通   D. 央视新闻

3. 以下不属于利用微信"病毒式"营销策略进行营销的有(   )。

    A. 微信平台的群发功能可以有效地将企业拍的视频、制作的图片，或是宣传的文字群发到微信好友

    B. 企业可利用二维码的形式发送优惠信息，这是一个既经济又实惠，更有效的促销模式

    C. 可有效综合运用意见领袖的影响力和微信自身强大的影响力刺激需求，激发购买欲望

    D. 顾客主动为企业做宣传，激发口碑效应，将产品和服务信息传播到互联网还有生活中的每个角落

4. 微博营销的特点是(　　)。

    A. 立体化   B. 高速度   C. 便捷性   D. 广泛性   E. 效率高

5. 以下各项中吸引粉丝最有效的途径是(　　)。

    A. 发表话题   B. 关注别人   C. 转帖@别人   D. 评论@别人

6. 借助微信平台开展客户服务营销也成为继微博之后的又一新兴营销渠道。作为新的营销渠道，其优势有(　　)。

    A. 微信一对一的互动交流方式具有良好的互动性

    B. 精准推送信息的同时更能形成一种朋友关系

    C. 具有更好的传播广度及互动深度

    D. 作为一个自媒体平台，微信的天然特性更适合品牌传播

7. 在微信最佳推送时间下，对推送内容的要求有(　　)。

    A. 内容不能太多，不要浪费用户太多时间

    B. 文章质量一定要高

    C. 文章篇幅一定要够长

    D. 推送的文章数量一定要多

8. 以下关于微信营销策略，正确的有(　　)。

    A. 原创内容的推送非常有利于获得客户的忠诚度

    B. 多收集热门话题，直接使用，寻找共鸣

    C. 互动可以让用户体验出公众号的与众不同

    D. 个性化的信息推送，让用户很难忘记

二、判断题

1. 每个客户可用一个邮箱和手机号码注册多个微博 ID。   (　　)

2. 微博营销的过程中，微博的粉丝数应该适量。   (　　)

三、简答题

1. 什么是社会化媒体营销？其优势是什么？

2. 微博营销的技巧和方法有哪些？

3. 如何充分利用微信平台来增强企业竞争力？

四、案例分析题

3小时狂卖1万个柚子礼盒

    "3 小时，10 倍价格，3000 份价值 222 元的柚子礼盒"。这是"丹霞谢柚"这款礼品，由实干学社创始人张文峰在 2014 年年底操盘，通过一场社会化营销做出的成绩——堪称最牛的礼品营销案例之一！没有花一分钱广告费，三小时内就在互联网上卖出了 10000 颗柚子，约 3000 箱。

    他们到底是怎么设计的呢？

他们是如何让礼物的传播过程，充满温情互动，并让粉丝愿意主动分享的呢？

他们为什么对产品有如此高的议价能力？

"丹霞谢柚"的成功，主要基于两个立足点。

首先，这个产品是人格化的，是有故事的，推广者对于产品这方面的塑造非常成功。

人格化的塑造从品牌的名称开始，"丹霞谢柚"这个名字，既突出了"丹霞"这个产地的地理属性，也通过"谢柚"二字表明这是老谢家的柚子，跟褚橙一样，充满了个人色彩。

他们还在自己的微信公众号里，为大家讲了这个柚子的故事。

当地有一棵神树，一棵树上能产一千多颗柚子，本地人都不敢吃这棵树上的柚子，把它当作"祭祀神树"，而整个长坝沙田柚全部都是从这个树上移植下来的。

除了把柚子的成长过程和当地的传说结合，他们更是提出了一个新概念：柚道。把柚子礼盒、柚子/农艺师的故事、严谨的茶道精神结合，赋予这个礼盒全新的价值。

这么多情怀，这么多新意和体验，难怪能把十几元的柚子，卖出几百元的天价！

其次，"丹霞谢柚"不仅仅是个产品，它还被很巧妙地融合进了送礼场景里，于是这个产品成了人们表达情感的载体。

通过在微信上传播"一颗柚子，替8000个人说感谢"这样的活动，并结合页面中，为收礼的人写下一段特别的话这样的互动，所有的参与者都产生了互动感，让礼物真正被赋予了情感属性。

人们现在更愿意参与到"丹霞谢柚"的互动中来，是因为设计者帮大家简化了进行决策和执行的成本。收到礼物的人可以通过扫描二维码，关注商家的公众号，看到送礼的人给他的留言，或是录下的语音。当情感属性被赋予的那一刻起，产品就不再是产品，而是有情感的礼品。

请根据以上资料，回答下列问题：

1. 请从营销要点的角度分析"丹霞谢柚"微信营销的优势。

2. 试举出其他利用微信营销实现情感营销的典型案例。

五、思考与实践

1. 请打开手机微信，看一看关注了哪些企业的微信公众号，这些公众号主要做什么内容。区分一下它们是属于订阅号还是服务号。

2. 在微信平台上，企业可通过哪些手段、方式来增强和消费者的互动，从而达到营销目的？

第十一章

网络营销的实施与评价

【学习重点】

理解网络营销效果测评的相关术语，逐步形成适当的流程以收集旨在提高网络营销效果的测量方法，掌握维系和监测网站需要投入的资源，了解网络营销实施应当采用的基本流程，明确网络营销效果的衡量方法。

【学习难点】

描述并简要地解释一下更新商业网站的现存文件所需要的每一个步骤及其目的。掌握网络营销效果评估中是如何利用各种网络统计分析系统的，结合网下的统计方式来分析网络营销效果，并结合销售情况做出准确的评估。

【教学建议】

结合案例教学，引导学生查阅课外相关资料进行分析，通过网络营销效果评估评测出哪个营销活动更有效。

【引导案例】

为什么网络营销没有效果

很多中小企业花钱做了广告，也成立了专门的营销部门，进行了邮件推广、微信推广、微博推广，所有能够想到的推广方式全部都弄上了，但是最后花的钱和所取得的效果却完全不平衡，这是最让人生气的地方。而归根结底，有时候在于企业只追求多而不追求精，以及没有对自己的企业定位好。如看到微博营销好，立刻去做微博营销，刚有了点起色，见微信营销似乎人流量更大，又集中全部力量去做微信营销，这样的后果肯定是捡了芝麻丢了西瓜。如果自己的企业也有这种跟风情况，那么就该好好地反省了。接下来我们用微信营销做一个案例，看看如何做一个有效的网络营销。优秀的微信网络营销要遵循三点原则：

1. 有创意、新颖；
2. 适合目标人群特点；
3. 易传播。

接下来以影楼作为例子。

方案 1：店内分享型。客户来到影楼拍照，在化妆环节，设置奖励：分享自己的化妆自拍照，奖励全新化妆套装，另外在选片时精修 2~5 张；发朋友圈，写上评价，送相册或者产品。

方案2：前期宣传型。可以利用刮刮乐、有奖转盘吸引粉丝。那要怎么操作？可以在微信公众平台开通服务号，再去网上找第三方开发平台，接入即可，然后就是摆外展，或者找几十个员工拿着二维码让路人扫。

从上面两个方案可以看到，微信营销有很多种方法，并不是定期推送文章用户就会选择你的产品和服务，我们要做的是把微信的所有功能都利用起来，如扫一扫功能。如何才能让用户主动关注我们的公众号，利用一个活动就能轻松达到。这些都是日常生活中十分有用的方法，如果你的网络营销也没有效果，那么不妨反省一下是不是自己走错了路。

引言

通常能够成功引入网络营销的企业似乎有一些共同的特点，它们非常重视并投入大量资源监测网络营销的成功，而且采用适当的流程以便不断地提高这些营销渠道的绩效。网络营销主要还是以网站为基础。网站流量、销售和转化率的变化，能最集中地表现出网络营销活动的效果。网络营销效果测评可以说是一个终极指标。如果网络营销活动不成功，要知道为什么，也需要研究和分析流量，找出是哪一个环节做得不对。很多网络营销活动的细节不能从单一的终极效果指标来判断。对于营销者来说，不仅需要统计跟踪网络营销效果，更重要的是看到成绩或不足时，需要知道为什么。这就需要仔细研究网站流量及用户在网站上的活动。通过对流量进行仔细分析，才能发现网络营销活动是怎样在网站的各个细节上对用户起作用的，最终达到网络营销的总体效果。

网络营销沟通计划通常有三个主要目标。

(1) 使用在线和离线沟通手段促使或吸引访客访问网站。这一过程通常被称为"建立顾客访问量"(traffic building)。

SMART 建立顾客访问量目标的例子：

- 一年内在80%的现有顾客中建立对网站服务的认知；
- 在某一市场中达到20%的"搜索份额"意识；
- 将现有顾客的30%转化为定期的在线服务使用者。

(2) 使用网站沟通向访客传递有效信息，这有助于塑造顾客行为或者达到要求的营销结果。网站传递的信息应基于公司产品或服务的传统营销沟通目标，例如：

- 建立产品意识或品牌喜爱度。通过使用在线品牌跟踪服务，如Dynamic Logic (www.dynamiclogic.com)来测度品牌意识、品牌喜爱程度或购买意向；
- 鼓励试用。例如，iTunes或Napster成功地使4%的新访客实现注册或下载音乐服务；
- 利用内部列表。通过数据获取电子邮件数据库内的数据，每年增加10000个；
- 鼓励关注内容。将20%的新无重复访客转到产品信息区；
- 说服顾客购买。使5%的新访客成为购买者；
- 鼓励再次购买。在6个月内将30%的初次购买者转化为重复购买者。

(3) 通过支持组合购买模式整合所有的沟通方法来达到营销目标。组合购买模式目标的例子有：

- 在呼叫中心实现的销售中有20%是由网站访问带来的；
- 离线广告能带来在线销售量的20%；
- 通过提供在线客户服务将联络中心电话询问的数量减少15%。

应该值得注意的是，沟通目标会随着电子商务服务的发展阶段不同而有所不同。罗利

(Rowley，2001)提出这四个阶段的目标是：

- 接触——推广公司的形象、发布公司的信息并提供联系方式或目录；
- 交互——深入的信息交换(沟通)；
- 交易——与贸易伙伴在线交易和交互(商业)；
- 联系——双向的顾客关系(共同体)。

第一节　网络营销的实施管理

一、转化营销目标

尽管建立顾客访问量的目标和测量常常指向访问量一词，如访问量的数量或网页曝光，但访问量一词确实表明了网络营销沟通的成功(Van Doren et al.，2000；Smith and Chaffey，2005)。访问量取决于：

- 网站的访客是否在目标受众之内；
- 访客转化为网络产出是否符合沟通目标；
- 访客转化为网站的成果是否符合沟通目标。

网络营销目标也可以用转换营销的形式进行描述，这种目标制定技术使用的是一种自下而上的目标设定方法。例如，提供 B2B 服务的公司(如咨询公司)，其最终目标是获得 1000 个由传统媒介转向网站使用的忠实客户。为了实现这个新业务，营销人员需要对每个层级的顾客转换水平做出假设，这给出了 1000 个新客户的核心目标以及基于不同转化率的关键成功要素。

二、网络营销的价格制定

价格制定是网络营销活动的核心，为了有效地促进产品在网上销售，必须要针对网上市场制定有效的价格策略。

(一) 网络营销价格制定

网络营销价格是指企业在网络营销过程中买卖双方成交的价格。由于网上信息的公开性和消费者易于搜索的特点，网上的价格信息对消费者的购买起着非常重要的作用。目前，网络定价的策略主要有低位定价策略、个性化定制生产定价策略、使用定价策略、拍卖竞价策略、折扣定价策略、免费价格策略、声誉定价策略等。

1. 低位定价策略

所谓的低位定价策略，主要包括两个方面：一是网上销售价格应比流行的市场价格低；二是企业在公开网络价格时一定要比网上同类产品的价格低。采取这种策略一方面是由于企业借助互联网进行销售，比一般传统销售渠道的费用低廉，从而可以节省大量的成本费用；另一方面也是为了扩大宣传、提高市场占有率并占领网络这一新兴市场。如在 IT 领域占有一席之地的 Dell 公司，其电脑定价比同性能的其他公司产品低 10%～15%。

在采用低价定价策略时，要注意以下三个方面：

- 由于Internet是从免费共享资源发展而来的，因此用户普遍认为网上的产品比从一般渠道购买的便宜，在网上不宜销售那些顾客对价格敏感而企业又难以降价的产品；
- 在网上公布价格时要注意区分消费对象，一般要区分一般消费者、零售商、批发商、合作伙伴，然后针对不同的消费对象提供不同的价格信息发布渠道；
- 要注意比较同类站点公布的价格。

2. 个性化定制生产定价策略

消费者对产品外观、颜色、样式等方面一般会有具体的内在个性化需求，个性化定制生产定价策略是利用网络的互动性和消费者的需求特征来确定产品价格的一种策略，即在企业能实行定制生产的基础上，利用网络技术和辅助设计软件，帮助消费者选择配置或者自行设计能满足自己需求的个性化产品，同时承担自己愿意付出的价格成本。如 Dell 公司，用户可以通过其网站了解某型号产品的基本配置和基本功能，然后根据自己的实际需要和自己所能承担的价格，配置出自己最满意的产品，使消费者能够一次性买到自己中意的产品。

网络的互动性能够及时获得消费者的各种需求，使个性化行销成为可能，也将使个性化定制生产定价策略有可能成为网络营销的一个重要策略。这种策略是网络产生后营销方式的一种创新。

3. 使用定价策略

使用定价策略是指顾客通过互联网注册后可以直接使用某公司产品，顾客只需要根据使用次数进行付费，而不需要将产品完全购买。对企业而言，这样不仅减少了企业为完全出售产品进行大量不必要的生产和包装的浪费，而且还可以吸引过去那些有顾虑的顾客使用产品，扩大市场份额。对顾客而言，由于只是根据使用次数付款，不仅可以节省购买产品、安装产品、处置产品的麻烦，而且还可以节省不必要的开销。

采用使用定价策略时，需考虑产品是否适合通过 Internet 传输，是否可以实现远程调用。目前，比较适合的产品有：

- 软件：如我国用友软件公司推出的网络财务软件，用户在网上注册后即可在网上直接处理账务，而不需要购买此软件，也不需要进行软件的升级、维护等；
- 音乐：可以在Internet上下载或者使用专用软件点播；
- 电影：可以通过视频点播系统实现远程点播，不需要购买影带。

4. 拍卖竞价策略

拍卖竞价策略指由消费者通过互联网轮流公开竞价，在规定时间内价高者赢得，是一种最市场化、最合理的方式。国外比较有名的拍卖站点 http://www.ebay.com 如图 11-1 所示。

目前，个体消费者是拍卖市场的主体。采用网上拍卖竞价的产品，比较合适的是企业的一些库存积压产品，也可以是企业的一些新产品，通过拍卖展示起到促销的作用。

5. 折扣定价策略

折扣定价策略是指在原价基础上进行折扣来定价的策略。如 Amazon 的图书价格一般都要进行折扣定价，而且折扣价格达到 3～5 折。折扣定价策略有多种形式，如数量折扣策略、现金折扣策略、季节折扣策略等。

图 11-1　拍卖站点 ebay

6. 免费价格策略

所谓免费价格策略，就是将企业的产品和服务以零价格形式提供给顾客使用，满足顾客的需求。这种策略是市场营销中常用的营销策略，主要用于促销和推广产品，具有短期性和临时性。如金山公司允许消费者在互联网免费下载 WPS Office 2007 个人版软件，如图 11-2 所示。

一般来说，适合采用免费价格策略的产品具有以下特性：

- 易于数字化；
- 无形化；
- 零制造成本；
- 成长性；
- 冲击性；
- 间接收益。

7. 声誉定价策略

企业的形象、声誉是网络营销发展初期影响产品价格的重要因素。消费者在网上购物或者订货时，往往会存在许多疑虑，如在网上所订购商品的质量能否得到保证，货物能否及时送到等。所以，声誉较好的企业在进行网络营销时，价格可定得高一些；反之，价格则定得低一些。

技能训练：

价格策略的种类很多，如前所述，主要有低位定价策略、个性化定制生产定价策略、使用定价策略、拍卖竞价策略、折扣定价策略、免费价格策略、声誉定价策略等。下面以免费价格策略为例，具体介绍价格策略的实施过程。

图 11-2　WPS Office 2007 个人版软件免费下载

免费价格策略的定义如前所述，一般具有以下几种形式：产品或服务完全免费、产品或服务有限免费、产品或服务部分免费、捆绑式免费。企业在网络营销中采用免费策略，其目的主要有两个：一是让用户免费使用习惯后，再开始收费；二是先占领市场，然后再在市场上获取收益。但并不是每个公司都能顺利获得成功，因此，对于那些实行免费策略的企业来说，必须面对承担很大风险的可能。

免费价格策略一般与企业的商业计划和战略发展规划紧密关联，企业要降低免费策略带来的风险，提高免费价格策略的成功性，应遵循以下步骤。

步骤 1：要符合商业模式。

Internet 作为成长性的市场，在其中获取成功的关键是要有一个可能获得成功的商业运作模式，因此，在考虑免费价格策略时，必须考虑是否与商业运作模式吻合。如 Alibaba.com 网站提出的免费信息服务 B2B 新商业模式，获得了市场认可，并且具有巨大市场成长潜力。

步骤 2：分析采用免费策略的产品(或服务)能否获得市场认可。

即所提供的产品(服务)是否是市场迫切需求的，能否受到市场的极大欢迎。如做得比较成功的 Yahoo 网站，其搜索引擎可以克服在互联网查找信息的困难，给用户带来很大的便利，深受用户的喜欢。

步骤 3：分析免费策略产品推出的时机。

在 Internet 上的游戏规则为："Win take all"(赢家通吃)，即只承认第一，不承认第二。因此，在互联网上推出免费产品是为了抢占市场，如果市场已经被占领或者已经比较成熟，则要审视所推出产品(服务)的竞争能力。

步骤4：考虑免费价格产品(服务)是否适合采用免费价格策略。

目前国内外很多提供免费PC的ISP，对用户也有不同的要求。如有的要求用户接受广告，有的要求用户每月在其站点上购买多少钱的商品，还有的提供接入费用等。

步骤5：策划推广免费价格产品(服务)。

对于互联网中免费的产品(服务)，用户已经习惯。因此，要吸引用户关注免费产品(服务)，应当制定严密的营销策划。在推广免费价格产品(服务)时主要考虑通过互联网渠道进行，如在知名站点进行链接，发布网络广告等。同时还要考虑在传统媒体发布广告，利用传统渠道进行宣传推广，如3721网站为推广其免费的中文域名系统软件，首先通过新闻形式介绍中文域名概念；然后与一些著名的ISP和ICP合作，建立免费的软件下载链接，同时还与PC制造商合作，提供捆绑预装中文域名软件。

【专栏11-1】亚马逊差别定价实验

2000年9月中旬，亚马逊进行了一项著名的差别定价实验。亚马逊选择了68种DVD碟片进行动态定价试验，试验当中，亚马逊根据潜在客户的人口统计资料、在亚马逊的购物历史、上网行为以及上网使用的软件系统确定对这68种碟片的报价水平。例如，名为《泰特斯》(Titus)的碟片对新顾客的报价为22.74美元，而对那些对该碟片表现出兴趣的老顾客的报价则为26.24美元。通过这一定价策略，部分顾客付出了比其他顾客更高的价格，亚马逊因此提高了销售的毛利率，但是好景不长，这一差别定价策略实施不到一个月，就有细心的消费者发现了这一秘密，通过在名为DVD Talk的音乐爱好者社区的交流，成百上千的DVD消费者知道了此事，那些付出高价的顾客当然怨声载道，纷纷在网上以激烈的言辞对亚马逊的做法进行口诛笔伐，有人甚至公开表示以后绝不会在亚马逊购买任何东西。更不巧的是，由于亚马逊前不久才公布了它对消费者在网站上的购物习惯和行为进行了跟踪和记录，因此，这次事件曝光后，消费者和媒体开始怀疑亚马逊是否利用其收集的消费者资料作为其价格调整的依据，这样的猜测让亚马逊的价格事件与敏感的网络隐私问题联系在了一起。

为挽回日益凸显的不利影响，亚马逊的首席执行官贝佐斯只好亲自出马做危机公关，他指出亚马逊的价格调整是随机进行的，与消费者是谁没有关系，价格试验的目的仅仅是为测试消费者对不同折扣的反应，亚马逊"无论是过去、现在或未来，都不会利用消费者的人口资料进行动态定价"。贝佐斯为这次事件给消费者造成的困扰向消费者公开表示了道歉。不仅如此，亚马逊还试图用实际行动挽回人心，亚马逊答应给所有在价格测试期间购买这68部DVD的消费者以最大的折扣，据不完全统计，至少有6896名没有以最低折扣价购得DVD的顾客，获得了亚马逊退还的差价。

至此，亚马逊价格试验以完全失败而告终，亚马逊不仅在经济上蒙受了损失，它的声誉也受到了严重的损害。

亚马逊这次差别定价试验的失败，从战略制定到具体实施都存在严重问题。营销策略的制定与实施对企业的发展至关重要。

网络营销策略的定制与实施手段有很多种，如何根据企业自身的情况选取适合自己的营销策略与实施手段将是本章所介绍的主要内容。

(资料来源：根据网络资料整理)

(二) 其他网络营销实施手段

提高网络营销绩效的手段除网络广告外，还有 E-mail 促销、bbs 促销、信使促销等。下面对主要手段做简要介绍。

1. E-mail 促销

E-mail 在网络营销发展中起着非常重要的作用，目前已成为一种发现并留住客户的有效手段。E-mail 促销相对电话推销、邮寄信件等传统的方法而言，具有诸多优势：E-mail 邮件价格便宜；E-mail 邮件传递速度快、操作方便；E-mail 邮件具有多媒体的特性；发展潜力巨大等。

E-mail 促销的步骤如下。

步骤 1：建立客户 E-mail 数据库。

要进行 E-mail 促销，首先应该建立客户 E-mail 数据库。主要应包括以下三种资源：

(1) 现有客户资源。主要指企业的老客户，这是应该充分利用的最宝贵资源；

(2) 合作伙伴的客户。在其他企业向其客户发送的邮件中加入介绍自己产品和服务的信息，并收集客户的 E-mail 地址；

(3) 吸引浏览企业网站的客户。通过网站吸引客户自愿留下和其联系的 E-mail 地址。

步骤 2：确定 E-mail 促销的模式。

从企业与客户的关系、企业提供服务的方式和内容等方面分析，主要有以下几种模式：

(1) 客户联系邮件；

(2) 企业新闻邮件；

(3) 提醒服务邮件；

(4) 伙伴联合营销；

(5) 传播营销邮件。

步骤 3：撰写 E-mail 的内容。

在撰写 E-mail 邮件时，主题要明确，要言简意赅。在内容上，应注意以下一些问题：

(1) 内容风格要足够个性化；

(2) 客户的姓名和企业的名称一定要正确；

(3) 要清楚、明白、醒目地表达出促销的内容；

(4) 口气要委婉，订购的程序要交代清楚；

步骤 4：发送给相应的客户。

2. bbs 促销

电子公告栏是一种以文本为主的网上讨论组织，参与者以文字的方式与别人聊天、发表文章、阅读信息、讨论某一主题，或在网络内通信等。它最大的优势在于所提供的与他人交流的方式以及这种氛围，参与者可以提出问题请求帮助，也可以向别人提供帮助，这为广告发布者提供了一种简单可行的途径，以将自己的信息融入其中。广告主可以通过 Telnet 或 Web 的方式在电子公告栏发布消息，信息量虽小，但具有迅速、自由的特点，并且针对性很强。

使用电子公告栏进行促销的主要步骤如下：

步骤 1：根据要发布信息的主题选择讨论组；

步骤2：阅读当前组中的文章，查看当前存在哪些话题，哪些话题参与的人较多；

步骤3：查看有没有与自己要发布的信息类似的文章存在；

步骤4：起草自己的促销信息；

步骤5：发布；

步骤6：进行定期跟踪，查看自己的信息是否存在，有没有人响应；

步骤7：根据反馈的信息和效果，进行适当修改，在适当的时候再次发布。

【专栏11-2】利用E-mail营销减少顾客放弃购物车

网上购物用户放弃购物车是很普遍的现象，几年之前，美国就有几家咨询公司和专业机构对用户放弃购物车的现象进行过研究，例如，咨询研究公司 Basex (www.basex.com)的研究发现，顾客在网上购物时放弃购物车的比例为50%；以比较购物为特色的美国电子商务门户网站 BizRate.com 研究发现，顾客放弃购物车的比例高达75%。

很多网上零售网站对顾客在线购物过程中放弃购物车的问题似乎一筹莫展，不过也有一些网站做出了积极的尝试并且取得了明显成效，美国女性服装网上商店 Draper's & Damon's 利用 E-mail 营销减少顾客放弃购物车的比例被证明是非常成功的。

Draper's & Damon's 对于很多网上购物者把原本塞得满满的购物车中途放弃的用户行为深感头疼，为此，他们决定执行一套顾客挽回的营销程序，目标是促使用户回访商店购买被他们早先放弃的服装或其他商品。该营销程序的核心应用是 E-mail 营销。到目前为止，该网上商店减少顾客放弃购物车的 E-mail 营销程序产生的开信率高达81%，网站点进率为38%。

Draper's & Damon's 网上商店的顾客挽回程序除了采用 E-mail 营销，还使用了网站流量分析系统和其他技术跟踪手段，以获得顾客原始访问数据。对于中途放弃的商品的顾客，系统将自动发送 E-mail 到对方邮箱，提示鼓励顾客重新考虑购买。如果没有进行网站流量跟踪分析和 E-mail 营销的配合，Draper's & Damon's 将与很多其他网上商店一样，面对顾客的购物车放弃行为束手无策。

Draper's & Damon's 网上商店降低购物车放弃营销程序中尤为精密的是，该程序可以跟踪用户，了解他们是在购物流程的哪一个阶段放弃购物车的，并据此设置了四种邮件，针对性地发给不同阶段放弃购物的用户。

从本案例中可以看出，Draper's & Damon's 网上商店采用 E-mail 营销取得了极大的成功，证明其营销策略与实施手段的选择是正确的。

网络营销的重点在于营销策略的选择，能否选择出合适的策略并采取正确的实施手段是网络营销成功的关键，Draper's & Damon's 网上商店的成功证明了这点。

(资料来源：根据网络资料整理)

三、活动成本目标

目标设定所要考虑的最后一个方面是由建立顾客访问量的成本给目标带来的限定。如果一项商业活动实现了它吸引网站访客的目标，但是如果达到这个目标的成本太高，那么它并不是成功的。这种制约通常会在项目预算中显现出来，这是所有商业活动的必要组成部分。然而，在成本方面需要有一个特定的目标，即使用不同的沟通工具(如搜索引擎营销)吸引顾客访问网站，并将其与在用户访问中实现销售的成本相结合也很有用。它通常被称为"获得成本"(cost per acquisition，CPA)(有时也称为单位行动成本)。根据不同的内容和市场，CPA 可能包含不同的结果，典型的成本目标包括：

- 单位获取访客成本；
- 单位获取潜在顾客线索成本；
- 单位获取销售成本。

为了控制成本，对于营销经理来说，界定单位获得允许成本(allowable cost per acquisition)是很重要的。例如，获得一个潜在顾客线索的花费是 30 美元，或者成功地使顾客来用信用卡消费的花费是 50 美元。关于交互式营销沟通的目标设定和成本控制从最简单到最复杂的不同手段，具体如下。

1. 访问数量或无重复访问者/到达者比率(%)

这通常是以数以千计的无重复访问者来衡量的。使用网页浏览量或点击量作为网站宣传效果的测量手段是更合适的，因为它们是与个体交流的机会。最复杂的测量方法是达到率(%)或在线受众份额，这种方法只有在使用面板数据/受众数据工具时才是有可能的，如www.netratings.com 或 www.hitwise.com。例如，一家网络银行每月有 100 万的无重复访客。

2. 质量或行动转化率

该指标显示了不同来源的访客所带来的具体营销结果所占的比例，如潜在顾客线索、销售或订购。例如，这些访客的 10%登录他们的账户或询问某一产品的报价。

3. 成本或单次点击成本

顾客获取成本通常由一个特殊的网络营销工具来具体测量，如点击付费搜索引擎营销，这是由于很多访问者来自离线广告，使得对整个网站的评估更加困难。例如，每次的点击成本为 2 英镑。

4. 单位行动或获取成本

当访客获取成本与转化成果相结合时，就成了顾客获取成本。例如，获取成本为 20 英镑(因为只有 1/10 的访客采取行动)。

5. 活动投资回报率(%)

活动投资回报率被用来评估营销活动或任何投资的获利能力。你可能知道，根据获利能力的不同计算方法，有不同形式的投资回报率。这里，我们假设它仅仅是基于销售额或单次点击成本和转化率的获利能力。

投资回报率(return on investment，ROI)=由有关人员所产生的利润/广告花费数额

一个没有将获利能力考虑进去的相关测量方法是广告支出回报率(return on advertising spend，ROAS)，计算公式如下：

广告支出回报率=由有关人员产生的总收入/广告花费数额

6. 品牌度量

这些趋向于仅和互动广告或赞助者有关，它们是与离线广告度量相等同的，例如，品牌注意力(辅助的与独立的)、广告回叫、品牌喜爱度和购买意向。

7. 终身价值

获取顾客的价值并不只是基于初次购买，而是建立在顾客终身价值(和成本)基础之上的。这就需要能够以最快的速度为在线零售商和在线金融服务提供商开发出更加完善的模型。例如，一家银行使用净现值模型设计保险产品，此模型着眼于 10 年的价值，但是其主要焦点却集中于 5 年的结果，应关注：

- 顾客获取成本；
- 顾客保持率；
- 索赔量；
- 开支。

这是很有价值的，因为它能给出一个实际的"每笔销售可接受成本"，并且需要 5 年收回。他们非常详细地遵循这个，例如，他们能够知道 Google Adwords 中的关键词相对于 e-spotting 中的关键词的投资回报率，并且将据此选择关键词和竞价战略。

这里所说的机会或潜在顾客线索是指有人询问报价。要注意的是，顾客获取成本很高，但是并没有考虑到在线广告与离线宣传活动的协同作用，例如，那些受广告影响的人并没有立即去访问网站。

通常，只有电子零售商拥有全部测量数据，因为这对于证明网络营销活动(如展示广告或点击付费搜索)的投资回报率是非常重要的。对于没有产品用来进行在线销售的机构，如豪华汽车制造商或提供白皮书下载的高价值 B2B 服务机构，那么投资回报率(ROI)就会很难计算。

为了从并未带来在线销售的宣传活动中获取更多的信息，并且发挥更大的效益，对不同的结果进行打分或给出价值是必要的。例如，在汽车制造商案例中，索取宣传册可能被赋值 5 分(或 20 英镑)，请求试驾被赋值 20 分(或 100 英镑)，如果只是访问网站并浏览产品特征信息，则被赋值 1 分(或 1 英镑)。

通过了解在线宣传手册的索取或试驾请求转化为销售的平均百分比，以及网站顾客的平均值，就能估计出来这些网上结果的价值。虽然这只是一个估计值，但它能够通过推荐站点，有创新地或根据 PPC 关键词产生的预期结果来优化我们的宣传。

四、网络营销的维护

作为不断改进的网络营销流程的一部分，对网站内容的改进有一个清晰明确的流程是十分重要的。负责网站内容的全体员工应当熟悉这一流程，而且他们的职责也应该在其工作描述中给予详细的说明。要想真正熟悉这一流程，仅考虑其主要步骤就要占用整整一页纸。图 11-3 展示了一个维系流程的简单模型，它假设用户的需求和网站的设计特点在网站构建之初便已经明确。该模型被应用于副本的较小更新或产品和企业信息的更新。流程所涉及的不同任务如下。

(1) 编写。撰写营销副本，在必要情况下设计副本的版面及相关图像。

(2) 检查。在文件发布之前，对副本进行独立的检查以发现其中的错误是必要步骤。依据企业规模的大小，可能必须由一人或多人负责内容质量以发现语法错误、营销抄袭、品牌化和合法性。

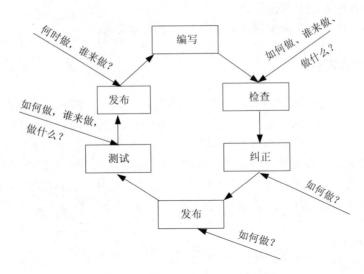

图 11-3　网站文件审查和更新流程

(3) 纠正。这一步骤简单易懂，即做一些必要的更改。作为第二步的延续，做进一步的必要更新。

(4) 发布(到测试环境)。该步骤包括在网络上把可以做进一步检查的、已纠正后的副本予以发布，这一步骤只能在企业内部检查的测试环境下进行。

(5) 测试。在网页能够在万维网上成功地被访问之前，还需要对技术问题做最终的测试，如网页能否被不同的浏览器成功下载。

(6) 发布(到真实环境)。一旦副本通过检查和测试并且结果令人满意，那么便可以把副本发布在主要的网站上并允许客户访问。

【专栏11-3】资料更新的频率

经过一段时间后，网页信息自然就过时了，需要更新或者被取代。建立机制以明确是什么引发了这一更新过程并导致了图 11-3 这一循环的发生是十分重要的。更新资料的必要性有很多方面。显然，网站的信息若要精确，就需要及时地更新。我们应当设立这样的触发机制：当促销手册或目录上的价格发生变化或产品规则更新时，这些变化也能够在网站上反映出来。

更新网站更深一层的原因在于鼓励重复访问。例如，网站上如果有一些行业新闻便更能刺激顾客回访 B2B 网站。该类型网站的更新频率应当根据企业的类型而定，从每日更新、每周更新到每月更新不等。我们再次强调，必须有专人收集信息并经常更新网站。一些公司(如 RS 元件公司)有月度促销，这将会鼓励访问者重复访问它们的企业网站。向顾客强调信息是时常更新的，这一点是很有用的。企业可以通过一些简单的机制得以实现，如在网页上嵌入日期显示，或者那些更新频数较少的企业仅把月份和年份显示在网上。

作为明确网站更新流程的企业，可能想制定内容多久更新的规章制度，可以通过以下方法把内容更新明细化：

- 2 天之内发现事实上的错误；

- 至少每月增加一个新闻栏目；
- 当已经有两个月没有更新产品信息时，要及时更新。

五、网站维护的责任

单人负责的公司网站的更新与维护是比较容易的，因为能够确保整个网站的风格保持连贯性。对于稍大一点的、或许由 2 个人专门负责更新网站的企业而言，为了保持风格一致，就需要沟通，那么产生的问题就不仅仅是单个公司的两倍了。对于一个在不同国家拥有多个部门和办公室的大型企业来说，网站维护就变得更加困难了，而且只有当建立了一个在强有力的控制下执行统一标准的团队时，才能构建出高质量的网站。斯特恩(2001)提出，成功地维护网站的必要步骤是对网站不同部分的更新有详细明确的职责分工。具体问题如下：

- 谁负责流程？
- 谁负责内容？
- 谁负责版式？
- 谁负责技术？
- 内容管理。

现在我们通过分析建设高质量网站所需要的标准和不同的职责分工来进一步详细地探讨以上问题。

(一) 谁负责程序

首先需要明确的部分应当是更新网站的全部流程。然而是谁批准了这一流程？对于大型企业而言，把相关利益者群体，如将营销部门的内部人员和网站开发人员(他们可能是外部的代理机构或者是 IT 部的人员)团结起来是必需的。这些群组中的很多人可能有共同的利益，例如，营销经理、网络或新媒介的营销负责人，负责发布账上项目广告的外联部经理以及负责个人产品和服务的生产部经理等。所有的这些人都应当有权力决定更新网站的流程，这不仅关系到网站的更新，还有许多更为基本的事情需要考虑，例如，如何在不同的媒介之间与顾客保持沟通的连贯性。一些企业，如桔子公司(www.orange.co.uk)和福特公司(www.ford.co.uk)在这方面就管理得很好，而且网站的内容总是与其他媒介(如报纸和电视)上的活动保持同步。福特公司是通过消除传统媒介客户管理者与网络发展小组之间的隔阂来实现上述效果的，而且这两个群组之间的合作非常紧密。在其他企业中，所采用的企业结构是由专人或专门小组负责与客户沟通，他们确保不同的职能部门，如网络开发部和广告发布部所传达的信息要保持一致。帕森等给出了使企业结构化以便整合新旧媒介的多种选择。

那么，这一流程是怎样的呢？简单地说，该流程详细地规定了网站管理的各种不同方面的职责，以及之后进行网络更新的细节。图 11-3 阐述了一个典型的更新流程。举个简单的例子，我们便能说明流程需要精心设计的必要性。设想一家大型企业正在推广一个新产品，促销手册即将分发给顾客，媒介也已经准备就绪，企业打算在网络上增加该产品的信息，网站信息的发布是由一个刚招聘的毕业生负责的。现实情况中这一流程是如何实现的呢？需要遵循的步骤如下。

(1) 毕业生检查促销材料，并以文档形式重写文本材料，而且图片要修改成适合于网站的形式，这便是图 11-3 所示的步骤："编写"。

（2）产品经理和/或营销经理审核修改过的网络文本副本，这是图 11-3 所示的"检查"步骤的一部分。

（3）企业公关经理对文本副本的适用性进行审核，这也是图 11-3 所示的"检查"步骤的一部分。

（4）法律咨询人员检查校订文本副本，这也是图 11-3 所示的"检查"步骤的一部分。

（5）文本副本的修改经过纠正之后要进行必要的再次审核，这是图 11-3 所示的"纠正"步骤。

（6）文本转换成网页形式后，便要进行发布。这一步骤将有专门的技术人员，如网络开发人员负责。他们可以嵌入一个新的菜单选项来帮助用户找到新的产品信息，还将加入 html 的版式并通过 FTP 上传文件以测试网站。这是图 11-3 所示的第一个"发布"步骤。

（7）网站中的新文本副本将由这名毕业生进行准确审核，如果网站使用了非标准化的网络模板，那么还需要不同的网络浏览者和审核方法来进行测试，这种测试将由网络专家执行。这时，公关经理或法律咨询专家也要能够对新版式进行在线审核。这是图 11-3 中"测试"步骤的一部分。

（8）如果所有的利益相关者都对新文本副本的适用性表示赞同，网站上的测试网页便可以登录到真正运行的网站上，真正为顾客所浏览。这是图 11-3 所示的第二个"发布"步骤。

需要注意的是，在这种情况下，第 2 步到第 4 步的文本副本审核发生在第 6 步的文本副本公布在测试网站之前。这样做省去了技术人员或网络专家在文本副本获得认可之前必须更新网页这一步骤，从而提高了效率。另一种可供选择的方法是：由毕业生在第 1 步编写文本副本，然后由网络专家在各方群体检查文本副本之前发布材料。两种方法的效果是相同的。

显然，这一流程相当复杂，所以企业人员要深刻地了解这一流程。否则，发布的网页会与网站的版面和风格不一致，也不能确保达到法律要求，或者无法发挥应有的作用。使这一流程明细化的唯一解决途径就是把这一流程以书面形式确认下来，而且所有的参与者都要熟知其重要性。技术支持也会对这一流程有所帮助。尤为重要的是，应当建立工作流程体系，从而使每一个审核人员都有能力并且有权利尽快地对文本副本做出评论。通常情况下，内容管理体系会有助于实现这一目标。文本副本会自动地以电子邮件形式发送给审核人员，然后再以电子邮件形式收集发表的评论。

网站更新的详细标准随更新范围的不同而不同。如纠正一个拼写错误，就不需要这么多人进行审核；而涉及网络版面和风格变化的网站再设计，则需要所有人都参与进来。

一旦这一流程被确立下来，营销部门作为网站的负责人，应该坚持网站的每一个变化都要遵循这一流程。

专栏 11-4 总结了这部分的内容，给出了一个典型的网站更新流程，并提出了各种可能的改进措施。

【专栏11-4】内容审核流程的优化

目的：评估网络内容修订的质量控制与效率的平衡程度。

活动：下一段落和图 11-4 阐明了企业网站更新时遇到的困难，它们是如何解决这一问题的呢？

问题描述：从品牌经理明确需要为他们的产品进行文本副本的更新开始，更新很可能就要按照以下步骤进行了。品牌经理撰写文本副本(半天)，一天后网络经理审核文本副本，三天后营销经理审查文本副本，七天后法律部门审查文本副本，两天后测试网站发布修改后的文本副本，两天后品牌经理审查测试网站，下一天网站经理审查测试网站，之后进行修改和终审，最后文本副本两天后被添加到真正运行的网站上。从一个小小的修改到网站的确认，经历了14天，如图11-4所示。

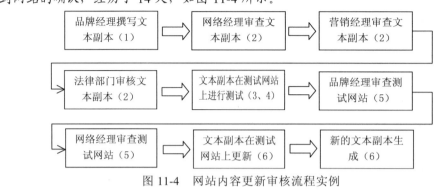

图11-4　网站内容更新审核流程实例

(二) 谁负责内容

对于一个进行常规内容更新的中等规模网站来说，若想仅靠一个人实现内容更新几乎是不可能的。把对网站不同部分的控制和开发的职责分配给那些拥有最佳相应技能和知识的人员的做法是符合逻辑的，而且也具有实践意义。例如，在一家大型的金融服务企业中，特定产品领域的业务职责的一部分就是根据其产品来进行文本副本的更新。一个人需要负责更新每个储蓄账户、抵押贷款、旅行保险、健康保险和投资等项目。对于一个计算机供应商来说，它们将要求不同的内容开发人员(content developer)进行产品信息、融资、信息传递和客户服务设施的更新。一旦内容的所有权在整个企业中进行了分配，那么建立规章制度以确保网站感观上的一致性就成了当务之急。以下部分将阐述规章制度的本质。

(三) 谁负责版式

版式指的是网站设计和布局的各个不同方面，也就是通常所指的"外观和感觉"。版式的重要目标是保持整个网站布局的一致性。对于一家大型企业来说，不同的工作人员往往负责网站的不同部分，这就使得网站的不同部分存在风格不一致的风险。版式的明晰化或网站设计模板(site design template)能够使网站质量和网站体验越来越好，这是因为如下原因：

- 网站将更加容易使用。对网站某一部分的使用已经熟知的顾客更有可能会使网站的其他部分；
- 网站的设计元素更加相似。如果网站的不同部分之间具有相似性，那么顾客会感觉更加亲切；
- 企业形象与品牌认知将与现实世界的保持一致(如果这是目标之一)，并且整个网站都能保持相似性。

要想使网站达到这一质量标准，就必须将这一标准书面化，它可能会包括表11-1所示的不同标准。所采用的标准应当随网站和企业规模的不同而变化，比较典型的是，拥有更多内容开发人员的大型网站需要更加详细的标准。

表11-1 网站标准

标准	详述	适用于
网站结构	将确定网站的主要板块，如产品、顾客服务、新闻发布、内容如何放置以及由谁负责等	内容开发人员
导航	可能确定主菜单总在页面的最左端，需求(次需求)在菜单的页脚，链接至主页的按钮应该放置在每页的左上角，参见林奇和霍顿(1999)有关导航和网站设计的指导	网站设计人员/Web网站管理员，常常通过网络模板来实现
文本风格与网页结构	一般性的指导，如提醒这类网页必须比书面文本更简单。在需要详细信息的地方，如产品说明部分，应当划分为易于在屏幕上阅读和理解的段落。副本以及网页结构也应当为每阶段的搜索引擎最优化而编写	个体内容开发人员
测试标准	测试网站的以下功能：①不同的浏览器类型和版本；②插件；③非法链接；④图形下载速度；⑤检查每个页面的拼写	网站设计人员/Web网站管理员
企业品牌和图形设计	确定企业标志的外观、颜色，以及用以传递产品信息的字体	网站设计人员/网站管理员
流程	用以发布新网站或更新现有网站的事件序列，负责检查和更新	所有人员
绩效	可用性和下载速度数据	服务器管理员

值得注意的是，如果内容开发人员对图形设计或导航器的修改程度权限有限，并且他们集中精力于修改文本副本，那么在整个网站应用这些质量标准时会更加容易。若想对实现一致性有所帮助，构建网站所使用的软件应当允许模块设计开发。这样可以详细地规定网站的菜单结构和图形设计，内容开发人员所做的就是为特定的文件简单地添加文本和图形网页，不必担心网站设计。

(四) 谁负责技术

如果企业想充分利用网络的力量，网站发布所使用的技术便是十分重要的。除了技术之外，还有很多标准都是需要管理的，如表11-1所示的标准。当企业打算使它的产品目录易于被询问者或网上订货者所获取时，技术决策就变得越来越重要。得益于由此带来的便利性，网络从一个孤立的体系变为一个必须与其他技术相整合的体系，如客户数据库、存货控制和销售订单处理系统。如果企业要与信息系统相整合，那么IT部门(或企业外包的IT部门)需要把网站的开发和战略包括进来。

除了系统整合之外，还有许多需要技术人员负责的详细技术问题，包括：

- 网站服务器的可用性和性能；
- 检测html的有效性，修正破损链接；
- 网页的不同版面和运营环境的管理，内容管理。

(五) 内容管理

内容管理(content management)是指软件工具(通常指提供服务的浏览器软件)允许企业用户向网站提供内容，与此同时管理员则对网站的版式与风格以及授权步骤进行控制。在网站的整个运行过程中，这些工具被用于信息的组织、管理、恢复以及存档。

内容管理系统(content management system，CMS)将提供这些便利：

- 结构生成：内容结构(次级单元、模板等)、网页结构和网络结构的设计与维护；

- 链接管理：内外部内容链接的维系和失效链接的清理；
- 搜索引擎可视化：搜索引擎的内容必须能够储存并链接，这样该内容就能够自动地添加到搜索引擎的索引中，并且能够被检索到。这也是新一代内容管理体系的一个鲜明特点，而这些在第一代内容管理系统中是不能实现的；
- 输入与企业联合：下载(网络)外部内容及汇总，传播来源不同的内容；
- 版式编辑：控制网页、网页元素或整个网站版式选择的关键任务是进行发布。比较典型的是选择最新的版式，但是之前的版式也应当存档，并且应当有能力恢复之前的网页、网页元素以及网站层次的版式；
- 安全性与权限控制：不同用户拥有不同的权限，而且这些内容只有注册后才能访问。在这些例子中，内容管理系统要维持很多用户。当企业需要在内部网、外部网或公共网站使用同一个内容管理体系而各个体系又拥有不同的权限时，客户维持就变得越发有用了；
- 发布工作流程：网站所用的内容需要经过一个发布过程，将其从管理环境传递到运行环境。该过程可能涉及多种任务，如格式转化(转变为PDF或WAP格式)、渲染支持html、编辑授权以及构建即时复合文档(个性化及可选择式投稿)。
- 跟踪与监测：根据记录和使用情况的统计分析来提供绩效测评，根据需求以及反滥用的保护措施来调整内容；
- 导航与可视化：通过使用色彩、质感、3D演绎或虚拟现实把内容的精髓和主题深刻鲜明、富有吸引力地描绘出来。

从这一系列的特点中，我们可以发现现代的内容管理系统是十分复杂的，而且许多内容管理系统的投资是巨大的。许多开放式资源的内容管理系统是不需要支付许可证费用就可以获得的，在这一阶段中将解释其中的许多特点。例如，正在被许多大型企业网站使用的Plone(www.plone.org)。

【专栏11-5】保持内容鲜活的动力

人们常说网络的"黏着率"取决于其最新的内容，但是新内容不是偶然更新的，企业必须考虑各种可行的方法来控制信息的质量，我们认为效果较好的常用方法如下：

- 为网站不同部门的特定内容分配职责；
- 将网络内容的质量作为员工绩效考核的一部分；
- 为内容的公开制定目标导向计划；
- 确定引发新内容发布的事件，如一个新产品的发布、价格变动或一个新闻发布会；
- 确定更新的步骤和责任，即谁确定、谁撰写、谁审核、谁测试、谁发布等；
- 审查和公布内容以表明哪些内容是最新的。

第二节　网络营销效果的评价

目前，开展网络营销的企业迅猛增加，但是这些营销策略对于企业的发展战略、产品开发与销售、收益等有无影响，都需要对网络营销进行客观而公正的评价。但是现在尚未有一个标准的或公认的网络营销评价方案。

通常，那些能够成功地引入网络营销的企业似乎有一些共同的特点。它们非常重视并投入大量资源监测网络营销的成功，还采用适当的流程以便不断提高这些数字渠道的绩效。这一测量变化在英国银行 Alliance & Leicester 中清晰可见，该银行在 2004 年的报告中透露，它们营销传播的财务预算为 800 万英镑，其中 20%以上用于网络营销。电子交易的负责人斯蒂芬·莱昂纳多(Stephen Leonard)将他们的步骤描述为"测试、学习、升华"(《改革》，2004)。AT&T 电子交易客户资源部的高级主管格莱姆·芬德雷(Graeme Findlay)进一步解释道：我们的网络营销方式通过传递集中、直接易懂的强价值导向信息，得以与我们的离线品牌和创新战略相整合。我们在网络上所做的任何事情(包括创新)，都是由广泛的、富有活力的测试流程所驱动的。

在进行一系列的网络营销之后，就要对你所开展的网络营销进行效果分析和评估，来查看是否达到你的预期目标。网络营销效果评估不仅仅是一个广告投放完成之后的总结，更应该贯穿始终。因为网络观众的多样性与易变性，网络营销方式的选择是在前期的分析之后，通过不同的方式调试、反馈效果来确定最为合适的网络营销实施方案的。

企业处于不同的评价动机和目的，自身开展网络营销评价的方法和指标也是千差万别。不同的企业，或同一企业在不同的时期，具体的评价方法不同，得到的结果也不同。

为了能够成功地实施提高网络营销绩效的措施。我们认为有四个主要的先决条件，在图 11-5 中分解为网站解析流程的质量和管理流程的质量，前者包括详细说明正确的改进方法和购买恰当的工具，后者包括员工成果检查流程，然后以此为依据纠正员工的营销活动。

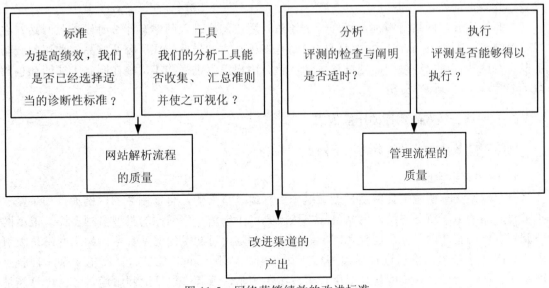

图 11-5　网络营销绩效的改进标准

本节分为两部分，第一部分介绍网络营销测评的主要内容，涉及对测评模式、评价指标和监控的审视；第二部分为网络营销绩效管理的基本步骤，介绍评估分析的原则、方法，以及按照图 11-5 所示步骤来提高绩效的方法。

一、网络营销效果测评

网站需要密切监测营销效果，以及投入产出比，并不是为了给老板看，而是为了选择出最有效的网络营销方式。不是每个网络营销手法都会有效，各种手法的效率也有所不同。只有站长进行各种尝试，同时计算出投入产出比，监控效果，才能找出最有效的方式，并重复这种方式。而无效或者投入产生比过低的，则不再使用。

广告界有一个著名的说法，广告商都知道有50%的广告预算是浪费，但是却不知道浪费在哪里。进入网络营销领域，广告商可以在很大程度上精确测量投入及产出。

以线下最典型的广告、报纸及电视广告为例。广告媒介所能提供的只能是报纸发行量和电视节目收视率。但广告真实送达率有多高，却无从统计。看报纸的人，大部分会忽略分类广告版，其他版面的广告，能被多少人真正阅读，也无法统计。电视广告也类似。我想很多人都有同样的习惯，就是在广告间歇调到其他台看有什么节目，或者在广告出现时，聊天或做其他事。由电视广告、报纸广告所带来的销售就更无从测量了。

当然这不是说电视广告和报纸广告的效果不好。正相反，由于电视、报纸的主流传媒地位，覆盖面非常广，所达到的营销效果是其他方式不可替代的。甚至可以说大部分重要品牌脱离开电视广告及报纸广告，就没有它们今天的地位。这里着重探讨的问题在于无法对线下广告效果进行准确测量。

在线下销售过程中也很难对用户进行跟踪监测，并相应地做出改善。一个用户去商场逛了半天，如果最后没有购买任何东西，那么商场根本就不知道这个用户来过。如果这个用户买了东西，商城能得到的数字只是销售额和所购买的商品清单。用户什么时候进入商场，浏览了哪些商品，也还是一无所知。当然这里说的是正常情况，聘请市场调查公司针对随机用户进行监测是例外。

与此相比较，网络营销则是另外一个场景。用户怎样进入网站？什么时候进入网站？在网站上浏览了哪些页面？在页面上停留时间有多久？直到最后购买了哪些产品？购买的金额是多少？这些都可以清楚准确地进行统计。就算用户没有进行购买，她在网站上的活动也都留下了踪迹，可以跟踪分析。

(一) 网络营销效果测评的一般模式

网络营销效果测评通常分为如下四步。

1. 确定营销目标

一个网站必须明确定义网站目标。这个目标需是单一的，可以测量的。例如，如果是直接销售产品的电子商务网站，网站目标当然就是产生销售。但网站的类型多种多样，很多网站并不直接销售产品，网站运营者需要根据情况制定出可测量的网站目标。如果网站是吸引用户订阅电子杂志，然后进行后续销售，那么用户留下 E-mail 地址、订阅电子杂志，就是网站的目标。网站目标可能是吸引用户填写联系表格，或者打电话给网站运营者，也可能是以某种形式索要免费样品，还可能是下载白皮书或产品目录。

这些网站目标都应该在网站页面上有一个明确的目标达成标志，也就是说用户一旦访问到某个页面，就说明已经完成一次网站目标。对于电子商务网站来说，目标达成页面就是付款完成后所显示的感谢页面。电子杂志注册系统目标达成页面就是用户填写姓名及电子邮件，提交表格后所看到的确认页面或表示感谢的页面。如果是填写在线联系表格，完成目标页面和订阅电子杂志类似，也是提交表格后的确认页面。如果是下载产品目录或白皮书，则是文件被下载标志着完成一次目标。

2. 计算网站目标的价值

明确了网站目标后，还要计算出网站目标达成时对网站的价值。如果是电子商务网站，计算非常简单，目标价值即每一次销售产品所产生的利润。其他情况可能需要站长下一番功夫才能确定。

如果网站目标是吸引用户订阅电子杂志，那么站长就要根据以往统计的数字计算出电子杂志订阅者有多大比例会成为付费用户？这些用户平均带来的利润是多少？假设每 100 个电子杂志用户中有 5 个会成为付费用户，平均每个付费用户会带来 100 元利润，那么这 100 个电子杂志用户将产生 500 元利润，即每获得一个电子杂志订阅者的价值是 5 元。

类似地，如果网站目标是促使用户打电话直接联系企业或站长，营销人员就要统计有多少电话会最终转化为销售？平均销售利润又是多少？从而计算出平均每次电话的相应价值。

3. 记录网站目标达成次数

这个部分是网站流量统计分析软件发挥功能的地方。一个电子商务网站，每当有用户来到订单确认完成网页时，流量分析系统都会记录网站目标达成一次。若有用户访问到电子杂志订阅确认页面或感谢页面时，流量系统也会相应记录网站目标达成一次。若有用户打电话联系客服人员，客服人员也应该询问用户是怎样知道电话号码的，如果是来自网站，也应该做相应记录。

网站流量分析系统更重要的是不仅能记录下网站目标达成的次数，还能记录这些达成网站目标的用户是怎样来到网站的，是来自哪个搜索引擎？搜索的关键词是什么？还是来自其他网站的链接？来自哪个网站？或者是来自搜索竞价排名吗？这些数据都会被网站流量分析系统所记录，并且与产生的相应网站目标相连接。

4. 计算网站目标达成的成本

计算网站目标达成成本，最容易的方法是在使用竞价排名的情况下进行。这时候每个点击的价格，某一段时间的点击费用总额、点击次数等数据，都会在竞价排名后台显示，成本计算变得十分容易。

对于其他网络营销手段，则需要按经验进行一定的估算，有的时候比较简单，有的时候则相当复杂。如果网站流量是来自搜索引擎优化 SEO，那么需要计算出外部 SEO 顾问或服务费用，以及内部配合人员的工资成本。如果是进行论坛营销，则需要计算花费的人力、时间及工资，换算出所花费的费用。

有了上面四项数据，就可以比较清楚地计算网络营销的投资回报率。假设网站竞价排名在一天内花费 100 元，网站目标是直接销售。一天内销售额达到 1000 元，扣除成本 500 元，毛利为 500 元，那么这个竞价排名推广的投入产出比就是 1∶5。

(二) 网络营销效果测评为什么重要

网站需要密切监测营销效果，这并不是为了给老板看，而是为了选择出最有效的网络营销方式。

本书中介绍了很多网络营销手法，但针对特定网站，并不是每个网络营销手法都会有效，各种手法的效率也不同。只有网络营销人员进行各种尝试，同时计算出投入产出比、监控效果，才能找出可以重复使用经验值的最有效的方式。而无效或者投入产出比过低的，则不再使用。

如前文所言，线下广告往往不知道广告预算浪费在什么地方。而网络营销则可以通过效果监测知道哪个营销活动是亏本的，哪个是盈利的。

最重要的不在于成本高低，而在于投入产出比。最典型的例子就是竞价排名。每次用户点击，都是实打实地花出现金。但是如果有足够高的投入产出比，网站就可以放心地投入广告预算。这也就是有的网站有竞价排名预算但花不出去的原因。他们经过监测和计算，了解如果哪些关键词必然带来效益，但是这些关键词被搜索的次数却是有限的，并不能无限扩张。因此，很多做搜索竞价的公司都要投入时间，发现更多的关键词，监控这些关键词的效果，挑出效果好的词，并停止赔本的关键词。

(三) 网络营销效果测评指标

上面讨论的是网络营销效果测评的一般原则和过程，主要以电子商务类网站为目标，或至少以销售为目标。

网络营销方法及目标千变万化，有的时候网络营销活动的终极目标与销售没有直接关系，那么也就难以销售额作为衡量指标。在测评网络营销效果的第二步，确定网站目标价值时，也就无法以具体金额数字为依据。例如，有时企业的网络营销目标就是建立和推广品牌，使更多用户注意到品牌名称，这样目的就达到了。

1. 网站流量

这是一组直观且具有说服力的数据，同时现有的工具完全可以提供相关方面的客观数据。网站流量的提升昭示着机会的增多，是营销效果的最直观表现，一直以来基于网站流量的效果评测占据着主流，但欺骗性的网站流量及低转化率问题仍不容忽视。

2. 销售转化率

销售转化率是销售量与广告浏览量(或访客)的比值。商家最关心的还是销售，还是转化率。这种方式相对商家来说比较有利，但是不适合非销售导向的公司机构网站。例如，一个网站的目的是提高网站知名度，推广品牌，那这种网络营销效果测评方法显然不合理。

3. 网络广告浏览率

我们都知道网络广告浏览率越来越低，因为网民都已经习惯和忽略了网络广告，尤其是旗帜类广告。但在塑造品牌时，以每千次显示为计费基础的网络显示广告也是一种不错的方式。虽然不一定能达成点击和销售，但至少可以把信息传达给网民，起到推广和强化品牌的作用。

4. 文章或新闻被转载率

这种方法多见于话题营销、网络炒作等。为了达到预期营销效果，网络营销策划机构会精心撰写高质量的软文，这些软文会被众多人赞赏并且大量转载。在软文发布后的约定时间内，可以通过搜索引擎搜索文章被转载的次数，作为衡量网络营销活动的依据。

5. 文章博客订阅数量

博客营销越来越被企业所重视，其作为意见领袖，拥有话语权及权威性，可以主宰舆论的方向，虽然不能直接带来销售，但可以维护客户关系，提升品牌形象。博客的订阅数量直接体现该博客在人们中的关注程度，受众的数量。而这一数据的获得也十分容易，可以作为博客营销的效果测评依据之一。

6. 用户在线参与次数

有些企业营销活动以聚集用户数，鼓励网民参与某项活动为目标。因此，计算用户的参与程度和频率显得极为重要。参与程度主要涉及用户参与的时间长度、注册会员的数量等，频率主要是用户的回访周期频度等。但这些数据在统计上会存在一些问题和争议。

典型例子是新电影推出时，电影公司会建立电影的官方网站。电影公司通常会在电影上映之前推出网站，吸引用户到网站上玩游戏、猜题、下载壁纸、看介绍短片等。这些活动参与的人数，就是网络营销效果测评的依据。

7. 搜索引擎相关关键词排名位置

搜索引擎相关关键词排名对于搜索引擎营销(SEM)来说是一个极为重要的指标。确定关键词在搜索引擎自然搜索结果页中的排名在什么位置，这是一组容易获得且直观的数据，是营销效果的最有力表现。

上面所说的这几种情况，都难以用具体销售金额来计算营销效果，但是都可以有某种形式的数字作为依据。营销人员可以把这些数字当作一个分值，虽然并不是一个金额，但通过这个分值也可以评价网络营销的效果。例如，每次一个用户观看宣传短片记为 5 分，一个人下载壁纸记为 3 分。

在这些不能以销售金额为依据的情况下，重要的是相对的数字及趋势。只要营销人员在确定了评价依据后就要保持一贯性。在一段时间内，以分值或浏览量等数字评价网络营销效果，一样具有相同的参考价值。

总而言之，重要的是任何网络营销活动都必须数量化，进行监控和测评。有的时候就算具体数字的计算并不是很准确，但只要保持计算方法一致，从统计数字相对于时间的变化中就可以看出网络营销活动的效率变化。绝对值往往并不重要，重要的是相对值及变化规律。

(四) 销售数字的监控

除了网站流量监控及分析外，对电子商务网站来说，更重要的当然是销售数字的监控。这一部分异常重要，不过比较直截了当。网络营销者应该通过销售后台统计每天的订单数，每单平均交易金额，按产品、品牌或类别显示销售订单数及金额。以时间为横轴，显示销售订单数，销售总金额、每单平均金额，各品牌、各产品销售等随时间的变化。

对销售数字的监控，一方面可以体现网络营销活动的总体效果，另一方面也可以提供给财务部门进行公司财务核算。

【专栏11-6】神经营销在线广告效果评估

曾经电视广告的总量一直高居首位，但是 2000~2010 年的年复合增长率为 14.9%，远低于互联网广告同期年复合增长率的 69.9%。然而，互联网广告投放的价值和它的迅猛增长能够成正比么？曝光不等于关注，关注不等于积极品牌认知。究竟网络广告有多少人看？又有多少能引起积极的情绪？如何提高 ROI？关于这一系列问题 BI(布雷恩英咨询)做了深入研究，得出《神经营销：在线广告效果评估》报告，报告分享会于 2012 年 3 月 23 日 13:30 在北京建外 SOHO big bang cafe 开启。

Brain Intelligence Neuro-consultancy(布雷恩英咨询)在过去一年利用神经营销研究方法对在线广告效果评估的研究中，发现在线广告投放中遇到诸多问题，如视频网站中只有 8%的广告能够被所有受众关注到，78%的广告只有少于 50%的消费者看到；门户和社交网站广告注视率更加惨淡，12%的广告完全被用户忽略，84%的广告只有少于 50%的消费者看到；被多数人看的广告，却可能由于干扰性太强，引起消费者的负面情绪，反而给品牌联想带来负面的打击性作用。

之前只有靠曝光和点击量来判断广告的效果，然而曝光不等于被消费者关注到，点击也由于误点或作弊等原因无法判断品牌广告效果。随着眼动追踪技术的兴起，越来越多的商家利用这项技术来预测广告实际被关注的情况，作为曝光数据有效的补充。但如果只是看到该广告，用户对广告类型产生消极情绪，反而会有损品牌的形象和销售。那么情绪值又是怎样被"看"到的呢？随着认知神经科学的发展，人们对大脑如何工作越来越熟悉，利用 EEG(脑电图)监测大脑的变化，就能够"读"到并且分析用户大脑对广告的情绪体验，以及用户对产品的认同感。

Brain Intelligence 就是利用眼动追踪与脑电技术结合，监控了 300 多个广告中消费者的视觉注意情况和大脑电波的情绪反应。虽然发现大部分的广告没有得到关注或者很好的情绪反应，但同时也发现了一些用户反应的规律，以及一些性价比超高的广告类型。

当问卷不能够反映本质，当访谈不能够揭示现实，大脑——作为人类一切行为决策的中枢，才是真正了解用户的关键。眼动研究可以了解用户在关注什么，怎样关注，关注质量；脑电研究可以深层次挖掘用户的情绪体验和记忆效果。二者为传统研究注入新鲜的血液，利于更科学、系统地研究消费者行为。

只关注网站流量不够，只关注眼动质量不够，只关注情绪指标也不够，只有综合网站流量、眼动质量、情绪指标和投放价格，才能最终确认投放的性价比。按照不同的投放目的，有策略地选择广告位，实现眼动质量和情绪的平衡，才能实现投入产出的最大化。

BI(布雷恩英咨询)根据大量的研究案例和数据，揭秘用户如何知觉在线广告，通过 EEG 脑电波技术"读"到用户大脑对广告的反应，得到独家整理的广告效果排名，清晰呈现用户对现有广告的真实喜好。并且通过深入剖析视频网站、门户网站、社交网站的广告投放效果，揭示出广告各基本特点(大小、位置、动态性、创意元素、观看方式)是如何影响浏览者的视觉注意与情绪偏好的，让广告更得用户的"心"，开启更科学、更高效的广告投放时代。

二、网络营销效果分析

目前开展网络营销的企业迅猛增加，但这些营销策略对于企业的发展战略、产品开发与销售、收益等有无影响，都需要对网络营销进行客观而公正的评价。然而，现在尚未有一个标准的或公认的网络营销评价方案。

企业处于不同的评价动机和目的，自身开展网络营销评价的方法和指标也是千差万别。不同的企业，或同一企业在不同的时期，具体的评价方法不同，得到的结果也不同。

纵观网络营销效果测评整个实施过程，需要根据效果测评及时改变战略战术。故网络营销方式的决定需要在前期进行预估，在实施中进行跟踪，在实施后进行效果反馈。

(一) 建立网络营销分析指标体系的原则

- 科学性原则
- 系统性原则
- 可操作性原则
- 简洁明确原则
- 定性与定量原则

(二) 网络营销分析实施的原则

- 目的明确，目标单一
- 符合统计学原理
- 精心组织测试
- 分析评价的内容应有明显差别

(三) 影响网络营销效果的因素

1. 网站本身

信息的海量化分散了人们的视野，这对营销效果是致命的伤害。无论是站内广告，还是站外广告，优质的网站结构、清晰的网站地图是影响网络营销效果的前提要素。

2. 网络平台

网络营销的平台选择是展开网络营销的必要前提，能否选择合适的网络营销平台，决定了产品本身是否具有较大的展示范围。

3. 文案的魅力

优秀的文案内容、优秀的内容策划是网络广告的基础。

(四) 网站的分析评价指标

如何评价和衡量一个网络营销策划案的好坏，就目前而言，国内网络营销效果评估指标包括网站推广指标、网站流量指标、营销成本效益指标和其他分析评价指标等。

1. 网站推广指标

网站推广指标是指企业在经过网站推广之后，有多少网民知晓，能否被搜索引擎搜索到，而且也可以进行量化。具体指标如下：
(1) 被其他网站链接的数量；
(2) 注册用户的数量；
(3) 网站的实际知名度；
(4) 等级搜索引擎的数量和排名。

2. 网站流量指标

网站流量指标能反映出网站上网者的数量，反映网站受欢迎的程度。具体指标如下：
(1) 页面浏览数和访问的次数；
(2) 访问者的人数；

(3) 每个访问者的平均页面浏览数;

(4) 用户在网站的平均停留时间;

(5) 页面的平均停留时间。

3. 网络营销成本效益指标

成本核算指标如下:

(1) 网站建设成本;

(2) 网络营销成本。

网络营销的成本效益分析:相同的技术与服务水平条件下,成本越低,网络营销的效果越差;成本越高,网络营销的效果越好。

4. 其他分析评价指标

网络营销产生的直接效益难于统计,企业开展网络营销更多在于提升服务,增加顾客满意度,树立企业形象,这些都是企业的无形资产。这些可以按照无形资产的评估方法,制定分析评价指标。企业的营销环境包括竞争环境、法律环境、社会文化环境和政治经济环境,在制定分析评价体系时还要考虑这些影响因素。

(五) 网络营销的评价方法

1. 消费者调查

消费者调查的方法包括在网站上派发调查问卷,直接向消费者调查,或者向消费者发送含调查问卷的电子邮件,询问他们对某个商务网站的看法,听取他们的意见。

对于网站的排名、受欢迎程度的信息等简单评价,可以采用投票的方法,直接采取数字信息。

消费者调查的优点为:可以掌握第一手资料,了解消费者的需求。

消费者调查时需要注意的问题如下:

(1) 调查样本的选择;

(2) 要根据评价指标精心组织调查问卷的题目;

(3) 这种调查方式不要涉及消费者不掌握的内容,或无法予以回答的内容;

(4) 采用投票方式采集数据时,要防止舞弊行为。

2. 专家评审

专家评审可以从专业的角度出发,对企业的网络营销做出专业的评价。在专家的评审中,企业要提供有关数据,或请专家采集数据,通过一定的数学方式对数据进行处理、分析,再得出结论。

3. 消费者调查与专家评审相结合

二者相互结合,取长补短,更真实地反映企业网络营销的现状。

(六) 网络营销分析评价的实施

1. 网站设计指标统计

网站标准如表 11-2 所示。

表11-2　网站标准

设计特征	(1) 色彩搭配　(2) 布局　(3) 网站导航　(4) 兼容性　(5) 交互性
信息特征	(1) 时效性　(2) 可靠性　(3) 分类搜索　(4) 多媒体　(5) 数据库
网络特征	(1) 网页下载速度　(2) 链接　(3) 网络安全

2. 客户流量统计

最简单的用户数量统计是在网页上安装计数器,但是这种方法不可靠。现在大多采用一些专门的流量统计分析软件,可以自动跟踪,记录用户活动。

3. 收集反馈用户信息

用户信息可以通过电子邮件、调查问卷等获取。

4. 投资收益统计

投资收益可以通过投资收益统计方法等获取数据。

5. 网络营销评价指标分析表

网络营销评价指标分析情况如表 11-3 所示。

表11-3　网络营销评价指标分析表

等级分类	网站设计指标	网站推广指标	网站流量指标	网络营销成本效益指标
入门型网络营销	低	低	低	低
初级型网络营销	低	中	中	低
中级型网络营销	高	高	中	中
高级型网络营销	高	高	高	高

本 章 小 结

本章重点讲了关于如何进行网络营销效果分析与实施的相关方法和技巧,让学生完整地认知和学习如何具体实施网络营销效果分析,以及实施网络营销效果分析的原则。

1. 结构化的测量活动对收集数据及测评网站的绩效是十分必要的,之后可以采取行动以调整网站的战略或促销商品。测量活动步骤如下:

步骤 1:确定测量流程;

步骤 2:确定准则框架;

步骤 3:为数据的收集、报告和分析选择工具。

2. 网络营销绩效的测量可以分为:

层次 1:经营绩效——测量网站对整体经营的影响,并着眼于收入和利润等财务测量及企业认知度的提高;

层次2：营销绩效——测量通过网站实现的潜在顾客线索和销售数量，以及网络对顾客维系和营销其他方面的混合影响，如品牌化；

层次3：网络营销绩效——测评网站的促销状况，通过审核网站的受欢迎度及网站在实现顾客需求方面的表现来实现。

3. 以上所讲的绩效测量层次主要用两种方法进行收集：在线和离线，或是二者相结合使用。

4. 在线测量的数据可以通过网络浏览的日志文件或使用基于浏览器的技术获得，它们表明了访问网站的顾客数量、访问的网页及顾客的登录地点，还可以提供顾客进入时间或登录地区的分布状况。

5. 离线测量数据是销售的效果，如由网站所直接带来的询问或销售。其他有效性的测量可以通过调查问卷、访谈和焦点小组进行顾客调查而获得。

6. 维护网站需要为不同的角色明确不同的职责。这些角色包括内容负责人员、网站开发人员及确保内容符合企业和法律要求的人员。

7. 为了创造一个高质量的网站，需要将各类标准统一，主要包括以下方面：

- 网站外观与感觉；
- 企业品牌化；
- 文本副本的质量。

练习题

一、选择题

1. 对于大型企业而言，把相关利益者群体团结起来是必需的。以下哪些人可能有共同的利益(　　)。

    A. 营销经理   B. 营销负责人

    C. 外联部经理   D. 生产部经理

2. 作为明确网站更新流程的企业，可能想制定内容多久更新的规章制度，可以通过以下方法把内容更新明细化(　　)。

    A. 2天之内发现事实上的错误

    B. 至少每月增加一个新闻栏目

    C. 当已经有两个月没有更新产品信息时，要及时更新

    D. 将访客转化为顾客和鼓励重复购买

3. 网络营销效果测量依据可以采用以下形式(　　)。

    A. 网络广告浏览率   B. 网站流量

    C. 文章或新闻被转载率   D. 博客订阅数

4. 在网络营销背景下，行为纠正是以下措施的实施(　　)。

    A. 更新网站内容   B. 更新网站设计

    C. 营销传播   D. 目标修订

5. 渠道效果测评中一个常用方法是测评转换率，它表明带来特定效果网站的访问者百

分比，其主要指标有( )。

    A. 购买顾客转换率   B. 注册顾客转换率

    C. 顾客满意率   D. 在线收益贡献

6. 网站解析主要分析的内容是( )。

    A. 顾客概况   B. 顾客导向(细分)

    C. 网站可用性   D. 点击流

7. 进行调研时可供选择的方法有( )，其中每项技术都可以通过离线或在线方式进行。

    A. 访谈法   B. 问卷法

    C. 焦点小组   D. 观察法

8. 关于交互式营销沟通的目标设定和成本控制，从最简单到最复杂的不同手段，具体包括( )。

    A. 访问数量或无重复访问者/到达者比率(%)

    B. 质量或行动转化率

    C. 成本或单次点击成本

    D. 活动投资回报率(%)

二、判断题

1. 增加消费者访问时间的长度和促使消费者再次访问的方法，可以增强网站的黏性。
                                ( )

2. 在线广告的方法有很多，这些方法包括标题广告、电子邮件插件、网站共有品牌和赞助等。( )

3. 如果一项商业活动实现了它吸引网站访客的目标，即使达到这个目标的成本太高，那么它也是成功的。( )

4. 当促销手册或目录上的价格发生变化或产品规则更新时，这些变化需要立即在网站上反映出来。( )

5. 对于一家大型企业来说，不同的工作人员往往负责网站的不同部分，这就使得网站的不同部分存在风格不一致的风险。( )

6. 网络营销人员必须明确定义网络目标，这个目标是单一的、可以测量的。( )

7. 对销售数字的监控可以体现网络营销活动的总体效果。( )

8. 对销售数字的监控可以提供给财务部门进行公司财务核算。( )

三、填空题

1. 网络营销目标可以用转换营销的形式进行描述，这种目标制定技术是使用_____的目标设定方法。

2. 在线营销人员应根据不同的时间段来完善沟通目标：_____和_____两种。

3. 根据不同的内容和市场，网络营销获得成本可能包含不同的结果，典型的成本目标包括：_____、_____和_____。

4. 获取顾客的价值并不只是基于初次购买，主要焦点应集中于：顾客获取成本、顾客保持率、_____和_____四种项目。

5. 网络营销绩效测评流程的四个关键步骤为_____、_____、_____和_____。

四、名词解释

1. 点击
2. 黏着率
3. 网站解析
4. 网络营销的绩效管理
5. 流失率

五、简答题

1. 为什么对网站的维护进行控制必须要实现标准化？为了实现这一控制需要企业在哪些方面进行标准化？
2. 试解释点击与网页曝光之间的区别，这些又是如何测量的？
3. 试解释网站测试版与实际运行版的作用。
4. 简述网络营销效果测评的基本程序。
5. 影响网络营销绩效的因素有哪些？
6. 如何使用焦点小组与访谈进行网站绩效的评估？
7. 解释网络日志文件是怎样发挥作用的，它的局限性是什么？

六、论述题

1. "企业网络模板与更新流程的标准化将会阻碍网站的创新性发展，也会降低让渡给顾客的价值。"请对这句话展开讨论。
2. "收集记录在网络运营商日志文件中的在线准则的价值不大，就有价值的测量方法来说，基于营销效果的测量方法更有价值。"请对这句话展开讨论。
3. 如果你被任命为一家汽车制造商的网络经理，并且要求你改进现行的准则计划。请详细解释你为改进这一计划而采取的每一步骤。
4. 如果说服顾客在网站上注册他的名字与电子邮件地址，该数据将如何被应用到网络的测量用途上？

七、案例分析

学习亚马逊的测量标准

背景

和 ebay 一样，亚马逊诞生于 1995 年。网站的名字反映了杰夫·贝佐斯(Jeff Bezos)的愿景目标：建立一个像亚马逊河流一样覆盖范围广阔的网站。这一理想在 8 年后实现了，亚马逊的销售业绩达到了 50 亿美元，而沃尔玛为实现这一目标用了 20 年。

到 2005 年，亚马逊已经成为一个拥有超过 4100 万有效客户、并在 200 多个国家实现订单销售的国际品牌。除了销售额之外，亚马逊在 2004 年 12 月 31 日拥有全职和临时员工达 9000 人。

愿景和战略

在 2005 年的 SEC 报告中，亚马逊将其企业愿景描述为：通过为我们的客户提供较低的价格、较好的便利性和广泛的可供选择的商品，来持续不断地关注客户的体验。

该愿景显示，亚马逊旨在成为世界上最大的部门和最大的以顾客为中心的企业。设想一下，这些概括了亚马逊网上价值命题的核心营销理念是如何在网络上和离线交流中传播的。

当然，使顾客成为忠诚的重复购买者一直是亚马逊成功的关键。很多网络公司正是由于建立了品牌认知后，却没有成功地实现品牌忠诚而失败的。亚马逊成功地实现了这两个方面，在其 SEC 报告中，它们强调了是如何努力实现这一目标的：我们通过提供易用的功能、快速而可信的行动、及时的客户服务、丰富多样的内容和值得信赖的交易环境赢得顾客的重复购买。我们网站的关键特点包括：社论和顾客评论、产品信息、符合个人喜好的网页(如产品推荐和通知)、单点击技术、安全的支付系统、图片上传及浏览、浏览精选的内部图片和引文，以及通过我们所提供的"图书内容浏览"和"图书内容搜索"特色功能来搜索许多图书的全部内容等。我们与在线顾客的交流也形成了丰富的内容，包括产品评论、网上推荐列表、期望列表、购买导航，以及婚礼和宝宝注册。

罗德(Round，2004)指出了亚马逊关注客户满意的准则：每个网站都以标准化服务的可获得性(如使用 Keynote 或 Mercury Interactive)来严格监测网站的有效运转和下载速度；针对网络服务设有内部服务水平绩效协议，如在 T%时间内不同的网页必须在×秒内跳转。亚马逊以顾客为中心的理念已经转化为杰出的服务，2004 年的美国消费者满意调查指数给了亚马逊 88 分的高分，这一分数无论对于在线还是离线，都成了服务业有史以来顾客满意的最高分。

文化准则是如何开始的呢？

亚马逊发展的一个公认信条是：有动力把测评应用到经营的各个方面，而不仅仅应用到财务方面。马库斯(Marcus，2004)描述了亚马逊 1997 年 1 月 "看到曙光" 时的情景。"在亚马逊，我们将拥有一种标准文化"，他解释了为什么网络公司认为亚马逊公司提供了一个"通向人类行为的奇妙窗口"。马库斯认为，营销部分失去的是焦点小组模糊的近似值、粗制滥造的故事以及毫无根据的谣言。像亚马逊这样的公司，是能够(而且确实做到了)记录下顾客所做的每一步的，包括每次鼠标的点击和滑动。当数据堆积成虚拟的山堆，你就能够总结出他们的本质，也就是顾客的种种结论。在这种情况下，亚马逊不仅仅是一个商店，还是一个反映诸多事情的宝库。我们所需要做的就是简单地输入恰当的问题而已。

从人工推荐到软件推荐

亚马逊已经开发出了支持"标准文化"的内部工具。马库斯(2004)描述了"标准生成"工具是如何向内容撰写者报告他们的产品清单与文本副本的运行状况的。对于每一个内容编辑者(如马库斯)来说，它能够恢复所有近期张贴的文件，包括文档、访谈、图书列表及特征，并为每一个项目提供销售转换率、页面浏览数、添加数(添加到购物篮商品的数目)和拒绝数(在内容上要求了，之后却使用了返回选项)。最终，链接编辑人员(如马库斯)的工作被降至次要位置，这是因为亚马逊发现多数访问者使用了搜索工具而不是通过阅读社论，而且随着搭配技术(马库斯把早期的推荐技术比作"带着乡巴佬购物")的改进，访问者对个性推荐确实做出了回应。

实验测试

标准文化也引发了使用测试导向的方法来改进亚马逊的绩效。马库斯(2004)强调了亚马逊具有一种试验文化，其中 A/B 测试是关键的构成部分。使用 A/B 测试的例子包括新的主页设计、动态网页、推荐不同算法以及改变相关搜索的等级排列顺序等，这些都涉及在之前有限的几天或一周时间的控制条件下所进行的新方法测试。系统将随机展示一种或更多种的对待客户的方法，而且还要测量一系列的参数，如销售单位和时间长度。如果期望标准的统计性比较好，那么通常就会发布含有这一新特色的专题报道。由于概率分布不是正态的(它们常常为 0，即没有发生购买)，因此统计测试是一项艰难的工作。此外，还有许多其他的艰巨工作，因为每天有许多 A/B 测试，而且 A/B 测试可能会重复或相互矛盾。另外，还会有一些较长时期的影响，如一些特征会被"冷漠"一两个星期，甚至还会有消极影响，如导航器的变化可能会导致绩效的临时性降低。亚马逊还发现，随着用户在线体验的演变，他们的网上行为也发生了变化，这意味着亚马逊不得不持续不断地进行测试，并不断地改进特色。

技术

亚马逊的技术设备必须毫不费力地支持其试验文化，而且这是难以通过标准化的内容管理来实现的。亚马逊已经通过自主技术的开发和巨额的投入实现了竞争优势，而这些技术可能是那些没有正确地聚焦于网络渠道的企业所不能获得的。

正如亚马逊在其 SEC(2005)报告中所解释的那样：通过使用我们的自主产权技术和从第三方获得授权的技术，我们已经形成了许多自己的特点和功能，这将简化并提高顾客的购物体验，并使第三方能够在我们的平台进行销售，而且还将有利于我们完成计划和服务客户。我们当前的战略是通过创造和强化具有经营特色而又专业的自主产权软件来聚焦我们在持续创新上的不懈努力，并准许或者获得其他能够使用并适用的应用程序的商业发展技术。我们不断地投资几个不同的技术领域，包括我们的销售平台、A9.com(我们的全资子公司，正关注于 www.A9.com 及亚马逊网站的其他搜索技术)、网络服务和数码倡议运动。

罗德(Round，2004)将技术方法描述为"分散发展与应用"。网页(如主页)有许多内容的"纵槽"或"狭缝"，这使得网络服务需要有特色。技术方法使得纵槽中内容的改变甚至银屏中狭缝位置的改变都相对容易一些。与其他网站不同的是，亚马逊使用了流动或液体网页设计，这使得它能够充分地利用银屏的固定空间。

技术还能支持更加标准化的电子零售设备。亚马逊的 SEC(2005)报告阐述道：我们用一套程序来接受、证实顾客的订单，向供应商进行订货并追踪确认订单，进行顾客订单的管理和转让，并确保向顾客运送正确的商品。我们的交易处理系统处理数以亿计的商品、多种情形下的询问、多重运送地址、礼物包装要求以及多种送货方法。这些系统使顾客能够根据自己的实际情况选择接受单次或多次装运，并能够追踪每一个订单的进展情况。这些程序还能够对客户信用卡的接收、授权及划转费用等流程进行管理。

合作战略

随着亚马逊的壮大，它的股价也不断上升。这使得它与其他不同的企业进行合作或兼并成为可能。在多数情况下，亚马逊会购买合作伙伴的股权，从而共享其优异表现所带来的超额收益，而且能够对它们在亚马逊网站上的促销进行安排，以及引导亚马逊网站的流量分流到它们的网站而收取费用。类似地，亚马逊也向位于黄金位置进行在线图书促销的出版商收取费用。最初，这一行为引发了普遍不满，不过这一状况随着这种做法在传统的图书销售商和超市中成为普遍行为有所缓解。在 1999 年和 2000 年，很多网络公司出现了经营失败的情况，但是亚马逊的收入却足以支付其未来的成长，而且并没有被这些合作公司所拖累，即便是在很多合作公司中(如 Pets.com)，亚马逊的投资已经达到 50%。

亚马逊一直能够通过它的合作计划、使用技术辅助产品促销和借助合作企业进行分销来巩固它在不同行业中的优势。亚马逊零售平台使得其他零售商在它们"辛迪加商店"的计划下，能够通过亚马逊的用户接口和基础设施进行在线商品销售。例如，在英国，水石公司(www.waterstones.co.uk)是最大的传统图书销售商之一，它发现与在线销售商进行竞争是十分昂贵和困难的，最终水石公司加入了这一合作计划。亚马逊在网上对水石公司的图书进行促销与分销，作为回报，亚马逊得到了佣金。类似地，大型图书零售商 Borders 也使用了亚马逊的销售平台来分销产品，这一合作关系帮助亚马逊进入了其他供应商的顾客基础群体。当然，在某一目录中(如图书)进行购买的顾客会被鼓励购买其他板块的产品，如衣服和电子产品。

前面所述的另一种合作方式是亚马逊的营销场所，它使亚马逊的顾客及其他零售商在销售常规商品的同时，可以销售它们的新书、旧书及其他商品。一个与之类似的合作方式是亚马逊的"会员"计划，它使第三方销售商(其规模比通过亚马逊营销场所进行销售的销售商明显更大)通过亚马逊销售它们的商品，而亚马逊则通过收取固定佣金或按照销售额提取佣金的方法赢利。与单一的结账式流程相比，这一计划为需要从很多供应商中广泛挑选商品的顾客提供了更大的便利。

最终，亚马逊通过它的会员计划促进了与小型企业的合作模式。亚马逊网站于 1996 年 7 月实施会员计划，如今这一计划仍然在巩固加强。用 Google 搜索 www.google.com/search?q=www.amazon.com+-site%3Awww.amazon.com，搜索那些链接到美国网站的网站，显示的结果有 400 多页，其中很多都是它的会员。亚马逊不使用能够为他带来销售佣金的会员网络，但是得益于品牌价值的提升，亚马逊发展了自己的会员计划，创建了基于绩效的等级制激励制度来鼓励会员销售更多的商品。

营销沟通

在亚马逊的 SEC 报告中，亚马逊将它的传播战略目标陈述为：

(1) 提高网站的顾客访问量；

(2) 创造顾客对我们产品与服务的认知度；

(3) 鼓励重复购买；

(4) 提高增值产品与服务的赢利机会；

(5) 增强并拓展亚马逊网站品牌的知名度。

亚马逊认为它们最有效的营销沟通是它们不断关注提高顾客体验的结果。这后来形成了口碑营销，它在争取新顾客方面十分有效，而且有可能激励老顾客再次访问。

马库斯(2004)描述到亚马逊使用了个性化计划。这一计划使亚马逊可以通过技术手段覆盖那些难以触及的市场群体，也就是贝佐斯所说的"困难中间群体"。贝佐斯认为触及 10 个人(通过电话)或 1000 万个购买最流行商品的顾客(在"超级碗"比赛中投放广告)是很容易的，但比较困难的是如何覆盖这两类之间的群体。搜索引擎的辅助、亚马逊网站以及它的产品推荐使亚马逊能够在它的产品与顾客兴趣之间建立联系。

在线广告技术包括付费搜索营销、门户站点、交互式广告、电子邮件活动以及搜索引擎优化。正如之前的案例研究所示，这些方面需要尽可能地远离自动化。如前所述，会员计划在吸引顾客访问亚马逊网站方面也是十分重要的，亚马逊也提供了一系列不同的方法来链接到它的网站，并以此提高顾客转换率。例如，会员能够用文本副本直接生成引入产品的网页链接，而且还可以生成一系列含有不同特色内容的动态条幅，如关于网络营销或研究黑箱的图书。

亚马逊还使用合作式广告，把它称为与销售方或第三方的"合同式交易"更容易理解。2005年某一特定产品的打印广告，例如，无线路由器与免费的笔记本无线上网卡的促销，就是以广告中的特定亚马逊URL为特点的。在产品的实施组合中，亚马逊可能会包含一个非竞争性网络公司的宣传册，如Flgleaves.com(女士内衣公司)或Expedia.com(旅游公司)。作为回报，亚马逊的宣传册也可能被纳入合作方的客户沟通中。

备用计划通过独立网站向顾客提供由亚马逊或第三方履约的数以亿计的产品，由此引导顾客访问亚马逊的网站。当提供给顾客的推荐形成了产品销售时，亚马逊就会向备用计划中成千上万的参与者支付佣金。

除此之外，亚马逊还在世界范围内提供每天的免费送货选项，而且宣布了美国亚马逊精品店的第一个会员计划。该计划规定了会员享受免费的两天内送货服务或优惠的当天送货服务。尽管营销费用并不包括免费送货或促销出售商品的成本，但亚马逊还是将这一方法视为有效的营销工具。

(资料来源：佚名. 亚马逊—— 不一样的电商公司[EB/OL]. [2015-12-21]. http://www.mamicode.com/info-detail-1155797.html.)

请根据以上资料，回答下列问题：

1. 就本案例来说，根据你们国家的亚马逊网站及你所经历的亚马逊离线沟通，来评价一下亚马逊在传递它们的核心理念与促销商品或服务方面是否成功。

2. 结合本案例，谈一谈亚马逊营销沟通方法的特点。

3. 解释一下亚马逊在使用技术建立竞争优势的过程中有什么特点？

4. 根据你的经历，谈一谈亚马逊的"标准文化"与其他组织文化有什么不同？

八、思考与实践

1. 一家金融服务企业的第一个网络版式已使用一年。起初，它是由一个2人团队开发的，而且是十分有效的"小册子商品"。该网站的第二个版式打算包含更多的详细信息，而且它将涉及10个不同国家的产品稿件。要求你对网站的更新进行监测并制定各个步骤。撰写一份书面文件，详细地说明更新流程及实施每一监测步骤的原因。

2. 为什么在对网站的维护进行监测时必须实现标准化？列举对网站的不同方面进行监测的3个例子。

参 考 文 献

[1] 戴鑫. 新媒体营销——网络营销新视角[M]. 北京：机械工业出版社，2017.

[2] 江礼坤. 网络营销推广实战宝典[M]. 第2版. 北京：电子工业出版社，2016.

[3] 刘向晖. 网络营销导论[M]. 北京：清华大学出版社，2012.

[4] 王涛. 网络营销实务[M]. 第2版. 北京：机械工业出版社，2016.

[5] 赵轶. 营销策划与推广[M]. 北京：人民邮电出版社，2020.2.

[6] 贺霄娟等. 网络营销理论与实践[M]. 大连：大连理工大学出版社，2016.

[7] 赵玉明等. 网络营销[M]. 北京：人民邮电出版社，2013.

[8] 程虹. 网络营销[M]. 北京：北京大学出版社，2013.

[9] 王玮等. 网络营销[M]. 北京：中国人民大学出版社，2016.

[10] 刘蓓林. 网络营销理论与实务[M]. 北京：中国经济出版社，2014.

[11] 姜旭平. 网络营销[M]. 北京：中国人民大学出版社，2012.

[12] 李玉清，方成民. 网络营销[M]. 大连：东北财经大学出版社，2015.

[13] 何晓兵，何杨平. 网络营销——基础、策略与工具[M]. 北京：人民邮电出版社，2020.

[14] 冯英健. 网络营销基础与实践[M]. 北京：清华大学出版社，2016.

[15] 李光明. 网络营销[M]. 北京：人民邮电出版社，2014.

[16] 赵轶. 网络营销策划与推广[M]. 北京：人民邮电出版社，2020.

[17] 方玲玉. 网络营销实务[M]. 第2版. 北京：高等教育出版社，2019.

[18] 刘青青等. 网络营销[M]. 北京：清华大学出版社，2014.

[19] 陈德人. 网络营销与策划——理论、案例与实训[M]. 北京：人民邮电出版社，2019.

[20] 兰征. 网络营销[M]. 第3版. 北京：高等教育出版社，2019.